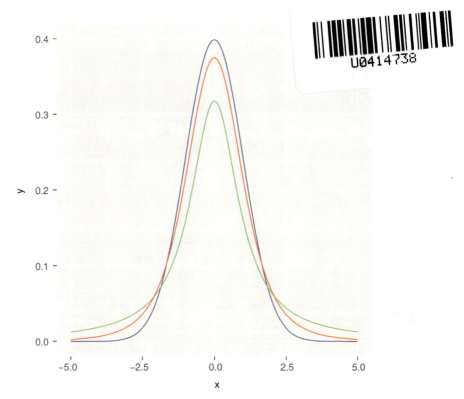

图 6.4 标准正态分布（蓝色），柯西分布（绿色）和有 4 个自由度的 t 分布（红色）的密度图

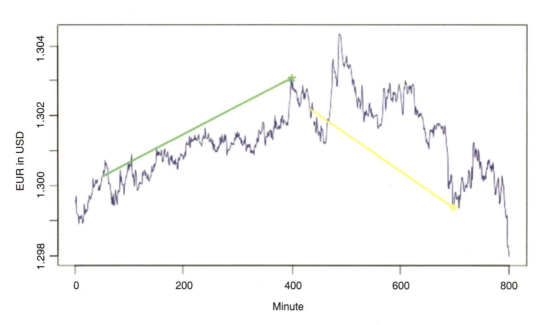

图 11.2 一个短期（绿色）的趋势跟踪交易和一个长期（黄色）的趋势跟踪交易。在这个例子中，设 stopAmt=0.0045，profAmt=0.0025。整个价格过程是一个典型的均值回归

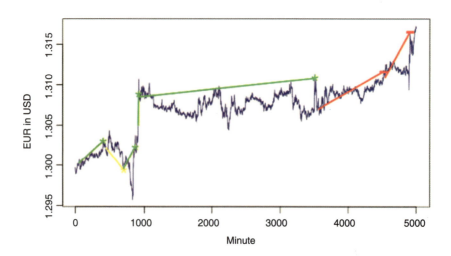

图 11.3 价格序列中的连续七次交易：多头、空头、多头、多头、多头、空头、多头。其中四次多头（绿色）交易是成功的，一次空头（黄色）交易是成功的，最后两次是失败的空头交易（红色）。在这个例子中，设 stopAmt=0.0045，profAmt=0.0025，时间段仍为 2013 年 6 月

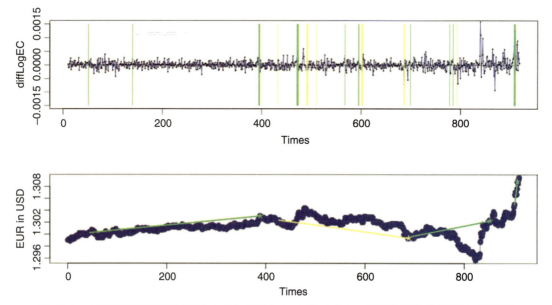

图 11.4 上图是欧元兑美元（EURUSD）市场在 2013 年 6 月 910 分钟的分钟对数回报，下图是其头寸图表

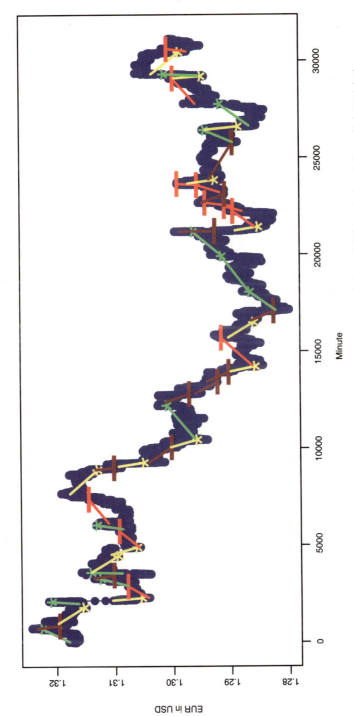

图 11.7 2013 年 5 月整月的多头和空头头寸，这里随着时间推进包括全部 4 种结果：多头、空头、成功和不成功

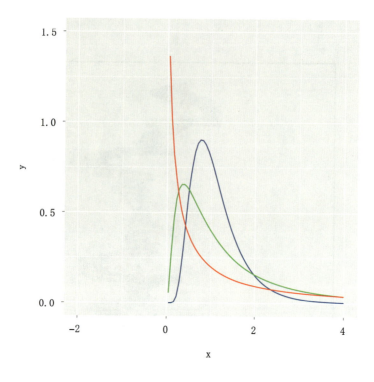

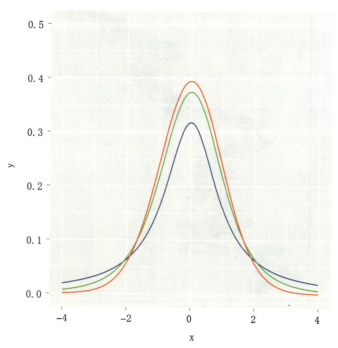

图 A.5 描述了对数正态分布和 t 分布的 p.d.f.s。左边是 $\sigma=1/2$，1 和 2 时的对数正态分布的 p.d.f.，其中对数正态分布用标准差参数 σ 表示。右边是 t_1（蓝色）、t_4（绿色）和 t_{25}（红色）分布的 p.d.f.s

数据科学与工程技术丛书

基于R语言的金融分析

[美] 马克·J.班纳特（Mark J. Bennett） 著
德克·L.胡根（Dirk L. Hugen）

朱轩彤 董宁 岳蕾 吕指臣 译

Financial Analytics with R

Building a Laptop Laboratory for Data Science

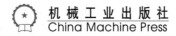

图书在版编目（CIP）数据

基于 R 语言的金融分析 /（美）马克·J. 班纳特（Mark J. Bennett），（美）德克·L. 胡根 (Dirk L. Hugen) 著；朱轩彤等译 . —北京：机械工业出版社，2020.6
（数据科学与工程技术丛书）

书名原文：Financial Analytics with R: Building a Laptop Laboratory for Data Science

ISBN 978-7-111-65821-4

I. 基… II. ①马… ②德… ③朱… III. 程序语言 - 应用 - 金融 - 分析 IV. F830.41-39

中国版本图书馆 CIP 数据核字（2020）第 098881 号

本书版权登记号：图字 01-2018-1376

This is a Simplified-Chinese edition of the following title published by Cambridge University Press:

[Mark J. Bennett, Dirk L. Hugen, Financial Analytics with R:Building a Laptop Laboratory for Data Science, 978-1-107-15075-1]

© Mark J. Bennett and Dirk L. Hugen 2016

This Simplified-Chinese edition for the People's Republic of China (excluding Hong Kong, Macau and Taiwan) is published by arrangement with the Press Syndicate of the University of Cambridge, Cambridge, United Kingdom.

© Cambridge University Press and China Machine Press in 2020.

This Simplified-Chinese edition is authorized for sale in the People's Republic of China (excluding Hong Kong, Macau and Taiwan) only. Unauthorized export of this simplified Chinese is a violation of the Copyright Act. No part of this publication may be reproduced or distributed by any means, or stored in a database or retrieval system, without the prior written permission of Cambridge University Press and China Machine Press.

本书原版由剑桥大学出版社出版。

本书简体字中文版由剑桥大学出版社与机械工业出版社合作出版。未经出版者预先书面许可，不得以任何方式复制或抄袭本书的任何部分。

此版本仅限在中华人民共和国境内（不包括香港、澳门特别行政区及台湾地区）销售。

本书提供了解决当前行业问题所需的金融、统计和算法知识，同时也提供了一种系统的方法来开发统计语言的金融分析程序。本书作者是金融领域的资深数据科学家，不但在高校教授相关课程，而且有丰富的一线实战经验。本书适合作为经管、统计、数据分析相关专业高年级本科生和研究生的教材，也适合金融相关从业人员参考。

出版发行：机械工业出版社（北京市西城区百万庄大街 22 号 邮政编码：100037）
责任编辑：陈佳媛　　　　　　　　　　　　责任校对：殷　虹
印　　刷：北京市荣盛彩色印刷有限公司　　版　　次：2020 年 7 月第 1 版第 1 次印刷
开　　本：185mm×260mm　1/16　　　　　印　　张：20.75（含彩插 0.25 印张）
书　　号：ISBN 978-7-111-65821-4　　　　定　　价：119.00 元

客服电话：(010) 88361066　88379833　68326294　　投稿热线：(010) 88379604
华章网站：www.hzbook.com　　　　　　　　　　　读者信箱：hzjsj@hzbook.com

版权所有·侵权必究
封底无防伪标均为盗版
本书法律顾问：北京大成律师事务所　韩光 / 邹晓东

译 者 序

R语言是一套用于数据处理、统计计算和制图的软件系统，在当今的金融分析世界中是一种优秀的工具。在R朴素的界面下，可以实现丰富的复杂运算、统计和展示功能。在进行探索性的统计分析预测和创建机器学习模型时，R的功能是十分强大的。

熟练掌握R等现代编程语言可以大大减少金融分析师的工作量，特别是由于R语言提供了很多针对专业程序员和非专业程序员的软件包与库，那些不那么擅长编程的金融分析师经过训练之后也可以得心应手地使用R语言进行金融分析。

近年来，我们组织翻译了多本计算机专业图书，这本书可以说是精品之一。在翻译的过程中虽然觉得这本书有一定的难度，但对它仍爱不释手。本书通过梳理金融分析方法，解释数学概念，展示代码和图示，配合相关案例和习题，清晰简练地向读者介绍了如何利用R语言进行金融分析。

本书是芝加哥大学格雷厄姆学院分析学硕士项目的研究生财务分析课程和艾奥瓦大学蒂皮商学院财务系的本科生投资课程的研究材料，也可作为具有良好数学背景和计算机科学背景的高等院校本科生的教材。本书对于计算机专业人士和金融人士都会有较大帮助。有较好的统计概率知识基础的读者能够在本书中找到更多乐趣。

朱轩彤

2019年11月

前　　言

1994年，英国和法国之间的海峡隧道开通，欧洲之星高速列车得以将欧洲大陆的乘客大规模地送往英国，然后再返回。这在当时是多么令人惊叹的壮举（超出了当时许多人的想象），但在今天，我们却认为这是一件理所当然的事情。1994年，阿波罗登月舱的总承包商格鲁曼航空公司被诺斯罗普公司收购，成立了新的航空巨头诺斯罗普格鲁曼公司。它同时也是新部署的先进技术B-2隐形轰炸机的主要承包商。同样是1994年，在芝加哥城外的一个联排别墅里，我进行着一项单调的日常练习：每天晚上在 Investor's Business Daily 报纸上查找两个即将被收购的股票的每日收盘价。这不仅是为了了解它们的运行收益率，而且是为了在持仓之前了解它们相对于其他股票的历史波动性。进行这个手工计算既慢又乏味。第二年，万维网以 Mosaic 浏览器的形式出现。不久之后，雅虎发布股票报价、历史价格图表和图表技术指标，通过新的网络浏览器只需几秒钟就可以免费获得这些内容。

电子表格软件的出现使分析师们的分析性思维提升到了新的层级。活生生的手工计算不再仅限于一个维度。每一行或每一列都可以显示一个时间维度、一个生产类别或一个业务场景。自动化的依赖功能使修改变得非常容易。现在，基于大型计算机分析程序的电子表格可以用来制作更复杂、更持久的分析产品的原型。

有了R语言和Python这样的现代编程语言，如今一个熟练的分析师可以用雅虎或其他免费历史报价服务等资源，设计其分析逻辑，这大大减少了他们的工作量。有人说Python的语法非常简洁，以至于实现与Java程序相同的功能，代码行数仅为Java的四分之一。我们怀疑R语言与之类似。一个小型的金融实验室可以建立在一台笔记本电脑上，几周内花费不到200美元，能根据需要模拟多个市场变量。或者，通过具有更多驱动空间的高端笔记本电脑，能以前所未有的规模装载整个市场10～20年的历史数据。

实验室一旦建成，人们就可以开始进行深刻理解。"知识发现"曾经是人类成长过程中的一个术语。现在我们讨论的是计算机自动化。"知识发现"似乎是一个大胆的术语，对于计算机程序所能创造的任何东西来说，都有点过于雄心勃勃。例如，计算机科学领域中，计算机协会（ACM）有一个名为知识发现和数据挖掘（KDD）的特殊兴趣小组。但几乎没有人会挑战其中的"数据挖掘"部分。毕竟，对于统计学家和计算机科学家来说，掌握数据就是他们的工作。但是用机器发现知识，自动分析数据，这会是真的吗？在现在看来，这似乎有点夸张了。然而，我们再体验一遍本书描述的算法，很快就意识到，使用数据科学技术的这些程序，不仅可以自动进行非常烦琐的计算，而且可以对人类思维水平产生积极、深刻的影响。

也许人们可以用体育运动来类比这种体验。在许多运动中，我们都用防守来保护我们现在的位置，防止对手再得分。进攻是一种按顺序运用运动专长，从而能多得分的能力。KDD的数据挖掘部分可以被认为是防守，即运动中纪律性更强、组织更严密的一方。只要成功一次就是有效的，如伸出手来阻挡传球，投一个曲线球来防止击球手在球场上连续传球。另一方面，"知识发现"是一种进攻性的技能，它超越了所需和预期的数据分析，类比于体育运动，是创造性的一方。在进攻方面，只有一系列的比赛都成功才能取得进步，如足球比赛需要全配合进球得分，或者棒球在三次出局得分之前连续三次击垒。进攻成功的可能性较小。

因此，在 KDD 模型和体育运动的类比中，数据挖掘是防御，知识发现是进攻。实现知识发现虽然罕见，却会产生惊人的影响。知识发现可以像人类的想法一样强大，并能进一步增强它们。例如，我们可能会发现有一种公开交易的股票具有独特的理想属性。KDD 领域触及了这些机器在计算机科学的所有进步中所能做到的极限。

1968 年，在好莱坞电影和小说《太空漫游》中，作者 Arthur C. Clarke 预测了自动推理、自然语言语音识别、视频通话和面部识别等技术。HAL9000 计算机控制着飞往木星的飞船，同时与宇航员 Frank Poole 博士进行对话和下棋，并监控着 300 多名宇航员的生活状况。从那时起，计算机科学，特别是模拟科学，在许多领域对研究和发现过程产生了巨大的影响，并有效地实现了许多科幻小说的目标。除此之外，还有计算生物学、计算宇宙学和计算语言学等领域也取得了长足的发展，如图 1 所示。

本书关注的是计算机模拟技术。计算机模拟技术已经取得了巨大的成功，现在已被广泛接受，它是除了理论和物理实验之外的第三种科学方法。运用书中知识可以帮助我们建立一个金融模拟实验室。本书是芝加哥大学格雷厄姆学院分析学硕士项目的研究生财务分析课程和艾奥瓦大学蒂皮商学院财务系的本科生投资课程的研究材料。也可作为具有良好数学背景和计算机科学背景的高等院校本科生的教材。

想要更好地理解本书，读者最好学习过统计分析、概率和统计等课程，或者了解本书所涉及的数学统计知识，大部分所需资料都已在正文和附录中介绍。读者最好具备本科水平的微积分、线性代数和计算机科学背景，熟悉一种或多种程序设计语言，如 C、C++、Java、C#、Python 或 Matlab。但读者无须具备财务背景。当然，任何关于 R 语言的经验都是有用的。

比起用电子表格，用 R 语言构建的计算机模拟金融可能更复杂、更具挑战性。当定量优化器的逻辑从周围的程序代码中即时显示时，可以更好地控制和定制定量优化器。我们的读者需要更多的计算机科学知识来构建更鲁棒和复杂的平台，以及深入理解编译器和运行时系统。但当完成这些后，金融分析的构建者、运营商或学生会逐渐认识到用设计语言进行统计模拟的优势。构建模拟器和从观察模拟中获得的见解将有助于加深对未来专业领域的理解。

那些观点,现在看来是关于机器的,但是对于人们来说却总是关于学习的。

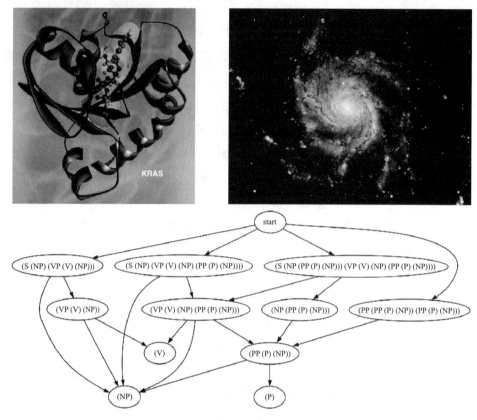

图 1　来自计算生物学、计算宇宙学和计算语言学的样本图像

数据科学涉及统计和计算模型的研究。在这本书中,意味着我们正在释放金融市场中存在的经济价值。数据工程是在计算机上把文件、程序逻辑、测试和持续改进等实现应用于大型数据集的模型的过程。每章末尾的习题将引导我们利用之前章节中的数据科学原理来构建和设计我们的金融实验室。

做这些练习时,可能需要不时地安装各种 R 语言包。通过互联网,读者可找到加载 R 语言包、排除故障的正确说明。涉及的语言包、条件和用例太多,在此无法一一说明。

为便于我们了解逻辑和数据,习题有不同的侧重。新的内容都建立在对前期知识的理解之上,以适应我们进行财务分析所需的复杂程度。

目　　录

译者序
前言

第1章　分析性思维 ………………… 1
1.1　什么是金融分析 ……………… 1
1.2　什么是数据科学笔记本电脑实验室 … 2
1.3　什么是 R 语言，如何将其用于专业分析领域 …………………… 4
1.4　习题 …………………………… 5

第2章　统计计算使用的 R 语言 …… 6
2.1　R 语言入门 …………………… 6
2.2　语言功能：函数、赋值、参数和类型 ……………………………… 9
2.3　语言功能：绑定和数组 ……… 11
2.4　错误处理 ……………………… 14
2.5　数字、统计和字符函数 ……… 15
2.6　数据帧和输入 / 输出 ………… 16
2.7　列表 …………………………… 17
2.8　习题 …………………………… 19

第3章　金融统计学 ………………… 20
3.1　概率 …………………………… 20
3.2　排列组合 ……………………… 21
3.3　数学期望 ……………………… 27
3.4　样本均值、标准差和方差 …… 29

3.5　样本偏度和峰度 ……………… 30
3.6　样本协方差和相关矩阵 ……… 31
3.7　金融收益率 …………………… 33
3.8　资本资产定价模型 …………… 34
3.9　习题 …………………………… 35

第4章　金融证券 …………………… 37
4.1　债券投资 ……………………… 38
4.2　股票投资 ……………………… 40
4.3　证券数据集和可视化 ………… 41
4.4　股票分拆 ……………………… 43
4.5　为并购进行调整 ……………… 48
4.6　绘制多个序列 ………………… 49
4.7　证券数据导入 ………………… 51
4.8　证券数据清理 ………………… 57
4.9　证券报价 ……………………… 60
4.10　习题 ………………………… 61

第5章　数据集分析和风险测量 …… 62
5.1　用对数收益率来生成价格 …… 62
5.2　价格变动的正态混合模型 …… 64
5.3　2015 年货币价格的突变 …… 70
5.4　习题 …………………………… 73

第6章　时间序列分析 ……………… 74
6.1　时间序列入门 ………………… 74

6.2 平稳型时间序列 ············ 78
6.3 自回归移动平均过程 ········ 79
6.4 幂变换 ··················· 79
6.5 TSA 包 ·················· 80
6.6 自回归积分移动平均过程 ···· 87
6.7 案例研究：强生公司的收益 ·· 89
6.8 案例研究：乘客飞行月度数据 · 92
6.9 案例研究：电力生产 ········ 95
6.10 广义自回归条件异方差 ····· 97
6.11 案例研究：谷歌公司股票收益的波动性 ··················· 97
6.12 习题 ···················· 104

第 7 章 夏普比率 ············ 106
7.1 夏普比率公式 ············· 107
7.2 时间段和年化 ············· 107
7.3 排名投资候选选项 ········· 108
7.4 quantmod 包 ············· 111
7.5 衡量损益表增长 ··········· 116
7.6 损益表增长的夏普比率 ····· 119
7.7 习题 ···················· 128

第 8 章 马科维茨均值方差优化 ·· 129
8.1 两种风险资产的最优投资组合 · 129
8.2 二次规划 ················· 132
8.3 利用投资组合优化进行数据挖掘 ····················· 133
8.4 约束、惩罚和套索 ········· 135
8.5 向高维度延展 ············· 140
8.6 案例研究：2003~2008 年标准普尔 500 指数成分股 ······ 147
8.7 案例研究：2008~2014 年几千只候选股票 ············· 150
8.8 案例研究：交易所交易基金 · 154
8.9 习题 ···················· 161

第 9 章 集群分析 ············ 163
9.1 k-means 聚类 ············· 163
9.2 剖析 k-means 算法 ········ 169
9.3 无向图的稀疏性和连通性 ··· 172
9.4 协方差和精度矩阵 ········· 175
9.5 可视化协方差 ············· 177
9.6 Wishart 分布 ············· 184
9.7 Glasso：无向图的惩罚 ···· 186
9.8 运行 Glasso 算法 ·········· 187
9.9 多年追踪价值股 ··········· 187
9.10 年度稀疏度回归 ·········· 191
9.11 季度稀疏度回归 ·········· 195
9.12 月度稀疏度回归 ·········· 196
9.13 架构和扩展 ············· 197
9.14 习题 ··················· 198

第 10 章 衡量市场情绪 ······· 199
10.1 马尔可夫区制转移模型 ···· 199
10.2 读取市场数据 ··········· 202
10.3 贝叶斯推理 ············· 206
10.4 Beta 分布 ·············· 207
10.5 先验和后验分布 ········· 207
10.6 检验对数收益率的相关性 ·· 210
10.7 态势图 ················· 211
10.8 习题 ··················· 215

第 11 章 模拟交易策略 ······· 217
11.1 外汇市场 ··············· 217
11.2 图表分析 ··············· 218
11.3 初始化及结束 ··········· 219
11.4 动量指标 ··············· 220
11.5 在头寸中使用贝叶斯推理 ·· 221
11.6 入场 ··················· 223
11.7 离场 ··················· 224
11.8 获利能力 ··············· 224

| 11.9 短期波动性 ………………… 225
| 11.10 状态机 …………………… 225
| 11.11 模拟总结 ………………… 232
| 11.12 习题 ……………………… 233

第12章 使用基础知识进行数据探索 ………………………… 235
| 12.1 RSQLite 包 ………………… 235
| 12.2 计算市净率 ………………… 236
| 12.3 Reshape2 包 ……………… 238
| 12.4 案例研究：谷歌 …………… 240
| 12.5 案例研究：沃尔玛 ………… 242
| 12.6 价值投资 …………………… 243
| 12.7 实验室：试图战胜市场 …… 246
| 12.8 实验室：财务实力 ………… 247
| 12.9 习题 ………………………… 247

第13章 使用基本原理进行预测 … 248
| 13.1 最佳损益表投资组合 ……… 248
| 13.2 重新格式化损益表增长数据 … 249
| 13.3 获取价格统计 ……………… 251
| 13.4 合并损益表和价格统计数据 … 255
| 13.5 使用分类树和递归划分进行预测 ………………………… 257
| 13.6 分类器之间的预测率比较 …… 262
| 13.7 习题 ………………………… 264

第14章 期权的二项式模型 ……… 266
| 14.1 应用计算金融学 …………… 266
| 14.2 风险中性定价和无套利 …… 269
| 14.3 高风险率环境 ……………… 269
| 14.4 期权数据二项模型的收敛 …… 271
| 14.5 买卖权平价 ………………… 274
| 14.6 从二项到对数正态 ………… 275
| 14.7 习题 ………………………… 276

第15章 Black-Scholes 模型和期权的隐含波动率 ………… 277
| 15.1 几何布朗运动 ……………… 277
| 15.2 几何布朗运动的蒙特卡罗模拟 … 279
| 15.3 Black-Scholes 推导 ………… 280
| 15.4 隐含波动率的算法 ………… 283
| 15.5 隐含波动率的实现 ………… 284
| 15.6 Rcpp 包 …………………… 290
| 15.7 习题 ………………………… 292

附录 概率分布与统计分析 ……… 293

参考文献 …………………………… 312

第 1 章
分析性思维

作为一个投资者，没有什么比在牛市中进行股票分割或在一天内以 20% 的价格收购一个人的股票更令人兴奋的事了。这也许跟足球前锋进球的感觉相似，尽管半随机事件可能会危及预期的结果（特别是当防守队员在球门和前锋之间行动时），但所有的进攻练习和准备工作都在迅速进行，胜利的结果也会更加受到球迷的赞赏。简而言之，当面临风险时，准备工作使成功更有可能，也就是人们常说的不打无准备之仗。

这本书就是关于如何做好准备的。准备好子女的大学教育金，或在退休前拥有一份新的收入，这将使我们在经济上感到更加安全。除其他分析外，财务分析还包括根据模拟历史数据创建预测情景。当业余投资者从定性的角度谈论股票时，例如，"嘿，高通公司的股价最近真的在上蹿下跳！"或"嘿，我买了一些 Intuitive Surgical 公司的股票，它真的很受欢迎！"这种非正式建议是我们常用的自然互动方式。我们是人，需要在许多情境下感受人互动的方式。但是，我们也会悄悄地问自己："当然，你告诉我的这些听起来是一个不错的投资建议，但是基于历史有没有其他更好的投资呢？"从纯粹客观的角度来看，财务分析方法能告诉我们什么？当我们练习财务分析时，就像足球前锋练习射门，我们会接受培训，并为意外情况做更多的准备。

鲁棒准确的数据和设计模型是专业分析实践的关键组成部分。这本书的重点是掌握一些最重要的应用模型，以便适应、运用和扩展这些模型。本书使用 R 语言的手写代码，并使用历史市场数据集来呈现模型，以加深读者对市场行为的理解。

"大数据"（Big Data）源于"大科学"（Big Science）。大数据是一个用来描述数据集的术语，这些数据集太大，不适合通用的内存、磁盘硬件、传统的文件和关系数据库。分析大数据通常需要复杂的算法和处理。对大数据进行分析主要是利用大样本量。有了大型数据集，深刻理解和发现才有了更现实的可能。本书旨在培育执行财务分析的个人和课堂软件实验室。我们所处理的大数据是一种整合了股票和其他普通证券的模型、程序逻辑和数据集的资源。

1.1 什么是金融分析

自 2008 年金融危机以来，市场从业者意识到，纯粹从数学角度出发但在根本上不准确的模型，是不可依赖的，需要一种更实际的方法。这些金融工具所在的市场，其尾部事件要比 2000 年以来大多数市场模型所承认的要多得多。金融工具所在市场的尾部事件比 21 世纪最初10年的大多数市场模型所承认的要多。这些尾部事件导致了闪电崩盘、科技泡沫和基于抵押贷款的危机。实践者需要一些能够快速发现信号和模拟市场的工具来补充和校准数学模型。

与此同时，新兴的分析领域，也被称为数据科学，正以许多人从未想到的方式为企业提供计算智能。分析计算机程序正在推荐从医学诊断到汽车路线再到娱乐内容的所有东西。分析是一种实用的方法，当在实验室和商业世界中观察到结果时，统计规则和离散结构将在数据集上实现自动化。企业能够挖掘交易数据并预测未来的消费者购买模式。健康专家可以挖掘健康记录以帮助诊断疾病并提供决策分析。

在当今世界，企业和消费者都受到消费价格、工业生产、利率和天然气价格波动的影响。这些变化让我们知道风险是始终存在的。现在大型数据集已经广泛可用，市场从业者正加紧努力，使用算法来衡量经济计量模式，并检查它们的预期趋势。

分析已经成为一个术语，用来描述所提出模型的迭代过程、发现数据与模型的匹配程度，以及如何从模型中预测未来的结果。金融分析描述了我们的主题：几十年来，学者和行业专业人士一直在这个领域进行发明创造，最新的技术进步使最近的发现成为可能。金融分析包括将经典统计模型和计算机算法应用于金融市场数据和投资组合。在这一领域所应用的分析关注的是在每天的实践中产生的关系，即全国和全球的有价证券和大宗商品贸易领域的投资者、投机商和生产商之间的关系。

太平洋投资管理公司（PIMCO）和先锋集团（Vanguard）等投资公司谨慎地通过提供积极的市场机会的方式，帮助投资者实现本人安全退休或送孩子上大学等目标。这本书将使我们能够更好地了解这些公司和其他金融实体所做的业务。

虽然现在有许多商业智能书籍都描述了大数据领域正在发生的事情，但这本书特别关注如何实现详细的结果。这本书综合了统计、金融和计算机等多个学科的知识。

企业都在努力寻求更大盈利，同时降低财务风险。因此，优化金融分析就是其中尤为重要的一个方面。任何商业智能方法都会适当地利用数据来尝试优化结果。

这些都是金融分析模拟要解决的问题。什么是最佳收益？假设的风险水平是多少？什么样的财务指标可以成为好的随机变量，它们是如何分布的？哪些数据集可用于对这些随机变量进行分析取样？哪些财务指标是高度相关的？哪些又相对独立？在生成交易时，分析性思维能否使算法比简单的持有策略更具优势？这些都是我们将在这本书中探讨的问题。

1.2 什么是数据科学笔记本电脑实验室

专业的数据科学家不是纯粹的统计学家。应用统计学技能当然是很重要的，但是数据科学家还必须具备实用的软件工程技能，并且建立可靠的、可测试的、快速的、可重复运行的模型。为了实现分析算法，他们必须理解数据类型，这样他们的雇主和客户就能从他们创建的强大模型中获得竞争优势。在此，我们的目标不是一次只处理一种金融工具，而是能够进行大规模处理。本质上，需要了解工具的分类和结构，以便进行比较。投资是一个决策问题，候选股票越多，成功的机会就越大。

本书旨在指导读者建立一个软件模拟实验室，并在实验室的重要工作模块上回答分析问题。笔记本电脑正迅速普及。任何操作系统都可以使用R语言。计算变得又便宜又强大的证据是，能够运行这本书中所有模拟程序的笔记本电脑的售价不到200美元。在安装了

Crouton（一种类似 Ubuntu Linux 的在线免费操作系统）和 RStudio 之后，分析师很快就可以下载数据集，并可以从免费提供的金融数据集中分析数百万行数据。

我们自己的笔记本电脑叫作 AL，是 Analytics Laboratory（分析实验室）的缩写。AL 的硬件和操作系统是使用优惠券之后，以 139 美元的价格购买的。你的 AL 版本可以在苹果电脑或 Windows PC 上运行，任何一台可以运行 RStudio 并保存大量平面文件和一小部分数据库的计算机都可以运行。

对于平面文件，其中一个编码模块下载并缓存了 600 万行数据的价格，以便以后进行分析。虽然很多书都包含代码，但在本书中，代码片段都相互关联，逐步提供了越来越复杂的功能，读者可以选择在自己的计算机上运行代码。任何类型的计算机操作系统都可使用 R 语言，R 覆盖了大部分操作系统。在性能更高的苹果或 Windows 笔记本电脑上运行分析库时，如果你有一个大的内部硬盘驱动器，就可以直接加载"整个市场"数据并随意执行查询。

对于数据科学笔记本电脑实验室 AL 来说，这是成功的一年。在数据挖掘方面，通过本文提供的分析程序，AL 能够为投资组合优化器找到可供选择的股票。通过使用经典的均值-方差优化，R 程序能够提供一个超过标准普尔 500（S&P 500）指数收益率的股票投资组合：不是在实验室的样本中，而是在实际的股票市场中。这是通过组合一个波动性高于标准普尔 500 指数，但并不显著高于该指数的投资组合来实现的。事实上，此时 AL 投资组合的收益与风险比要优于指数。这意味着我们所承担的风险会带来更高的收益。图 1.1 显示了两个优化的投资组合相对于这个基准的样本内性能。

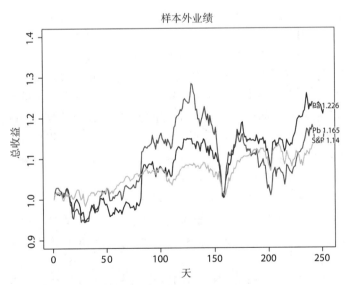

图 1.1　标准普尔基准投资组合以及纳斯达克和纽约证交所股票两个优化投资组合的样本外校准（2014～2015 年）

```
> logRetPortf = diff(log(indexRecentPrices1))
> mean(logRetPortf)/(sd(logRetPortf)*sqrt(252))
[1] 0.006083248
> logRetBench = diff(log(benchPrices/benchPrices[1]))
> mean(logRetBench)/(sd(logRetBench)*sqrt(252))
[1] 0.00497942
```

你可能会问，为什么我们认为 AL 的建议是成功的。因为，通过使用 R 语言函数式、向量表示符号和程序包，AL 使我们能够处理数百乃至数千只潜在股票，并根据过去最一致的表现选择最佳股票。与许多其他平台相比，使用 R 语言可以在使用更少代码的情况下，更正确地完成这一任务。

我们这些投资者经常会收到来自投资顾问、投资网站的电子邮件，并可能会根据他们的推荐定性地选择股票。SeekingAlpha.com 就是这样一个网站，我们可以在决策过程中阅读相关信息。MotleyFool.com 是另一个类似网站。这些网站都是非常棒的。投资者关注的是文章中的某只股票，他们会对以下信息非常感兴趣，比如谷歌首席财务官为什么辞职，或者为什么认为旅游网站公司被高估了等。当然，AL 不需要被娱乐；事实上，AL 也不能被娱乐。因此它不会被一些定性信息分散注意力。与那些吹嘘自己通过与合适的人交谈而获得某些优胜选择的人不同，AL 是一个系统，只能查看数据集和统计数据。使用 AL 和 R 语言相结合而强制执行严格定量决策的方法，是值得考虑的。

1.3 什么是 R 语言，如何将其用于专业分析领域

自 2008 年金融危机以来，银行业、保险业、基金管理业和企业财务部门的专业人士需要对统计和数据分析有更深入的了解，能够讨论和衡量各种风险指标，特别是涉及极端事件的风险指标。虽然定量金融课程在 20 世纪 90 年代在各个大学就出现了，但这些课程在本质上更具数学性质，学生们将更多的时间用在构建证明和推导公式上，而用在市场数据集上的时间较少。虽然推导公式有助于理解模型，但如果考虑机会成本，把时间用来构建一个运行数据分析平台可能更实用。

人们可以通过经验积累和学习教育进入专业的金融分析行业。我们发现，那些具有广泛数学背景的人，更容易过渡到该领域；而那些数学背景不太正规，以及那些对金融词汇不熟悉的人，会发现这本书非常有助于他们转型。本书提供了大量容易理解的数学知识和基础金融词汇，是迈向学习解决行业问题所需的财务、统计和算法知识的第一步。而对于更有经验的读者，本书介绍了最新的技术，也介绍了将传统的财务指标与现代数据挖掘和优化主题融合在一起的新的软件包。正在向分析学过渡的专业人士，专业的定量金融分析师，以及想要用金融分析来补充背景知识的学生，都会对这本书感兴趣。

本书提出了一种用统计语言 R 开发金融分析程序的系统方法。R 语言对统计算法的复杂表达能力，使它已成为学术界分析人士的首选语言。它是开放源码的，可以通过下载免费获得，适用于所有常见的计算机操作系统。而且，数千个已开发的可用程序包，使我们避免了从头重新开发通用算法。

由于金融分析是运用统计、经济规则和计算逻辑来解决问题，因此，分析计算机程序的作用正在扩大：将以前孤立的模型联系在一起。使用专门的编程语言可以更有效地构造这些计算机程序。

本书向读者（无论是金融从业者还是学者）提供了许多金融分析方面的解决方案。如本书所述，对于个人投资者和投资公司的分析师，可以通过参考模型和一个可管理的 R 程序得到结果。本书首先介绍了市场概率和统计的背景知识，R 语言中用于查找价格向量特征的基本算法，这些向量特征包括收益、对报价进行分割调整、比较证券的表现、通过案例衡量波动性和风险、方向、偏离和市场尾部权重。寻找最优投资组合，使用无监督的机器

学习技术，使用图形和聚类算法使投资组合中的相关证券相互管理，可以帮助我们深入了解市场。金融市场变化速度的加快意味着定量分析和金融工程不再只关注单一工具的细微细节，而是关注几乎同时出现的数千次价格和交易的大局。这本书向这个方向迈出了新的一步。

1.4 习题

查看图 1.1，假设标准普尔 500 指数经过调整，以 1.0 为起始点，如图所示，在 252 天或一年内，标准普尔 500 指数的收益率（以百分比计）是多少？

第 2 章
统计计算使用的 R 语言

与包括 Unix 操作系统、C、C++ 语言在内的多个计算领域的创新一样，在 20 世纪七八十年代的 AT&T 贝尔实验室的 S 语言项目中，可以找到 R 语言的根源（Becker、Chambers 和 Wilks，1988）。人们认为，如果由计算机科学家设计的话，S 语言的设计就不会像现在这样了（Moranda、Hill、Osvald 和 Vitek，2012）。S 语言是由统计学家设计的，目的是将调用链接到 Fortran 包，这些包是众所周知且可信赖的，并且它在新开发的 Unix 和 C 环境中得到了新发展。R 语言是由 Ross Ihaka 和 Robert Gentleman 在奥克兰大学开发的 S 语言的开源变体，首次出现在 1993 年（Ihaka，1998）。所选择的变量范围和参数传递规则使得解释器及编译器难以让 R 语言快速运行。为了解决这个问题，已经开发了诸如 Rcpp 之类的包用于 R，允许 R 程序调用预编译的 C++ 程序来优化算法中速度方面的瓶颈部分（Eddelbuettel 和 Sanderson，2014）。我们将在本书末尾讨论 Rcpp 包。

R 的开源性以及对统计和分析计算工具的需求使其日渐流行，这也表明 R 的优点远远大于其缺点。总之，R 是基于向量的，向量是 R 语言中的第一类项。R 语言的这种属性与 LISP、Scheme、Python 和 Matlab 一样。除了这一点之外，R 语言两大优势中的另一点是有 4000 多个公共可用软件包。在本书中，我们将重点关注金融分析领域的 R 语言软件包。

在这里，我们主要为那些需要或者对此感兴趣的读者介绍 R 语言。如果你对 R 语言有经验，可以跳过这一章。而对于那些没有经验的读者，许多例子都值得在 R 环境中尝试一下，以便对该语言有所了解。包括本章在内，这本书的内容是完整独立的。我们假设读者读这本书时没有 R 语言背景，本章可以作为对 R 的介绍或复习，为即将到来的分析程序定位读者，这些分析程序将对市场数据集进行切片和分块，以揭示正在发生的事情。

2.1 R 语言入门

R 的一个优点是容易安装。在浏览器中，访问 Comprehensive R Archive Network（CRAN）网站（http://cran.r-project.org），无论运行的是 mac OS、Linux 系统还是 Windows 系统，都可以下载基本的 R 语言解释器。R 开始是命令行界面（CLI），但是一旦下载并安装，在苹果或 Linux 操作系统上，将有一个通过 R --gui=Tk 命令提供的基本图形用户界面（GUI），它将显示一个 GUI 窗口，如图 2.1 所示。对 Windows 系统，可以从图标启动相同的 R GUI。

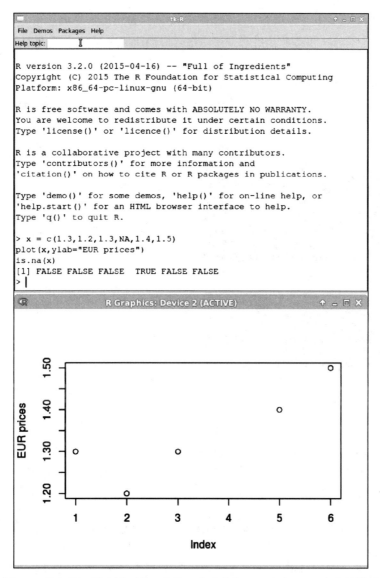

图 2.1 基本的 R 用户界面窗口和第二个弹出窗口，显示 Plot() 命令的结果

作为一个基本的测试，我们可以创建一个向量的价格，并用这段代码绘制它：

```
> x = c(1.3,1.2,1.3,NA,1.4,1.5)
> plot(x,ylab="EUR prices")
> is.na(x)
[1] FALSE FALSE FALSE  TRUE FALSE FALSE
```

c() 运算符创建一个元素向量。这是 R 中的基本向量运算符。注意"not available"（NA）出现在向量的第四项中。R 处理 NA、极大值（Inf）和非数值（NaN）的能力是它的众多优势之一。可以使用三个布尔值函数分别查询变量的值：is.na()、is.infinite() 和 is.nan()。在数据科学中，我们肯定会遇到这些错误的值作为算法输入或结果的情况。

现在再回到 R 解释器，随后的开发是 RStudio GUI，可以从网站 www.rstudio.com 获得。RStudio 是一个商业开发的 GUI，允许管理绘图窗口、可变内容，并且比基本的 R 解释器更方便调试。图 2.2 显示了绘图窗口、变量内容和工作台是如何集成到一个视图中的。多年来，人们一直在 CRAN 的基本 R 解释器中工作，但那些使用过 C++ 或 Java 交互开发环境的人会发现，RStudio 的语法高亮显示、执行选项和多个源文件处理更像他们习惯使用的那样。RStudio 和 Oracle 大数据设备等项目是 R 日益流行和商业化的证据（Ora，2011）。

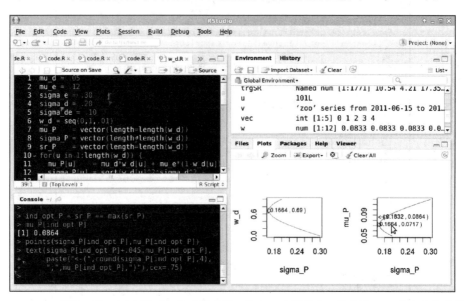

图 2.2　RStudio 是第二代 R 用户界面，集成了代码、执行、变量检查、绘制窗口和表达式完成等功能

要实现将本书中的代码与 R 语言工具一起使用的目的，一个非常重要的初始任务是确保始终通过设置 homeuser 变量定义当前目录路径。我们保留这个变量来设置基本目录，本书的所有代码都将留在这个目录中。每次使用 R 时，我们都将 homeuser 变量设置为：

```
homeuser="<basedir>"
```

其中，<basedir> 是诸如 /home/<myuserid> 或 c:/Users/<myuserid> 之类，这取决于你的计算机系统，而 <basedir>/FinAnalytics/<dir> 是 R 代码中输入和输出的位置。<dir> 通常是本章章号（Chap II）或另一个工作目录名，存储在 R 变量 dir 中。本书网站 www.cambridge.org/financialanalytics 包含一个可下载的存档文件，其中包含了在目录中设置的代码和数据集，解压后 FinAnalytics/<dir> 也准备好了。该文件名为 FinAnalytics.zip。下载并解压它以获得本书中的代码，请记住每次使用时都要定义 homeuser。

每当遇到 library 语句时，R 将检查包是否可用。如果不可用，则必须下载。例如，要下载 ggplot2 包，可以使用以下命令：

```
update.packages()
install.packages("ggplot2",dependencies=TRUE)
library(ggplot2)
```

程序包可以依赖于其他包，因此设置"dependencies=TRUE"。为避免跟踪所有依赖包并逐个加载它们，这个标志非常重要。程序包并不总是能成功加载。解决程序包安装问题的最佳方法是使用你最喜欢的浏览器和搜索引擎，通过在一个好的搜索引擎中输入错误消息，在万维网上找到一个有用的页面。

2.2 语言功能：函数、赋值、参数和类型

对许多案例来说，R 提供了一个计算统计平台。数学函数很容易获得。log() 函数的作用是：提供一个自然对数。当然，在向量 x 上执行 log() 会得到一个自然对数向量 y。与许多命令式语言不同，R 语言不需要进行循环。最后一行计算简单表达式 y，四舍五入到三个数字，之后输出其内容。请注意如何保存 NA 值。NA 上 log() 的计算与预期的 NA 相同。

```
> #Filter prices:
> x[x > 1.3]
[1]   NA 1.4 1.5
> #Keeps the NA intact:
> y <- diff(log(x))
> round(y,3)
[1] -0.080  0.080     NA     NA  0.069
```

在 R 语言中，向量和函数都是第一类对象。它与函数语言 LISP 和 Scheme 的这个属性是一致的。将函数赋给变量是定义它的常用方法。如果 g 被赋值给函数定义，那么 g(4) 将对它求值，没有括号的 g 将返回它的定义。参数可以按位置和名称进行匹配。可以指定参数的默认值。在下面的示例中，按名称匹配参数允许以与定义中不同的顺序提供参数。

```
> #g(x,y) is a power function:
> g <-function(x,y=5) { return(x^y) }
> g(4)
[1] 1024
> g(4,6)
[1] 4096
> g(4,y=7)
[1] 16384
> g(y=8,x=4)
[1] 65536
> g
function(x,y=5) { return(x^y) }
```

R 有四个赋值运算符。最基本的运算符是 "<-"。这是我们在下面的代码块中使用的第一个赋值运算符。R 的函数性质非常强，甚至可以用函数调用 assign("x",1) 来替换它。R 的箭头赋值运算符来自 APL 语言。随着时间的推移，由于人们习惯了其他使用 "=" 的语言，即使在函数调用中使用 "=" 分配参数值（例如 g(x, y=7)），R 语言中也可将 "=" 用于赋值，所以现在使用 "<-" 或 "=" 实际上是首选项的问题。这三种赋值方法都是针对局部赋值的：它们不会影响作用域外层具有相同名称的其他变量。要了解这一点，下面的 R 代码输出显示了如何将 x 赋值为 3，而不受函数 f() 中将 x 赋值为 4 的影响。

```
> x <- 1
> assign("x",2)
> x
[1] 2
> x = 3
> x
[1] 3
> f <-function(x)
+ {
```

```
+ x = 4
+ x
+ }
> f(x)
[1] 4
> x
[1] 3
```

R 的第四个赋值运算符有两个"<",称为"超级赋值"(super-assignment)运算符。执行它会在当前帧之外寻找 x,它是函数 f 的全局变量,并赋值给 x。如果全局环境中没有 x,它会创建一个 x 并将值赋给它。由于函数的参数是通过值传递的,所以超级赋值运算符是将结果返回调用环境的一种方法。

```
> #The fourth type is "<<-"
> x = 3
> x
[1] 3
> f <-function(x)
+ {
+ x <<- 4
+ x
+ }
> f(x)
[1] 4
> x
[1] 4
> typeof(f)
[1] "closure"
> typeof(x)
[1] "double"
```

我们可以看到,上面带有超级赋值输出的结果与前面使用赋值代码输出的结果不同。这里有两个"x":一个在函数外部,一个在函数内部。超级赋值运算符在函数外部查找,并间接影响在函数外部声明的 x。

R 是类型动态化的,因此变量没有类型。相反,值具有类型。所以我们可以看到变量的类型是由它当前值的类型决定的。函数 typeof() 可用于返回赋给变量的值的类型。我们可以在上面的输出块中看到它的用法:对于函数来说,typeof(f) 显示类型为"closure",而对于变量来说,typeof(x) 则显示类型为"double"。

由于 R 的动态特性,可以使用 eval() 函数进行动态评估。让我们看一个使用 eval() 执行两个可执行函数之一的例子。为了将字符串作为 R 表达式或程序进行计算,parse() 函数与 eval() 函数一起使用。

```
> #Classic if-else:
> call_type = 2
> if(call_type == 1) {
+ str = "f(2)"
+ } else {
+ str = "g(2)"
+ }
> eval(parse(text=str))
[1] 32
```

我们还会讨论 if-else,ifelse() 函数接受三个参数,计算第一个参数,如果结果为 TRUE

则提供第二个参数，如果结果为 FALSE 则提供第三个参数。

```
> #Not so classic if-else function:
> call_type = 2
> ifelse(call_type == 1,
+     eval(parse(text="f(2)")),
+     eval(parse(text="g(2)")))
[1] 32
```

在第 9 章中，我们将为这种语言功能提供一个案例。关于这个功能的更多细节，读者可以咨询 R 语言开发核心小组（2011）。

R 语言可以推导出如何将函数应用于向量或矩阵。例如，如果 vec = c(1:3)，那么 sqrt(vec) 就是三元素向量 (1.000000,1.414214,1.732051)。R 的另一个功能是函数式编程原来就有的 apply()。

```
> #Functional nature:
> set.seed(1)
> vec = c(1:3)
> sapply(vec,rnorm)
[[1]]
[1] -0.6264538

[[2]]
[1]  0.1836433 -0.8356286

[[3]]
[1]  1.5952808  0.3295078 -0.8204684
```

第一行包含 set.seed() 函数，该函数将在 2.5 节中介绍。在其中最简单的形式之一中，我们可以在上面的例子中看到，sapply() 可以用于表示迭代，避免在向量上使用 for 循环进行迭代，在本示例中在一个向量上应用 rnorm() 函数，它是普通的变量生成器。得到的结果是一个向量列表。我们将在 2.7 节中更详细地讨论列表。

2.3 语言功能：绑定和数组

将标量或向量绑定在一起是返回函数合计结果的一种方法。在 2.3 节中介绍的另一种方法是通过用超级赋值运算符将新变量提交回函数外部的环境，从而对其产生侧面影响。对于绑定，cbind() 将项绑定到两列，rbind() 将项绑定到两行。如果这两个项是标量，那么这两个操作是等价的。rep() 是一个常见函数，用于创建重复项的向量。例如，rep(4,5) == c(4,4,4,4,4) 为 TRUE，并声明将 4 重复 5 次。我们将在下面演示这些函数的用法。

```
> #Create two column matrix:
> A = cbind(rep(x,length(y)),y)
> A
                y
[1,] 4 -0.08004271
[2,] 4  0.08004271
[3,] 4          NA
[4,] 4          NA
[5,] 4  0.06899287
```

```
> B = rbind(rep(x,length(y)),y)
> B
          [,1]       [,2] [,3] [,4]       [,5]
   4.00000000 4.00000000    4    4 4.00000000
y -0.08004271 0.08004271   NA   NA 0.06899287
> t(A) == B
   [,1] [,2] [,3] [,4] [,5]
   TRUE TRUE TRUE TRUE TRUE
y  TRUE TRUE   NA   NA TRUE
> sum(t(A) == B)
[1] NA
```

在上面的输出中，rep() 形成了五个标量 x 实例，然后绑定成两行两列。A 和 B 现在变成了数组或矩阵。然后用常用矩阵运算符将矩阵 t() 进行转置，使 A 具有 B（2×5）的形状。将它们与"=="进行比较，可以揭示 R 如何确定两个 2×5 数组的结果与相等运算符进行比较。得到的 2×5 数组几乎都是布尔值 TRUE，除了最初来自 y 向量的 NA 值，这些值在与任何值进行比较时都返回 NA。

当涉及简写数组表示法时，R 是非常强大的。如果想要 B 的第四列，我们可以写成 B[,4]。这为 B 的数组切片提供了两个值：

```
> #Subscripting: positive and negative
> B[,4]
   y
 4 NA
> B[,-4]
          [,1]       [,2] [,3]       [,4]
   4.00000000 4.00000000    4 4.00000000
y -0.08004271 0.08004271   NA 0.06899287
> t(A)[,-4] == B[,-4]
   [,1] [,2] [,3] [,4]
   TRUE TRUE TRUE TRUE
y  TRUE TRUE   NA TRUE
> sum(t(A)[-2,-4] == B[-2,-4])
[1] 4
```

我们还可以通过表达式去掉第四列，在列索引前面加上负号（-）来包含所有其他列。因此，我们去掉这两个矩阵的第四列，并检查上面最后一行代码中有多少项匹配。

R 中的范围可以单独创建，也可以作为 for 循环的一部分创建。范围由":"运算符表示，并计算为如下所示的向量。

```
> #Ranges and looping:
> n <- 12
> z <- 1:n
> z
 [1]  1  2  3  4  5  6  7  8  9 10 11 12
> z <- c(1:n)
> z
 [1]  1  2  3  4  5  6  7  8  9 10 11 12
> z <- vector(length=n)
> for(i in 1:n)
+ z[i] <- i
> z
 [1]  1  2  3  4  5  6  7  8  9 10 11 12
```

向量是一维的，R 中的矩阵是二维的，数组有两个或多个维度。矩阵使用 nrow 和 ncol 参数设置边界。

```
> #Matrices and arrays:
> mat2by4 <- matrix(1:8, nrow=2, ncol=4)
> mat2by4
     [,1] [,2] [,3] [,4]
[1,]   1    3    5    7
[2,]   2    4    6    8
```

数组使用 dim 参数，如第二个示例所示，这是一个三维数组。

```
> arr3by4by2 <- array(1:24, dim=c(2,4,3))
> arr3by4by2
, , 1
     [,1] [,2] [,3] [,4]
[1,]   1    3    5    7
[2,]   2    4    6    8
...
, , 3
     [,1] [,2] [,3] [,4]
[1,]  17   19   21   23
[2,]  18   20   22   24
```

R 最方便的功能之一是负下标。历史上，许多计算机编程语言禁止使用负下标。在 R 中，它们用于形成向量、矩阵或数组，在这些向量、矩阵或数组中那些负下标值的正数值被删除了。如果 arr3by4by2 是我们之前的三维数组，那么 arr2by4by3[1,,] 就是一个固定在第一维元素 1 上的 4×3 矩阵。使用负下标，例如下面第二行代码的第二维中的 -4，消除第四个元素。

```
> arr2by4by3[1,,]
     [,1] [,2] [,3]
[1,]   1    9   17
[2,]   3   11   19
[3,]   5   13   21
[4,]   7   15   23
> arr2by4by3[1,-4,]
     [,1] [,2] [,3]
[1,]   1    9   17
[2,]   3   11   19
[3,]   5   13   21
> arr2by4by3[1,c(-3,-4),]
     [,1] [,2] [,3]
[1,]   1    9   17
[2,]   3   11   19
```

R 的另一个更好的功能是，如果一个向量包括负下标向量，例如上面代码中的 C(-3,-4)，则可以从维度中消除一组完整的元素。在这种情况下，上面代码中的最后一个矩阵显示这个负下标特征向量消除了两行。

长度和维度对于向量、矩阵和数组非常重要。length() 和 dim() 这两个函数的使用如下。

```
> length(c(-3,-4))
[1] 2
> dim(arr2by4by3[1,c(-3,-4),])
```

```
[1] 2 3
```

矩阵乘法在第 8 章介绍优化时具有重要意义。这可以在 R 中使用 %*% 运算符来完成。我们先给矩阵 A 赋值。然后找到它的转置矩阵 A^T 并乘以 A 和 A^T。

```
> A <- arr2by4by3[1,c(-3,-4),]
> t(A)
     [,1] [,2]
[1,]    1    3
[2,]    9   11
[3,]   17   19
> A <- arr2by4by3[1,c(-3,-4),]
> A
     [,1] [,2] [,3]
[1,]    1    9   17
[2,]    3   11   19
> t(A)
     [,1] [,2]
[1,]    1    3
[2,]    9   11
[3,]   17   19
> A%*%t(A)
     [,1] [,2]
[1,]  371  425
[2,]  425  491
> 1+9*9+17*17
[1] 371
```

在上面的最后一步中,我们检查 [1,1] 的元素。

2.4 错误处理

错误处理是数据科学的重要组成部分,目的是防止错误数据进入变量,并尽可能保持数据集的整洁。当调用某些程序包时,通常会有错误返回。R 有一个 tryCatch() 功能,它是作为一个函数实现的。首先是原始的主块表达式,然后是一个参数 (处理警告的代码),再次是处理错误的代码,最后是任何常见的清理代码。在本例中,我们将除以零作为错误处理的类型。

```
#Exception handling:
fh <- 0
tryCatch({
  #main block
  fh <<- file("file1.txt", open="r")
}, warning = function(w) {
  #warning-handler-code
  print(w)
  fh <<- NA
}, error = function(e) {
  #error-handler-code
  print(e)
  fh <<- NA
}, finally = {
  #cleanup-code
})
if(!is.na(fh)) readLines(fh)
```

运行上面的代码块可以检测到当前目录中缺少 file1.txt，并生成以下警告消息：

```
<simpleWarning in file("file1.txt", open = "r"):
cannot open file 'file1.txt': No such file or directory>
> fh
[1] NA
```

在接下来的章节中，当我们从 R 系列包中获取市场数据时，没有请求的市场数据是常见的结果，因此使用了 tryCatch()。

2.5 数字、统计和字符函数

设置计算模式时，options(digits = n) 可设置计算中要四舍五入的位数。

```
> #Setting precision:
> options(digits=10)
> pi = 3.1415926535897932384626
> pi
[1] 3.141592654
```

用 runif() 表示均匀分布，用 rnorm() 表示正态分布，用 rbinom() 表示二项分布，这三种语言都可以很容易地得到随机变量的分布。R 语言中自带绘制直方图和密度图的函数 hist() 与 density()。可以通过绘制 density() 函数结果，检验二项分布中变量的密度，如图 2.3 所示。

```
#Random sampling:
plot(density(rbinom(50,50,1/2))
```

set.seed() 函数支持设置随机种子。使用此函数时，后续调用的统计函数将在不同的运行中产生相同的结果。有个相关的统计函数称为 sample()。它返回一个随机整数向量，可以直接使用或作为索引。在更换或不更换的情况下，均可进行取样。

```
> options(digits=6)
> set.seed(99)
> sample(10, replace = TRUE)
 [1]  6  2  7 10  6 10  7  3  4  2
```

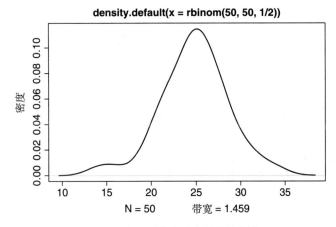

图 2.3　包含二项分布密度图的绘制窗口

字符串是通过一组实用函数来支持的。最常见的函数是 paste()，它执行连接命令。可以通过将路径的各个部分粘贴起来设置当前目录。参数 sep 用于确定分隔符，该分隔符默认为空格。

```
> #String concatenation:
> print(paste("PCLN","UNP","IBM","MCD","PFE",sep=","))
[1] "PCLN,UNP,IBM,MCD,PFE"
```

substr() 函数共有三个参数，分别是字符串变量和子字符串的开始与结束位置。

```
> #Date and string functions:
> date <- as.Date("2014-02-01")
> substr(date,9,11)
[1] "01"
```

match() 函数的作用是处理一个字符串数组，并返回键在数组中的位置。

```
> #String array:
> tickers <- c("PCLN","UNP","IBM","MCD","PFE")
> match('MCD',tickers)
[1] 4
```

2.6　数据帧和输入 / 输出

数据帧是 R 更不寻常而且也更便捷的功能之一。数据帧是一组行序列，其中的列是异类类型（heterogeneously typed）。加载数据帧的一种常见方法是从 Excel 的 .csv 文件进行加载。有几个 R 程序包，特别是机器学习包，使用数据帧作为主要机制将数据传输到基本算法中。$ 运算符用于引用数据帧的列，如下面的最后一行代码所示。

```
> #Data frame:
> L3 <- LETTERS[1:3]
> fac <- sample(L3, 10, replace = TRUE)
> d <- data.frame(x = 1, y = 1:10, fac = fac)
> d[1:4,]
> d[1:4,]
  x y fac
1 1 1   B
2 1 2   B
3 1 3   A
4 1 4   B
> d$fac
 [1] B B A B C B B A A A
Levels: A B C
```

现在已经创建了数据帧，我们可以使用 write.csv() 实用程序将其写入文件。

```
> #Input-ouput:
> write.csv(d,file="d.txt",row.names=FALSE)
> e <- read.csv("d.txt",header=TRUE)
> e[1:4,]
  x y fac
1 1 1   B
2 1 2   B
3 1 3   A
```

```
4 1 4    B
```

可以显示和修改数据帧列。下面，我们保留数据帧 e 的前两个列名，但是将第三个列名重新赋值为"fac"。

```
> names(e)
[1] "x"        "y"        "fac"
> names(e) <- c(names(e)[1:2],"fac")
> e[-c(2:dim(e)[1]),]
  x y fac
1 1 1    B
> typeof(e)
[1] "list"
```

我们还可以看到，数据帧被 typeof() 视为列表。

在文件系统中设置正确的目录对于成功读写非常重要。在运行书中的代码时，R 必须位于正确的目录中，我们根据需要使用 R 的 setwd() 和 getwd()。通常，我们总是预先准备文件路径的 homeuser 部分，以便 setwd() 可以成功运行。

```
setwd(paste(homeuser,"/FinAnalytics/ChapXI",sep=""))
```

如果遇到类似下面的错误：

```
Error in file(file, "rt") : cannot open the connection
```

这是由于你的 R 进程没有设置 homeuser，导致该错误经常出现。在 R 命令提示符下使用 getwd() 来查看当前目录路径。

2.7 列表

列表是有序集合，像向量一样由 c(...) 构成。然而，列表不同于基本向量，因为它们是使用 list(...) 递归形成的。列表可以包含列表。我们可以在下面的代码输出序列中看到其差异：

```
> #Lists:
> c(1,c(1,2),3,"A",c(4,5))
[1] "1" "1" "2" "3" "A" "4" "5"
> list(1,c(1,2),3,"A",list(4,5))
[[1]]
[1] 1

[[2]]
[1] 1 2

[[3]]
[1] 3

[[4]]
[1] "A"

[[5]]
[[5]][[1]]
```

```
[1] 4

[[5]][[2]]
[1] 5
```

若将 *l* 赋值给上面的列表，则可以通过两种方式引用元素。*l*[2] 生成向量 c(1,2) 的列表，而 *l*[[2]] 只生成向量 c(1, 2) 本身。

```
> l <- list(1,c(1,2),3,"A",list(4,5))
> l[2]
[[1]]
[1] 1 2

> l[[2]]
[1] 1 2
```

我们可以看到，前面的数据帧 e 可以按照以下顺序作为列表处理：

```
> e[[1]]
 [1] 1 1 1 1 1 1 1 1 1 1
> e[[2]]
 [1]  1  2  3  4  5  6  7  8  9 10
> e[[3]]
 [1] B A B A C C B B B C
Levels: A B C
```

在本书中，列表的主要用途是帮助我们从函数返回项的结构。与使用 c() 运算符形成向量不同，使用 list() 运算符构造函数的返回值时，不同类型的列表项是分隔开的，并可以通过使用 [[]] 列表索引运算符的调用例程对其进行索引。在这种情况下，列表非常方便。

如果有一个由符号组成的向量 A 和它们当前价格的对应向量 B，我们可能希望将这两个都返回到调用代码序列。

```
> obtainPrices <- function() {
+ A <- matrix(c("VRSN","UNP","HPQ","NSC"),nrow=1)
+ B <- matrix(c(37.61,125.62,50.48,50.44),nrow=1)
+ list(A,B)
+ }
> res <- obtainPrices()
> res[[1]]
     [,1]   [,2]  [,3]  [,4]
[1,] "VRSN" "UNP" "HPQ" "NSC"
> res[[2]]
      [,1]   [,2]   [,3]  [,4]
[1,] 37.61 125.62 50.48 50.44
```

注意，如果我们尝试使用向量构造函数，如 c()、rbind() 或 cbind() 运算符，很快就会遇到限制。例如，如果我们将两个长度不同的向量绑定在一起，那么调用程序代码需要解压缩这些项，并分别计算出每个向量的长度。它很快就变得相当乏味。幸运的是，因为每个元素可以具有不同的维度和长度，列表可以自动处理这些事情。至此，关于 R 语言基本内容的简单介绍就结束了。

2.8 习题

（1）运行第 2 章中介绍的所有代码，熟悉并测试你的 R 环境。

（2）使用 seq(−2,2,.1) 获得一个 x 值范围，用于概率函数 $f(x)$ 的输入，定义为

$$f(x)=\begin{cases}2x, & \text{其中 } 0 \leqslant x \leqslant 1 \\ 0, & \text{其余情况}\end{cases} \tag{2.1}$$

编写 R 代码以定义 $f(x)$，并编写代码以将 $f(x)$ 应用于 x 值的向量，编写代码以绘制 $f(x)$ 与 x 值的结果。

（3）编写 R 代码，找出 1 到 25 之间数字的平方，并在 x 轴上写上数字，在 y 轴上写上数字的平方。提示：可以使用 c() 运算符将元素追加到向量。

第 3 章
金融统计学

统计学是一门研究如何对代表着数据的随机变量进行有效收集、组织和实验的数学科学。这些随机变量可以代表自然或者模拟的事件。统计学最惊人的特性就是其对可观察数据的解释能力。这一章我们会讨论一些基本的数学公式，为后续章节的分析框架铺垫基础。

对统计学的讨论是一切金融分析的前提。为了在金融工具中对投资进行定量讨论，一定的预备知识背景是必需的。这会帮助读者更准确地理解本书内容。没有统计学基础是无法做好金融分析工作的。这些背景知识将会在本节以公式的方式进行介绍，并贯穿全书。公式为 R 语言中的计算机指令提供了清晰而明确的规范。

下面将从离散结果的概率入手开始介绍。完成前三节的学习后，读者可以自行阅读附录，了解更多的分析中常用的概率分布和统计学分析概念。

3.1 概率

概率是用来描述事件发生可能性的概念。一个事件 A 定义为 $\varnothing \subseteq A \subseteq S$，其中 $\varnothing$ 为空集，S 为可能性全集。令事件 A 发生的概率为 $0 \leqslant P(A) \leqslant 1$，并且有 $P(\varnothing)=0$ 和 $P(S)=1$。定义补集 A^c，满足 $A \cup A^c = S$ 和 $A \cap A^c = \varnothing$。虽然看起来多余，但这两个条件只是在数学上严格要求 1) 事件要么发生，要么不发生，2) 事件不可能既发生又不发生。

我们讨论两个事件 A 和 B。定义两个事件的交集的概率（joint probability），即两个事件都发生的概率：$P(A \cap B)$。又定义两个事件的并集的概率 (union probability)，即两个事件至少发生一个的概率：$P(A \cup B)$。通常 $P(A \cap B)$ 可以简写作 $P(A,B)$。上述两个事件的概率有如下的关系：

$$P(A \cup B) = P(A) + P(B) - P(A \cap B)$$

贝叶斯法则

定义当 B 已经发生后，事件 A 发生的条件概率为 A 和 B 同时发生的概率除以 A 的概率：

$$P(B|A) = \frac{P(A|B)P(B)}{P(A)} = \frac{P(A \cap B)}{P(A)} \tag{3.1}$$

类似于把样本空间分区，同样可以把事件一分为二：$P(A) = P(A,B) + P(A,B^c)$。该公式的含义是如有事件 A 和 B，那么 A 要么伴随 B 一起发生，要么 A 不伴随 B 发生，如图 3.1 所示。两边同时除以 $P(A)$ 之后，即在用条件概率表述类似的结论：如事件 A 已经发生，那么事件 B 要么发生，要么不发生。

$$P(A) = P(A,B) + P(A,B^C) \quad (3.2)$$

$$1 = \frac{P(A,B)}{P(A)} + \frac{P(A,B^C)}{P(A)} \quad (3.3)$$

$$1 = P(B|A) + P(B^C|A) \quad (3.4)$$

拓展贝叶斯法则

贝叶斯法则也可以拓展到多事件在 A 发生时的概率：

$$P(B_i|A) = \frac{P(A|B_i)P(B_i)}{\sum_{j=1}^{n} P(A|B_j)P(B_j)} \quad (3.5)$$

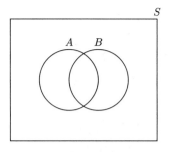

图 3.1　事件集合 A 和 B 以及全集 S 构成的 4 个事件区域

3.2　排列组合

在离散（即有限种状态）概率中，常常需要统计可能结果的个数来计算概率。例如，投两个色子的和的概率就可以通过计数的方式来解决。在数学上，这需要借助于两个工具：排列和组合。

排列

假设我们有 n 个不同的物件构成的集合，想要计算所有可能出现的顺序。第一个位置有 n 种选择，第二个位置有 n-1 种选择，第三个位置有 n-2 种选择，以此类推直到最后一个位置只有一种选择为止。可能的排列种数如下：

$$n! = n \times (n-1) \times (n-2) \times \cdots \times 2 \times 1 \quad (3.6)$$

假设现在需要计算从 n 个不同的对象中选出 r 个对象的可能顺序的个数。类似于上面的推理，要选第一个有 n 种选择，第二个有 n-1 种选择，第三个有 n-2 种选择，以此类推，直到选最后一个只有 n-r+1 种选择。所以可能的排列数如下：

$$P(n,r) = \frac{n!}{(n-r)!} \quad (3.7)$$

组合

现在假设我们要研究从 n 个不同对象的集合中选 r 个对象构成的集合的可能种类。在讨论排列时，我们对对象的顺序是感兴趣的，但在组合中是不考虑顺序的。举一个扑克的例子：手中有哪些牌决定了手牌，其顺序是不重要的。考虑到这点，简单地除以排列数 r! 就可以得到组合数。如下公式中的组合数非常常用，可以简称为"n 选 r"。

$$C(n,r) = \binom{n}{r} = \frac{n!}{r!(n-r)!} \quad (3.8)$$

其中的道理在于为了得到集合大小为 r 的集合的可能数量，只需要考虑一个独一无二的、大小为 r 的集合可能出现的排列数。所以可以用选 r 个对象的排列数来除以大小为 r 的集合的排列数。另一种表达如下：

$$P(n,r) = C(n,r)r! \quad (3.9)$$

就是说，用组合数乘以每个组合可能的排列数就得到了从 n 个对象中选 r 个对象的总排列数。

示例一：扑克

通过扑克的一些例子可以加深对离散概率背后逻辑的理解。为了计算出现某手牌的概率，我们首先需要明确有多少种手牌的可能性。一副扑克有 52 张牌，一个玩家可以手持五张牌。由于牌的顺序是不重要的，所以可以算出来这是 52 选 5 的组合数：

$$N = \binom{52}{5} = \frac{52!}{5!(52-5)!} = 2\,598\,960 \tag{3.10}$$

现在有了总的可能组合数，可以计算出出现某种给定组合的概率。比如要计算出手牌包含 4 张 A 的概率。因为 4 张 A 会占掉 4 张牌的空间，所以另一张牌只有 52-4=48 种选择，任意一种选择都会形成一种手牌组合：

$$P(4张A) = \frac{48}{2\,598\,960} \tag{3.11}$$

接下来计算 4 条（4 张牌数字相同）的概率。现在不仅要考虑 4 张 A，还要考虑 4 张其他牌的点数。这里有 13 种点数可选，选出一种之后，与之前类似，剩下的第 5 张牌有 48 种选择。所以概率如下：

$$P(4条) = \frac{13 \times 48}{259\,860} \tag{3.12}$$

现在形成了一些基本的概率直觉，接下来可以来看看更加复杂的情况，比如手牌中有一对的概率。先看看手上有且只有一对的情况：需要确定一对的点数和剩下三张的点数，必须保证剩下三张的点数互不相同，并且与一对的点数不同。一对的点数有 13 种可能，可用 $\binom{4}{2}$ 种方法选一对的两种花色，用 $\binom{12}{3}$ 种方法选择选单牌的点数，用 4^3 种方法选择 3 张单牌的花色。所以有且仅有一对单牌的概率为

$$P(有且仅有一对) = \frac{13\binom{4}{2}\binom{12}{3}4^3}{\binom{52}{5}} \tag{3.13}$$

可以算出其概率为

```
> 13*choose(4,2)*choose(12,3)*4^3 / choose(52,5)
[1] 0.422569
```

所以能拿到一对的概率高达 42.26%。两对的情况是手中有两对不同的点数。两对的点数有 $\binom{13}{2}$ 种可能性，$\binom{4}{2}^2$ 种花色选择，11 种最后一张牌的点数选择和它的 4 种花色选择。所以有两对的概率为：

$$P(两对) = \frac{\binom{13}{2}\binom{4}{2}^2 11 \times 4}{\binom{52}{5}} \tag{3.14}$$

可以算出是：

```
> choose(13,2)*choose(4,2)^2*11*4 / choose(52,5)
[1] 0.04753902
```

3 条的手牌是指 3 张牌的点数一样，剩下两张与这 3 张的点数不同，并且两张的点数也互不相同。所以 3 张一样的有 13 种点数选择，$\binom{4}{3}$ 种花色选择，另外两张有 $\binom{12}{2}$ 种点数选择，4^2 种花色选择。3 条出现的概率为

$$P(3\text{条}) = \frac{13\binom{4}{3}\binom{12}{2}4^2}{\binom{52}{5}} \tag{3.15}$$

基于以上的结果，可以进一步计算"葫芦"的出现概率。"葫芦"是指 3 张相同点数和两张相同点数的牌型。3 张一样的牌的点数有 13 种选择，$\binom{4}{3}$ 种花色选择，剩下的一对有 12 种点数选择，$\binom{4}{2}$ 种花色选择。所以"葫芦"的概率为

$$P(\text{葫芦}) = \frac{13\binom{4}{3}12\binom{4}{2}}{\binom{52}{5}} \tag{3.16}$$

接下来是"4 条"的概率。"4 条"是 4 张同一点数的牌和一张其他的牌。4 张一样的牌的点数有 13 种选择，$\binom{4}{4}$ 种花色选择，另一张牌有 12 种点数选择和 4 种花色选择。所以"4 条"的概率为

$$P(4\text{条}) = \frac{13\binom{4}{4}12\times 4}{\binom{52}{5}} \tag{3.17}$$

"顺子"是指 5 张牌的点数正好是连续的，花色无限制。点数有 10 种选择（K 可以和 A 连成顺子），花色有 4^5 种选择。在这 10×4^5 种选择中还需要剔除同花顺来防止重复计算：

$$P(\text{顺子}) = \frac{10\times 4^5 - 4\times 10}{\binom{52}{5}} \tag{3.18}$$

同花是指 5 张牌都来自于同一个花色。有 4 种花色可选，每个花色的牌有 $\binom{13}{5}$ 种点数选择。从 $4\binom{13}{5}$ 中还需要剔除掉同花顺的情况来防止重复计算：

$$P(\text{同花}) = \frac{4\binom{13}{5} - 4\times 10}{\binom{52}{5}} \tag{3.19}$$

"同花顺"是指又成顺子又成同花。有 10 种点数选择，4 种花色选择。类似于前面，这里需要剔除"皇家同花顺"来防止重复计算：

$$P(\text{同花顺}) = \frac{4 \times 10 - 4}{\binom{52}{5}} \tag{3.20}$$

"皇家同花顺"是指点数依次是 10、J、Q、K、A 的同花顺。有四种选择，每种花色一种。"皇家同花顺"的概率为

$$P(\text{皇家同花顺}) = \frac{4}{\binom{52}{5}} \tag{3.21}$$

这里列出其他的概率：

$$P(\text{高牌}) = \frac{\left[\binom{13}{5} - 10\right](4^5 - 4)}{\binom{52}{5}} \tag{3.22}$$

有 i 张 A 的条件概率：

$$P(4\text{张牌中有}4\text{张A}|i\text{张牌中有}i\text{张A}) = \frac{P(\{4\text{张牌中有}4\text{张A}\} \cap \{i\text{张牌中有}i\text{张A}\})}{P(i\text{张牌中有}i\text{张A})} \tag{3.23}$$

$$= \frac{P(\{4\text{张牌中有}4\text{张A}\})}{P(i\text{张牌中有}i\text{张A})} \tag{3.24}$$

$$P(i\text{张牌中有}i\text{张A}) = \frac{\binom{4}{i}}{\binom{52}{i}} \tag{3.25}$$

$$P(4\text{张牌中有}4\text{张A}|i\text{张牌中有}i\text{张A}) \tag{3.26}$$

$$= \frac{1}{\binom{52}{4}\frac{\binom{4}{i}}{\binom{52}{i}}} = \frac{\binom{52}{i}}{\binom{52}{4}\binom{4}{i}} \tag{3.27}$$

$$= \frac{(4-i)48!}{(52-i)!} = \frac{1}{\binom{52-i}{4-i}} \tag{3.28}$$

示例二：独立

两个事件 A 和 B 当且仅当满足 $P(A|B) = P(A|B^c)$ 时，A 和 B 相互独立。先从直觉上进行解释，比如事件 A 是"我被卡车撞了"，事件 B 是"我穿了军装"。如果我穿军装时被车撞的概率和我不穿军装时被车撞的概率相同，那么无论从直觉上还是从统计上，就可以说我被卡车撞和我穿不穿军装没什么关系。反过来说，如果说这两者是独立的，那么它们就应该满足无论我穿不穿军装，被卡车撞的概率都一样。

为了更形式化地展示这一点，先来回忆一下条件概率，即
$$P(A|B) = \frac{P(A,B)}{P(B)}$$
再加上 A 和 B 统计学上相互独立的定义：
$$P(A,B) = P(A)P(B)$$
根据概率的定义有
$$P(B^C) = 1 - P(B)$$
这代表我不穿军装的概率等于 1 减去我穿军装的概率。

我们也知道有
$$P(A) = P(A,B) + P(A,B^C)$$
这代表如果我被车撞了，要么我穿了军装，要么我没穿军装。

回到原先的问题，根据假设有
$$P(A\,|\,B) = P(A|B^C)$$
由条件概率有
$$\frac{P(A,B)}{P(B)} = \frac{P(A,B^C)}{P(B^C)}$$
交叉相乘有
$$P(A,B)P(B^C) = P(A,B^C)P(B)$$
替换之后有
$$P(A,B)[1-P(B)] = [P(A)-P(A,B)]P(B)$$
$$P(A,B) - P(A,B)P(B) = P(A)P(B) - P(A,B)P(B)$$
抵消掉之后有
$$P(A,B) = P(A)P(B)$$
即相互独立的定义。

示例三：生日悖论问题

多少人组成的小组内会有 50% 的概率出现至少一对的生日相同？由概率的基本性质有
$$P(\text{至少一对}) + P(\text{一对没有}) = 1$$
即
$$P(\text{至少一对}) = 1 - P(\text{一对没有})$$
所以我们需要计算的是小组的人数 n 满足
$$P(\text{没有人生是相同}) = 0.5$$
P（没有人生日相同）是很容易计算的。

回顾之前的结论
$$P(A,B,C) = P(C\,|\,A,B) \cdot P(A,B)$$
$$= P(C\,|\,A,B) \cdot P(B\,|\,A) \cdot P(A)$$
所以有

$P(\text{一对没有}) = P(\text{两个里面一对也没有}) \cdot P(\text{三个里面一对也没有}|\text{两个里面一对也没有})$

由于一年有 365 天，上式就变成

$$\frac{365}{365} \cdot \frac{365-1}{365} \cdot \frac{365-2}{365} \cdots$$
$$= (1) \cdot (1-1/365) \cdot (1-2/365) \cdots$$

又由 e^x 的泰勒公式展开有

$$e^x = \sum_{n=0}^{\infty} \frac{1}{n!} x^n$$
$$= 1 + x + \frac{1}{2}x^2 + \frac{1}{3 \cdot 2}x^3 + \cdots$$

所以在 x 较小时

$$e^{-x} \approx 1-x$$

在图 3.2 中我们可以看出这点。

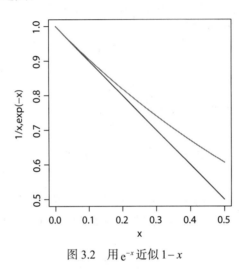

图 3.2 用 e^{-x} 近似 $1-x$

所以有

$$P(\text{一对没有}) \approx e^0 \cdot e^{-\frac{1}{365}} \cdot e^{-\frac{2}{365}} \cdots$$
$$= e^{-\frac{1}{365}\sum_{i=1}^{n}i} = e^{-\frac{1}{365} \cdot \frac{n(n+1)}{2}} = 0.5$$

因为

$$\sum_{i=1}^{n} i = \frac{n(n+1)}{2}$$

最后通过

$$e^{-\frac{1}{365} \cdot \frac{n(n+1)}{2}} = 0.5$$

求解 n：

$$n^2 - n = -2 \cdot 365 \cdot \ln\left(\frac{1}{2}\right)$$

用二次函数求根公式求解得到 $n=23$，所以仅在 23 人的小组中就有 50% 的概率有两个人的生日相同。这远低于一般人的预期。大部分人都会认为是 100～200。为什么会这样呢？因为我们往往目光短浅地去计算别人和自己生日相同的概率，而忘记了他人之间也可能存在生日相同的情况。在常人理解和计算概率或者风险时常常会被这种错觉所误导。

3.3 数学期望

数学期望是统计学中最基本的概念之一。假设 X 是随机变量，x 是它的可能结果。通过汇总这一系列未发生事件的概率 $p(x)$，可以得到一个期望值。

在离散的情况下，可能的结果是有限的，定义均值和方差：

$$E(x) = \sum_{x \in S} xp(x) = \mu$$

$$\text{Var}(X) = E[(X - E(X))^2] = \sum_{x \in S}(x - E(X))^2 = \sigma^2$$

在连续的情况下，均值和方差：

$$E(X) = \int xp(x)\mathrm{d}x = \mu$$

$$\text{Var}(X) = E[(X - E(X))^2] = \int (x - \mu)^2 p(x)\mathrm{d}x = \sigma^2$$

标准差定义为

$$\sigma_r = \sqrt{\text{Var}(r)}$$

另外两个重要的概念也涉及期望。偏度定义为

$$\text{Skew}(X) = E\left[\left(\frac{X - \mu}{\sigma}\right)^3\right]$$

峰度定义为

$$\text{Kurt}(X) = E\left[\left(\frac{X - \mu}{\sigma}\right)^4\right]$$

两个随机变量的协方差衡量了它们同时发生的可能性为

$$\text{Cov}(X,Y) = E[(X - E(X))(Y - E(Y))] = E(XY) - E(X)E(Y)$$

$$\text{Cov}(X,Y) = \frac{E[(X - E(X))(Y - E(Y))]}{E(X)E(Y)} = \frac{E(XY) - E(X)E(Y)}{\sigma X \sigma Y}$$

平均值是一个位置参数，决定了分布在横轴上的位置。比如将 μ 从 0 移动到 1 会把整个分布往右移动一个单位。方差和它的平方根（标准差）是一个尺度参数，决定了分布会有多宽。比如，如果标准差扩大三倍，那么整个分布就会变宽三倍。偏度和峰度是形状参数。偏度衡量了对称性。如果是 0，就是完美对称的；如果为负，就是左偏的，即左边会出现长尾；如果为正，就是右偏的，即右边会出现长尾。与平均值类似，偏度是一个奇数阶矩，所以可能为正，也可能为负。峰度衡量了长尾的程度。越高说明长尾越多。有趣的是所有的正态分布都有一样的峰度，即 3。

示例四：圣彼得堡悖论

想象一下下面这个游戏，你不断扔硬币直到出现一次正面。游戏的回报是 2^n，其中 n 是在出现正面之前扔硬币的次数。你是否愿意去玩这个游戏？或者说，假如你有一张这个游戏的门票，你会以多少钱卖掉它？

我们来计算一下这个游戏期望的回报。

$$E(\text{payout}) = \sum_n \text{payout}(n)p(n) = \sum_{n=0}^{\infty} 2^n P(N = n)$$

在游戏的设定下，

$$= 1 \cdot \frac{1}{2} + 2 \cdot \frac{1}{4} + 4 \cdot \frac{1}{8} + \cdots$$

即

$$= \frac{1}{2} + \frac{1}{2} + \frac{1}{2} + \cdots = \infty$$

所以游戏的收益是无穷大的，那么有人愿意去玩它吗？再假设财富的对数效用函数为 $U(W)=\ln W$。现在就应该用财富效用的期望来代替财富的期望：

$$E(U(W)) = \sum_n \ln(W(n)) p(n)$$

$$= \sum_n \left(\frac{1}{2}\right)^{n+1} \ln(2^n)$$

$$= \ln 2 \sum_n \left(\frac{1}{2}\right)^{n+1} n$$

$$= 0.693$$

$\ln 2 = 0.693$，通过确定性等值原理，

$$E(U(W)) = E(\ln(W))$$

我们知道等价的收益为 2，即

$$W_{ce} = 2$$

这就和一般人愿意出多少价钱来玩这个游戏很接近了。所以尽管对数效用不是很完美，但是足够用来得到一个近似解。

注意这个游戏的价值是无限大的，但是我们只愿意出很低廉的价钱来玩。这提供了一个套利机会。比如现在有一家公司愿意买下你的游戏门票，而不是买下你的整个游戏。现实中当然有这样的公司，他们被称为保险公司。假如一家公司从所有人那里以 16 的价格买来了这些门票。那么期望的收益是多少？90% 比例的回报又是多少？95% 呢？99% 呢？

示例五：风险规避和保险

这是一个离散概率计算的应用例子。假设你有 250 000 的财富，其中你的房子值 200 000。你在考虑为你的房子买火灾保险。一年内发生火灾的概率为 0.001，如果发生火灾的话，你的房屋财产会归零。你的流动性财富的无风险投资收益率为 6%，假设你的财富效用是对数效用，你愿意为你的火灾保险投保多少钱？

注意到财产中的 200 000 都是房屋财产，50 000 是可以用于投资的无风险财产。没有保险的话，年底的财产概率分布为

	概率	财富
没发生火灾（no fire）	0.999	253 000
发生火灾（fire）	0.001	53 000

没火灾时通过投资可以获得收益 $50\,000 \times 1.06 = 53\,000$。

下面来看看期望效用，假设 $U(W)=\ln(w)$

$$E(U(W)) = \sum_s p(s) U(W(s))$$

$$= p(\text{no fire})U(W(\text{no fire})) + p(\text{fire})U(W(\text{fire}))$$
$$= 0.999 \cdot U(253\,000) + 0.001 \cdot U(53\,000)$$
$$= 0.999 \cdot \ln 253\,000 + 0.001 \cdot \ln 53\,000$$
$$= 12.439\,582$$

确定性等值的期望效用为

$$e^{12.439\,582} = 252\,604.85$$

因为 $U = \ln W$ 等价于 $W = e^U$。

在有保险的情况下，年底的财富是固定的，但你需要付出保险费 P。年初时从流动性财富中付出 P。所以能用于进行无风险投资的金额为 $50\,000 - P$。因为有保险，所以年底的财富为

$$(50\,000 - P) \cdot (1.06) + 200\,000$$

为了找到保险费的临界值，设年底财富等于确定性等值财富。

$$(50\,000 - P) \cdot (1.06) + 200\,000 = 252\,604.85$$

解出 P：

$$50\,000 - P = \frac{252\,604.85 - 200\,000}{1.06}$$
$$P = 50\,000 - \frac{252\,604.85 - 200\,000}{1.06}$$
$$= 372.78$$

相比之下，代理人为了保护他的房屋财产愿意付给保险公司的期望代价为：$0.001 \times 200\,000 = 200$。注意这里房产占总财富的比例非常高，这一点非常关键。这个比例越高，愿意为保险付出的价值就越多。

3.4 样本均值、标准差和方差

从离散到连续的概率是很有挑战性的。还没有对主要的概率分布和统计学分析有过了解或者希望进行回顾的读者请事先阅读本书的附录。

所有的概率分布都有表征它们的参数。比如，大部分概率分布都有均值。均值是概率分布的一阶矩。每个概率分布都可以采样，并得到样本上的矩来对应概率分布的矩。

通过利用作为分布的矩的无偏估计的样本的矩，就可以从样本估计出关键参数。以样本均值为例，就可以利用样本均值估计出样本的理论均值。在价格的对数收益的案例中，均值可以告诉投资者，趋势到底是涨是跌。计算出样本标准差，从而可知道市场的历史波动，一个投资者就可以进一步分辨一项投资是否有风险。

最常见的估计是样本均值。对样本中的数据点进行求和并除以数据点个数 N 就可以算出样本均值。假设收益率样本为 R_i，其中 $R_i = \log\left(\dfrac{S_i}{S_{i-1}}\right)$，$S$ 有 $N+1$ 个值。那么对数收益率的样本均值为

$$\vec{R} = \frac{1}{N}\sum_{i=1}^{N} R_i \tag{3.29}$$

R 语言中可以用 *mean*() 函数计算出均值。附录 A.14 有相关的说明。高阶矩的样本估计使用 $\frac{1}{N-1}$，而不是 $\frac{1}{N}$ 作为因子。

证券的历史方差 s^2 和历史波动 s，即样本对数收益率的标准差在预测未来的价格期望中都是非常重要的指标。后者在实际应用中更经常使用，常间接用于风险计算或是直接作为风险的简单度量指标。历史波动是历史方差的平方根。

$$S = \sqrt{\frac{1}{N-1}\sum_{i=1}^{N}(R_i - \bar{R})^2}, \text{ 其中} \bar{R} = \frac{1}{N}\sum_{i=1}^{N}R_i \quad (3.30)$$

这里使用了日收益率，其中 $\bar{R}$ 是平均对数收益率。这个数字通常被用于讨论市场循环的年化指标，所以需要把它从日转化率转化为年度指标，一般把方差乘以每年的天数 252，或者等价地把历史波动乘以 252 的平方根。

$$s_{ann}^2 = s_d^2(252) \quad (3.31)$$
$$s_{ann} = s_d\sqrt{252} \quad (2.32)$$

如果原始的价格 s 是按周计的，那么就用 52 替换 252。如果是按每天计的，不仅包含周一到周五，还包含周末，那么要用 365 替换 252。作为一个金融分析师或者职业风险评估师，最常见的任务之一就是利用证券的历史波动来模拟未来潜在的市场走势。这是衡量证券市场风险的一种指标。直观来说，如果欧元和美元的汇率年化历史波动从 10% 下降到 7%，那么就说明市场变得更加稳定。如果已知当前的年化历史波动，就能大致预知涨跌的趋势幅度。也可以根据这些期望设置交易限额，或者考察什么时候超出了限额。

下面是一段从一年的时序数据计算年化历史波动的 R 代码。

```
> S = c(1.3,1.2,1.3,1.4,1.5,1.4,1.3,1.4,1.5)
> diffLogS = diff(log(S))
> diffLogSmean = mean(diffLogS)
> N = length(diffLogS)
> histVol = sqrt(1/(N-1)*sum((diffLogS-diffLogSmean)^2))
> annHistVol = histVol*sqrt(length(S))
> annHistVol
[1] 0.2296238
```

3.5 样本偏度和峰度

样本偏度（skewness）是从样本数据集计算得到的。通过下面的公式计算

$$\text{Skew}(R) = \frac{1}{N}\sum_{i=1}^{N}\left\{\frac{R_i - \bar{R}}{s}\right\}^3 \quad (2.33)$$

在 R 中，moments 库中的 skewness(x) 函数会用 moment 函数来计算样本偏度。

样本峰度（kurtosis）也是从样本数据集计算得到的。通过下面的公式计算

$$\text{Kurt}(R) = \frac{1}{N}\sum_{i=1}^{N}\left\{\frac{R_i - \bar{R}}{s}\right\}^4 \quad (2.34)$$

在 R 中，moments 库中的 kurtosis(x) 函数也使用 moment 函数来计算样本峰度。第 5 章中的例子中会用到 skewness() 和 kurtosis() 函数。

3.6 样本协方差和相关矩阵

不同时序数据的证券间的相关性在设计投资组合时是非常重要的。就像在一支运动员队伍中不同队员需要协同合作一样，投资组合"队伍"中的不同证券各自发挥自己的作用并协同合作才能让投资组合达成最大收益。因为每个证券不同的时期都会出现高峰和低谷。研究发现投资项目间相关性越低越好。比如，投资者不希望所有的证券同时出现低谷，否则投资组合的价值会有段时间出现大幅下跌。当一个证券触底的时候，目标是其他的某些证券正好到达峰值。

R 语言的绘图功能可以让用户将股权市场的各种维度上的随机变量一次性可视化出来。从图 3.3 中就可以看到这 9 只股票的时序数据的权益符合对数正态分布。

这 9 只股票的对数收益率在图 3.3 中也可以看到。这些随机变量时序数据可以被视作高维正态分布。在各种情况下，通过对数收益率来衡量价格间的相关系数是最好的。如前所述，除了极高频的情况外，对数收益率一般都是近似的正态分布。假如有 p 个长度为 N 的时序数据 $(R_1,\cdots,R_p)$。依然假设 $R_{i,j}=\log\left(\dfrac{S_{ij}}{S_{i-1,j}}\right)$。取任意两列数据 R_j 和 R_k，那么协方差和相关矩阵定义如下：

$$\mathrm{Cov}(R_j,R_k)=E\left\{(R_j-\vec{R}_j)(R_k-\vec{R}_k)\right\} \quad (3.35)$$

$$\mathrm{Cor}(R_j,R_k)=\mathrm{Cov}(R_j,R_k)/(\Sigma_j,\Sigma_k) \quad (3.36)$$

$$\text{其中}\vec{R}_j=\frac{1}{N}\sum_{i=1}^{N}R_{i,j}\text{和}R_k=\frac{1}{N}\sum_{i=1}^{N}R_{i,k} \quad (3.37)$$

R 中用来计算协方差的是 cov() 基本函数，因为 R 就是用于统计学的，所以协方差本身就在语言中做了实现。图 3.4 中，x 轴和 y 轴分别表示 1～9 的九种证券数据，z 轴是对应这对证券 (x,y) 的相关系数，取值范围从 -1 到 1，相关内容会在下节介绍。前景上的对角线上的"高峰"，表示相关矩阵中每个变量 x 相对于自己的相关系数为 1，同时也是矩阵中的最大值。可以看到第三个随机变量和其他随机变量的相关性最低，几乎接近 0，即图中的"谷底"部分。

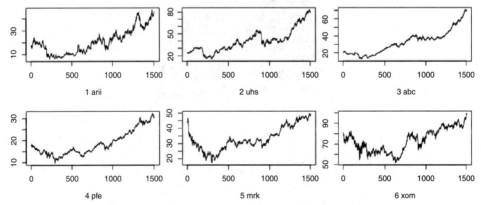

图 3.3 从 2008～2013 年几只典型股票的历史价格。2008 年和 2009 年大萧条时期的下落显而易见，特别是 MRK、JPM、WFC 和 GE。最后列出了相同时期这些股票的收盘价的对数收益率

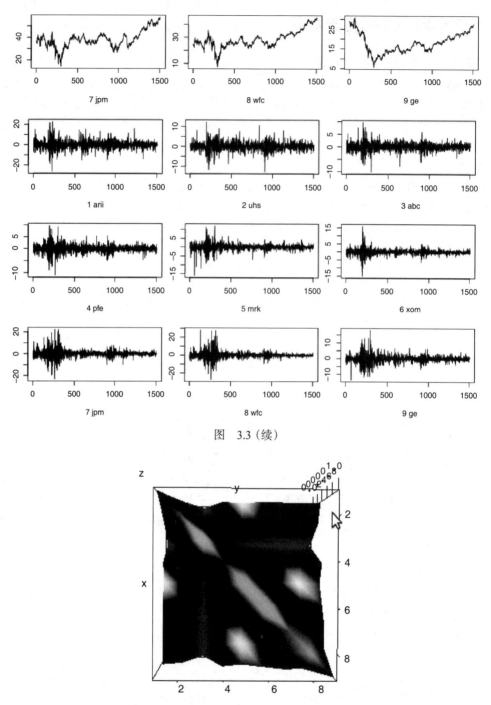

图 3.3（续）

图 3.4 图 3.3 中股票对数收益率的相关系数三维图。注意第三行和第三列的谷底。这说明 ABC 公司和其他公司的相关性较低

示例

投资组合的基本概念是把不同的证券按照不同代表着各自投资量的权重进行组合。每项投资的收益都是随机变量。在有两项 (x,y) 的情况下，如果 a 和 b 是投资权重，需要关注的

是这项投资组合的方差如何。

投资组合中的两个随机变量通过表示权重的 a 和 b 进行组合，其方差如下：

$$\begin{aligned}
\mathrm{Var}(aX+bY) &= E(aX+bY)^2 - E^2(aX+bY) \\
&= E(a^2X^2 + 2abXY + b^2Y^2) - E(aX+bY)E(aX+bY) \\
&= E(a^2X^2 + 2abXY + b^2Y^2) - [E(aX)+E(bY)][E(aX)+E(bY)] \\
&= a^2E(X^2) + 2abE(XY) + b^2E(Y^2) - a^2E^2(X) - 2abE(X)E(Y) + b^2E^2(Y) \\
&= a^2[E(X^2) - E^2(X)] + b^2[E(Y^2) - E^2(Y)] - 2ab[E(XY) - E(X)E(Y)] \\
&= a^2\mathrm{Var}(X) + b^2\mathrm{Var}(Y) + 2ab\mathrm{Cov}(X,Y)
\end{aligned}$$

3.7 金融收益率

在数理金融中，当前股票投资的价格可以写为

$$S(0), S(1), \cdots, S(t), \cdots$$

其中初值为 $s(0)$，价格在未来会随时间变化。换句话说，如图 4.2 所示，我们最终所感兴趣的可以被表示为 T 时刻的价格。在这幅图中，展示的是 t 从 0 到 44 的范围内的 $S(t)$ 的变化，其中 t 的单位是天。

收益率是随着时间的流逝，投资中财产的收益或者损失。在进行金融投资时，统计收益率是极其重要的。旅途中，开车时必须要用一个测速仪来显示当前的时速，毋庸置疑这些关键信息对资产安全和未来计划都至关重要。类似地，客观分析当前、过去和将来的收益率也是必须的。假定这些 S 都是代表国家货币的随机变量。2011 年 Ruppert 的书中有对国家资产收益率的一个典型的定义如下：

总收益率是

$$R_g(t) = \frac{S(t)}{S(t-1)}$$

当收益为正时总收益率总是大于 1 的。

纯收益率是

$$r(t) = \frac{S(t)}{S(t-1)} - 1$$

当收益为正时纯收益率总是大于 0 的。

对数收益率是

$$R(t) = \log(1 + r(t)) = \log\left(\frac{S(t)}{S(t-1)}\right) = \log(S(t)) - \log(S(t-1))$$

其中 log 是自然对数。log() 函数不会打乱传入参数的顺序。它是单调递增的，也就是说，如果 $x>y$，那么就有 $\log(x)>\log(y)$。对于对数收益率来说，如果 $S(t)=S(t-1)$，那么 $\frac{S(t)}{S(t-1)} = 1$。log() 函数会把 1 映射到 0，所以和纯收益率一样，阈值为 0。收益为正时，对数收益率也总是大于 0 的。后文 R 语言中的自动化分析过程大部分情况下都会使用对数收益率，以 R 来表示。

3.8 资本资产定价模型

在资本资产定价模型（Capital Asset Pricing Model，CAPM）中，假设股票 r_i 的收益率为
$$r_i = \alpha_i + \beta_i r_M + e_i$$
其中 α_i 是当市场收益率为 0 时股票 i 的超额收益率。它是股票 i 表现超过市场的期望值。参数 β_i 表示股票 i 的收益率和市场收益率 r_M 的敏感度。e_i 是股票 i 特有的部分，是均值为 0 的正态分布。两边同时取期望值有
$$\begin{aligned} E(r_i) &= E(\alpha_i + \beta_i r_M + e_i) \\ &= E(\alpha_i) + E(\beta_i r_M) + E(e_i) \\ &= \alpha_i + \beta_i E(r_M) \end{aligned}$$
计算收益率的方差得到
$$\begin{aligned} \sigma_i^2 &= \operatorname{Var}(r_i) \\ &= \operatorname{Var}(\alpha_i + \beta_i r_M + e_i) \\ &= \operatorname{Var}(\alpha_i) + \operatorname{Var}(\beta_i r_M) + \operatorname{Var}(e_i) \\ &= \beta_i^2 \operatorname{Var}(r_M) + \operatorname{Var}(e_i) \\ &= \beta_i^2 \sigma_M^2 + \sigma^2(e_i) \end{aligned}$$
两只股票 i 和 j 之间的协方差表示为
$$\begin{aligned} \operatorname{Cov}(r_i, r_j) &= \operatorname{Cov}(\alpha_i + \beta_i r_M + e_i, \alpha_j + \beta_j r_M + e_j) \\ &= \operatorname{Cov}(\alpha_i, \alpha_j) + \operatorname{Cov}(\beta_i r_M, \alpha_j) + \operatorname{Cov}(e_j, \alpha_j) \\ &\quad + \operatorname{Cov}(\alpha_i, \beta_j r_M) + \operatorname{Cov}(\beta_i r_M, \beta_j r_M) + \operatorname{Cov}(e_i, \beta_j r_M) \\ &\quad + \operatorname{Cov}(\alpha_i, e_j) + \operatorname{Cov}(\beta_i r_M, e_j) + \operatorname{Cov}(e_i, e_j) \\ &= \beta_i \beta_j \operatorname{Cov}(r_M, r_M) \\ &= \beta_i \beta_j \operatorname{Var}(r_M) \\ &= \beta_i \beta_j \sigma_M^2 \end{aligned}$$
说明两只股票的协方差等于市场方差和两只股票的 β 参数的乘积。接下来计算一下 Apple AAPL 的 CAPM 模型。通过 RSQLite 包，连接到数据库之后，读取 Apple AAPL 和 S&P 500 SPY 的月度收益率数据。然后将 AAPL 的收益率提取为 x，S&P 500 的收益率提取为 y。

```
> library(RSQLite)
> library(foreign)
> setwd(paste(homeuser,"/FinAnalytics/ChapXII",sep=""))
> funda <- read.dta("funda.dta")
> msf <- read.dta("msf.dta")
> con <- dbConnect(SQLite(),":memory:")
> dbWriteTable(con,"funda",funda,overwrite=TRUE)
> dbWriteTable(con,"msf",msf,overwrite=TRUE)
> command <- "SELECT tsymbol,ret
+             FROM msf
+             WHERE date BETWEEN '2005-01-01' AND '2013-12-31'
+                AND tsymbol IN ('AAPL','SPY')"
> result<-dbGetQuery(con,command)
> y<-result[result$tsymbol=='AAPL',]$ret
> x<-result[result$tsymbol=='SPY',]$ret
```

可以分别用协方差和方差的比例和线性拟合两种方式来计算 β_{AAPL}。这里的线性回归使用了 R 中的回归函数 *lm*()。附录中有关于此回归的更详细介绍。

```
> cov(x,y)/var(x)
[1] 1.219438
> summary(lm(y~x+1))
Call:
lm(formula = y ~ x + 1)

Residuals:
      Min        1Q    Median        3Q       Max
-0.267367 -0.057082  0.004689  0.051996  0.196984

Coefficients:
            Estimate Std. Error t value Pr(>|t|)
(Intercept)  0.02446    0.00857   2.853   0.0052 **
x            1.21944    0.19374   6.294 7.11e-09 ***
---
Signif. codes:  0 '***' 0.001 '**' 0.01 '*' 0.05 '.' 0.1 ' ' 1

Residual standard error: 0.08807 on 106 degrees of freedom
Multiple R-squared:  0.2721, Adjusted R-squared:  0.2652
F-statistic: 39.62 on 1 and 106 DF,  p-value: 7.106e-09
```

这里注意对于 Apple，α 是显著为正的。这是非常少见的。一般来说，资本资产定价模型中 $\alpha = 0$。

```
> shapiro.test(x)

Shapiro-Wilk normality test

data:  x
W = 0.96002, p-value = 0.002527

> shapiro.test(y)

Shapiro-Wilk normality test

data:  y
W = 0.96924, p-value = 0.01323

> plot(x,y)
```

上述代码中，通过 Shapiro-Wilk 检验的 p 值检验月收益率的正态性，发现 p 值小于 0.05，于是拒绝正态假设。图 3.5 画出了收益率间的正向关系。

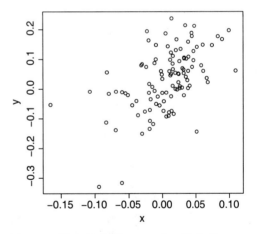

图 3.5 y 轴上的股票 AAPL 和 x 轴上的 S&P 500 指数的关系

3.9 习题

（1）一个月内的工业挖土机的销售量 X 服从如下的概率分布函数

$$p(x) = \begin{cases} 0.7, x = 0 \\ 0.2, x = 1 \\ 0.1, x = 2 \end{cases}$$

计算其月度销售额的期望、方差和标准差。

（2）24小时内服务器的运转时间比例服从概率分布

$$f(x) = \begin{cases} 2x, 0 \leq x \leq 1 \\ 0, \text{其余情况} \end{cases}$$

(a) 计算 X 的期望和方差。

(b) 计算服务器24小时内运转时间低于6小时的概率。

(c) 运转服务器的收益 Y 是运转时间的函数，$Y=5X-2$。计算收益 Y 的均值和方差。

（3）高尔夫球车的电池的寿命可以由如下的概率密度函数表示

$$f(x) = \begin{cases} \dfrac{1}{2} e^{-2x}, x \geq 0 \\ 0, \text{其余情况} \end{cases}$$

(a) 计算 $E(X)$ 和 $E(X^2)$。然后通过 $\text{Var}(X)=E(X^2)-E(X^2)$ 来计算 X 的方差。

(b) 计算高尔夫球车电池寿命大于3年的概率。

(c) 计算高尔夫球车电池寿命少于1年的概率。

（4）参考3.6节对两只股票价值的投资组合权重的方差的计算。推导常数权重分别为 a、b 和 c 的三只股票的方差的计算公式。使用 X, Y 和 Z 作为随机变量。

第 4 章
金融证券

通过本章的学习，可以使你更好地了解金融市场中不同证券之间的关系。我们开始学习一些关于债券和股票的基本计量知识，然后回顾一下近期的历史。我们中有很多人可能都受到这些负面事件的影响。即使我们没受到影响，或许亲人朋友的退休金受到了影响或者失去了工作。看看这些故事就能明白，有一些金融分析技能背景能够帮助我们。我们需要了解个体安全统计行为及其相互关系：这是我们生活在复杂世界中的关键。事实上，仅仅是为了管理我们自己的投资，为孩子的未来教育投资，为一位年迈的亲戚或我们自己退休后的生活做预算，就要求我们具备这种知识，尤其是在目前储蓄账户回报率很低的情况下。

证券交易中有造富神话，也有巨亏故事。讲一下我个人碰到的事，从芝加哥到纽约的旅程中，一位芝加哥出租车司机在谈论有关证券市场的问题，而且他好像对证券市场很了解。到了机场，他帮我从车上取下行李，这时他透露，原来他曾经在芝加哥商品市场上叱咤风云，不过后来破产，不得不寻找新的谋生方式：从商人到出租车司机。这样的故事时有发生。

在过去几十年中，人们从大声地、充满热情地谈论证券价格，转变为通过网络"安静地"谈论。证券和我们日常生活中的大部分产品不同，证券价格在交易时间内会不停变动。因此，分析证券价格是一项随机过程研究。对随机性的数学研究早于现代投资银行和计算机化交易所。

我们区分一下报价最基本的证券——基础证券，以及价值衍生自基础证券的证券——衍生证券。基础证券包括股票、债券和现货市场价格。它们的价格不用特殊的算法就能直接获得，不过衍生证券价格就复杂得多，因为它们的变动是相对于基础证券价格、波动性和到期时间的。

本章的重点是基础证券。股票市场中大部分交易用的是基础证券，所以首先要以此为基础建立分析框架。

最基本的金融工具和最常见的投资证券是债券和股票。对于债券而言，购买债券的人，即债券持有人，持有的是债券发行人的一笔债务。债券发行人的欠债时间为从债券持有人购买债券开始到债券到期。债券发行人可能是一个自治实体，比如地方政府或者国家政府，或者某个企业。发行人可能有义务向债券持有人定期支付款项，例如，每半年支付一次，金额是总金额或"名义"金额的百分之一，此外到期时要进行全额付款。这种债券叫作息票（coupon）债券。不过，无息（zero-coupon）债券不涉及周期性付款，只在债券到期时支付。在这两种情况下，买方都希望从息票提供的收入中获得价值，或者从债券最终价值比原始购买价格的增值部分获得价值。

对于股票来说，股票购买者或者持有者购买了公司的一小部分，份额由持股数量决定。与债券不同，持有股票没有时间限制，没有股票到期日。由于可以在股票市场上进行活跃买卖，买方和卖方交易股票，股票价格由供需决定，因此每股价格可能会剧烈波动。

债券和股票都有所谓的衍生品。这些证券总是有一个到期时间（maturity），也被称为到期日。衍生工具的价值来自其所基于的基础证券的价值。衍生产品是在特定日期以特定价值买卖债券或股票的合同。尽管后面会有关于债券的讨论，但本书的大部分内容都将涉及股票。从第 14 章开始讨论衍生证券。

4.1 债券投资

前面介绍了债券之后，我们想关注的一个问题是如何计算债券的价值。如果债券的息票支付是每六个月一次，那么利率 r 在债券的整个生命周期内通常是固定的。如果一个人购买并成为债券的所有者，我们就说他们做多（long）债券，债券卖方卖空（short）债券。债券的息票支付是有期限的。在数学术语中表示为，

$$债券价值 = 息票现值 + 票面现值 \tag{4.1}$$

$$BV_{ann} = \sum_{t=1}^{T} \frac{C}{(1+r)^t} + \frac{P}{(1+r)^T} \tag{4.2}$$

$$BV_{semi} = \sum_{i=1}^{2T} \frac{C}{\left(1+\frac{r}{2}\right)^i} + \frac{P}{\left(1+\frac{r}{2}\right)^{2T}} \tag{4.3}$$

请注意，在所有息票付款中，息票付款和票面金额 P 是今天贴现率最高的两个值，因为利率 $(1+r)$ 一直提高到 T。对于无息债券来说，债券价值中没有息票，只剩下票面现值。到期时由债券发行人支付给债券持有人。

由美国政府财政部发行的美国国债是一种常见债券。国库券或短期国库券（Treasury-bills，T-bills）是指 $t \leq 1$ 年的短期债券。在到期前不付利息。利息就是购买价格和到期时支付的价格（票面价值）之间的差值，或购买价格和到期前卖出的价格之间的差额。国库券和债券是规定利率的证券，在到期前每半年支付一次。票据（note）和债券（bond）的区别在于到期期限的长短。票据发行期限为 $t=2$ 年、3 年、5 年和 10 年。债券是期限 $t>10$ 年的长期投资。

债券价值是机会成本的一种常见应用。一旦债券持有人购买了利率为 r 的债券，债券市场继续波动，如果现行利率上升，债券持有人现在持有的债券价值就会下降。如果债券持有人的利率 $r=2\%$，而市场利率达到 3%，那么我们可以计算出原始和新的零息 30 年期债券的价值，如下所示：

```
> 1000/(1.02)^30
[1] 552.0709
> 1000/(1.03)^30
[1] 411.9868
```

已经购买的债券支付的价格低于当前的市场利率。从这个计算中可以清楚地看出，债券利率 r 与债券价值之间呈相反关系。利率上升，但债券价值下降。

这种关系如图 4.1 所示。再次，如果我们在图的左右两侧上下运动中仔细观察，就可以看到 r (t) 和债券价值的相反关系。下面的 R 程序模拟市场利率 r (t) 随时间波动的情况，高斯分布为 n (μ=0.03， σ^2=0.0025^2)。在该程序中，公式 4.3 中定义的债券价值被扩展到包括过去支付或应计的息票付款。

```
P<-1000
T<-20
r<-.06 #annual rate
C<-30
BV <- function(P,C,r,t,T) {
  #Finds coupon Bond Value at time t mat T
  tmat <- T-t
  acrued <- C*2*t #already paid
  if(tmat != 0) { #include interim coupons
    i <- seq(1,2*tmat)
    acrued + sum(C/(1+r/2)^i) +
      P/(1+r/2)^(2*tmat)
  } else #no coupons left
    acrued + P/(1+r/2)^(2*tmat)
}
```

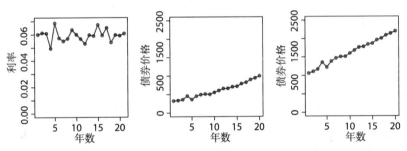

图 4.1 半年度浮动利率债券的 20 年期头寸，利率 r (t) 作为息票累积价值，原则上随时间支付。左边是利率市场上波动的利率。中间是它的无息（C =0）版本的值。右边是以可变速度累积的息票债券价值，取决于贴现率，由利率决定

现在我们有了一个函数 *BV*() 来查找债券价值，我们可以设置种子并使用 *rnorm*() 函数模拟 r (t) 来获得高斯变量。然后，我们循环模拟 t，从 0 到 T。*BV*() 通过将到期时间加倍，实现了公式 4.3（关于 BV_{semi}），计算半年期债券价值。

```
set.seed(437)
par(mfrow=c(1,3))
#Simulate rates market for r
rvec <- round(c(r,r+
             rnorm(T)*.0050),4)
plot(rvec,type="l",ylim=c(0,.07),
     xlab="Years",ylab="r",col=4)
points(rvec,col=4)
#Simulate PV of Bond at time t
simBV <- function(P,C,rvec,T) {
  BVvec = rep(0,T)
  for(t in 0:T) {
    i = t+1
```

```
    BVvec[i] <- BV(P,C,rvec[i],t,T)
  }
  plot(BVvec,type="l",col=4,ylim=c(0,2500),
       xlab="Years",ylab="Bond Value")
  points(BVvec,col=4)
  BVvec
}
BV(P,C,r=.06,t=0,T=20)
BV(P,C,r=.06,t=1/2,T=20)
BV(P,C,r=.06,t=1,T=20)
BV(P,C,r=.07,t=1/2,T=20)
BV(P,C,r=.06,t=20,T=20)
BV(P,C,r=0,t=0,T=20)

C <- 0
simBV(P,C,rvec,T)
C <- 30
simBV(P,C,rvec,T)
```

前面的代码模拟利率并绘制债券价值图,下面的代码对应于"单元测试"案例,用于检查债券价值的结果。单元测试只用了很少几行代码,以演示函数的基本预期属性。很多时候,代码甚至只有一行的长度。函数测试人员,可能也是编写函数代码的人员,需要相信简单的操作也是正确的。

```
> BV(P,C,r=.06,t=0,T=20)
[1] 1000
> BV(P,C,r=.06,t=1/2,T=20)
[1] 1030
> BV(P,C,r=.06,t=1,T=20)
[1] 1060
> BV(P,C,r=.07,t=1/2,T=20)
[1] 924.4875
> BV(P,C,r=.06,t=20,T=20)
[1] 2200
> BV(P,C,r=0,t=0,T=20)
[1] 2200
```

在最后的单元测试案例中,时间利率为零($r=0$),说明了在没有折现率的情况下,存在哪些付款。2200美元来自40笔30美元的付款和1000美元的票面价值。

对于债券来说,一方是债券发行方,包括债券销售人和债券发行人,由他在债券到期后进行支付。另一方是债券购买人和债券持有人,在债券到期后收到付款。违约风险是由于债券发行人在支付息票或支付最终面值时可能遇到困难而产生的。违约风险反映为债券持有投资者预期利率 r 的一部分。正因如此,违约风险越大,利率更高。

4.2 股票投资

债券是借给公司或政府的借款,与债券不同,股票是让投资者买下公司的一部分。从价格波动的角度说,股票市场是投资动态变化最大的地方之一,因为公司股票的供需每天波动,甚至存在二次波动、多次波动。如果一个人购买了一股或几股股票,他就拥有了该公司的一部分股权,也被认为做多(long)股票。如果股票升值,那么出售股票时做多股票的人就会获得利润或收益。

即使你不拥有股票也可以卖出股票，方法是向经纪公司借股票。此时，投资人做空（short）股票。这不是很常见，而且也比做多股票的风险大。

为了尽可能准确地量化股票价格，可以把证券价格建模为模型中随时间变化的随机变量。我们将股票价格指定为随机变量 S，或者更具体地说是 $S(t)$。交易开始时，时间为 0，股票价格为 $S(0)$；交易结束时，时间为 T，股票价格为 $S(T)$。时间以天为单位。

在交易期间，投资者持有证券的情况下，股票交易是为了获得证券的长期头寸。对于多头头寸，当 $S(T)>S(0)$ 时，投资者获利金额为 $S(T)-S(0)$。当 $S(T)=S(0)$ 时，没有收益或损失。当 $S(T)<S(0)$ 时，投资者亏损金额为 $S(0)-S(T)$。当股票增值或贬值时，作为一个投资者，我们分别有一个未实现的收益或一个未实现的亏损。当交易完成时，如果股票头寸已结算为损益，则我们将分别获得已实现收益或已实现亏损。在图 4.2 中，我们有一个 $T=45$ 天的交易，在 T 时有一个实现的收益。如果股票开始以 100 元/股的价格交易，我们购买或"做多"100 股，那么我们在开始

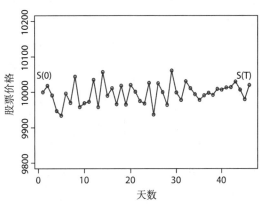

图 4.2　证券 $S(T)$ 45 天持仓，微利

时投资了 10 000 元。下面的代码将使用 *rnorm*() 生成器模拟一个简单的股票多头头寸，以生成高斯变量：

```
#Stock position:
par(mfrow=c(1,1))
#Simulate rates market for r
T <- 45 #days not years
Svec <- round(c(1,1+1.1*
                rnorm(T)*.0025),4)
SVvec <- 10000*Svec
plot(SVvec,type="l",col=4,ylim=c(9800,10200),
     xlab="Days",ylab="Stock Value")
points(SVvec,col=4)
text(c(1,T),c(10050,10050),c("S(0)","S(T)"))
```

空头头寸指在 0 至 T 期间内借入证券以出售给买方的股票交易。在空头情况下，当 $S(T)<S(0)$ 时，投资人盈利金额为 $S(0)-S(T)$。当 $S(T)=S(0)$ 时，既无盈利也无亏损。当 $S(T)>S(0)$ 时，投资人亏损金额为 $S(T)-S(0)$。空头没有多头常见，因为操作比较复杂，有时投资人账户也不允许进行空头交易。

4.3　证券数据集和可视化

接下来进入一个非常具体的分析股票的技术领域：图表（charting）。图表是最常见的可视化形式。就像绘制一个小山丘或者山谷的地理轮廓图，人们可以很容易地从二维图中了解股票价格变动情况，其中横轴为时间，纵轴为价格。在图 4.3 中，来自外汇或"外汇"市场

的欧元（EC）以一分钟为间隔，共绘制一个月。这些价格代表了当时兑换一欧元所需的美元数量。

根据这个图表，可以观察价格行为。可以看到欧元价格变动很不稳定，欧元兑美元汇率从 1.3360 升至 1.3500 时，突然出现了幅度达 1% 的波动。这一 0.0140 的变化是一种看涨行为，如果外汇投机者预测到了这一点，并且恰好处于持有多头仓位，那么将升值。另一方面，如果投机者卖空欧共体或买入美元，并通过这一行动持有这一头寸，那么他们将感到沮丧。

下面的 R 语言例行程序采用 $n \times p$ 价格的多变量矩阵，并使用 R 命令在矩形显示数组中绘制它们，用于并行绘图：$par(mfrow=c(nrow, ncol))$。它常用于帮助分析师可视化证券价格和回报率的投资组合。就我们基于时间的随机变量 $S(t)$ 而言，在这种情况下，我们将 $(S1(t), \cdots, Sp(t))$ 记为 p，并命名为 prices（价格）。

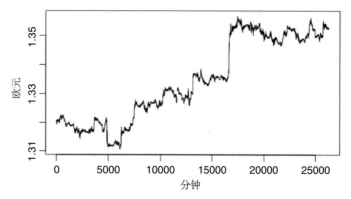

图 4.3 2013 年 9 月欧元兑美元每分钟实际汇率价格

```
displayCharts <- function(prices,lab,nrow=3,ncol=4,sleepSecs=4) {
  Dims=length(prices[1,])
  for(chartGrp in (1:ceiling(Dims/(nrow*ncol)))) {
    print(chartGrp)
    par(mar=c(3.82,1.82,1.82,0.82))
    par(mfrow=c(nrow,ncol))
    for(i in 1:(nrow*ncol)) {
      j = ((chartGrp-1)*nrow*ncol+i)
      if(j <= Dims) {
        print(paste(j,lab[j]))
        plot(prices[,j],type="l",xlab=paste(j,lab[j]))
      }
    }
    Sys.sleep(sleepSecs)
  }
}
#unit test
prices <- matrix(rep(1,10),nrow=5,ncol=2)
prices[3,] <- c(6,6)
prices[4,2] <- 2
lab <- c("X","Y")
displayCharts(prices,lab)
```

在 displayCharts() 函数中，nrow 和 ncol 代表绘图显示网格，而不是价格数据。lab 是股票代码的向量。在函数定义下面的单元测试代码中，由两个假设的股票 X 和 Y 组成这个向量。

通常 R 语言包里有用于分析的内嵌数据集。Higher-dimensional Undirected Graph Estimation 是一个可用于机器学习的 R 包，称为 huge（巨量），它包含一个 stockdata 数据集，其中有 2003 年 1 月 1 日到 2008 年 1 月 1 日 5 年中 452 个股票的每日收盘价格（Zhao、Liu、Roeder、Lafferty 和 Wasserman，2012）。

讨论 huge stockdata 数据集的最佳方法是在调整股票分割数据的背景下进行的。我们首先将 stockdata 数据引入 R 环境。

```
library(huge)
data(stockdata)
D = length(stockdata$data[1,])
len = length(stockdata$data[,1])
prices = stockdata$data[,1:D]
lab = stockdata$info[1:D,1]
```

通过调用 display-Charts() 函数，可以使 stockdata 数据集里的前十个数据可视化。

```
> displayCharts(prices[,1:12],lab[1:12],sleepSec=30)
```

把 sleepSec 设置为 30 秒，我们有时间手动抓取第一个显示屏，见图 4.4。现在我们可以看到突然的价格波动，很可能需要对 MMM、ADBE 和 AET 图数据进行调整。

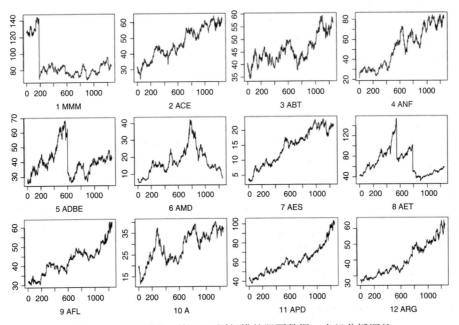

图 4.4　每日图表：前 12 只同规模的股票数据，未经分拆调整

4.4　股票分拆

股票分拆很有意思。当股票价格大涨的时候，分拆普通股将使得每股股票价格变少，新的投资人也更容易进入。不过所占股权的百分比并没有变化，因为股票数量乘以分拆率的倒数的结果没有变化。例如，在 2 比 1 分拆中，价格变为一半，而投资人持股数量翻倍。这样的正向分拆对新的投资人比较有吸引力，原因如下：

- 每股成本更实惠；

- 购买每股的佣金下降了，因为佣金的收取基于股票数量，而非股票价格。

当购买的股票数量为 100 股或者更少时，佣金通常是固定金额。购买不足 100 股的股票会增加每股佣金。如果一个投资者只能买 50 股，他们仍然必须支付 100 股的佣金。然而，如果股票进行 2 比 1 分拆，那么 50 股的成本就是 100 股，因为每股成本减少了一半。这导致每股佣金是投资者期望支付的最低水平。

过去情况一直是这样，不过随着过去十多年佣金成本的下降，每股佣金也不那么重要了。为此，一些公司不再分拆股票，以避免变化引起的行政成本。像 Priceline（PCLN）和 Google（GOOG）这样在 2010～2015 年间价格大涨的公司，都没有经常分拆股票，而每股价格高达数百美元。

在任何情况下，分拆都很常见，所以必须对市场价格数据进行调整。通常分拆都是正向的，就像例子中分拆率为 2 比 1 或 3 比 2，比率大于 1。不过，也有反向分拆，经常发生在股票价格下跌之后。例如，花旗集团 2013 年进行了 1 比 10 反向股票分拆，目的是减少投资人报告中展示的流通股数量。在反向分拆中，分拆率小于 1。

反向股票分拆的典型案例是一家视觉高科技公司 JDS Uniphase，2006 年公司宣布分拆。公告中向投资者解释了分拆方法（JDSU, 06）：

JDSU 宣布 1 比 8 反向股票分拆

加利福尼亚州米尔皮塔斯市，2006 年 9 月 21 日，JDSU 在这一天宣布，在 2005 年 12 月 1 日得到公司股东批准后，其董事会已经批准对其普通股进行 1 比 8 反向分拆。反向股票分拆将于 2006 年 10 月 16 日（星期一）东部时间下午 11 时 59 分生效。JDSU 的普通股将于 2006 年 10 月 17 日（星期二）市场开市时在纳斯达克开始进行分拆调整，临时交易符号为"JDSUD"。大约 20 个交易日后，交易符号将恢复为"JDSU"。

JDSU 的反向股票分拆旨在提高投资者对公司每股盈利能力的了解。该公司还认为，除了降低每股交易费用和某些管理成本外，更高的股价还可能扩大 JDSU 对投资者的吸引力。

反向分拆将使公司发行在外的普通股数量从约 17 亿股减少到约 2.11 亿股。此外，将对 JDSU 股票期权和其他股权激励奖励、股权补偿计划以及可转换票据进行比例调整。普通股授权股数由 60 亿股减至 10 亿股。

在 1 比 8 反向分拆中，如果普通股数量变为 2.11 亿，那么 16.88 亿（即 8 倍）就是原来的股票数量。

通常情况下，价格仅出现在时间序列中，每份价格数据都对应或者明示或者暗示的日期。公布的股票分拆数据和分割比率通常并不容易获得。如果在自由获取的历史数据中价格数据没有进行分拆调整，并且没有分拆事件的相关信息源，则可以使用 R 语言的向量、矩阵和绘图功能来检查数据集：

1）监测时间序列：手动检测未经解释的价格突然大幅变动。
2）数据调整：通过自动检测和修正来调整股票分拆数据。

使用 R 最强大的功能之一——绘图功能之后，就会明确发现执行数据清理的需求。对于庞大的股票数据，股票图表如图 4.4 所示，很明显数据中存在无法解释的价格变化。这些不是突然的价格变动，而是未经调整的股票分拆，但是在价格图表中表现为价格突然大幅变动。

股票分拆是出现这种情况最常见的原因，但是宣布分红之后的效果在图标中看起来可能很类似。区分这两种事件的关键是：股票分拆必须在分拆日前后进行调整，在一个连续图表中使价格曲线平滑。

由于大型数据集中有多种股票分拆比率，因此需要写明分拆规则。例如，图 4.5 中 Comcast（股票代码 CMCSA）公司股价跳涨，好像是由于宣布盈利，但是通过在网上进行进一步调查，会发现在那个时间段进行了 3 比 2 分拆，在进行调整后结果就平滑多了，如

图 4.6 所示。如果不进行调整,最初的图就会导致错误的结果和波动性计算。我们在第 3 章讨论了如何计算波动性。

下面的例行程序通过查找乘数并应用它,来调整 *prices* 向量:

```
splitAdjust <- function(prices,symbol) {
  len = length(prices)
  origFinalPrice = prices[len]
  for(j in 2:len) {
    split = 0
    #print(paste(prices[j-1],prices[j]))
    if(prices[j-1] >= 1.4*prices[j]) {
      split = +1.5 # a 3 for 2
      if(prices[j-1] >= 1.8*prices[j])
        split = +2 #At least a 2 for 1
      if(prices[j-1] >= 2.9*prices[j])
        split = +3 #Ah a 3 for 1
      if(prices[j-1] >= 3.9*prices[j])
        split = +4 #Ah a 3 for 1
      if(prices[j-1] >= 4.9*prices[j])
        stop(paste(symbol,'detected more than 4:1 split'))
      print(paste("split adjusting",symbol,split,
                  j,prices[j-1],prices[j]))
```

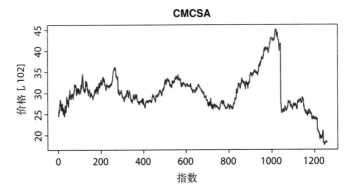

图 4.5 Comcast 公司证券 CMCSA 价格走势图,未调整

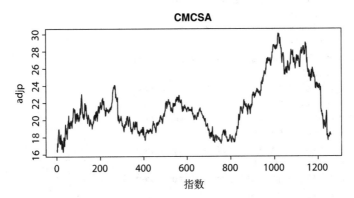

图 4.6 Comcast 公司证券 CMCSA 价格走势图,进行 3 比 2 价格分拆调整后

上面的原则处理的是股票价值变少的案例,即进行分拆(split)。反向分拆(reverse split)指的是分拆后股票价值比分拆前一天变多的情况。在我们的数据集中,一般的反向分

拆规律如下：

```
  } #reverse splits: price increases so divide
  if(prices[j-1] <= prices[j]/1.4) {
    split = -1.5
    if(prices[j-1] <= prices[j]/1.9 &&
       prices[j-1] >= prices[j]/2.1)
      split = -2
    if(prices[j-1] <= prices[j]/2.9 &&
       prices[j-1] >= prices[j]/3.1)
      split = -3
    if(prices[j-1] <= prices[j]/5.8 &&
       prices[j-1] >= prices[j]/6.2)
      split = -6
    if((prices[j-1] <= prices[j]/7.7) &&
       (prices[j-1] >= prices[j]/8.3))
      split = -8
    if((prices[j-1] <= prices[j]/9.7) &&
       (prices[j-1] >= prices[j]/10.3))
      split = -10
    if((split == 0) && (prices[j-1] <= prices[j]/2.9))
      stop(paste(symbol,
              'detected more than double reverse split'))
    print(paste("reverse split adjusting",j,symbol,j,
              split,prices[j-1],prices[j]))
  }
```

现在已经确定了 *split* 的数量，就可以将其应用于 *prices* 向量；数据集形式规则如下：

```
  if(split != 0) {
    for(k in j:len) { #adjust all prices to right from j:len
      if(symbol=="C")
        prices[k] = prices[k]/10 #hard coded for Citi
      else if(split == +1.5)
        prices[k] = 1.5*prices[k] # 3 for 2
      else if(split == +2)
        prices[k] = 2*prices[k] # 2 to 1
      else if(split == +3)
        prices[k] = 3*prices[k] # 3 to 1
      else if(split == +4)
        prices[k] = 4*prices[k] # 4 to 1
      else if(split == -1.5)
        prices[k] = prices[k]/1.5 # 2 to 3 rev
      else if(split == -2)
        prices[k] = prices[k]/2 # 1 to 2 rev
      else if(split == -3)
        prices[k] = prices[k]/3 # 1 to 2 rev
      else if(split == -6)
        prices[k] = prices[k]/6 # 1 to 8 rev
      else if(split == -8)
        prices[k] = prices[k]/8 # 1 to 8 rev
      else if(split == -10)
        prices[k] = prices[k]/10 # 1 to 10 rev
      else stop('splitAdjust internal error')
    }
  }
```

```
    }
    finalPrice = prices[len]
    return(prices*origFinalPrice/finalPrice)
}
#unit test:
p <- c(3.0,3.0,2.0,11.88,5.9,1.95,3.90,3.90,
       1.5,.75,1.00,1.2,1.4,1.8,2.1,1.05,1.30,1.31,1.32,.44,
       .43,.11,.12,.13)
sap <- splitAdjust(p,"SYM")
plot(p,type='l',ylim=c(0,15)); points(sap,col=4)
```

现在，我们看 JDSU 1 比 8 反向分拆的例子，并在测试中使用 splitAdjust()：

```
> JDSUidx <- match('JDSU',lab)
> plot(prices[,JDSUidx],type='l',xlab='JDSU')
> adjp<-splitAdjust(prices[,JDSUidx],c('JDSU'))
[1] "reverse split adjusting 956 JDSU 956 -8 2.13 16.6"
> plot(adjp,type='l',xlab='JDSUadj')
```

生成图 4.7 和图 4.8 的前后图。

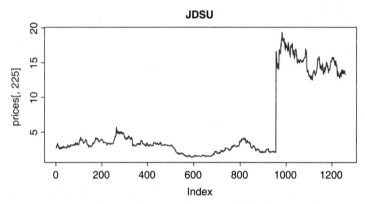

图 4.7　JDS Uniphase 公司证券（JDSU）价格走势图，未调整。很明显，在第 1000 天之前有一个极端情况，需要进行研究

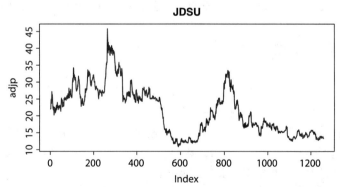

图 4.8　JDS Uniphase 公司证券（JDSU）价格走势图，进行 1 比 8 反向价格分拆调整之后。对照图 4.7，我们可以在调整分拆时间的比例后看到相似性

下面显示 findR() 的代码。它查找 D 价格序列的对数收益。我们使用了超级赋值运算符来消除 D 的影响，此外返回对数收益矩阵 R：

```
findR <- function(prices,isSplitAdjusted=TRUE) {#Find R: logrets:
  len = dim(prices)[1]
  D <<- dim(prices)[2]
  R   = matrix(nrow=(len-1),ncol=D)
  for(i in 1:D) {
    #print(i)
    if(!isSplitAdjusted) prices[,i] <<- splitAdjust(prices[,i],lab[i])
    R[,i] = 100*diff(log(prices[,i])) ###log rets
  }
  R
}
```

现在我们已经测试了分拆调整程序，来修正未调整的股票时间序列，我们可以调用它来修正 *prices* 矩阵中的那些元素。我们使用 findR() 和 isSplitAdjusted == FALSE 来调用 splitAdjust()：

```
> R <- findR(prices,isSplitAdjusted=FALSE)
[1] "split adjusting MMM 2 188 140.54 69.07"
[1] "split adjusting ADBE 2 603 62.72 32.42"
[1] "split adjusting AET 2 553 147.71 74.76"
[1] "split adjusting AET 2 790 202.5 99.42"
[1] "split adjusting AGN 2 1127 114.47 58"
[1] "split adjusting ABC 2 755 83.77 41.48"
...
[1] "reverse split adjusting 956 JDSU 956 -8 2.13 16.6"
...
[1] "reverse split adjusting 114 PCLN 114 -6 4.24 25.22"
...
[1] "split adjusting YHOO 2 343 53.53 27.08"
[1] "split adjusting YUM 2 1129 64.57 32.37"
> D <- dim(prices)[2]
> D
[1] 452
```

要验证 PCLN 公司是否真正进行了 1 比 6 分拆，我们可以在互联网上进行搜索，发现很多介绍这次分拆的报道。CNBC 网站报道称，这次分拆发生的时间是 2003 年 5 月 6 日（Spechler，2011）。实际上，那篇文章关注的是在进行反向分拆之后，从普通股价格的角度看，有不少证券的表现不错。我们在后面的章节会看到，PCLN 也没有违背这个趋势。

4.5 为并购进行调整

并购经常发生，并影响我们的数据集。当一个公司收购了另一个公司，通常保留其中一个公司的股票代码，而另一个公司在合并当天或前一天停止交易。假设我们有一个股票组合，并通过获取股票价格判断表现，在这里就遇到问题了：无论是一个缺失的文件还是一个报价函数都不能返回正确的结果。例如，从 GoogleFinance.com（2014）查到一个金属公司的并购事件，在我们用到的数据集中其代码为 TIE：

钛金属公司（TIMET）是一家钛熔化和轧制产品的生产商。2013 年 1 月，精密铸造零件公司收购了 TIMET。

看另一个例子，Forbes.com 医疗行业股票，代码为 CVH（Forbes.com，2013）：

随着"奥巴马医改"的开始，医疗保健行业人员也一直在努力工作，试图快速适应医疗保险和医疗补助领域的变化。在该法案通过并得到最高法院确认后，Wellpoint(WLP) 和 Amerigroup(AGP) 合并，随后不久 Aetna(AET)

和 Coventry Healthcare（CVH）合并。

当名为 resd26QP1Days1258.csv 的平面文件包含这两个符号时，我们会遇到错误；然后删除 TIE 和 CVH 所在的行，并编写名为 resD24Days1258.csv 的新文件：

```
adjustForMergers <- function(dir,portFile) {
  #Take in symbols and their weights and emit a
  #rebalanced file summing close to 1.0
  setwd(paste(homeuser,"/FinAnalytics/",dir,"/",sep=""))
  df   <- read.csv(portFile)
  lab  <- df[,2]
  w    <- df[,3]
  if(abs(sum(w) - 1.0) < .002) {
    print('All weights sum to 1.0')
  } else {
    print(sum(w))
    amtToRealloc <- 1.0 - sum(w)
    wInc <- w/sum(w)*amtToRealloc
    print(sum(w+wInc))
    df[,3] <- w+wInc
    newFile = paste("rebal",portFile,sep="")
    write.csv(df,file=newFile,row.names = FALSE)
    print(paste("wrote file",newFile))
  }
}
adjustForMergers('huge','resD26QP1Days1258.csv')
adjustForMergers('huge','resD25Days1258woTIE.csv')
adjustForMergers('huge','resD24Days1258.csv')
```

运行实用程序函数 adjustForMergers() 时，我们首先发现，对于第一个文件，权重之和接近 1.0，但是由于没有合适的 TIE 和 CVH，这些权重不能使用。

```
> adjustForMergers('huge','resD26QP1Days1258.csv')
[1] "All weights sum to 1.0"
> adjustForMergers('huge','resD25Days1258woTIE.csv')
[1] 0.9498
[1] 0.99748
[1] "wrote file rebalresD25Days1258woTIE.csv"
> adjustForMergers('huge','resD24Days1258.csv')
[1] 0.9918
[1] 0.9999328
[1] "wrote file rebalresD24Days1258.csv"
>
```

在 TIE 案例中，它新的母公司 PCP 之前已经在组合中，所以我们决定这样设置权重，TIE 的权重 $w7$ = 0.0491，PCP 的权重 $w15$ = 0.0269，二者相加，用新 PCP 的权重代替 TIE 的权重 $wPCP$ = 0.0760。在 CVH 案例中，母公司原来不在组合中，所以我们删除它。然后在 resD24Days1258.csv 上运行函数，它会产生第三个文件 rebalresD24Days1258.csv，其中重新设置的权重之和为 1.0。

4.6 绘制多个序列

展示数据集前几个股票的价格的另一种方法是使用 plotMultSeries() 函数，该函数在时间序列开始时把所有价格都按比例缩放为 1 单位货币或者 1 单位总收益单位，参见图 4.9。

```
plotMultSeries <- function(prices,lab,w,D,cc="days",ret=NA,
                 ylim=c(.2,15),isAlone=TRUE) {
  if(isAlone) plot.new()
  mapToCol <- function(d)
    if(d%%8==7) 1 else if(d==8)
      2 else if(d==15) 3 else if(d==23) 4 else d
  par(mar=c(4,2.82,1.82,1))
  if(isAlone) par(mfrow=c(1,1))
  tot <- 0; len <- dim(prices)[1]
  first <- TRUE; D <- dim(prices)[2]
  for(d in 1:D) {
    if(!is.na(prices[1,d]) && !is.na(w[d]) && w[d] > 0) {
      print(lab[d])
      tot <- tot + 1
      if(first) {
        first = FALSE
        plot(prices[,d]/prices[1,d],type="l",
             col=mapToCol(d),xlab=cc,
             ylim=ylim)
      } else
        lines(prices[,d]/prices[1,d],type="l",
              col=mapToCol(d))
      text(len,(prices[len,d]/prices[1,d]),lab[d],
           col=mapToCol(d),cex=.8)
    }
  }
  print(tot)
  print(paste("density or non-zero weights (sparsity) is ",tot/D))
}
#unit test:
D2 <- 12
w <- rep(1/D2,D2)
plotMultSeries(prices,lab,w,D2,cc=
    paste(sum(w>0),"stocks"),ret="", ylim=c(.5,8))
```

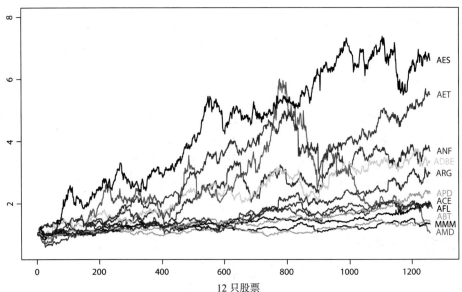

图 4.9 以 1 美元的规模重新绘制 stockdata 中前 12 只股票的走势

这种按比例缩放用相对价格代替真实价格，这样才能比较证券收益。

4.7 证券数据导入

huge stockdata 数据集是一个挺强大的起始点。不过它只有 452 个证券，而实际进行交易的证券数量要多得多，而且我们希望能够控制事件窗口，而不是限于 2003 年到 2008 年。特别是，我们希望得到当日的及时成交价和当日之前很近一段时间的成交价，这样才能了解组合最近的表现如何。

为了能够测量历史回报，甚至校准一个选定的投资组合以适应当前市场，我们需要软件机制。tseries R 语言包提供了一个非常有用的函数 get.hist.quote()，用于获取 yahoo！的历史价格：

```
library(tseries)
pv <- get.hist.quote('AAPL',quote="Adj",start="2011-02-09",
                     end="2015-02-09")
pv
```

这个函数可用于管理历史数据检索和数据缓存。

如果数据集是新的，除了连接到外部源之外别无选择。通常我们需要将一个模拟仿真重复多次，修改其中的逻辑参数。从某种程度上说使用在线数据源更方便，不过缓存使它在本地可用，不需要网络链接。所以，我们可以连接到互联网，用 get.hist.quote() 获取一个数据集，然后将其缓存到平面文件中。从缓存读取数据可以使我们的模拟运行更快，并允许它离线运行，从而提供灵活性。当然，只要我们使用缓存，我们就只能使用来自同一时间范围的相同数据。

```
readExchSymbols <- function(fileName) {
  frame <- read.csv(fileName,header=TRUE,sep="\t")
  return(as.character(frame[,1]))
}
```

上面的例行程序 readExchSymbols() 读取我们所需的时间范围内的股票报价，并将数据缓存到两个目录中的单独的平面文件中：NYSE 和 NASDAQ。下面的初始化 R 代码使用例行程序 displaycharts() 和 splitadjust() 来读取历史价格的目录，并将其显示在数组中。splitAdjust() 的介绍如上。

共有两个子目录：一个对应 NYSE（纽约证交所）股票，另一个对应 NASDAQ（纳斯达克）股票。每个目录包含大约 2200 个缓存文件，每个股票一个文件。例如，对于 NYSE 上市股票 IBM，文件被命名为 cacheIBM.csv，并用单列格式记录了很多年的价格数据。下面的例行程序 createDirs() 设置用于存储测试日期范围内的股票价格的目录。通常，在主目录之下，有一个 NYSE 子目录，一个 NASDAQ 子目录。如果 isSubDir==TRUE，则假设需要将纽约证交所和纳斯达克的两个股票代码文件复制到子目录中：

```
createDirs <- function(dir,isSubDir=TRUE) {
  #check for the two subdirs if isSubDir TRUE
  mainDir <- paste(homeuser,"/FinAnalytics/",sep="")
  destDir <- paste(mainDir,dir,sep="")
  if (!file.exists(destDir))
    dir.create(file.path(destDir))
```

```
    setwd(file.path(destDir))
    if(isSubDir) {
      f1 <- "NYSEclean.txt"
      f2 <- "NASDAQclean.txt"

      NYSEsubDir <- paste(destDir,"/NYSE",sep="")
      if (!file.exists(NYSEsubDir))
        dir.create(file.path(NYSEsubDir))
      if(!file.exists(paste(NYSEsubDir,"/NYSEclean.txt",sep="")))
        file.copy(paste(homeuser,"/FinAnalytics/",f1,sep=""),
                  NYSEsubDir)
      NASDAQsubDir <- paste(destDir,"/NASDAQ",sep="")
      if (!file.exists(NASDAQsubDir))
        dir.create(file.path(NASDAQsubDir))
      if(!file.exists(paste(NASDAQsubDir,"/NASDAQclean.txt",sep="")))
        file.copy(paste(homeuser,"/FinAnalytics/",f2,sep=""),
                  NASDAQsubDir)
    } else {
      f <- paste(dir,"clean.txt",sep="")
      if(!file.exists(paste(destDir,"/",f,sep="")))
        if(file.exists(paste(mainDir,"/",f,sep="")))
          file.copy(paste(homeuser,"/FinAnalytics/",f,sep=""),".")
    }
  }
  #unit test
  createDirs("CDUT")
```

试试在 R 语言环境中定义这个例行程序, 并运行单元测试。上面代码的最后一行在 FinAnalytics 主目录之下创建一个测试目录, 命名为 CDUT。在创建 CDUT 之后, 在电脑上检查目录内容。应该有两个子目录, 每个目录都会在单元测试运行时生成一个内容为股票代码的文件。

```
  readSubDirs <- function(dir,isSubDir=TRUE) {
    if(isSubDir) {
      #Case: 2 sub-dirs: NYSE and NASDAQ
      #Return 3 results, the last being a large vec
      setwd(paste(homeuser,"/FinAnalytics/",dir,"/NYSE",sep=""))
      lab <- readExchSymbols("NYSEclean.txt")
      D1 <- length(lab)
      print(D1)
      setwd(paste(homeuser,"/FinAnalytics/",dir,"/NASDAQ",sep=""))
      lab2 <- readExchSymbols("NASDAQclean.txt")
      lab <- append(lab,lab2)
      D2 <- length(lab2)
      print(D2)
      list(D1,D2,as.character(lab))
    } else {
      setwd(paste(homeuser,"/FinAnalytics/",dir,sep=""))
      lab <- readExchSymbols(paste(dir,"clean.txt",sep=""))
      D <- length(lab)
      print(D)
      list(D,as.character(lab))
    }
  }
```

上面的函数 readSubDir() 有两种典型情况：
- 一个目录下有两个子目录，分别用于 NYSE 和 NASDAQ 数据。
- 一个目录下没有子目录。

acquirePrices() 是下载和缓存报价用到的主要例行程序。最开始，acquirePrices() 必须下载 *lab* 向量中列出的全部证券的全部价格。用 R 语言 tseries 实用程序 get.hist.quote() 获取所需时间段的价格向量，这些向量将缓存在 csv 文件中，以供以后使用。NYSE 和 NASDAQ 价格分别被保存在不同的子目录下。

当我们查看下面的 acquirePrices() 声明时，会看到 *start=start*，*end=end* 部分。这表示如果将局部变量作为参数位置提供，则以"YYYY-MM-DD"格式设置其初始值，否则将分配默认值。在这种情况下，默认值是函数全局变量 *start* 和 *end* 的值。

```
acquirePrices <- function(prices,lab,len,D,D1,D2,dir,
                 start,end,isSubDir=TRUE) {
  isSuccessfulQuote <- FALSE
  for(d in 1:D) {
    if(d == 1 || (isSubDir && d == (D1+1))) 
      if(d == 1 && isSubDir) {
        setwd(paste(homeuser,"/FinAnalytics/",dir,"/NYSE",sep=""))
        unlink('bad*')
        print(paste("NYSE=======:",d))
      } else if(d == (D1+1) && isSubDir) {
        setwd(paste(homeuser,"/FinAnalytics/",dir,"/NASDAQ",sep=""))
        unlink('bad*')
        print(paste("NASDAQ=======:",d))
      } else {
        setwd(paste(homeuser,"/FinAnalytics/",dir,sep=""))
        unlink('bad*')
        print(paste("ETF==========:",d))
      }
    print(paste(d,lab[d]))
    fileName = paste("cached",lab[d],".csv",sep="")
    usingCacheThisFileName <- FALSE
    if(file.exists(fileName)) {
      usingCacheThisFileName <- TRUE
      pricesForStock <- read.csv(fileName,header=TRUE,sep="")[,1]
      if(!is.na(pricesForStock[1]))
        isSuccessfulQuote <- TRUE
    }
    if(!usingCacheThisFileName ||
         (usingCacheThisFileName && length(pricesForStock) != len)) {
      usingCacheThisFileName <- FALSE
```

R 语言有个有趣的功能，即 tryCatch() 封装函数，它包含一个代码块，并向每个结果附加一个警告、报错和最终代码块。我们的 tryCatch() 逻辑如下：

```
      tryCatch( {
        print(start);print(end)
        Sys.sleep(1)
        pricesForStock <- get.hist.quote(lab[d],quote="Adj",
                          start=start,end=end)
        if(!is.na(pricesForStock[1]))
          isSuccessfulQuote <- TRUE
      }, error = function(err) {
```

```
        print(err);cat(lab[d],file="badsyms.txt",
                      append=TRUE,sep="\n")
        isSuccessfulQuote <- FALSE
    } )
}
```

返回的长度必须严格符合要求的长度 *len*，否则该 symbol 就不能用 get.hist.quote() 进行报价：

```
if(length(pricesForStock) == len) {
  prices[,d] <- pricesForStock
  if(sum(is.na(prices[,d])) > 0 || (sum(is.na(prices[,d-1])) == 0 &&
        d > 1 && prices[1,d] == prices[1,d-1])) {
    print(paste(lab[d],'has NA prices'))
    cat(lab[d],file="badsyms.txt",
        append=TRUE,sep="\n")
    isSuccessfulQuote <- FALSE
  }
} else {
  cat(lab[d],file="badsyms.txt",append=TRUE,sep="\n")
}
if(!isSuccessfulQuote)
  cat(lab[d],file="badsyms.txt",append=TRUE,sep="\n")
if(isPlotInAdjCloses) {
  if(d == 1)
    plot(prices[,d]/prices[1,d],type="l",col="blue",ylim=c(.2,6))
  else
    lines(prices[,d]/prices[1,d],type="l",col="blue")
  text(len,(prices[len,d]/prices[1,d]),lab[d],cex=.6)
}
```

上面是错误处理逻辑。当 pricesForStock 向量返回 NA 时，会在 badsyms.txt 文件中创建一个条目。然后，elimSyms() 例行程序将使用该文件从 *lab* 向量和 *prices*[] 矩阵中删除这些条目。如果我们确定缓存已打开，并且尚未对此项使用缓存，则下面的逻辑将为此符号创建缓存项，即包含其价格的平面文件。

以下块是写入缓存文件的代码序列：

```
    if(isCacheEnabled && !usingCacheThisFileName &&
        isSuccessfulQuote) {
      #save redundant re-write
      fileName = paste("cached",lab[d],".csv",sep="")
      print(fileName)
      write.csv(prices[,d],file=fileName,row.names = FALSE)
    }
    isSplitAdjusted = TRUE
  }
  prices
}
```

这就是我们使用 get.hist.quote() 从互联网存储库获取价格的逻辑，它用 Yahoo! 获取股票价格，用 Oanda 获取外汇汇率。这个函数是一个获取每日价格的强大工具。不过由于我们的股票价格序列里有好几千只股票，全部下载数据需要不少时间。缓存允许我们通过在本地读取文件来调试或重新运行，从而大大缩短了在最初下载之后获取价格的时间。

get.hist.quote() 实用程序的两个关键实参分别为 start 和 end。对于第 8 章主要研究内容之一的六年每日价格研究，我们将其设置为：

```
start = "2008-02-14"
end   = "2014-02-14"
```

这些关键变量设置历史数据范围。

为了设置一个目录结构，以通过 acquirePrices() 的例行程序 get.hist.quote() 获取价格，我们需要建立一个基本的两层设置。如果 <homeuser>/finanalytics 目录下的第一级目录名为 MVOx，其中 <homeuser> 通常是 C:\users\<userid> 或 /home/<userid> 之类的形式，并且我们使用 x 来表示收集价格的年份数（一般为 3、4、5、或 6 年），那么需要在表 4.1 中列出的两个子目录下，分别有包含我们所需的股票代码的两个文件。平面文件有一个简单的标题行，其被忽略，后面是连续的行，每行只有一个股票代码。

表 4.1　平面文档的名称，每行包含一个股票代码

目录路径	文件
<homeuser>/FinAnalytics/MVOx/NYSE	NYSEclean.txt
<homeuser>/FinAnalytics/MVOx/NASDAQ	NASDAQclean.txt

在 4.1 节介绍债券价值计算时，我们简单讨论过单元测试。建立一个两层的目录结构，NYSE 和 NASDAQ 这两个交易所各有一个子目录，还有清除的股票代码列表（NYSEclean.txt 和 NASDAQclean.txt）的两个平面文件，这有点困难。为了确保组件能够支持价格存储，即缓存文件，可以在 R 中构建单元测试脚本。需要执行以下步骤：

- 初始化纽约证券交易所和纳斯达克股票代码（NYSE 和 NASDAQ）。
- 设置顶层目录（APUT 用于获取价格单元测试）和两个子目录。
- 将 $D1$ 和 $D2$ 维度设置为 symbol（符号）数量。
- 将 symbol 向量合并为一个向量，并设置 $D = D1 + D2$。
- 获取价格。因为还没有缓存文件，所以这些文件必须来自网络。创建缓存文件：每个 symbol 创建一个缓存文件，从 get.hist.quote() 返回价格。
- 通过重新运行上述步骤测试缓存文件的使用情况。如果存在缓存文件，那么这一次将从缓存文件中选择价格。
- 删除顶层目录和子目录，以便重新运行单元测试。

我们选择用 20 个 NYSE 和 26 个 NASDAQ 股票代码。并不是所有需要的股票代码都能成功显示报价。

```
library(tseries)
APUT <- function(isTestElimSyms=FALSE) {
  dir <- 'APUT'
  l1 <- c('A','AA','AAN','AAP','AAT','AAV','AB','ABB','ABC','ABG',
          'ABM','ABR','ABX','ACC','ACCO','ACE','ACG','ACH','ACI','ACM')
  l2 <- c('AAL','AAME','AAON','AAPL','AAWW','AAXJ','ABAX','ABCB',
          'ABCD','ABCO','ABIO','ABMD','ABTL','ACAD','ACAS',
          'ACAT','ACCL','ACET','ACFC','ACFN','ACGL','ACHC','ACHN',
          'ACIW','ACLS')
  topdir <- paste(homeuser,'/FinAnalytics/',dir,sep="")
  NYSEdir <- paste(topdir,'/NYSE',sep="")
  NASDAQdir <- paste(topdir,'/NASDAQ',sep="")
  if(!file.exists(topdir))
    dir.create(topdir)
```

```
      if(!file.exists(NYSEdir)) {
        dir.create(NYSEdir)
        setwd(NYSEdir)
        if(!file.exists("NYSEclean.txt"))
          write.csv(l1,file="NYSEclean.txt",
                  quote=FALSE,row.names=FALSE)
      }
      if(!file.exists(NASDAQdir)) {
        dir.create(NASDAQdir)
        setwd(NASDAQdir)
        if(!file.exists("NASDAQclean.txt"))
          write.csv(l2,file="NASDAQclean.txt",
                  quote=FALSE,row.names=FALSE)
      }
      D1 <- length(l1)
      D2 <- length(l2)
      l <- c(l1,l2)
      D <- D1 + D2
      len <- 1006
      p <- matrix(rep(NA,len*D),nrow=len,ncol=D)
      #acquirePrices assumes user knows proper
      #len, start and end
      isPlotInAdjCloses <<- FALSE
      isCacheEnabled <<- TRUE
      p <- acquirePrices(p,l,len,D,D1,D2,dir,
          start="2010-02-18",end="2014-02-14",isSubDir=TRUE)
      #Second time cached files exist.
      p <- acquirePrices(p,l,len,D,D1,D2,dir,
          start="2010-02-18",end="2014-02-14",isSubDir=TRUE)
      if(isTestElimSyms) {
        dim(p)
        D
        system(paste('sort ',paste(NYSEdir,'/bad*',sep="")))
        system(paste('sort ',paste(NASDAQdir,'/bad*',sep="")))
        saveD <- D
        res <- elimSyms(p,l,"APUT")
        p <- res[[1]]
        l <- res[[2]]
        print(paste("elimSyms returns",l))
        #print(p[1,])
      }
      unlink(topdir, recursive = TRUE)
    }
    #acquirePrices unit test (APUT):
    APUT()
```

在进行这个单元测试的过程中，46个股票代码几乎全部都生成了价格向量，只有两个没有生成价格向量。

```
      > p[len,]
       [1]   38.954475   11.223343   29.747891  127.015142          NA    3.880000
       [7]   20.996400   23.711670   66.778435   49.259998   26.564400    6.129368
      [13]   19.929171   34.144345    5.990000   94.616193    6.821497    9.250000
      [19]   40.801209   30.000000   34.018565    3.879132   18.988840   75.606251
      [25]   32.939999   56.436053   38.114603   19.883766    1.930000   61.419998
      [31]   61.419998    1.790000   28.139999   18.049999   23.930000   14.820000
```

[37]	45.126448	NA	18.506554	3.990000	3.670000	55.259998
[43]	51.180000	3.570000	19.150000	2.190000		

我们可以在前面的输出中看到这个结果。这是两次运行 acquirePrices() 之后价格向量的在一个时间段之内的内容，其中一次运行通过网络获取价格并缓存价格，另一次运行从缓存文件中读取价格。

4.8 证券数据清理

由于我们想获取两个股票交易所的股票价格，不过并不能获取全部价格，因此我们可以编辑 NYSEclean.txt 和 NASDAQclean.txt 文件，删除我们不能获取价格的那些股票代码。此外，acquirePrices() 可能生成的报错行共有三种，在文件名中都有"bad"字样。

通过使用这组文件，对每种类型的错误，可以自动清理数据：

- badsyms.txt 用于不能获取价格的符号；
- badsharpes.txt 用于具有不可计算夏普比率的符号；
- badcors.txt 用于具有不能计算方差或相关性的符号。

elimsyms() 例行程序获取累积的 badsyms.txt 文件，并将其从股票代码集 lab[] 和 prices[] 矩阵中删除。例如，尽管我们有一个候选对象（如 ACO），但是例行程序 get.hist.quote() 找不到它的价格。而且，查阅 Yahoo! 或 Google Finance 之后，我们也没有发现报价，因此我们删除这个候选对象，方法是把它添加到 badsyms.txt 文件中：

```
elimSyms <- function(prices,lab,dir,isSubDir=TRUE) {
  len = dim(prices)[1]
  D = dim(prices)[2]
  #First find removal list in 3 files in each of NYSE and NASDAQ
  indInFile = as.vector(rep(FALSE,D))
  ifelse(isSubDir,subdirVec <- c("NYSE","NASDAQ"),subdirVec <- c(NA))
  for(subdir in subdirVec) {
    if(isSubDir)
      setwd(paste(homeuser,"/FinAnalytics/",dir,"/",subdir,sep=""))
    else
      setwd(paste(homeuser,"/FinAnalytics/",dir,sep=""))
    for(file in c("badsyms.txt","badcors.txt","badsharpes.txt")) {
      badlab = NA
      if(file.exists(file))
        badlab <- read.table(file) # badcors.txt badsharpes.txt")
      if(length(badlab)>1 || !is.na(badlab)) {
        for(l in badlab) {
          print(paste("elimSym",l))
          pos = match(l,lab)
          indInFile[pos] = TRUE
        }
      }
    }
  }
  indNAPrices = (is.na(prices[1,]))
  indNALab = (is.na(lab[1:D]))
  indTooBig = (prices[1,] > 1e5) | (prices[len,] > 1e5)
  #missing price or lab is NA or too big
```

```
    indUnion = indInFile | indNAPrices | indNALab | indTooBig
    #Create new prices matrix smaller for only NonNAs
    smallerSz = D - sum(indUnion)
    print(smallerSz)
    newPrices = matrix(rep(0,len*smallerSz),nrow=len,ncol=smallerSz)
    newLab = vector(length=smallerSz)
    e <- 1
    for(d in 1:D) {
      if(!indUnion[d]) {
        #print(paste("e",e,lab))
        newPrices[,e] <- prices[,d]
        newLab[e] <- lab[d]
        e <- e + 1
      } else {print(d)}
    }
    list(newPrices[,1:smallerSz],newLab)
  }
```

在每个子目录下，在 elimSyms() 中检查三个错误文件（如果 isSubDir 为 TRUE），以查找有错误的符号。在循环结束的时候，得到一个布尔向量，每个符号的 indInFile 告诉我们这个符号是否会从 *lab* 向量中删除。

当需要对程序进行单元测试时，我们可以重新使用 acquirePrices() 的单元测试 APUT。这次，我们调用内部块，通过设置 isTestElimSyms==TRUE 来测试 elimSyms()。

```
#unit test:
APUT(TRUE)

isPlotInAdjCloses = FALSE
dir <- 'MVO4'
len <- 1006
createDirs(dir)
res <- readSubDirs(dir)
isCacheEnabled <- TRUE
D1  <- res[[1]]
D2  <- res[[2]]
lab <- res[[3]]
D  <- D1 + D2
start = "2011-02-09"
end   = "2015-02-09"

prices <- matrix(rep(NA,len*D),nrow=len,ncol=D)
prices <- acquirePrices(prices,lab,len,D,D1,D2,
                        start=start,end=end,dir,isSubDir=TRUE)

res    <- elimSyms(prices,lab,dir,isSubDir=TRUE)
prices <- res[[1]]
lab    <- res[[2]]
D      <- length(lab)
D
dim(prices)

R <- findR(prices)
D <- dim(prices)[2]
```

现在已经定义了 findR() 及其相关例行程序，我们可以运行上面的代码序列读取子目录，获取价格并计算 R 语言对数收益矩阵。

findCovMat() 查找平均向量和协方差矩阵。然后利用协方差矩阵求出标准差的向量。接下来我们来计算统计数据。

```
findCovMat <- function(R) {
  meanv <- apply(R,2,mean)
  cov_mat <- cov(R)
  diag_cov_mat <- diag(cov_mat)
  sdevv <- sqrt(diag(cov_mat))
  list(meanv,cov_mat,diag_cov_mat,sdevv)
}
#unit test:
res <- findCovMat(R)
meanv        <- res[[1]]
cov_mat      <- res[[2]]
diag_cov_mat <- res[[3]]
sdevv <- res[[4]]
```

协方差矩阵必须没有 NA 才能继续进行计算。此外，如果重复价格进入这个过程，协方差也会重复，可以在这里检测到。

```
checkCovMat <- function(cov_mat) {
  #Check for duplicate covariances:
  D = dim(cov_mat)[1]
  for(d in 1:D)
    for(e in d:D) {
      print(paste(d,e,cov_mat[d,1],cov_mat[e,1]))
      if(d != e && !is.na(cov_mat[d,1]) &&
         !is.na(cov_mat[e,1]) && cov_mat[d,1] == cov_mat[e,1])
        stop(paste("dups in cov_mat",d,e))
    }
}
#unit test:
checkCovMat(cov_mat)
```

在写这本书时，例如 checkCovMat() 例行程序出现未预期的意外故障。为什么在重复运行打包的代码之后，它会在已知的代码集上失败呢？下面是它的输出信息：

```
...
[1] "16 291 1.35732246087691 1.93682271844313"
[1] "16 292 1.35732246087691 1.35732246087691"
Error in checkCovMat(cov_mat) : dups in cov_mat 16 292
> cov_mat[16,1:5]
[1] 1.3573225 1.3360865 0.8959254 0.7315397 0.8271826
> cov_mat[292,1:5]
[1] 1.3573225 1.3360865 0.8959254 0.7315397 0.8271826
> lab[c(16,292)]
[1] "ACE" "CB"
```

在 checkCovMat() 不好用的那一天发生了什么？上网查到，原来是 ACE 收购了 Chubb Group (Chubb15)，两家公司合二为一，get.hist.quote() 返回的价格也是一致的。Chubb（股票代码 CB）是合并后保留的股票代码，所以我们把 ACE 从 NYSEclean.txt 文件中删除。

我们可以在图 4.4 中看到 displayCharts() 从 2008 年到 2013 年的输出。我们可以在一个 3×4 的表中看到几只典型的股票，以及它们在同一时间段内的价格变化。

4.9 证券报价

在介绍了一个很实用的程序 get.hist.quote() 之后，我们可以扩展它和 R 绘图功能来创建 getHistPrices()。它循环遍历 *lab* 向量中的所有加权股票代码，并找到历史价格：

```
library(tseries)
getHistPrices <- function(lab,w,len,start="2013-11-29",
                          end="2014-11-28",startBck1="2013-11-28",
                          startFwd1="2013-11-27",cached=NA) {
  #gather recent prices for all lab symbols
  D <- length(lab)
  recentPrices = matrix(rep(NA,len*D),nrow=len,ncol=D)
  for(d in 1:D) {
    if(w[d] > 0.0) {
      print(lab[d]) #Use cached list for now-obsolete tickers
      if(!is.na(cached) && !is.na(match(lab[d],cached))) {
        x <- read.csv(paste("cached",lab[d],".csv",sep=""))[,1]
        recentPrices[,d] <- x
      } else
        tryCatch({
          x <- get.hist.quote(lab[d],quote="Adj",start=start,end=end)
          if(length(x) != len) {
            x <- get.hist.quote(lab[d],quote="Adj",
                                start=startBck1,end=end)
            if(length(x) != len) {
              x <- get.hist.quote(lab[d],
                                  quote="Adj",start=startFwd1,end=end)
            } else { #partial quotes
              recentPrices[1:length(x),d] <- x
            }
          } else {
            recentPrices[,d] <- x
          }
        #}, warning = function(w) {
          #warning-handler-code
          #print(w)
        #}, error = function(e) {
          #error-handler-code
          #print(e)
        })
    }
  }
  return(recentPrices)
}
#unit test: one good one bad
getHistPrices(c('PCLN','UA'),c(.5,.5),252)
```

从 recentPrices 矩阵中的 NA 值开始，警告和错误处理代码可以允许这些值持续存在。NA 值将按列返回给调用者，每列对应于股票代码，不过没有从 *start* 到 *end* 日期范围内的有效报价。当用 get.hist.quote() 无法得到股票代码时，可使用缓存参数提供以前下载的价格文件。

4.10 习题

（1）假设 $S = c(1.3，1.2)$，是欧元兑换美元的两个连续价格，请用 R 语言编写程序，计算毛收益、净收益和对数收益。将对数收益和净收益进行对比，你能注意到什么？

（2）找到函数 adjustForMergers() 的代码以及三个测试用例文件 resD26QP1Days1258.csv、resD25Days1258woTIE.csv 和 resD24Days 1258.csv。在 FinAnalytics 下创建名为 huge 的目录。编写并运行代码，在每个文件中分别调用函数一次和三次，并解释每个测试用例的结果。

（3）找到函数 plotMultSeries() 的代码并运行单元测试，生成第 4 章的 12 只股票多色图表。

（4）用 par(mfrow=c(2,1)) 绘制两幅图：
  （a）第一幅图应该是 stockdata 的 452 只股票中第 12 只 AET 股票没有经过分拆调整的价格。
  （b）第二幅图应该是 AET 股票经过分拆调整的价格。
  （c）需要多少次分拆调整？
  （d）每次分拆调整的分拆率是多少？
  （e）使用 c() 运算符将每个段中的适当常数相乘或相除，这样凑出一个向量。将该向量与 splitAdjust() 返回的结果进行比较。

（5）在第 4 章中找到 acquirePrices() 实用程序的单元测试代码。这个测试创建一个名为 APUT 的目录，代表 acquire Prices Unit Test，它有两个子目录。作为最后一步，它会删除它们。运行单元测试并进行解释。

第 5 章
数据集分析和风险测量

当在金融领域中使用蒙特卡罗模拟（Monte Carlo simulation）（一种统计模拟方法）时，通常使用概率模型中的混合模型（mixture model）来展现一个总体中的子总体。为了模拟一些在各种金融市场都可能出现的极端事件，子总体可能在市场中疯涨或者狂跌。虽然在实践中使用非高斯分布（non-Gaussian distribution）来展示这些剧烈的波动是很寻常的，但是使用两个或更多的单变量高斯分布（single-variate Gaussian distribution）做假设来组成一个混合模型，即高斯混合模型（Gaussian mixture model）也是有一定合理性的。在这里我们将使用高斯混合模型来模拟外汇市场。

5.1 用对数收益率来生成价格

由于开源工具（比如 RStudio）和一些能够在网上得到的市场数据都已经很成熟了，所以如今进行金融分析比以前更加容易了。当使用这些市场数据来预测未来的走向或回报的时候，衡量不确定性和风险是极其重要的。我们将从混合模型的最基本特性开始，然后在实际的市场事件中付诸实践。

无论对数收益率是否属于高斯或者正态分布（在实践中不是正态或者高斯分布，而理论上假设它是），用对数收益率来模拟价格都很重要。一旦我们知道对数收益率的分布情况，由此来模拟真实价格可以让人们根据当前价格来前后审视真实和模拟的市场价格，而且并不会损失准确性。

R 语言拥有很多很方便的函数编程语法，这样有时可以让分析人员省去很多编码的麻烦。本书在计量金融中最常用的小技巧如下习惯用法：

```
Ylogrets = diff(log(Y))
```

这个用法很强大，它将对向量使用 log() 函数（取 Y 里面所有数的对数），并且将结果传到 diff() 函数（通常是一列中后一个值减去前一个值作为差值）中，并且将结果绑定到 Ylogrets 这个变量上。相比之下，用电子表格软件（比如 Excel）处理就显得笨拙许多。我们可以想象一下，用电子表格软件的步骤：首先必须找到价格的第一列和最后一列，然后创建一个新列来保存对数（R 的 log() 函数），之后再新建另一个新的长度少一行的列来保存之前对数列的差值结果。当然，不论是用电子表格软件还是 R 语言，找到上面等式的逆操作并不容易。不过，这里会给介绍一个小的代数式来帮助读者解决问题。

假设 N 个原始价格 Y，这里 $Y=(Y_1,\cdots,Y_N)$，对数收益率通常为 $r_2=\log(Y_2/Y_1),\cdots,r_N=\log(Y_N/Y_{N-1})$。如果我们将对数收益率累积和从 1 到 N 放入到一个向量中：

$$\left(Y_1, Y_1\exp\left(\sum_{j=2}^{2}r_j\right),\cdots,Y_1\exp\left(\sum_{j=2}^{i}r_j\right),\cdots Y_1\exp\left(\sum_{j=2}^{N}r_j\right)\right) \quad (5.1)$$

再乘以初始值 Y_1，那么这个结果通过幂函数 exp() 的特性可推导累乘公式如下：

$$\left(Y_1, Y_1\prod_{j=2}^{2}\exp(r_j),\cdots,Y_1\prod_{j=2}^{i}\exp(r_j),\cdots,Y_1\prod_{j=2}^{N}\exp(r_j)\right) \quad (5.2)$$

这可以看作一个累乘展开的向量

$$(Y_1, Y_1[Y_2/Y_1],\cdots,Y_1[Y_2/Y_1]\cdots[Y_i/Y_{i-1}],\cdots,Y_1[Y_2/Y_1]\cdots[Y_N/Y_{N-1}]) \quad (5.3)$$

这里可以简写成

$$(Y_1,\cdots,Y_N) \quad (5.4)$$

如上公式就是我们的目标 Y 向量。公式 5.1 可以在 R 语言中用一个非常紧凑的方式实现，具体如下：

```
c(Y[1],Y[1]*exp(cumsum(Ylogrets)))
```

我们可以从下面的输出行看到，可以通过如下几行 R 语言命令用 Y 的对数收益率来生成原始的 Y 对应的价格：

```
> Y = c(30,29,28,28,30,32,31)
> Ylogrets = diff(log(Y))
> round(Ylogrets,4)
[1] -0.0339 -0.0351  0.0000  0.0690  0.0645 -0.0317
> Yprices = c(Y[1],Y[1]*exp(cumsum(Ylogrets)))
> Yprices
[1] 30 29 28 28 30 32 31
```

当然，这种使用对数收益率来生成价格的方法也可以用在下一节。现在让我们写一个 toPrices() 效用函数，来将对数收益率转化为价格：

```
Y=c(1.3,1.2,1.3,1.4,1.5,1.4,1.3,1.4,1.5)

toPrices <- function(Y1,Ylogrets){
  Yprices = c(Y1,Y1*exp(cumsum(Ylogrets)))
  Yprices
}
Y
toPrices(Y[1],diff(log(Y)))
#assert
sum(Y-toPrices(Y[1],diff(log(Y)))<.00000001) == length(Y)
```

运行上面最后几行代码（函数后面的代码）的输出结果会在下面显示。在这里我们可以看到，通过真实的 Y 值和 toPrices() 函数重建 Y 值对比，断言是真的（即重建的 Y 值和原始 Y 值几乎没有偏差）。

```
> Y
[1] 1.3 1.2 1.3 1.4 1.5 1.4 1.3 1.4 1.5
> toPrices(diff(log(Y)))
[1] 1.3 1.2 1.3 1.4 1.5 1.4 1.3 1.4 1.5
```

```
> #assert
> sum(Y-toPrices(diff(log(Y)))<.001) == length(Y)
[1] TRUE
```

现在再来看一下如何通过对数收益率来预测未来的价格。对数收益率计算见公式5.4。并且它们每周、每天甚至每秒都在剧烈变化。假设这种变化是以天为单位的，对于每个 r_s，它的分布假设为 $N(\mu_d,\sigma_d^2)$，这里 d 是每天的意思：

$$r_2,\cdots,rN \tag{5.5}$$

现在看一下在我们从这些对数收益率来重构价格的时候，这种假设分布都起了什么作用。首先，根据公式5.1，可以获得 Y_i 的公式，这里 $2 \leqslant i \leqslant N$，$N$ 为时间长度：

$$Y_i = Y_1\exp(r_2+\cdots+r_i) \tag{5.6}$$

公式5.6是重构公式的另一种表现形式，可以获得任意一个时间段 i 的 Y_i。我们接下来会把分析的重点放在一年中的这个时间段内。如果原始的价格都是股票的日报价，那么有价格的日数 $N=252$；如果价格是外汇汇率，那么 $N=365$，因为每天的末尾都会有一个收盘价，没有休息，这是外汇公约决定的。我们选择 $N=365$。那么 $r_2,\cdots,r_n$ 便是从第二天到第 N 天的对数收益率，通过公式5.1可得

$$Y_{365} = Y_1\exp\left(\sum_{j=2}^{365}r_j\right) = Y_1\exp(r_2+\cdots+r_{365}) \tag{5.7}$$

这个加和公式共有364项，并且每项都服从 $N(\mu_d,\sigma_d^2)$ 分布。加和公式的均值和方差与各项的均值和方差的和是相等的。对数收益率的加和公式如下：

$$U_i = \sum_{j=2}^{i}r_j \tag{5.8}$$

那么，$U_i \sim N(\mu_U,\sigma_{U_i}^2)$，并且 $\mu U_i = (i-1)\mu_d$，$\sigma_{U_i}^2 = (i-1)\sigma_d^2$。正因为每个 $U_i=U$ 都是服从 $U_i \sim N(\mu_U,\sigma_{U_i}^2)$ 的正态分布，所以 $V=\exp(U)$ 是服从 $LN(\mu,\sigma^2)$ 的对数正态分布。当有 r_i 时，会有 $(i-1)$ 项，通过公式5.6，我们就可以发现 Y_i/Y_1 将会服从 $LN((i-1)\mu_d,(i-1)\sigma_d^2)$ 的对数正态分布。这样总结起来可得

$$U_i \sim N((i-1)\mu_d,(i-1)\sigma_d^2)，且\ V_i = \exp(r_2+\cdots+r_i) \sim LN((i-1)\mu_d,(i-1)\sigma_d^2) \tag{5.9}$$

5.2 价格变动的正态混合模型

高斯分布或者正态分布通常都是3个峰度（一种表征概率密度分布曲线在平均值处峰值高低的特征数，高斯分布的峰度为3），这意味着无论方差是什么样的，尾部的大小总是一样的值。高斯混合模型或者正态混合模型可以用来获得重尾分布（heavier tails），即标准情况下期望它的峰度可以大于3。为了通过一个混合随机正态变量 X 来模拟市场数据的分布情况，通常需要两种正态分布的组合：第一个分布（带随机变量 Y）的方差比第二个分布（带随机变量 Z）的方差更小（Hogg 和 Craig，1978；Ruppert，2011），这里 $Y \sim N(0,\sigma_1^2)$, $Z \sim N(0,\sigma_2^2)$，并且 $\sigma_1<\sigma_2$。接下来，可以使用一个随机变量 U 作为0到1之间一个阈值，来对 Y 和 Z 做统一的分布表示：

$$X = \begin{cases} Y, \text{其中}U<0.9 \\ Z, \text{其余情况} \end{cases} \tag{5.10}$$

这种简单的形式可以通过使用 R 语言的 runif() 产生随机的 0 到 1 之间的小数来实现统一分布的阈值，这里使用 rnrm() 函数的两个实例来实现所期望的两种不同的变量分布。下面的 rmixture() 函数实现了一个正态混合模型，其中需要提供均值 $\mu = 0$ 和 σ_1, σ_2 作为上述 Y 和 Z 的方差。下面最后一行代码用直方图来完成单元测试的样例，绘图结果如图 5.1 所示。

```
rmixture <- function(N,sigma1,sigma2=0,thresh=.9) {
  variates = vector(length=N)
  U = runif(N)
```

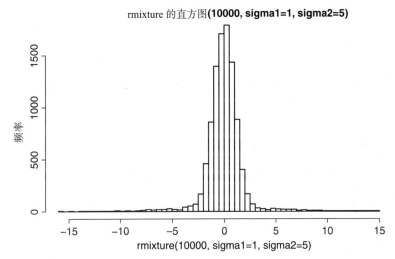

图 5.1 正态混合模型可以建模市场的极端情况：如上图是一个直方图，高斯混合模型的均值 $\mu=0$，两个不同高斯模型的方差分别为 $\sigma_1 = 1$，$\sigma_2 = 5$。可以看出，在 [-5, 5] 之外的尾部区域出现了明显的波动。尾部区域的变量波动是标准正态分布的 5 倍

```
  for(i in 1:N)
    variates[i] = rnorm(1,0,sd=sigma1)
  if(sigma2 != 0) { #only mixture if sigma2 != 0
    for(i in 1:N)
      if(U[i] >= thresh)
        #replace original variate with mixture variate
        variates[i] = rnorm(1,0,sd=sigma2)
  }
  variates
}
hist(rmixture(10000,sigma1=1,sigma2=5),breaks=50)
```

为了能用混合模型来做价格模拟，我们需要一个将收益率转为价格的方法。如果对数收益率是服从正态分布的，那么它就会符合金融市场的传统假设。然而，根据目前手头上的刚出炉的混合模型 rmixture() 的需求，我们需要修改假设，使得对数收益率可以符合正态混合模型。这也是为了可以获得所必须的尾部极端情况。

下面所构建的 R 语言函数 simPricePath()，将会用正态分布或者正态混合模型来生成一个价格路径。这里只需要提供 σ_2，便可通过 $\mu=0$，$\sigma_1=0.05$ 以及所提供的 σ_2 来构建一个正态混合模型的分布。这里的 Y 是一个服从正态分布的变量，Z 是这里定义的正态混合随机变量。一旦生成了对数收益率，便可以用 toPrice() 函数将对数收益率映射到价格上。图 5.2 和图

5.3 展示了如何对 Yprices 和 Zprices 进行价格对比。图 5.3 中的混合模型正如期望中的那样，产生了一个跳跃式增长的价格序列。

```
simPricePath <- function(initPrice,N,seed,sigma1=.05,
                         sigma2=0,thresh=.9) {
  #Non mixture model
  set.seed(seed)
  Xlogrets = rmixture(N,sigma1,sigma2,thresh=thresh)
  Xprices = toPrices(initPrice,Xlogrets)
  list(Xprices,c(Xlogrets))
}
#unit test
seed=26
sigma1=0.007157
N=365
par(mfrow=c(2,2)); maxy=10*.007
Y <- simPricePath(1.3,N=365,seed=seed,sigma1)
Yprices  <- Y[[1]]
Ylogrets <- Y[[2]]
plot(Yprices,type='l')
plot(Ylogrets,type='l',ylim=c(-maxy,maxy))
points(Ylogrets)
Z <- simPricePath(1.3,N=365,seed=seed,sigma1,sigma2=4*sigma1)
Zprices  <- Z[[1]]
Zlogrets <- Z[[2]]
plot(Zprices,type='l')
plot(Zlogrets,type='l',ylim=c(-maxy,maxy))
points(Zlogrets)
sd(Ylogrets)
sd(Zlogrets)
par(mfrow=c(1,1))
plot(density(Ylogrets))
lines(density(Zlogrets),col=4)
```

图 5.4 提供了上面代码中最后三行代码所生成的 Ylogrets 和 Zlogrets 的密度概率分布图。由于在图 5.3 中，第 50 个时间步骤之后有巨大的变化，所以 Zlogrets 的右尾变得比较厚。这些需要再比较一下非混合模型和混合模型的四阶中心矩（计算峰度必须的统计变量），我们从下面代码中输出的结果可以发现，混合模型的峰度要比非混合模型的峰度大一些（分布的极端值要多一些）。

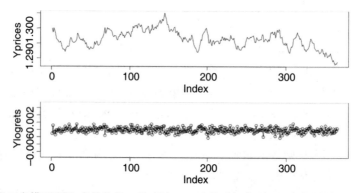

图 5.2　每日正态模型所生成的价格，长度为 365 天的时间序列 Y。底部图是这些价格所对应的对数收益率，其峰度只有 2.9，在正常范围内，而图 5.3 中峰度为 14.6，对比明显

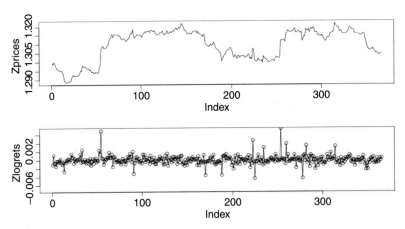

图 5.3 正态混合模型所生成的价格,长度为 365 天的时间序列 Z。除了由于价格跳涨而引起的对数收益率跟随跳涨外,其他与图 5.2 很接近

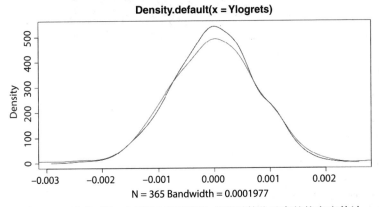

图 5.4 正态模型和正态混合模型所生成的对数收益率的核密度估计

```
> library(moments)
> KurtYlogrets = length(Ylogrets)^(-1)*sd(Ylogrets)^
+   (-4)*sum((Ylogrets - mean(Ylogrets))^4)
> KurtYlogrets
[1] 3.393385
> kurtosis(Ylogrets)
[1] 3.412056
> #measure Kurtosis of mixture
> KurtZlogrets = length(Zlogrets)^(-1)*sd(Zlogrets)^
+   (-4)*sum((Zlogrets - mean(Zlogrets))^4)
> KurtZlogrets
[1] 12.09176
> kurtosis(Zlogrets)
[1] 12.15829
```

我们现在观察一下上面的这些输出行,无论是用根据公式 3.34 所写的代码来实现的峰度函数,还是 R 语言自带的 kurtosis() 函数,混合分布模型的峰度相比于正态模型都要大一些,要比标准正态分布的峰度值 3 还要大 4 倍还多一点(12.15829)。

现在尝试使用多种路径来模拟一年 365 天的欧元(EUR)兑换美元(USD)价格从 1.3000 开始的走向,通过使用 simPricePath() 函数进行循环。我们可以使用下面这些代码中的正态分布模型和混合正态分布模型来比较这些操作。下面首先是正态函数的代码，图 5.5 是这些代码的运行结果。

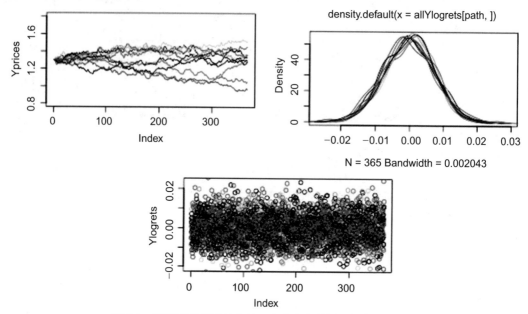

图 5.5 模拟正态模型的价格、密度和变量图，长度为 365 天

```
#Multiple paths
library(moments)
par(mfrow=c(3,1))
mapToCol <- function(d)
  if(d==7) 1 else if(d==8)
    2 else if(d==15) 3 else if(d==23) 4 else d
allYlogrets = matrix(nrow=10,ncol=N)
for(path in 1:10) {
  Y <- simPricePath(1.3,N,seed=path,sigma1=.007157)
  Yprices <- Y[[1]]; Ylogrets <- Y[[2]]
  if(path == 1) plot(Yprices,type='l',ylim=c(.8,1.8))
    else lines(Yprices,col=mapToCol(path))
  allYlogrets[path,] = Ylogrets
}
for(path in 1:10) {
  if(path==1) plot(density(allYlogrets[path,]),main="")
    else lines(density(allYlogrets[path,]),
            col=mapToCol(path))
}
mean(Ylogrets)
sd(Ylogrets)
for(path in 1:10) {
  if(path==1) plot(allYlogrets[path,],ylab='Ylogrets')
    else points(allYlogrets[path,],col=mapToCol(path))
}
```

现在再来看正态混合模型的相关代码，以及图 5.6 中这些代码的画图结果。这里 sigma1 = 0.007 157，来自于一个通常意义上的经验值，对应13.7% 的年化波动率。在下面混合模型的代码中，σ_2 设为 σ_2 的四倍，当作在 10% 时段中有更剧烈的波动。

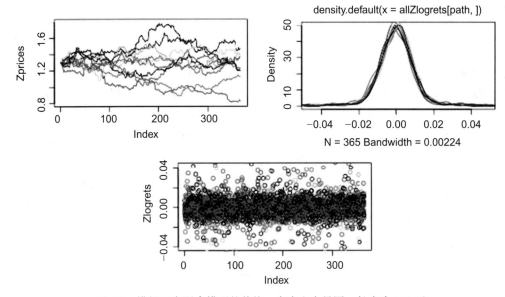

图 5.6　模拟正态混合模型的价格、密度和变量图，长度为 365 天

```
#mixture
allZlogrets = matrix(nrow=10,ncol=N)
for(path in 1:10) {
  Z <- simPricePath(1.3,N,seed=path,sigma1=.007157,
             sigma2=4*.007157)
  Zprices <- Z[[1]]; Zlogrets <- Z[[2]]
  if(path == 1) plot(Zprices,type='l',ylim=c(.8,1.8))
    else lines(Zprices,col=mapToCol(path))
  allZlogrets[path,] = Zlogrets
}

for(path in 1:10) {
  if(path==1) plot(density(allZlogrets[path,]),main="")
    else lines(density(allZlogrets[path,]),
        col=mapToCol(path))
}
mean(Zlogrets)
sd(Zlogrets)
for(path in 1:10) {
  if(path==1) plot(allZlogrets[path,],ylab='Zlogrets')
    else points(allZlogrets[path,],col=mapToCol(path))
}
```

正如我们可以在下面看到的，基于每日的价格波动从 0.007157 上升到了 0.010179，上升了 34.6%，从表面上看，对比于输出参数的影响，并没有那么大的变化。

```
> sd(Ylogrets)
[1] 0.007559591
> sd(Zlogrets)
[1] 0.01017884
> sd(Zlogrets)/sd(Ylogrets)
[1] 1.34648
```

5.3 2015年货币价格的突变

2015年1月15日，星期四，瑞士央行改变了他们的货币即瑞士法郎（CHF）政策[1]，这使得瑞士法郎走强，其他货币走弱。CHFEUR（瑞士法郎的欧元兑价）从 0.8327[2]涨到 0.8884仅仅用了三天，紧接着又涨到了 0.9983，这些可以从下面代码里 get.hist.quote() 函数所下载下来的具体日期区间内的日价格数据中得到。这些数据并不是货币市场里的真实价格，只是展示了 557 和 1099 个 Ticks（定时价格波动）。Tick 是指在要求价格保密的情况下，在价格上涨或者下跌的最小单位幅度。为了保证 CHFEUR 真实价格的保密性，这里每个 tick（0.000 1 汇率单位）大致代表了市场上存在一个 10.09 美元合同。这样 577 ticks 所代表的是 5621 美元[3]，这样来看，价格涨到 11 091 美元对于那些做多欧元、做空瑞士法郎的投资者来说，损失确实太快也太大了。

```
library(tseries)

tmixture <- function(N,sigma1,sigma2=0,sigma3=0)
#three level mixture with state changes
{
  variates = vector(length=N)
  mode = 1
  B = rbinom(365,1,1/365)
  for(i in 1:N)
    variates[i] = rnorm(1,0,sd=sigma1)
  if(sigma2 != 0) { #only mixture if sigma2 != 0
    for(i in 1:N)
      if(B[i] == 1) {
        mode = 2
        #replace original variate with mixture variate
        variates[i] = rnorm(1,0,sd=sigma2)
        print(sigma2)
        print(variates[i])
      } else if (mode == 2) {
        variates[i] = rnorm(1,0,sd=sigma3)
      }
  }
  variates
}
#S<-get.hist.quote("CHF/EUR",provider="oanda",
#                  start="2014-01-30",end="2015-01-29")
setwd(paste(homeuser,"/FinAnalytics/ChapV",sep=""))
S<-rev(read.csv("CHFperEUR.csv",header=TRUE)[,2])
```

通过 get.hist.quote() 函数可以获得万达集团（Oanda Corporation），[4]关于 CHF/EUF 的市场数据，这些数据可以用上面注释掉的那两个命令行提前下载，并存入名为 CHFperEUR.csv 的文件。获得市场数据的另一种方法是访问强大简洁的 Quandl.com 网站的 API，然后下

---

[1] 瑞士取消了 1:1.2=0.8333 的瑞士法郎兑换欧元汇率上限。
[2] 原书为 0.8323，疑似错误，译者尝试查阅了数据，并没有发现具体的真实价格，为了改动少一点，只改了这里保证前后一致。——译者注
[3] 577 是通过（0.8884- 0.8327）/ 0.0001 计算出来的，$5621 是通过 577*10.09 计算出来的 。
[4] 一家专门做股票数据交易的公司。

载并且翻转 ECB/EURCHF 价格，这些价格是逆序的，如下所示：

```
library(Quandl)
S2<-1/rev(Quandl('ECB/EURCHF',
        start_date="2014-01-30",end_date="2015-01-29")[,2])
```

然后我们就可以重新运行代码，这里通过设置一个能够绘制两行两列图的代码序列来观察真实价格的对数收益率。

```
par(mfrow=c(2,2))
diffLogS <- diff(log(S))
plot(diffLogS,type='p',ylim=c(-.08,.08))
plot(S,type='l',col='blue',ylim=c(.60,1.05),
     xlab="One Year: ealry 2014 - early 2015",
     ylab="actual CHF per EUR")
S[351:359]

diffLogS351 <- diff(log(S[1:351]))
diffLogS351mean <- mean(diffLogS351)
diffLogS351mean
diffLogS351dailyVol <- sd(diffLogS351)
diffLogS351dailyVol
diffLogSjumpMean = mean(diff(log(S[351:353])))
sd(diff(log(S[351:353])))/diffLogS351dailyVol
diffLogSlast <- diff(log(S[355:365]))
sd(diffLogSlast)/diffLogS351dailyVol
```

我们使用二项分布变量 $B \sim Bn(n,p)$，这里 $n=365$，代表模拟的天数，并且 $p=1/365$，代表突发事件每天发生的概率。这里我们依然需要知道标准差的混合级数 σ_1。根据历史波动率，日波动率可以用前 351 天算出，并且在此之后的指数代表了"σ_s"的个数，这里"σ_s"代表了出现突涨时涨落的差量。

```
> diffLogS351 <- diff(log(S[1:351]))
> diffLogS351mean <- mean(diffLogS351)
> diffLogS351mean
[1] 6.068558e-05
> diffLogS351dailyVol <- sd(diffLogS351)
> diffLogS351dailyVol
[1] 0.0006194764
> diffLogSjumpMean = mean(diff(log(S[351:353])))
> sd(diff(log(S[351:353])))/diffLogS351dailyVol
[1] 73.00818
> sd(diff(log(S[351:353])))/diffLogS351dailyVol
[1] 57.15945
> diffLogSlast <- diff(log(S[355:365]))
> sd(diffLogSlast)/diffLogS351dailyVol
[1] 17.8339
```

我们可以将上面这些 R 代码行作用于 CHF 价格，这样就可以了解历史上这次的变动是多么剧烈。众所周知，一个正态分布的随机变量偏离其分布的 3 个标准差是非常少见的。发生最大变动的两天时间内已经有了 73 倍 σ 的偏离了！这个变动造成了人们极大的焦虑，尤其是对于那些欧元区以外的国家，同时这也使得投资者不断成群结队地"逃到"美国和瑞士这样的欧元区以外的避风港（Swiss Move Roils Global Markets，2015）。

下面的这个代码块使用了一个 3 层混合的模型 tmixture()。它混合的三个阶段如下：

- 从开始直到二项分布随机变量 $B=1$，混合模型是纯粹的正态分布，且方差很小。这个阶段代表了瑞士政府原来保持的 CHF 货币走弱，兑换欧元的上限汇率大约是 0.8 的政策。
- 一旦达到二项分布随机变量 $B=1$，将正态随机变量 σ_2 作为新的当前模型，其中 $\sigma_2=73.00*\sigma_1$。
- 一旦发生突发事件，货币波动的正态分布有更大的波动性。突发事件发生后价格跳涨的模拟建模方差为 $\sigma_3=17.84*\sigma_1$。

$$Y = \begin{cases} Z \sim N(0,\sigma_1), B = 0 \\ U \sim N(0,\sigma_2), B = 1 \\ V \sim N(0,\sigma_3), \sigma_2 = 73.00\sigma_1 \text{ 且 } \sigma_3 = 17.84\sigma_1 \end{cases} \quad (5.11)$$

这个模型一旦建立完成便能够生成那些货币危机时产生的场景，但不一定和历史完全一致。通过随机种子 196 而产生的场景与 2015 年 1 月 15 日的事件非常相似，恰好有一个大奇点。混合模型的二项分布部分能够在一年的时间窗口中产生 0～2 个这样的大事件。

```
b = 196
for(path in b:205) {
  N=365;
  set.seed(path)

  Y <- tmixture(N,diffLogS351dailyVol,
              73.00818*diffLogS351dailyVol,
              17.84*diffLogS351dailyVol)
  if(path == b)
    plot(Y,ylim=c(-.08,.08),xlab=path)
  Yprices = c(S[[1]],S[[1]]*exp(cumsum(Y)))
  if(path == b)
    plot(Yprices,col=14,type="l",ylim=c(.60,1.05),
       xlab="1825 Days = 5 Simulated Years",
       ylab="simulated CHF per EUR")
  else
    lines(Yprices,col=mapToCol(path%%24))
  print(path)
  Sys.sleep(2)
}
```

图 5.7 的上面两张图展示了每日 CHFEUR 价格没有极端变化时和有极端变化时抽样变量 S 的走势图。左边的两幅图是对数收益率，而右边的是货币汇率。右上角的图是真实价格。右下角的图是一个类似事件的模拟，这个的 CHFEUR 汇率 Y 可以当作一个 5 年期的序列模拟。

当考虑到交易和投资外汇市场的风险时，上面的极端变化可能会经常出现。如果一个人不认为外汇市场有可能出现极大的变化，那么当他看到这个真实发生的事情时会改变他的想法。因此学习如何从分析角度来构建风险模型，把这些极端事情的可能性考虑进去是非常重要的。

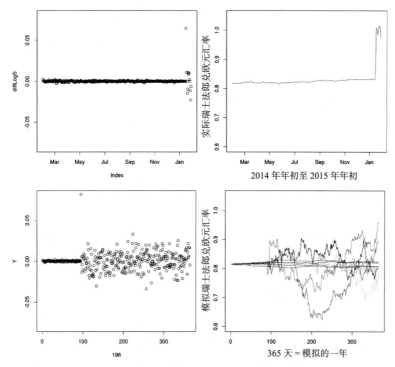

图 5.7 CHFEUR 从 2014 年 1 月 24 日到 2015 年 1 月 13 日的日价格数据。上面两幅图描绘了真实价格的走向,下面两幅图是模拟价格的走向。在瑞士中央银行(Swiss Central Bank)修改其货币政策之后,价格疯涨出现在这个时间序列的第 352 天和第 353 天。左边的两幅图是对数收益率,而右边的两幅图是货币汇率。右上图中在疯涨上升前的 351 天都是很平稳的。左下图是三层混合模型的走向图,其奇点在模拟中第一次随机地发生在第 95 天。右下图是混合模型的对数收益率映射到 10 种不同的价格路径中的样子。有两次突然事件发生的价格路径要比其他的价格路径要低

5.4 习题

(1) 理解对数映射的差数的反向操作。

不用 R 语言自带的 cumsum() 函数,自己写一个 mycumsum() 函数,这个函数的输入是一个长度为 N 的向量,并且实现公式 5.1。请回答 c(15, 15*exp(mycumsum(c(−0.0339, −0.0351, 0.0000, 0.0690, 0.0645, −0.0317)))) 的运行结果是什么。

(2) 根据市场情况定制一个高斯混合模型。

使用本章所出现的代码并且尝试修改它们,来构建一个高斯混合模型,能够从 29 999 个对数收益率中产生 30 000 个价格。这些对应一个月中的 EURUSD(欧元兑美元汇率)的分钟价格。将每欧元兑换 1.3400 美元作为最初的价格。正态随机变量 Y 和 Z 的标准差分别为 $\sigma_Y = 0.0002$ 和 $\sigma_Z = 0.0007$。

(a) 使用一个两段正态混合模型来让 29 999 个对数收益率序列的峰度为 10(高斯分布的峰度为 3),变量 U 也是服从正态分布的。大家可以不断试错找到可能的阈值 h,来让这个分布符合所假设的峰度。

$$X = \begin{cases} Y, & \text{如果 } U < h \\ Z, & \text{否则} \end{cases} \quad (5.12)$$

(b) 请画出所生成的价格和对数收益率图,并且同时画出对数收益率的密度图。

(c) 请问对数收益率的密度服从正态分布概率密度吗?

第 6 章
时间序列分析

假设你就职于一家航空公司的运营部门。公司要求你通过审阅和分析公司和业界的历史数据集,来预测来年每个航班的预期运量。这个结果和预期收入紧密且直接相关。显而易见,大家都知道公司需要通过收入填补花费和开销。过于乐观也于事无补,因为未来可能有未知的风险会带来让人们感到失望的损失。

现在你应该做什么?因为用户的飞行习惯是周期性的,所以有衰退期的风险。而衰退期会影响整个公司的盈利。燃油和其他燃料的价格也很重要。还有,每年都会发生并购,这也会改变竞争格局,并且可能会使得某些航线更加有效率。

时间序列分析的确可以帮助你分析这些事情。就像统计学里的置信区间(详情请查看附录)一样,对于未来存在一个不确定具体值的区间来帮助你做判断。预期的航班客运量便是一个随机变量。而客运量只是我们借助 R 语言的一些工具来完成学习的几个领域之一。

6.1 时间序列入门

我们从一个用时间序列建模快速问答的例子开始。可以首先使用 quantmod 和 PerformanceAnalytics 包建模。符号 GSPC、VIX、TNX 分别代表标普 500 指数(S&P 500 index)、CME 波动指数和 10 年国债收益率,我们需要下载这些符号所代表的向量。使用 getSymbols() 函数下载从 2003 年 1 月 3 日到 2015 年 9 月 10 日期间这些符号的时间序列数据,数据格式为 sym.vec。如果你还没有安装 quantmod 和 PerformanceAnalytics 包,可以使用安装命令 install.packages("quantmod",dependencies=True) 和 install.packages("PerformanceAnalytics", dependencies=True)。

```
> library(quantmod)
> library(PerformanceAnalytics)
> sym.vec <-c("^GSPC","^VIX")
> getSymbols(sym.vec, from = "2005-01-03", to = "2015-09-16")

[1] "GSPC" "VIX"
```

如图 6.1 所示,第一幅图是关于标普 500 指数的。我们可以发现,其峰值在 2007 年年初陡然下降,这与次贷危机相吻合。我们可以看到,在 2009 年年中市场开始回暖,并且开始持续大幅拉升,直到 2015 年年中。还可以看到,2011 年和 2012 年因为欧元区的政府债务前景不明,对指数进行了小幅调整,并且 2015 年年中指数有一个明显的抛售期。时间序列有趣的地方在于市场主体是负收益的时间段趋向于聚集在一起（熊市），而市场主体是正收益的时间段也趋向于聚集在一起（牛市）。

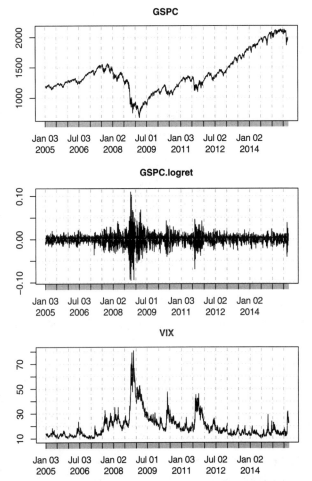

图 6.1　从 2003 年 1 月 3 日到 2015 年 9 月 10 日时间段内标普 500 指数的价格、对数收益率和波动幅度

现在我们抽取标普 500 指数的调整价格。

```
> GSPC <- GSPC[, "GSPC.Adjusted", drop=F]
```

然后，使用 CalculateReturns() 函数来计算这个价格向量的对数收益率。我们对对数收益率感兴趣是因为如果整体的价格分布是对数正态分布，对数收益率就会服从正态分布并且其联合概率是一个多元正态分布。图 6.2 描绘了正态性。

```
> GSPC.logret = CalculateReturns(GSPC, method="log")
> GSPC.logret[1]
           GSPC.Adjusted
2005-01-03            NA

> GSPC.logret[1] = 0.0
```

CalculateReturns() 函数先取这个价格时间序列的对数，即 log()，再获得它们的差值序列。因为差值是当前价格减去之前价格，所以对数收益率向量的第一个元素是未被定义的。

这里可以尝试取差值序列的第一个到第十个元素来演示一下。

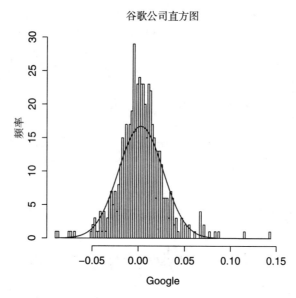

图 6.2 谷歌（Google）公司从 2004 年 8 月 20 日到 2006 年 9 月 13 日的对数收益率直方图，上面套加一个正态随机变量密度，它与谷歌公司对数收益率有相同的均值及标准差。我们可以发现，在股票收益中经常出现多个峰值，即均值周围聚集较少的收益，而在分布尾部有巨大的背离

通过图 6.1 中和收益率相关的图以及所观察到的一个财务收益中很重要的特征，即波动性是基于时间变化的，可以发现有很多比较"安静"和"冷静"的时间段，这意味着市场不是很积极；"喧闹"和"狂风暴雨"的时间段，意味着市场太过积极。这个和时间变化波动有关的统计学术语叫异方差性（heteroskedasticity），它是让金融数据难以建模的一个主要原因。图 6.3 描绘了峰值。

```
> par(mfrow=c(3,1))
> plot(GSPC)
> plot(GSPC.logret)
> plot(VIX)
```

与真实市场收益率密切相关的是价格波动性（priced volatility），这在图 6.1 中由 VIX 所呈现。笼统地讲，VIX 是一篮子证券所产生的隐藏波动性的平均值。而这些隐藏波动指标的范围为 0.0 到刚刚超过 1.0，表示标的证券价格波动的标准差。对于这里的 VIX 来说，标的证券是标普 500 指数。

VIX 常被称为"恐惧因子"，因为它表示了在一个时间段内有多少投资者要承担市场风险。如果市场是安静的，那么投资者倾

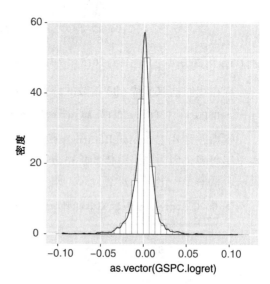

图 6.3 2003 年 1 月 3 日到 2015 年 9 月 10 日的标普 500 指数对数收益率相关的直方图和估计密度

向于承担更少的市场风险。然而，市场行为是波动的，投资者则倾向于承担更多的市场风险。这是从图 6.1 中观察到的。在 2008 年次贷危机造成的金融灾难中，可以看到 VIX 的最高点达到了 80%，而到了次贷危机之后的长牛市，VIX 下降到了 11% 或 12%。

```
> library(TSA)
> library(ggplot2)
> data(google)
> hist(google, breaks=100)
> curve(dnorm(x, mean=mean(google), sd=sd(google)), add=TRUE, col="blue")
> ggplot(NULL,aes(x=as.vector(GSPC.logret),y=..density..)) +
+     geom_histogram(fill="cornsilk", colour="grey60", size = 0.2) +
+     geom_density(colour="blue")
> dt4<-function(x) dt(x,df=4)
> ggplot(data.frame(x=c(-5,5)),aes(x=x)) +
+     stat_function(fun=dnorm, colour="blue") +
+     stat_function(fun=dcauchy, colour="green") +
+     stat_function(fun=dt4, colour="red")
```

在 R 语言中，moment 库中的 kurtosis(x) 函数如上所示，通常用于计算样本的峰度。使用 skewness() 和 kurtosis() 函数的例子见第 5 章。

从图 6.4 中可以看到 $t(4)$ 分布和柯西分布的尾部厚度。这里要强调一下，我们现在可以对这三种分布分别进行 10 000 条数据随机采样，计算每个采样分布的峰度，再与标普 500 指数对数收益率的峰度进行对比。根据之前有关文献的内容，观测到的市场收益很好地服从 $t(4)$ 分布。收益的峰度比正态分布的峰度更高，并且与 $t(4)$ 分布也是可比较的，正如下面输出所看到的那样。另外，柯西分布的极端厚尾甚至比 $t(4)$ 或者市场收益率的峰度高出两个数量级，如图 6.5 所示，而和预期相符，正态随机变量有一个趋近于 0 的额外峰度。

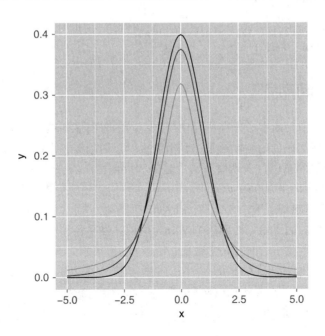

图 6.4　标准正态分布（蓝色），柯西分布（绿色）和有 4 个自由度的 t 分布（红色）的密度图

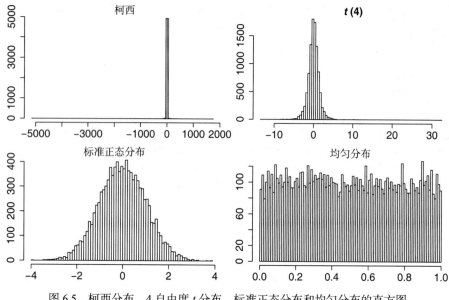

图 6.5 柯西分布、4 自由度 t 分布、标准正态分布和均匀分布的直方图

```
par(mfrow=c(2,2))
hist(rcauchy(n=10000), main="Cauchy",breaks=100)
hist(rt(n=10000,df=4), main="t(4)",breaks=100)
hist(rnorm(n=10000), main="Standard Normal",breaks=100)
hist(runif(n=10000), main="Uniform",breaks=100)
set.seed(255270)
kurtosis(rcauchy(n=10000))
kurtosis(rt(n=10000,df=4))
kurtosis(rnorm(n=10000))
kurtosis(GSPC.logret[c(-1)]) #remove 1st elem
kurtosis(runif(n=10000))
```

6.2 平稳型时间序列

在时间序列分析中,通常考虑在研究中分出不同的时间序列结构类型。典型的结构类型包括趋势型和周期型。在金融领域通常遇到指数级增长的趋势和季度周期性。这里将通过介绍几个不同的时间序列案例,来观察不同的趋势和周期性(Cryer & Chan, 2010)。其他资源有 Shumway 和 Stoffer(2006)以及 Hamilton(1994)。这些分析都基于 Kung-SikChan 和 Brian Ripley 所开发的 R 语言包 TSA。对于时间序列来说,通常分为两类:平稳型时间序列和非平稳型时间序列。而平稳型时间序列又分为两种:强平稳和弱平稳。弱平稳指的是时间序列的均值和方差二者关于时间都是常数值:

$$E(Y_t) = \mu$$
$$\gamma_j = E(Y_t - \mu)(Y_{t-j} - \mu), 对于所有 t$$

强平稳超越了一阶和二阶矩(期望和方差),认为如下的概率分布函数不随时间改变而改变。

$$F_Y(y_{t+j_1}, \cdots, y_{t+j_n}) = F_Y(y_{j_1}, \cdots, y_{j_n}), 对于所有和 j_1, \cdots j_n$$

这里的区别在于更高阶矩的吻合。假设一个分布的三阶矩随时间变化,但是其一阶矩和

二阶矩不随时间变化，那么这个时间序列是弱平稳时间序列而不是强平稳时间序列。

6.3 自回归移动平均过程

观察平稳型时间序列的主要工具是自回归移动平均（Auto-Regressive Moving Average，ARMA）过程。ARMA(p,q) 定义为：

$$Y_t = \mu + \phi_1 Y_{t-1} + \phi_2 Y_{t-2} + \cdots + \phi_p Y_{t-p} + e_t - \theta_1 e_{t-1} - \theta_2 e_{t-2} - \cdots - \theta_q e_{t-q}$$

这里 $\phi_1 y_{t-1} + \phi_2 y_{t-1} + \cdots + \phi_p y_{t-p}$ 是自回归部分，而 $\theta_1 e_{t-1} + \theta_2 e_{t-2} + \cdots + \theta_q e_{t-q}$ 是移动平均部分。μ 是整个过程的均值，而 e_t 是 t 时刻的噪声。噪声过程（或者叫创新过程）是 t 时刻的观察值和根据 t 时刻之前的可用信息用该模型预测的变量值之间的差值。

6.4 幂变换

分析非平稳时间序列需要更多的工具。分析的目标是通过对时间序列的非平稳性进行一系列操作，从而获得一个平稳的时间序列。主要的操作是幂变换和取差值。这里变换的主要目的是，通过一个函数处理时间序列来尝试减少异方差性，比如使得方差在时间上更稳定。典型的变换函数是自然对数方程：$\log(x)$ 和平方根函数 $\sqrt{x}$。这两个函数可以被泛化到一个叫作幂变换的变换家族中。幂变换是由 Box 和 Cox（1964）提出的，具体定义为给定一个参数 λ，有

$$f(x) = \begin{cases} \dfrac{x^\lambda - 1}{\lambda}, & \lambda \neq 0 \\ \log x, & \lambda = 0 \end{cases} \quad (6.1)$$

这里当 $\lambda = 0$ 时，当使用洛必达法则，可知 $\lambda \to 0$，$\dfrac{x^\lambda - 1}{\lambda} \to \log(x)$，然后可以得到幂变换 $f(x) = \log(x)$。具体推理如下，首先可知 $e^{\log(x)} = x$，$\log(x^\lambda) = \lambda \log(x)$，且 $\dfrac{d}{dx} e^x = e^x$，然后重写 $x^\lambda = e^{\lambda \log(x)}$ 并求微商可得：

$$\frac{dx^\lambda}{d\lambda} = \frac{de^{\lambda \log(x)}}{d\lambda} \quad (6.2)$$

$$= \log(x) e^{\lambda \log(x)} \quad (6.3)$$

$$= \log(x)(e^{\log(x)})^\lambda \quad (6.4)$$

$$= \log(x) x^\lambda \quad (6.5)$$

使用洛必达法则可得：

$$\lim_{\lambda \to 0} \frac{x^\lambda - 1}{\lambda} = \lim_{\lambda \to 0} \left(\frac{\dfrac{d}{d\lambda}(x^\lambda - 1)}{\dfrac{d}{d\lambda} \lambda} \right) \quad (6.6)$$

$$= \lim_{\lambda \to 0} \left(\frac{\log(x) x^\lambda}{1} \right) \quad (6.7)$$

$$= \log(x) \quad (6.8)$$

根据转换的定义，问题现在转化为了如何寻找适当的 λ 值。适当值在这里是一个能产生变换过的序列与正态随机变量最接近的值。这取决于时间序列，并通过 R 函数 BoxCox.ar() 进行估算。

6.5 TSA 包

TSA 包是 Kung-Sik Chan 和 Brian Ripley 所写的时间序列分析包，它包括估算、预测和画出时间序列模型等功能，还涉及时间序列频谱估计功能，包括将时间序列分解成正弦波的叠加的各种函数。本书将不会涉及频谱分析。如果还没有安装 TSA 包，可以通过 R 语言命令 install.packages("TSA") 来安装。

让我们先从加载 TSA 包开始：

> library(TSA)

第一个时间序列的案例从 tempdub 开始。tempdub 是爱荷华州迪比克市（美国爱荷华州东部的一个城市）从 1964 年 1 月到 1975 年 12 月的平均月气温记录。这是一个在时间序列分析上表现很不错的数据集。通过图 6.6 可以看到其均值是比较趋近于一个常数的，并且其季节的周期性也非常的稳定。我们可以很明显地发现冬天和夏天的冷热程度是不同的，并且温度极值出现的月份也不同，但是这些都只是少量的背离。

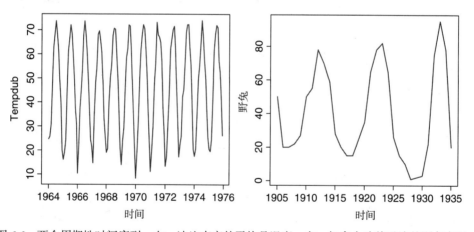

图 6.6 两个周期性时间序列。左：迪比克市的平均月温度。右：加拿大哈德逊湾的野兔产量，我们可以观察到数十年间的稳定周期性，野兔数量增长幅度的起落变化可能与环境的变化有关

> data(tempdub)
> plot(tempdub,col='blue')

由于 tempdub 数据有很强的自然周期性特征，我们预计这个时间序列是平稳的。这里通过增广的迪基-富勒检验来检验其形式上的平稳性。增广的迪基-富勒检验的零假设是不平稳的，所以要拒绝零假设需要一个很小的 p 值。下面就是运行增广的迪基-富勒检验的代码，这里注意一下，最后结果的 p 值足够小以拒绝非平稳的零假设，其显著性 $\alpha = 0.05$。因此，可以确定 tempdub 数据集是平稳的。

```
> adf.test(tempdub)

Augmented Dickey-Fuller Test

data:   tempdub
Dickey-Fuller = -11.077, Lag order = 5, p-value = 0.01
alternative hypothesis: stationary
```

一种直观和简单的拟合像 tempdub 数据集这样的平稳时间序列的方法是根据季节周期的均值（seasonal means）建模。在季节周期均值的建模中，假设时间段是以月为单位的，这样可以建模为：

$$Y_t = \mu_t + X_t \tag{6.9}$$

这里 μ_t 是循环部分，而 X_t 是随机部分且 $E(X_t) = 0$。在这个例子里我们希望可以估计出一年 12 个月中每个月的期望平均数，假设一年 12 个月中每个月的期望平均数是常数：β_1，β_2，$\cdots$，β_{12}，那么 μ_t 可以写为：

$$\mu_t = \begin{cases} \beta_1, & t=1,13,15,\cdots \\ \beta_2, & t=2,14,26,\cdots \\ \vdots \\ \beta_{12}, & t=12,24,36,\cdots \end{cases} \tag{6.10}$$

上面便是我们通过定义指示变量来代表这些数据点属于哪个月，借此来拟合季节均值模型。TSA 包有在数据库中抽取这些月数据的功能，对抽取月份的气温进行回归，从下面的代码可以看到线性回归的结果和一些分析总结。我们可以看到不同月份的平均气温，注意这里 -1 是回归抑制的拦截项。

```
> month <- season(tempdub)
> model1 <- lm(tempdub ~ month - 1)
> summary(model1)

Call:
lm(formula = tempdub ~ month - 1)

Residuals:
    Min      1Q  Median      3Q     Max
-8.2750 -2.2479  0.1125  1.8896  9.8250

Coefficients:
               Estimate Std. Error t value Pr(>|t|)
monthJanuary     16.608      0.987   16.83   <2e-16 ***
monthFebruary    20.650      0.987   20.92   <2e-16 ***
monthMarch       32.475      0.987   32.90   <2e-16 ***
monthApril       46.525      0.987   47.14   <2e-16 ***
monthMay         58.092      0.987   58.86   <2e-16 ***
monthJune        67.500      0.987   68.39   <2e-16 ***
monthJuly        71.717      0.987   72.66   <2e-16 ***
monthAugust      69.333      0.987   70.25   <2e-16 ***
monthSeptember   61.025      0.987   61.83   <2e-16 ***
monthOctober     50.975      0.987   51.65   <2e-16 ***
monthNovember    36.650      0.987   37.13   <2e-16 ***
monthDecember    23.642      0.987   23.95   <2e-16 ***
---
```

```
Signif. codes:  0 '***' 0.001 '**' 0.01 '*' 0.05 '.' 0.1 ' ' 1

Residual standard error: 3.419 on 132 degrees of freedom
Multiple R-squared:  0.9957,    Adjusted R-squared:  0.9953
F-statistic:  2569 on 12 and 132 DF,  p-value: < 2.2e-16
```

由于我们正在建模一个高度平稳的过程，我们期望模型能够很好地拟合。这就是我们看到的。每个月的估计值都是非常显著的，每个月的标准误差均小于 $1℃$，而 R^2 则高达 0.9957，这意味着模型代表了我们在数据中看到的所有变化的 99.57%。

虽然像上面的 tempdub 这样的季节性模式记录相当稳定，但其他类型的周期性则不太稳定。数据集 hare 记录了加拿大安大略省哈德逊湾主排水系统中每年的野兔数量，它是对猎人进行问卷调查的结果。图 6.6 中的行为明显是周期性的，但它不如温度测量值稳定。我们看到的周期不是每年，而是平均 10 年左右的可变周期。可以推断，在高峰期，野兔的数量太多，环境无法支撑，所以野兔会死亡或被捕食者消灭。当足够多的野兔死亡，环境恢复后，野兔数量开始向新的高峰移动。我们也可以假设，天气或太阳的某种多年变化模式导致兔子种群的周期性。无论如何，问题是周期性不稳定。在某些周期中，增加和减少的幅度更大，而在其他周期中，增加和减少的幅度更为缓慢。毫无疑问，这与季节、食肉动物密度、天气和其他因素有关，这些因素累积导致的情况比上面的温度例子更难建模。

```
> data(hare)
> plot(hare,col='blue')
```

对于 hare 数据集，我们采用增强的迪基 – 富勒单位根检验来检验平稳性，由于报告的 p 值大于 0.05，我们接受 $α=0.05$ 水平下非平稳性的零假设。序列中有足够的不稳定性来拒绝 p 值大于 0.05 的平稳性。

```
> adf.test(hare)

    Augmented Dickey-Fuller Test

data:  hare
Dickey-Fuller = -3.5051, Lag order = 3, p-value = 0.06064
alternative hypothesis: stationary
```

当然，在各个周期里，异方差性或者说变化大量的出现是一个问题，所以需要使用幂变换来让方差变稳定。Box-Cox 变换可以通过产生一个变换族 $λ$ 来将数据转成一个常数方差的正态随机变量，当然也会给 $λ$ 值一个最优的置信区间。这里使用 Box-Cox 变换来估计最优的幂变换参数 $λ$。最终的置信区间可参照图 6.7，根据观察，$λ = 0.5$ 恰好在置信区间内，并且可以确定应该使用平方根变换。

```
> par(mfrow=c(2,2))
> BoxCox.ar(hare)
> plot(sqrt(hare),col='blue')
> acf(sqrt(hare))
> pacf(sqrt(hare))
```

在图 6.7 中我们可以看到 hare 数据集的平方根图，从图中可以发现其异方差或非常数方差的程度对比之前已经大幅下降了。虽然异方差波谷还是很明显的，但是异方差波峰已经被大大削弱了。接着可以再次尝试去检验这个经过平方根变换的时间序列的平稳性，这里 p 值为 0.01，这个值已经太小了，无法接受在 5% 等级范围的非平稳的零假设。根据下面的结果可以发现，平方根变换的 hare 数据集时间序列已经拒绝了非平稳的零假设，因而可知 hare 这个时间序列是平稳的。

```
> adf.test(sqrt(hare))

    Augmented Dickey-Fuller Test

data:  sqrt(hare)
Dickey-Fuller = -4.479, Lag order = 3, p-value = 0.01
alternative hypothesis: stationary
```

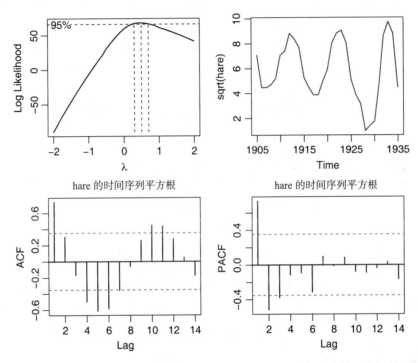

图 6.7　从左上依次为：hare 数据集序列的 Box-Cox 置信区间，平方根变换，自相关函数和偏自相关函数

平稳性已经建立，接下来我们转向去理解自回归移动平均的 ARMA(p,q) 过程。首先定义一个 p 来表示 AR（auto-regressive，自回归）分量的阶数，再定义一个 q 来表示 MA（moving average，滑动平均）分量。这里需要用到 3 个工具：

1）ARMA 子集图。
2）自相关函数。
3）偏自相关函数。

ARMA 子集图可以提供在最小 BIC（Bayesian Information Criterion，贝叶斯信息量）下的 AR 和 MA 分量的滞后性，如图 6.8 的上半部分所示（BIC 的具体定义参照附录）。ARMA 子集图提供了建模序列的滞后性特征的第一手资料。这出现 AR 和 MA 的各种滞后性上，我们可以找到那些被自相关和偏自相关函数支撑的滞后性。

```
layout(matrix(c(1,1,2,3), 2, 2, byrow = TRUE))
plot(armasubsets(y=hare,nar=7,nma=7))
```

```
acf(sqrt(hare))
pacf(sqrt(hare))
```

以上代码块将绘制出图 6.8 的子集图和相关性图。

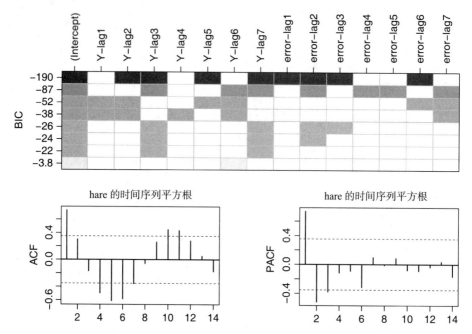

图 6.8　平方根变换的 hare 数据集的 ARMA 子集图、自相关和偏自相关图

自相关函数（ACF）表示 MA 分量的哪些滞后是有意义的，偏自相关函数（PACF）表示 AR 分量的哪些滞后是有意义的。这样，我们就把模型筛选到最基本的部分。图 6.8 顶部的 ARMA 子集图表明，AR 滞后 2、3、5 和 7（Y-lag）是有意义的，而 MR 滞后 1、2、3 和 6(error-lag) 是有意义的。偏自相关函数的三个显著滞后表明模型的 AR 分量为三阶。自相关函数的振荡但呈指数衰减的特性表明 MA 分量为零阶。

这里的 ACF 表明了模型没有 MA 分量，并且 PACF 表明了滞后性为 1、2 和 3。接下来再观察 PACF，1 和 2 阶滞后性是非常显著的，而 3 阶滞后性是一个分界线，但是由于一阶和二阶滞后非常显著，所以这里也把 3 阶滞后放入模型中。建模通常倾向于越简单越好，这样才能让参数估计尽量准确。所以使用 AR(3) 作为模型是合适的。因此，最终的建模选型是 ARMA(3,0)。

这里通过 arima() 函数来建模 AR(3) 模型，其形式为 ARIMA(3,0,0)，意味着在 TSA 包的 ARIMA(p,d,q) 建模方式中，$p=3$，$d=0$，$q=0$。下一节将具体介绍 ARIMA。

```
> m1.hare <- arima(x=sqrt(hare),order=c(3,0,0))
```

我们现在再观察 ACF 的残差结构是不是期望的建模时间序列的目标，因为建模时间序列的目标是将所有的结构包含到模型中。如果建模成功，则残差将不会有显著的结构。在时间序列中，"无显著结构"通常意义上意味着误差项是独立的，没有自相关性，并且是理想情况下的正态分布。图 6.9 给出的结果表明残差缺乏显著的自相关性，这让我们相信我们已经对时间序列中的大部分结构进行了建模。为了进一步确定这个结论，可以使用 Ljung-Box

检验，这个检验用来检验残差自相关性，其零假设为没有自相关性。检验结果如图 6.9 底部所示，如期望的那样，Ljung-Box 检验结果的 p 值足够大，能使我们接受残差无相关性的零假设，因此，结论是这个模型的模型误差已经足够匹配时间序列中的所有结构。

为了证实 Ljung-Box 检验的结果，并进一步支持我们对残差独立性的主张，对残差进行连贯检验（runs test）。连贯检验检查"连贯性"在序列中的普遍程度，即序列高于或低于中间值的条纹，连贯检验的零假设检验为独立。如果系列中的"连贯"太多或太少，那么就可以证明这个序列不是随机的。下面的代码便是运行连贯检验的结果，可以观察出来 p 值足够大，能使我们接受误差项独立的零假设。

```
> runs(rstandard(m1.hare))

$pvalue
[1] 0.602

$observed.runs
[1] 18
```

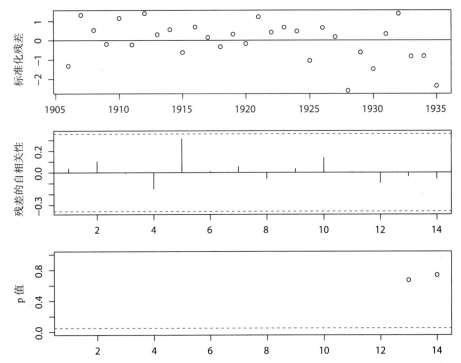

图 6.9　hare 数据集建模后的标准化残差、残差的自相关性，以及残差独立性检验的 Ljung–Box 测试结果

```
$expected.runs
[1] 16.09677

$n1
[1] 13

$n2
[1] 18
```

```
$k
[1] 0
```

在建立误差项独立性之后，接下来需要确定误差项是否是正态分布的。首先观察残差的直方图（见图 6.10），注意在左边有 2 个离群点，以及在分布的右边有明显的尾部缺失。这个负的偏度和突出的左尾使得我们对残差是否服从正态分布产生了疑问。

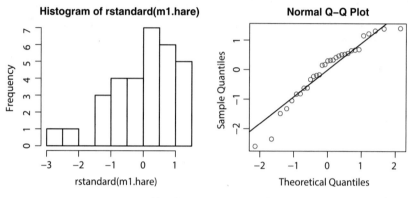

图 6.10　hare 数据集 AR(3) 模型建模残差的直方图

```
> tsdiag(m1.hare)
> par(mfrow=c(1,2))
> hist(rstandard(m1.hare))
> qqnorm(rstandard(m1.hare),col='blue')
> qqline(rstandard(m1.hare))
```

接下来，我们介绍如何使用 Q-Q 图（quantile-quantile plots，分位数－分位数图）来确定其正态性。由于这里的目标是构造一个残差独立且服从正态分布的模型，所以通过 qqnorm() 函数来比较标准化残差和标准正态随机变量。如果残差是非常完美的正态分布，那么所有的点将落在直线上，点越靠近直线越能证明比较的两个分布越接近。通过对图 6.10 所示的 Q-Q 正态图观察可以发现，大部分的点都是靠近直线的，只有两段比较明显的背离。这里与之前直方图中的显著的左尾（负残差）相吻合，这意味着对残差需要进行更多的分析。

由于直方图和 Q-Q 图的结果都是模糊的，需要进一步通过夏皮罗－威克尔检验（Shapiro–Wilk test）残差的正态性。夏皮罗－威克尔检验的零假设是正态性存在，通过如下代码的结果可以看出，p 值大于 0.05，所以可以接受残差是正态的零假设。不过夏皮罗－威克尔检验的 p 值（假设概率）只比 0.05 高出一点，这与上面直方图和 Q-Q 图的模糊性相吻合。因此可以得出的结论是残差是服从正态分布的，虽然比较勉强。

```
> shapiro.test(residuals(m1.hare))

    Shapiro-Wilk normality test

data:  residuals(m1.hare)
W = 0.93509, p-value = 0.06043
```

最后，可以尝试在 95% 的置信区间内预测野兔数量的未来走势，如图 6.11 所示。这里通过定义一个平方向量的函数，来画出在 95% 的置信区间下，模型所预测的接下来 25 个时间步的走势。可以明显看出，置信区间随着整体预测水平的增加而增加，而且随着未来时间的远离，预测的上下界也会逐渐变大。

```
> square<-function(x) {y=x^2}
> plot(m1.hare,n.ahead=25,xlab='Year',ylab='Hare Abundance',
+      pch=19,transform=square,
+      col='blue')
```

现在可以总结整个建模诊断过程了。一旦使用了Box-Cox方法获得了最优变换，并通过ACF/PACF获得了模型的阶之后，就可以拟合这个模型了。在拟合模型之后，有几个工具可以用来衡量模型的质量。时间序列建模的目标是将任何有可辨识的结构容纳到模型中。如果能够充分建模的话，将不会在模型的残差里观察到任何结构。如果残差是完全随机的，我们期望其可以呈现出如下特定性质：

1）残差是服从正态分布或者非常接近正态分布的。如果这个性质成立，那么就可以说导致模型产生误差的元素本质上是与时间序列的结构无关的。

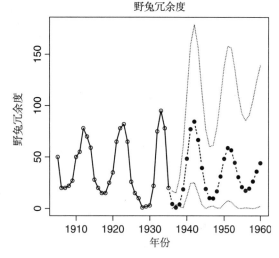

图6.11 哈德逊山谷野兔数量的未来走势

2）残差应该是不相关的，这种无关性指的是任意一个残差值与其前面或者后面时间步的值无关，即知道一个残差值，无法推测出在其之前的值也无法预测出其后的值。

在这里，工具箱里有一些可帮助我们检测这些性质的工具。

1）Shapiro–Wilk检验是一个对正态性的检验，可以通过对建模的残差使用shapiro.test()函数并且观察结果的p值是不是大于0.05，来确定残差服从正态分布这个断言的置信度。p值的0.01到0.05区间被称为"灰色区间"（grey area），当p值小于0.01时，意味着残差服从正态分布的断言很有可能是错的。

2）tsdiag()函数的输入是一个拟合好的模型，而输出是3张图，每张图都是一个诊断工具的结果：

（a）最上面的图是标准化残差的一个简单趋势绘制，比如残差减去均值再除以其标准差。如果服从正态分布的断言是正确的，那么我们将会看到在图中只有少数的点在±2之外，极少的点在±3之外。如果看到任何点在±4左右甚至之外，那么这个断言很有可能是错的。

（b）tsdiag()输出图的中间图是模型残差的ACF。这里要确定在红色虚线外的残差点数量不超过1/20。如果超过这个数，就意味着残差有个明显的结构，可能这个结构需要归纳到模型中。

（c）最下面的图展示了Ljung–Box检验的独立性检验的结果。如果我们观察到红虚线上方的点，那么我们可以假设模型残差彼此充分独立。

6.6 自回归积分移动平均过程

在分析中，我们会发现很多时候时间序列是不平稳的，这是因为在序列中有变化趋势或者是过程中的方差不够稳定。比如图 6.12 中的强生公司（Johnson & Johnson）盈利的时间序列。我们可以看到因为在经济全局下盈利的上升而出现的一个指数级的增长趋势，当然存在一个周期分量（periodic component），因为盈利在一年里的第四季度最少，而在第一季度和第三季度最多。正因为整体经济趋势是上涨的，我们可以看到其盈利均值是呈指数级增长的，周期分量是稳定的，同时也是严格随时间呈指数级增长的。我们首先通过变换使方差均匀化（参见图 6.12），然后进行微分来处理这样一个序列，以消除变换后留下的趋势。

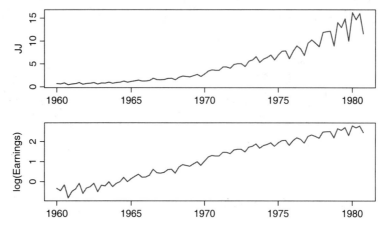

图 6.12　强生公司每股的季度盈利（上半部分），及其对数盈利（下半部分）

这个微分的过程可以产生一个稳定的 ARMA 过程，这就是本节的主题——ARIMA（Auto-Regressive Integrated Moving Average，自回归积分移动平均过程）模型。

```
> data(JJ)
> plot(JJ,col='blue')
> par(mfrow=c(2,1))
> plot(JJ,col='blue')
> plot(log(JJ),ylab='log(Earnings)',type='l',col='blue')
```

一个时间序列 $\{Y_t\}$ 服从 ARIMA 过程，如果其 d 阶微分 $W_t = \nabla^d Y_t$ 是一个平稳的 ARMA 过程。反而言之，如果 W_t 服从 ARMA(p,q) 过程，那么可以说 Y_t 是一个 ARIMA(p, d, q) 过程。

首先，思考 ARIMA(p, 1, q) 过程，这里 $W_t = Y_t - Y_{t-1}$，W_t 就是微分序列的一个项，这样会有：

$$W_t = \mu + \phi W_{t-1} + \phi_2 W_{t-1} + \cdots + \phi_p W_{t-p} \quad (6.11)$$

$$+ e_t - \theta_1 e_{t-1} - \theta_2 e_{t-2} - \cdots - \theta_q e_{t-q} \quad (6.12)$$

那么对于原始的时间序列 $\{Y_t\}$，有：

$$Y_t - Y_{t-1} = \mu + \phi_1(Y_{t-1} - Y_{t-2}) + \phi 2(Y_{t-2} - Y_{t-3}) + \cdots + \phi_p(Y_{t-p} - Y_{t-p-1}) + e_t - \theta_1 e_{t-1} - \theta_2 e_{t-2} - \cdots - \theta_q e_{t-q}$$

这是一个 ARIMA(p, 1, q) 过程。注意如果进行了一阶微分之后，过程仍然不平稳（根据增广的迪基 – 富勒检验结果的 p 值小于 0.05 得出），那么需要再做微分，即 ARIMA(p, 2, q) 过程。但是对大部分过程只需要做一次微分就足够了。在通过变换来稳定方差之后，我们通常进行一次微分来去除变换之后还遗留的趋势。下一节将会提供这样一个例子。

正如将会在下一节看到的，如果一个序列展现出强季度或年度的周期性，我们可以扩展 ARIMA 过程来容纳这个季节分量。这个被称为乘积季节 ARIMA 模型（multiplicative seasonal ARIMA model），公式如下，表达了模型既容纳非季节阶 p、d 和 q，又容纳一个季节周期 s 内的季节阶 P、D 和 Q。

$$\text{ARIMA}(p, d, q) \times (P, D, Q)_s$$

6.7 案例研究：强生公司的收益

现在我们回到上一节所提到的关于强生公司收益的时间序列，它呈指数增长且有季节性周期分量。这个数据集 JJ 是从 1960 年第一季度到 1980 年第四季度的每股盈利。虽然由于其呈指数级增长的趋势，这个序列是非平稳的，但是由于其稳定的指数级增长率和季节周期性，我们可以进行有效建模。当然，我们还观察到异方差性，即较低水平的收益波动性低于较高水平的收益波动性。

分析这个盈利时间序列的第一步便是获得这个序列的对数序列。这样会让一个指数级的趋势变为一个线性的趋势，如图 6.12 所示。接下来，通过对对数序列做微分来消除线性趋势。所得序列将作为进一步分析的基础，参见图 6.13。

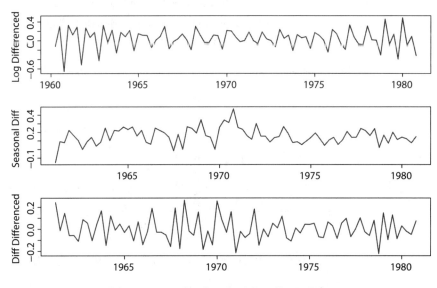

图 6.13 强生公司每股每季度的滞后性收益

```
> par(mfrow=c(3,1))
> plot(diff(log(JJ)),ylab='log differenced',type='l',col='blue')
> plot(diff(log(JJ),lag=4),ylab='seasonal diff',type='l',col='blue')
> plot(diff(diff(log(JJ),lag=4)),ylab='diff differenced',type='l',
+      col='blue')
```

这个对数微分序列的周期性是很明显的，并且我们将用一些诊断工具进一步记录它。第一种是检查其自相关性，如图 6.14 所示。我们计算并绘制了一阶微分的样本 ACF 图，并观察到其周期（lag 4）分量已经被消除了。进一步观察可以发现一阶滞后性是显著的，意味着我们将 ARIMA 中的 MA 过程的参数 p 设为 1。接着通过在 $lag=4$ 时的差分来获得季节性差异序列，并检验这个季节性差异序列的平稳性。我们发现 p 值为 0.01，因此我们可以得出 $α=1\%$ 水平的非平稳性和 $α=5\%$ 水平的平稳性。

```
> series<-diff(diff(log(JJ),lag=4))
> adf.test(series)

    Augmented Dickey-Fuller Test

data:  series
Dickey-Fuller = -6.8701, Lag order = 4, p-value = 0.01
alternative hypothesis: stationary

> par(mfrow=c(1,2))
> acf(as.vector(series),ci.type='ma')
> pacf(as.vector(series),ci.type='ma')
```

这里设 $d=1$ 是因为我们对序列进行了一次微分，设 $q=1$ 是因为 ACF 表现出了滞后性为 1 的明显相关性。接下来将实验转到季节微分序列。通过观察图 6.14 的 ACF，可以知道 MA 的滞后性是一阶。我们观察 PACF，发现 AR 滞后性是一阶和四阶的。然而，如果拟合一个 ARIMA$(1,1,1) \times (0,1,1)_4$ 或者 ARIMA$(4,1,1) \times (0,1,1)_4$ 模型，可以想象 AR 分量估计会有较大的标准误差。根据这个估计的结果，这个对数序列需要用 ARIMA$(0,1,1) \times (0,1,1)_4$ 模型来拟合。这里使用了之前发现的季节 ARIMA 过程特征，套用到 ARIMA$(p, d, q) \times (P, D, Q)_s$ 模型中，设 $s=4$，因为有季度周期性（每年 4 个周期），设 $Q=1$，因为这里对每 4 个时间步进行了一次微分处理，设 $D=1$，因为在对季节周期进行微分后，需要再做一次微分来保证平稳性。

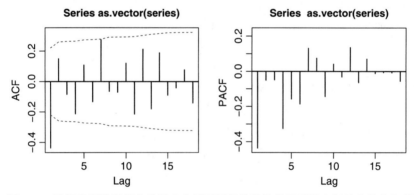

图 6.14　按照季度进行微分的强生公司每股每季度收益序列的自相关和偏自相关图

```
> model<-arima(x=log(JJ),order=c(0,1,1),seasonal=
+                        list(order=c(0,1,1),period=4))
> model
Call:
arima(x = log(JJ), order = c(0, 1, 1), seasonal = list(order = c(0, 1, 1),
                          period = 4))

Coefficients:
          ma1      sma1
       -0.6809  -0.3146
s.e.    0.0982   0.1070

sigma^2 estimated as 0.007931:  log likelihood = 78.38,  aic = -152.75

> shapiro.test(residuals(model))
```

```
        Shapiro-Wilk normality test

data:  residuals(model)
W = 0.98583, p-value = 0.489

> tsdiag(model)
> plot(model,n1=c(1975,1), n.ahead=8, pch=19, ylab='Earnings',
                                transform=exp,col='blue')
```

使用 R 语言中的 tsdiag() 函数可以画出时间序列的一些诊断图，具体细节在 6.5 节中有所描述。这里也可以使用这个函数来进行诊断，代码如上已经实现，其结果在图 6.15 中。在图中最上面一栏可以看到标准化残差几乎完全落在 +/−2 的区间内，可知其没有明显的趋势。在中间这一栏，可知残差没有明显的自相关性。在最下面一栏，我们观察到所有滞后的独立性零假设都很容易被接受。这三张图让我们轻松地得出结论，这些残差是独立且服从正态分布的，并且 ARIMA 模型已经包含了所有可辨识的结构。

建立正态性后，现在就可以用拟合好的模型来对时间序列进行预测了。从 1975 年开始预测 8 个季度的走向，将 ARIMA 模型的输出指数化，并绘制 95% 的置信区间图，如图 6.16 所示。

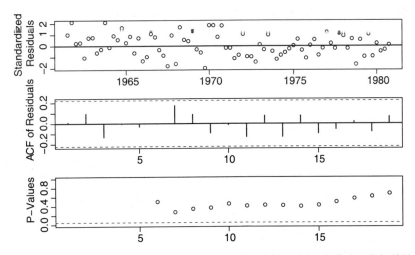

图 6.15 对强生公司 1980 年到 1982 年 8 个季度的对数收益进行标准化残差、自相关性，以及残差独立性 Ljung–Box 检验

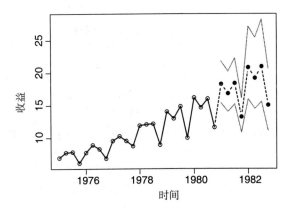

图 6.16 根据历史数据预测强生公司从 1980 年到 1982 年共 8 个季度的收益

6.8 案例研究：乘客飞行月度数据

航空旅行的规模从 1960～1972 年增长了 5 倍多。当然，在增长的过程中还是有周期性存在的，如图 6.17 所描绘的那样。在图 6.18 中，可以看到主要航空公司的乘客飞行里程数变换微分（对对数序列进行微分）的 ACF。

```
> data(airpass)
> par(mfrow=c(3,1))
> plot(airpass,ylab="Air Passengers",col="blue")
> plot(log(airpass),ylab=" Log of Air Passengers",col="blue")
> plot(diff(log(airpass)), ylab="Diff of Log Air Passengers",col="blue")
> points(diff(log(airpass)),
+         x=time(diff(log(airpass))),
+         pch=as.vector(season(diff(log(airpass)))))
> layout(matrix(c(1,2,3,4), 2, 2, byrow = TRUE))
> acf(as.vector(diff(log(airpass))),main="differenced")
> acf(as.vector(diff(diff(log(airpass)),lag=12)),
>                     main="seasonal differenced")
> plot(diff(diff(log(airpass)),lag=12),col="blue",
>                     ylab="seasonal differenced")
> hist(diff(diff(log(airpass)),lag=12),main="histogram",
>                     xlab="difference")
```

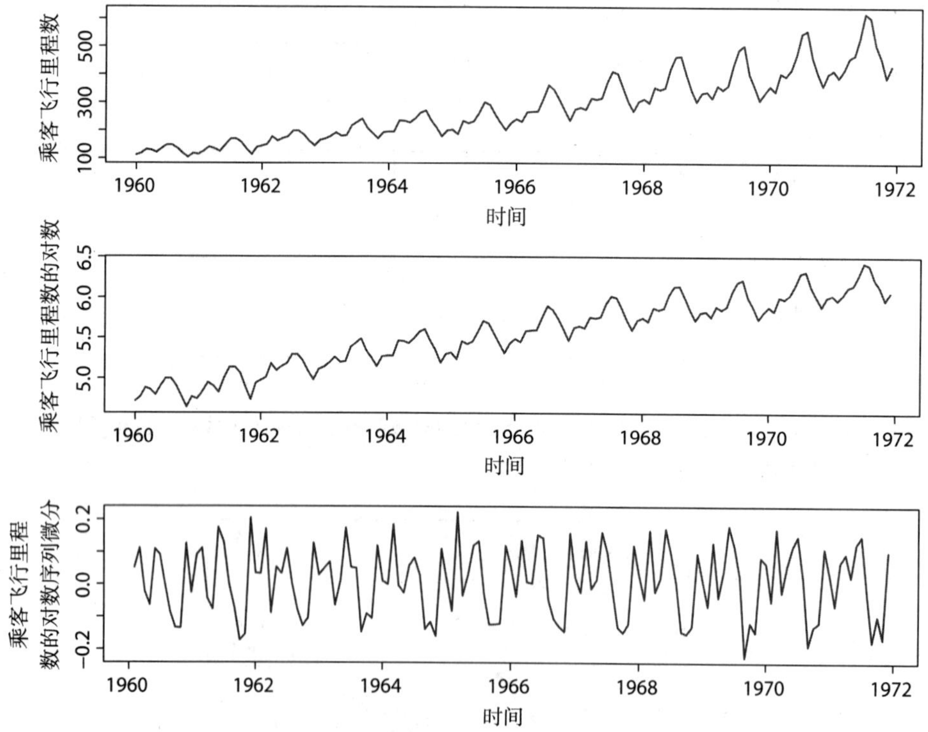

图 6.17　乘客飞行里程数及其对数序列和对其对数序列微分的趋势图

接下来，在每月航空公司乘客飞行数据序列上进行 ARIMA 模型估计时，我们观察到模型估计值的标准误差（以下标记为 s.e.），约为估计值本身绝对值的五分之一，这表明估计值准确可靠。

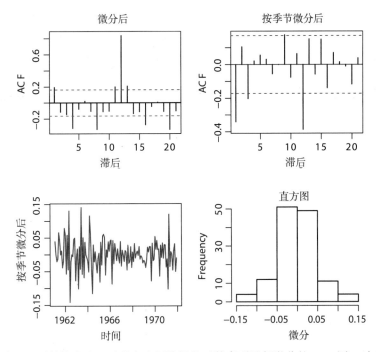

图 6.18 从左上开始依次为:对乘客飞行数据的对数序列进行微分的 ACF 图,对对数数据微分之后再按季节进行微分的 ACF 图、趋势图和直方图

```
> mod <- arima(log(airpass), order = c(0,1,1),seasonal=
                        list(order=c(0,1,1),period=12))
> mod
Call:
arima(x = log(airpass), order = c(0, 1, 1), seasonal =
                        list(order = c(0, 1, 1), period = 12))

Coefficients:
          ma1      sma1
       -0.4018  -0.5569
s.e.    0.0896   0.0731

sigma^2 estimated as 0.001348:  log likelihood = 244.7,   aic = -485.4
```

现在转过来分析模型的残差,我们希望能够获得标准化残差、残差的 ACF 和残差独立性 Ljung-Box 检验的结果。通过图 6.19 最上面一栏可以看出标准化残差为良态是合理的,只有几个点在 +/−3 区间之外。在中间一栏可以发现残差没有自相关性。通过最下面一栏的图可知 Ljung-Box 检验很容易接受残差独立性的零假设。

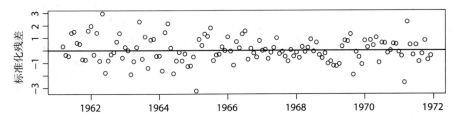

图 6.19 标准化残差、残差自相关性和 Ljung-Box 检验,以确定每月航空乘客飞行里程残差的独立性

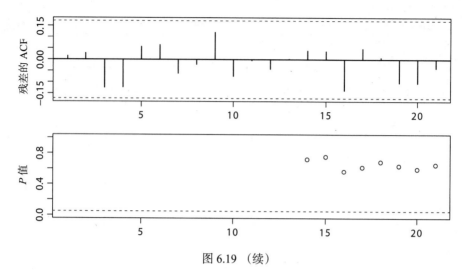

图 6.19 （续）

```
> tsdiag(mod)
```

为了进一步确认这些，执行 Shapiro-Wilk 检验来检验残差的正态性，下面的结果可以看出 p 值超过 0.15，这让我们可以接受其残差服从正态分布的零假设。

```
> shapiro.test(residuals(mod))

        Shapiro-Wilk normality test

data:  residuals(mod)
W = 0.98637, p-value = 0.1674
```

模型估计和残差分析之后，现在可以把目光投向预测任务了。在图 6.20 中，我们预测了未来三年内每月的航空公司乘客数量，并观察到 95% 的置信区间随着预测的总体水平的增加而增加，随着预测进一步深入，置信区间也随之扩大。

```
> plot(mod,n1=c(1970,1),n.ahead=36,pch=19,
+      ylab="Predicted Air Passengers",transform=exp,col="blue")
```

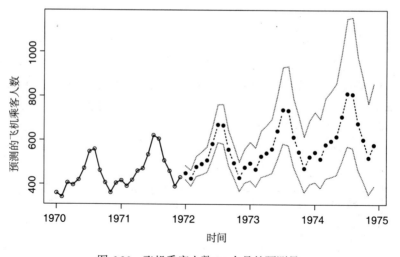

图 6.20 飞机乘客人数 36 个月的预测量

6.9 案例研究：电力生产

在分析了飞机乘客数据之后，接下来研究一个更复杂的时间序列数据集，名为 electricity，其趋势图见图 6.21。该数据集是美国发电量（单位为百万千瓦时），包括煤炭发电、天然气发电、核能发电、石油发电和风电、时间跨度从 1973 年 1 月到 2005 年 12 月。在这个时间序列中，可以看到它的结构更加难以处理。这里先从装载数据集和画趋势图开始。

```
> data(electricity)
> plot(electricity,col='blue')
```

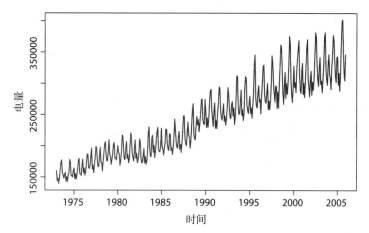

图 6.21　从 1973 年到 2005 年共 30 年美国月度发电量

通过图 6.21 可以看到稳定的周期性特征还是存在的，因为发电量在夏天最热的日子和冬天最冷的日子最多。然而，这里也有一个用电量增长的趋势。因为这个国家的经济和人口一直在增长，所以用电量也会跟着增长。这个增长趋势是很容易被建模的。而这里比较难以建模的是变化的方差。我们可以看到，方差在用电量低的时候比较低，而在用电量高的时候比较高。这个现象就是异方差性，为了解决这个问题，我们需要进行幂变换。对于 electricity 这个数据集，时间序列表现出稳定的指数级增长特征，通常使用对数变换是合适的。这里可以通过执行 Box-Cox 方法来估计最优的 λ 及其置信区间。从图 6.22 可以看出，$\lambda=0$ 在置信区间内，非常接近于 λ 的最优解，因此我们得出对数变换是合适的。

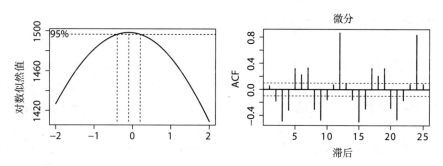

图 6.22　从左上角开始：变换参数 λ 的 Box-Cox 估计，微分序列的 ACF，季节性微分序列的 ACF，季节性微分序列的直方图

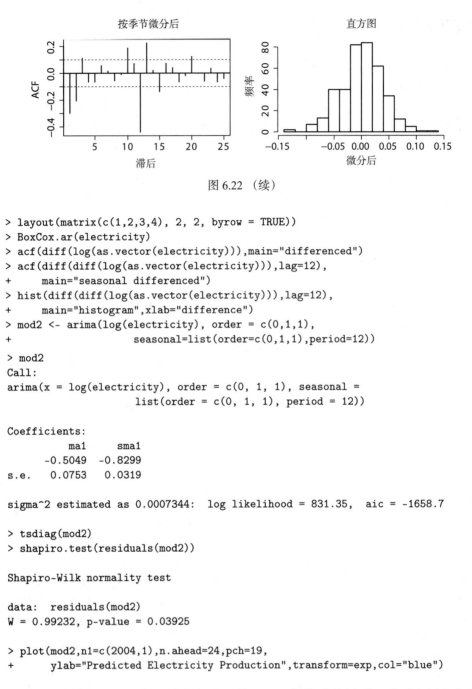

图 6.22 （续）

```
> layout(matrix(c(1,2,3,4), 2, 2, byrow = TRUE))
> BoxCox.ar(electricity)
> acf(diff(log(as.vector(electricity))),main="differenced")
> acf(diff(diff(log(as.vector(electricity))),lag=12),
+     main="seasonal differenced")
> hist(diff(diff(log(as.vector(electricity))),lag=12),
+     main="histogram",xlab="difference")
> mod2 <- arima(log(electricity), order = c(0,1,1),
+                 seasonal=list(order=c(0,1,1),period=12))
> mod2
Call:
arima(x = log(electricity), order = c(0, 1, 1), seasonal =
                list(order = c(0, 1, 1), period = 12))


Coefficients:
          ma1      sma1
      -0.5049   -0.8299
s.e.   0.0753    0.0319

sigma^2 estimated as 0.0007344:  log likelihood = 831.35,  aic = -1658.7

> tsdiag(mod2)
> shapiro.test(residuals(mod2))

         Shapiro-Wilk normality test

data:  residuals(mod2)
W = 0.99232, p-value = 0.03925

> plot(mod2,n1=c(2004,1),n.ahead=24,pch=19,
+      ylab="Predicted Electricity Production",transform=exp,col="blue")
```

在图 6.23 中，残差处理得不太好。通过最上面一栏的残差图可以看到有很多点都超过了 +/−3 的区间，这意味着有更多的极端值没有被发现。在中间一栏，可以发现在 1 到 20 阶滞后性里比 5% 显著性水平更高的显著相关性。在最下面一栏，可以发现 Ljung-Box 检验在所有阶滞后性上拒绝了独立性的零假设。这个结果与 Shapiro-Wilks 检验拒绝正态性的零假设相一致。由此可以得出结论：虽然我们已经对序列中的大部分结构进行了建模，但残差中仍有一些很可能是非线性的结构。

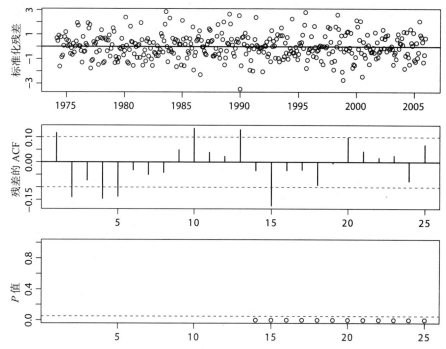

图 6.23 月发电量的标准化残差、残差的自相关性、残差的独立性检验 Ljung-Box 测试的结果

6.10 广义自回归条件异方差

正如我们之前所讨论过的，很多金融时间序列都有随时间变化的方差。广义自回归条件异方差（GARCH）模型为这一现象的建模提供了框架。对比于 ARMA(p,q) 过程，该过程同时具有自回归分量 AR(p) 和移动平均分量 MA(q)，GARCH 过程具有相似的结构：

$$\sigma_{t|t-1}^2 = \omega + \beta_1 \sigma_{t-1|t-2}^2 + \cdots + \beta_p \sigma_{t-p|t-p-1}^2 + \alpha_1 r_{t-1}^2 + \cdots + \alpha_q r_{t-q}^2$$

在 GARCH 框架中，想要建模的序列是：σ_t^2（类似于 ARMA 框架中的 y_t），还有在 GARCH 中的收益率平方（squared returns）的结果 r_t^2（类似于 ARMA 中的 e_t）。β 系数决定了波动率 σ_t^2 的过去值如何影响 σ_t^2 的现值，而 α 系数决定了收益率平方 r_t^2 的过去值如何影响 σ_t^2 的现值。图 6.24 是通过 GARCH 建模的发电量的预测。

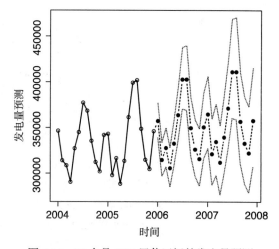

图 6.24 24 个月 95% 置信区间的发电量预测

6.11 案例研究：谷歌公司股票收益的波动性

下面我们将会分析一个新的数据集，即从 2004 年 8 月 20 日到 2006 年 9 月 13 日，谷歌

(Google)公司股票的日收益。首先，装载 google 数据集并且绘制出趋势图，结果如图 6.25 所示。可以明显看到股票收益的趋势存在异方差性，即在某些时间段内波动比较大，在另一些时间段内波动比较小。

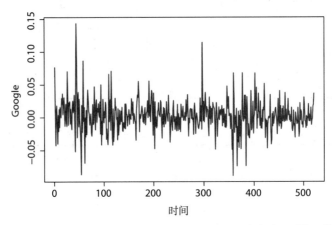

图 6.25　2004 年 8 月 20 日到 2006 年 9 月 13 日谷歌公司股票的日收益

需要注意的是，Google 数据集的时间序列是关于收益的，而不是原始价格。如果你想从原始价格时间序列重构这样一个数据集，可以调用代码 return <- diff(log(price))，通过对原始价格取对数再做微分得到。如果要从这个日收益的向量来获得价格向量，就需要上面处理过程的反过程。在 R 语言中，首先通过 cumsum() 函数获得整个过程的累加和序列，然后用 exp() 函数对其指数化，具体操作可参见第 5 章。注意这里价格序列的开始值为 1，这是调整后的值。如果要重构真实的价格序列，我们需要将整个谷歌公司的股票价格序列的初始值乘以 $50.12，这是 2004 年 8 月 19 日的收盘价。图 6.26 显示了从收益重建而来的价格序列。

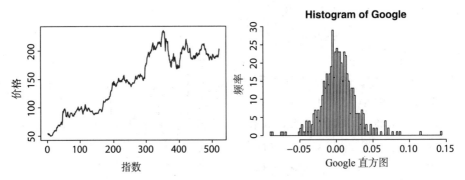

图 6.26　左：谷歌公司股票的日价格。右：谷歌公司股票日收益的直方图。这个序列的时间区间是从 2004 年 8 月 20 日到 2006 年 9 月 13 日

```
> data(google)
> plot(google,col='blue')
> price <- exp(cumsum(google)) * 50.12
> plot(price,type='l',col='blue')
```

接下来，观察整个时间序列区间内谷歌公司日收益的直方图，可以发现其有通常意义上

所有金融时间序列数据都存在的厚尾，虽然整个直方图比较像一个正态分布图。这里可以使用 Shapiro-Wilk 测试来检验其正态性。

```
> hist(google,breaks=100)
> shapiro.test(google)

Shapiro-Wilk normality test

data:  google
W = 0.94779, p-value = 1.365e-12
```

通过如上代码对数据进行独立性检验，可以发现两件事。第一，接近零的 p 值意味着正态性存在的零假设很容易地被拒绝了。第二，可以发现这些极端值的存在对 p 值的依赖性。如果对谷歌公司日收益数据（删除所有大于 6% 的收益数据）执行正态性 Shapiro-Wilk 检验，可以发现 p 值超过 0.44，这个值意味着这个数据服从正态分布的零假设很容易被接受。因此，尽管收益表现得相当好，但极端值的存在会导致对正态性的拒绝。下面我们还看到，如果将绝对回报值大于 6% 的天数计算在内，那么它们总共就只有 17 天。

```
> sum(abs(google)>0.06)
[1] 17
> shapiro.test(google[abs(google)<=0.06])

Shapiro-Wilk normality test

data:  google[abs(google) <= 0.06]
W = 0.99686, p-value = 0.4403
```

现在可以进行日收益过程的描述和建模了。第一步是观察 ACF 和 PACF 来寻找其周期性。在图 6.27 中观察到显著的滞后，我们得出结论，收益基本上是不相关的。

```
> par(mfrow=c(2,2))
> acf(google)
> pacf(google)
> acf(google^2)
> pacf(google^2)
```

为了建模这个日收益序列，需要将均值变为 0。首先，计算每日收益均值，可以发现均值约为 0.27%。这个看起来足够小，但是如果按年计算的话就是 0.6804 或 68%。通过执行单边 T 检验可以得出 p 值比 0.05 小得多，所以拒绝日收益均值为零的零假设，或者说日收益均值是大于零的。所以当我们在 GARCH 框架中建模返回序列时，需要减去这个均值。

```
> mean(google)
[1] 0.002685589
> t.test(google, alternative='greater')

One Sample t-test

data:  google
t = 2.5689, df = 520, p-value = 0.00524
alternative hypothesis: true mean is greater than 0
95 percent confidence interval:
 0.000962967            Inf
sample estimates:
```

```
mean of x
0.002685589
```

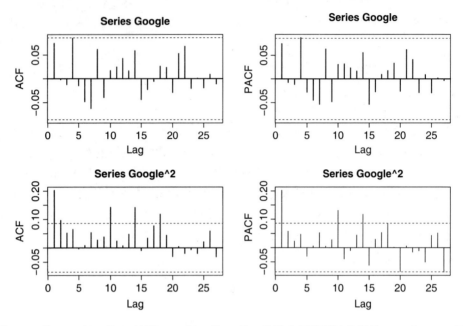

图 6.27 从 2004 年 8 月 20 日到 2006 年 9 月 13 日,谷歌公司股票日收益的 ACF 和 PACF 图,以及其收益平方的 ACF 和 PACF 图

下一步就是测试自回归条件异方差(Auto-Regressive Conditional Heteroskedasticity,ARCH)。McLeod-Li 检验会进行一个关于常数方差或者异方差的零假设检验。从图 6.28 可以看出常数方差的零假设检验被完全拒绝了。

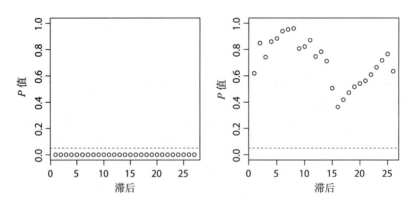

图 6.28 左边是用 McLeod-Li 检验谷歌公司股票从 2004 年 8 月 20 日到 2006 年 9 月 13 日的日收益数据的 ARCH 性质,其持续的低值在滞后阶上的一致性导致我们拒绝了关于常量方差的零假设。右边是对 500 个独立正态随机变量序列的 McLeod-Li 检验,均值为 0,标准差为 1,可以发现这些值很高,表明其接受了常数方差的零假设

```
> par(mfrow=c(2,1))
> McLeod.Li.test(y=google)
> McLeod.Li.test(y=rnorm(500))
```

从结果来看，在已知常数方差情况下执行 McLeod–Li 检验，比如一个有 500 个正态随机变量的向量，可以发现所有的 p 值都在临界水平之上，并且大部分比临界值大很多。

现在可以得出结论，异方差性是存在的，接下来便需要决定 GARCH(p,q) 过程的正确阶。首先计算出日收益数据向量绝对值和返回向量的平方的扩展自相关函数（EACF），这两个结果都表明 GARCH(1,1) 过程是合适的。这里通过执行 eacf() 函数来获得 EACF 结果，并且发现位置（1,1）可以构建一个顶点在西北方向的等腰直角三角形有最多的 o 点并且 x 在这个三角形左边或者上边。这意味着 AR 和 MA 分量都是一阶滞后的。这也印证了上面 ACF 和 PACF 所发现的结果。

```
> eacf(google^2)

AR/MA
  0 1 2 3 4 5 6 7 8 9 10 11 12 13
0 x x o o o o o o o x  o  o  o  x
1 x o o o o o o o o x  o  o  o  x
2 x o o o o o o o o x  o  o  o  x
3 x x x o o o o o o x  o  o  o  x
4 x x x o o o o o o o  o  o  o  o
5 x x x o o o o o o o  o  o  o  o
6 x x x o o o o o o o  o  o  o  o
7 o x x o x o o o o o  o  o  o  o
```

根据所确定的 GARCH(1,1) 过程，现在便可以对这个日收益序列进行建模了。建模的等式如下：

$$\sigma_{t|t-1}^2 = \omega + \beta_1 \sigma_{t-1|t-2}^2 + \alpha_1 r_{t-1}^2 \tag{6.13}$$

接下来是估计这个模型里的 ω、α_1 和 β_1。通过数据来拟合模型，并观察拟合结果。可以发现 ω、α_1 和 β_1 的估计值都是非常显著的。用 Jarque-Bera 检验的偏度（三阶中心矩）和峰度（四阶中心矩）来检验其总体上的正态性。其结果是 p 值远远小于 0.05，即联合零偏斜和零峰度的零假设被轻易拒绝了。接着用 Box–Ljung 检验再进行检验，可以发现残差独立的零假设检验很轻易地被接受了。

```
> m1 <- garch(x=google-mean(google),order=c(1,1),reltol=1e-6)
> summary(m1)
Call:
garch(x = google - mean(google), order = c(1, 1), reltol = 1e-06)

Model:
GARCH(1,1)

Residuals:
     Min       1Q   Median       3Q      Max
-3.60772 -0.59914 -0.04721  0.54559  5.56378

Coefficient(s):
    Estimate  Std. Error  t value Pr(>|t|)
a0 5.246e-05   1.276e-05    4.111 3.94e-05 ***
a1 1.397e-01   2.335e-02    5.984 2.17e-09 ***
b1 7.698e-01   3.722e-02   20.682  < 2e-16 ***
---
Signif. codes:  0 '***' 0.001 '**' 0.01 '*' 0.05 '.' 0.1 ' ' 1
```

```
Diagnostic Tests:
Jarque Bera Test

data:  Residuals
X-squared = 201.25, df = 2, p-value < 2.2e-16


	Box-Ljung test

data:  Squared.Residuals
X-squared = 0.010978, df = 1, p-value = 0.9166
```

在这些波动性被建模之后,画出其标准化残差与时间趋势的图。在图 6.29 中,日收益数据的条件方差随时间变化很大,波动相对较低的时期很快就会被大幅波动所取代。通过图 6.30 的谷歌公司的日收益序列、价格序列和收益的条件方差序列可以发现,方差的峰值与收益序列和价格序列二者中更大的不确定性和波动周期相一致。

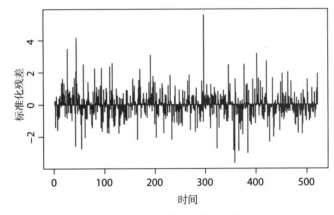

图 6.29　谷歌公司数据的标准化残差

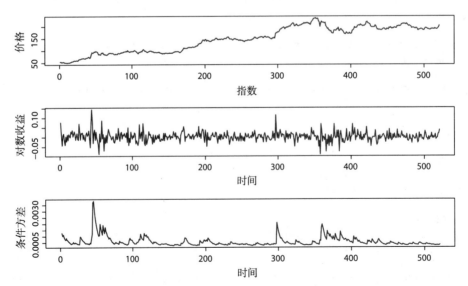

图 6.30　从 2004 年 8 月 20 日到 2006 年 9 月 13 日,谷歌公司股票的日收益序列、价格序列和波动性序列图

```
> plot(residuals(m1),type='h',ylab='standard residuals',col='blue')

> par(mfrow=c(3,1))
> plot(price,type='l',col='blue',ylab='price')
> plot(google,type='l',col='blue',ylab='log returns')
> plot((fitted(m1)[,1])^2,type='l',
+      ylab='conditional variance',xlab='time',col='blue')
```

图 6.31 展示了 GARCH(1,1) 建模的残差的 Q–Q 图。

```
> par(mfrow=c(2,2))
> plot(residuals(m1),col="blue",main="Residuals")
> hist(residuals(m1))
> McLeod.Li.test(y=residuals(m1),main="McLeod-Li")
```

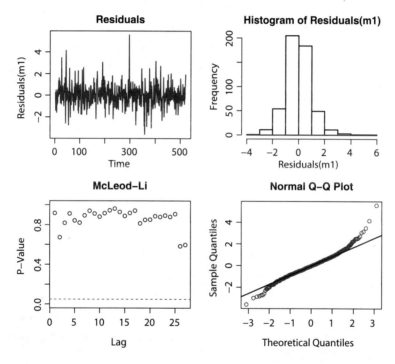

图 6.31　对谷歌公司日收益数据建模 GARCH(1,1) 过程后的残差的 Q–Q 图

```
> qqnorm(residuals(m1),col='blue')
> qqline(residuals(m1))
> shapiro.test(residuals(m1))

        Shapiro-Wilk normality test

data:  residuals(m1)
W = 0.96922, p-value = 5.534e-09
```

通过对 GARCH(1,1) 模型的处理，就可以计算整个过程的方差。假设过程平稳，那么因为 $E(r_t)$ 是趋近于 0 的，就可以得知 $\sigma_t^2 = E(r_t^2) - E^2(r_t) \approx E(r_t^2)$，然后对等式 $\sigma_{t|t-1}^2 = \omega + \beta_1 \sigma_{t-1|t-2}^2 + \alpha_1 r_{t-1}^2$ 的两边做期望运算，可得：

$$\sigma^2 = \omega + \beta_1 \sigma^2 + \alpha_1 \sigma^2$$

这样便可以通过 garch() 函数的结果估计出来的 $\alpha_1 = a1$ 和 $\beta_1 = b_1$，解出 σ_2，这个结果与日收益序列数据本身计算出来的方差很接近。σ_2 结果如公式 6.14 所示，日收益过程方差计算结果如下方代码所示。

$$\sigma^2 = \frac{\omega}{1-\alpha_1-\beta_1} = \frac{0.00005}{1-0.1397-0.7698} = 0.000525 \quad (6.14)$$

```
> var(google)
[1] 0.0005693958
```

在本章中，我们介绍了用于在时间序列中进行隔离和建模结构的主要工具。我们讨论了使用自相关函数和偏自相关函数发现稳定周期结构的方法，研究了如何通过 Box-Cox 变换来减少不稳定性，通过使用增广的迪基–富勒检验来检验平稳性，然后使用 ARMA 框架对时间序列进行建模。通过模型的定义完成和相关参数的估计结果，便可以使用 TSA 包中的工具来预测未来趋势及其置信区间。我们也了解了如何使用微分来将趋势行为纳入时间序列的描述中。通过 ARIMA 框架来研究如何建模一个有趋势序列，到一个足够平稳的微分序列。最后，我们讨论了异方差现象，比如时变方差（方差随着时间变化而变化），并且介绍了异方差建模的 GARCH 过程。

6.12 习题

（1）公共交通载客量数据集

如果没有 TSA 包，可以通过 `install.packages("TSA")` 命令来安装它，然后通过命令 `library(TSA)` 来装载这个包。

在这个习题中使用时间序列分析技术来建模和预测科罗拉多州丹佛市轻轨和市政公交的乘客数。

(a) 通过 `data(boardings)` 命令装载乘客数据，并且通过 `str(boardings)` 来查看数据结构。

(b) 抽取所要分析的数据，命令为 `boardings <- boardings[,1]`。

(c) 使用 `plot(boardings,col="blue")` 命令画出数据的趋势图，并且通过 `points(boardings,x=time(boardings),pch =as.vector(season(boardings)))` 命令显示每个月的首字母。

(d) 通过 `acf(as.vector(boardings))` 命令来计算和显示 ACF 结果，请问是否能发现年度周期性？MA 的滞后性是几阶的？

(e) 通过 `acf(as.vector(boardings))` 命令来计算和显示 PACF 结果，请问是否能发现年度周期性？AR 的滞后性是几阶的？

(f) 使用 ARIMA(4, 0, 3) × (1, 0, 0)$_{12}$ 来建模数据，注意在这里模型的积分项为 0，因为并没有发现任何需要减去的微分趋势。哪种估计最精确？哪种估计最不精确？命令如下：
`m.boardings <- arima(boardings, order=c(4,0,3), seasonal = list(order = c(1,0,0), period=12)) m.boardings`

(g) 用直方图 `hist(residuals(m.boardings),breaks=20)` 检查模型残差，并检验正态性 `shapiro.test(residuals(m.boardings))`。

(h) 使用 `shapiro.test(residuals(m.boardings))` 来检验残差的正态性，Shapiro-Wilk 检验拒绝还是接受正态性的假设？

(i) 预测未来 36 个月的走势，并且将数据和未来走势的 95% 置信区间一起画出来，使用命令：
`plot(m.boardings, n1=c(2004,1),n.ahead=36, col='blue')`

（2）二氧化碳含量数据集

在这个习题中，我们将使用时间序列分析技术来建模和预测大气中的二氧化碳（CO_2）含量。

(a) 使用命令 data(co2) 装载数据集，并且使用 plot(co2,col="blue") 绘制数据集。

(b) 画出从 2001 年开始的部分时间窗趋势图，命令为 plot(window(co2,start=c(2001,1)), col="blue")。

(c) 定义月份首字母为 months = c('J','F','M','A','J','J','A','S','O','N','D') 并且通过 points(window(co2, start = c(2001, 1)), pch =months) 命令显示每个月的首字母。

(d) 通过 acf(as.vector(co2), lag.max=48) 命令来计算和显示 ACF 结果，请问是否能发现年度周期性？

(e) 通过 plot(diff(co2)) 命令画出数据一阶微分的趋势图，在此观察是否有年度周期性。

(f) 计算其一阶差分序列和季节差分序列，命令为 series <-diff(diff(co2), lag=12)，并且使用 plot(series, ylab = 'First and Seasonal Difference') 画出趋势图。

(g) 通过 acf(as.vector(series)) 和 pacf(as.vector(series)) 命令，计算和显示 ACF 和 PACF 结果，请问你认为 ARMA 的阶是多少比较好？

(h) 使用 ARIMA$(2, 1, 1) \times (0, 1, 1)_{12}$ 模型来建模，命令为 m.co2 <- arima(co2,order = c(2,1,1), seasonal = list(order = c(0,1,1), period = 12)) m.co2。

(i) 通过 tsdiag(m.co2) 命令来观察模型的残差，再使用 shapiro.test(residuals(m.co2)) 命令来检验残差的正态性。请描述一下残差，对它们的处理得当吗？可以认为它们是服从正态分布的吗？

(j) 从 2004 年开始预测未来 48 个月的走势，并且将数据和未来走势的 95% 置信区间一起画出来，使用命令：plot(m.co2, n1=c(2004,1), n.ahead=48,col = 'blue')。

（3）外汇数据

在这个习题中我们将分析美元兑港币的外汇价格的波动性。

(a) 使用命令 data(usd.hkd) 装载数据集。

(b) 使用命令 str(usd.hkd) 查看结构。

(c) 抽取 hkrate 数据并做成时间序列格式的数据，使用命令 us.hk <-ts(usd.hkd$hkrate)。

(d) 使用命令 plot(us.hk) 画出这个时间序列的趋势图。

(e) 使用 GARCH(1,1) 模型来拟合时间序列，命令为：m2 <- garch(x = us.hk - mean(us.hk), order = c(1,1), reltol = 1e-6)。

(f) 观察拟合结果，命令为：summary(m2)。

(g) 使用命令 plot((fitted(m2)[,1]) ^ 2, type='l', ylab= 'conditional variance', xlab = 'time', col= 'blue')。绘制拟合模型条件方差图。

(h) 使用命令 plot(residuals(m2), col="blue",main = "Residuals") 来画出模型的残差，残差看起来像是服从正态分布的吗？为什么是，或者为什么不是？

(i) 通过命令 hist(residuals(m2)) 来生成模型残差的直方图，图的结果与正态分布相似吗？为什么相似，或者为什么不相似？

(j) 通过命令 shapiro.test(residuals(m2)) 来检验模型残差的正态性，结果是拒绝还是接受正态性的零假设？这个结果和上面直方图以及模型残差图的结果一致吗？

第7章
夏普比率

在比较投资时，需要一个客观的度量标准来衡量绩效。我们可以用体育运动来进行类比。美式橄榄球四分卫效率比（American football quarterback efficiency ratio）提供了一个分析衡量传球者（passer）成功与否的指标。传球者是四分卫位置的运动员，他负责把球扔给接球者（而不是带球往前跑）。总码数是指成功传球所获得的码数。触地得分是指传球者通过6分触地得分。完成是指传球者成功传球的次数。拦截是指传球过程中被对方球员截获。美国全国大学生体育协会（NCAA）发布的公式为：

$$PssrRtg_{NCAA} = \frac{(8.4 \times Yds) + (330 \times TDs) + (100 \times Compl) - (200 \times Intcps)}{Atmps} \quad (7.1)$$

通过四分卫效率比，大学橄榄球教练可以衡量一个传球四分卫在同一支球队或其他球队中的表现。这已经成为在联盟中挑选优秀四分卫的重要指标。阿伦·罗杰斯（Aaron Rogers）在大学时是四分卫，效力于加州大学伯克利分校（简称Cal）。他打了两个赛季，传球总码数为5469码，完成424次，665次尝试，只有13次拦截，43次触地得分。根据我们上面的公式，他得到了总分为150.27的Cal职业球员传球率。随后，他被美国国家橄榄球联盟（NFL）中的绿湾包装工队（Green Bay Packers）选中，从而从大学级别的球员转到职业级别的球员。正如他的大学传球率所预测的那样，他成为NFL最高产的传球手之一。在加州大学度过了两年辉煌的职业生涯后，他一直保持着当时NFL最高的平均传球率，在2014年赛季结束时，他一直名列榜首。

正如四分卫效率比公式提供了一个客观衡量在一个赛季中传球者表现的指标一样，在观察股票的价格行为时，我们需要一个分析指标。与体育指标一样，安全收益是管理团队是否到位的重要反映。对于四分卫和球队来说，成功是关键；而对于管理团队来说，始终如一地为投资者提供良好的投资收益则是关键。如果某个证券的价格上涨高于其他证券，通常归结于管理团队和公司员工的才干和努力。就像四分卫和球队一样，在很多情况下，过去的成功可以预测未来的成功。

证券跌价是指持续的价格下跌。对证券的所有者来说，资产缩水相当可怕。投资者发现他们的投资失去了价值。如果我们看到一个大幅下跌的股价图，那就像我们队中有一个四分卫被大量拦截。无论哪种情况，我们对业绩的信心都受到了严重影响。我们不再相信运动员会成功。同样，我们也不再相信市场，不再相信我们所选择的证券能够带来收益。

仔细看看公式7.1，很明显，拦截失误的惩罚是传球完成（成功）的两倍。因为错误对团队来说代价太大了。就像拦截一样，不利的市场事件也很难克服。市场价值的下跌可能会毁

7.1 夏普比率公式

夏普比率作为衡量投资效率的长期标准，具有重要意义。直观地说，夏普比率结合了两个代表证券价格时间序列的随机变量的重要统计时刻（Sharp，1964）。如果投资组合中包含多种证券，则夏普比率（p）是高于无风险利率的平均收益除以波动率：

$$\frac{E\{R_P\} - \mu r}{\sigma_P} \tag{7.2}$$

我们可以把波动性看作是风险的一种衡量标准。对于每一个风险单位，我们都有超过无风险利率的收益。

图 7.1 分别用图表描述了高夏普比率的股票价格。这些是使用历史数据的实际每日价格表。为了营造一种神秘感，股票代码被省略了。对于投资者而言，这可能被视为"好资产"，因为它们的资产缩减持续时间较短，而且通常会继续上涨。我们可以用传球率来类比，把他们看作是 NCAA 最好的四分卫。

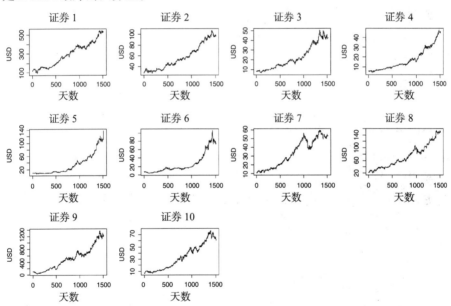

图 7.1　从一组股票中选出 10 只夏普比率最高的股票。所有这些都表现出相对于其波动性而言的高收益率

7.2 时间段和年化

通常，人们可以阅读引用有关夏普比率的书籍或期刊文章，夏普比率可能会出现过高或过低的情况。"现在，让我们看看，我们讨论的夏普比率是 2.0 还是 0.2？"重要的是要认识到，夏普比率应该被看作是一个在时间序列上计算的无单位数字。时间序列的间隔决定了隐式单位。

例如，如果有按日计算的对数收益，则这些是无单位的金额，不能与按月计算的对数收益进行比较。若要比较两者，必须转换其中一个。

最常见的惯例是转换为年化基准。要转换日收益或日对数收益的平均值，只需乘以 252，即每年的交易日数。类似地，当计算日收益或日对数收益的方差时，只需乘以 252 即可得到年化方差。同样，由于波动率是一个标准差的数字，我们可以将基于日价格的波动率乘以 $\sqrt{252}$ 得到年化波动率。公式 3.31 和 3.32 描述了从日波动率到年波动率的转换。

尽管如此，我们只需简单地保持夏普比率的最简单形式，而不因计算次数将其按年化计算。

7.3 排名投资候选选项

pruneBySharpe() 函数在进行投资组合优化之前独立计算夏普比率。精简发生在计算之后。根据 threshSR 阈值，投资候选选项范围被大幅缩减。图 7.2 是 pruneBySharpe() 的输出，它显示了排序和精简前后的夏普比率。

```
pruneBySharpe <- function(prices,lab,meanv,sdevv,threshSR,mufree=0) {
  par(mar=c(4,4,1,1))
  par(mfrow=c(1,2))
  indepSharpes <- (meanv-mufree)/sdevv
  len = length(indepSharpes)
  plot(indepSharpes,ylab="SR",col=4)
  plot(sort(indepSharpes),ylab="SR",col=4)
  lines(1:len,rep(threshSR,len))
  indHighSharpes <- (indepSharpes > threshSR)
  #clean up NAs
  for(d in 1:length(indHighSharpes)) #clean up NAs
    if(is.na(indHighSharpes[d]))
      indHighSharpes[d] <- FALSE
  len = dim(prices)[1]
  wid = dim(prices)[2]
  smallerSz = sum(indHighSharpes)
  newPrices <- matrix(rep(0,len*smallerSz),
           nrow=len,ncol=smallerSz)
  newLab    <- vector(length=smallerSz)
  e <- 1
  for(d in 1:wid) {
    if(indHighSharpes[d]) {
      print(paste("e",e))
      newPrices[,e] <- prices[,d]
      newLab[e] <- lab[d]
      e <- e + 1
    }
  }
  print("completed Sharpe pruning")
  list(newPrices,newLab,indepSharpes)
}
#unit test:
library(huge)
data(stockdata)
D <- length(stockdata$data[1,])
p <- stockdata$data[,1:D]
l <- stockdata$info[1:D,1]
for(i in 1: D)    #Need to splitAdjust():
```

```
  p[,i]   <- splitAdjust(p[,i],l[i])
r <- findR(p)

res <- findCovMat(r)
meanv    <- res[[1]]
cov_mat  <- res[[2]]
diag_cov_mat <- res[[3]]
sdevv <- res[[4]]

res <- pruneBySharpe(p,l,meanv,sdevv,.057)
p   <- res[[1]]
l   <- res[[2]]
D   <- length(lab)
indepSharpes <- res[[3]]
print(paste('D =',D))
```

运行 pruneBySharpe() 之后，我们的候选证券集将受到很大的影响，这反映在新的 prices 矩阵副本中。我们从一个原始的协方差矩阵 Σ 开始，它是通过对对数收益时间序列 R 运用 findCovMat() 函数得到的，然后在用 pruneBySharpe() 函数减少证券数量后，需要找到 Σ'。Σ' 是一个新的协方差矩阵，来自于新的对数收益时间序列 R'。这是由上面的 findCovMat() 函数完成的。此外，isnaCheckCovMat 可以作为一种检测并预防 NA 从对数收益矩阵悄悄进入矩阵的方法。

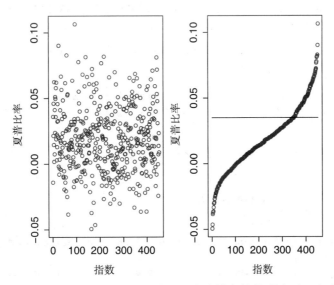

图 7.2　pruneBySharpe() 函数的输出。左边是 452 个未排序的候选选项。右边是已排序的候选项，阈值为水平线。其中 102 个超过了阈值。我们注意到，右侧大多数候选选项的夏普比率为正，这只有在平均对数收益为正的情况下才有可能。因此，从 2003 年到 2008 年，候选股票是标准普尔 500 指数的 452 个只幸存股票，也就不令人感到奇怪了

在大多数情况下，在 pruneBySharpe() 中实现的夏普比率过滤器会根据我们选择的阈值，大大缩减我们的候选证券。一旦重新计算协方差矩阵，检查所有 NA 值可以防止一些莫名其妙的错误。

```
isnaCheckCovMat <- function(R) {
```

```
      cor_mat = cor(R);
      print("Checking correlation data.")
      isNACor <- FALSE
      for(d in 1:D) { #check one row for bad data
        if(is.na(cor_mat[d,1])) {
          print(paste("NA for",d,lab[d]))
          cat(lab[d],file="badsyms.txt",append=TRUE,sep="\n")
          isNACor <- TRUE
        }
      }
      if(isNACor) stop("NA Cors recorded in badsyms.txt")
      diag_cov_mat <- diag(cov_mat)
      sdevv        <- sqrt(diag_cov_mat)
    }
    sdevv <- isnaCheckCovMat(r)
```

有时，由于两个符号可以指向相同的价格序列，这可能会导致名称不同的证券出现重复价格。如果我们有一个无法利用的协方差矩阵，那么继续选择投资组合权重的过程就毫无意义。其中一个主要标准是，所考虑的每个候选证券的价格序列都是唯一的。这是在 checkDeterminant() 函数中执行的第一次检查。随机选择一个时间点，比如第 20 天，将 price[20，d] 与 price[20，d + 1] 进行比较。如果在连续价格序列中出现第 20 天价格相同的情况，则此测试将失败。根据我们使用数据源的经验，这个测试是必要的。

在 checkDeterminant() 函数第二部分中，对相关矩阵或协方差矩阵的行列式进行了渐进检查。算法过程如下：我们从价格序列的核心尺寸相关矩阵 R_{small} 开始，它的尺寸是 5×5。然后，我们一个一个地添加单一价格向量，这样，每次迭代，R_{small} 都会从 $d \times d$ 大小变为 $(d + 1) \times (d + 1)$ 大小。

```
    checkDeterminant <- function(prices,R,lab,isSubDir=TRUE) {
      #incrementally build cov_mat to find singularities
      subdirStr = ifelse(isSubDir,"/NYSE","")
      D <- dim(R)[2]
      #First find out which pairs might be too cor
      scalar_cov = vector(length=D)
      for(d in 1:D){
        scalar_cov[d] = cor(R[,d],R[,8])
        print(paste(d,round(scalar_cov[d],6)))
      }
      #Look specifically for consecutive same prices[20,d],prices[20,d+1]
      for(d in 1:(D-1))
        if(prices[20,d] == prices[20,d+1]) { #arb pick 20th time point
          print("adding to badcors.txt")
          print(lab[d:(d+1)])
          system(paste("echo",lab[d],
              paste(">> ",homeuser,"/FinAnalytics/",dir,subdirStr,
                    "/badcors.txt",sep="")))
        }
      for(d in 5:D){
        Rsmall = R[,1:d]
        small_cov_mat = cor(Rsmall)
        deter = det(small_cov_mat)
        print(paste(d,lab[d],deter,dim(Rsmall)[2]))
        if(deter <= 0.0) {
```

```
      system(paste("echo",lab[d],
        paste(">> ",homeuser,"/FinAnalytics/",dir,subdirStr,
              "/badcors.txt",sep="")))
      stop(paste(d,lab[d],"det =",deter))
    }
  }
}
checkDeterminant(p,r,l)
```

行列式在数值上可以变大或变小，但不能小于零。例如，对于一组 102 个在夏普比率阈值下生存（即未被精简）的证券，通过 checkDeterminant() 函数得出以下结果。

```
> checkDeterminant(p,r,l)
[1] "5 APD 0.737976891151175 5"
[1] "6 ARG 0.658016526839159 6"
[1] "7 AKS 0.608526624429268 7"
[1] "8 AKAM 0.587466012099102 8"
[1] "9 ATI 0.444110330824053 9"
[1] "10 AMZN 0.343231977428733 10"
[1] "11 AMT 0.230336200741275 11"
[1] "12 AON 0.162730053562088 12"
[1] "13 AAPL 0.134763127490828 13"
[1] "14 ADM 0.109717871386606 14"
...
[1] "92 UNP 3.69665092461679e-15 92"
[1] "93 X 2.71285159638293e-15 93"
[1] "94 VTR 2.1053706107129e-15 94"
[1] "95 VRSN 1.65020918169293e-15 95"
[1] "96 VNO 9.96678721117897e-16 96"
[1] "97 WAT 8.39710100408012e-16 97"
[1] "98 WDC 5.41680804131733e-16 98"
[1] "99 WMB 3.94165762115458e-16 99"
[1] "100 WEC 3.56197738805091e-16 100"
[1] "101 WYNN 2.51444920848486e-16 101"
[1] "102 XEL 1.78723110721909e-16 102"
```

我们可以看到数值变得非常接近于零。当价格接近 1×10^{-16} 时，我们成功地完成了所有 $D=102$ 的价格。checkDeterminant() 是一种数据工程检查，它能够防止长流程处理坏数据。

7.4 quantmod 包

夏普比率是一个重要的金融概念，我们不应将其局限于价格。公司基本报告数据（含损益表）是跟踪市场对价格趋势和波动反应的重要指标。损益表是对公司在一段时间内盈利能力的集中展现。如果一家公司的管理者能够实现一份平稳、盈利的损益表，那么该公司股价波动较低，而股价走势对投资者有利的可能性也越大。让我们思考下，如何获得这些基本的公司指标，并通过形成一个非常短的时间序列来衡量它们的增长性和波动性，就像我们对价格时间序列所做的那样。

R 语言的 quantmod 包使得基于市场的重要数据集可从以下几个主要来源获得：雅虎、谷歌、MySQL、FRED、csv、RData 和万达。我们的示例来源于谷歌（src='google'）。通过这一信息来源，可以阅读公司损益表上的一些重要报告数据，并计算其趋势。通过下面一小段代码来了解如何做到这一点。

```
> library(quantmod)
> symbol='GOOG'
> getFinancials(symbol, src="google")
[1] "GOOG.f"
> GOOG.f$IS$A["Diluted Normalized EPS",]
2014-12-31 2013-12-31 2012-12-31 2011-12-31
     20.72      19.77      17.16      15.61
> 20.72/19.77
[1] 1.048053
```

我们可以查询数千家上市公司中的任何一家。通过将 symbol（符号）设置为"GOOG"并调用 getFinancials()，开发人员可以获得一个名为"GOOG.f"的句柄。这个句柄用"IS"表示损益表，用"A"表示年度，属性名用"Diluted Normalized EPS"表示，我们得到了一组从最近数据开始、按时间倒序排列的每股收益数字，共四个数字。随着每股收益的增长，可以计算出任意两种股票的收益比。每股收益增长是一个无单位的、标准化的数字，可以与其他每股收益增长数字进行比较，因为这种增长不是基于股价的。增长是一个总收益数字。例如，从 2013 年年底至 2014 年年底，GOOG 每股收益增长率被认为高于 1.048。

为准备 MVO4 目录中包含大量价格信息的缓存文件，我们需要以下初始逻辑。我们用缓存文件填充 MVO4 目录，设置包含 symbols（符号）、lab（标签）、start（开始日期）和 end（结束日期）的数组大小。

```
library(tseries)
library(quantmod)
dir <- 'MVO4'
len <- 1006
isQtrly = FALSE
if(isQtrly) back = 5 else back = 4
if(isQtrly) stmt = 'Q' else stmt = 'A'
res <- readSubDirs(dir)
D1  <- res[[1]]
D2  <- res[[2]]
lab <- res[[3]]
D <- D1 + D2

start <- "2011-02-09"
end   <- "2015-02-09"
isPlotInAdjCloses <<- FALSE
isCacheEnabled    <<- TRUE
prices <- matrix(rep(NA,len*D),nrow=len,ncol=D)
#Must run acquirePrices if cache files do not yet exist:
library(tseries)
prices <- acquirePrices(prices,lab,len,D,D1,D2,dir,
            start=start,end=end,isSubDir=TRUE)
dir <- 'QMDM'
createDirs(dir,isSubDir=FALSE)
```

下面的代码块将把之前准备好的季度或年度损益表读入我们的数据帧，并调用 R 函数 na.omit() 清除带有不完整数据的记录。将返回名为 cleanedISDF 的损益表数据帧。如果这是它第一次运行，它将找不到该文件，并将 NA 发送回调用例程。如果文件中缺失的损益表信息超过股票的 50%，该例程将向调用例程发送 NA。无论哪种情况，调用例程都需要使用

quantmod getFinancials() 函数获得损益表数字。

```
readAndCleanISDF <- function(expectedLab,
                             dir='QMDM',stmt='A') {
  setwd(paste(homeuser,"/FinAnalytics/",dir,"/",sep=""))
  fn <- paste("IncomeStmts",stmt,".csv",sep="")
  #File must exist
  if(file.exists(fn)) {
    ISDF <- read.csv(fn,header = TRUE)
    relevantLab <- intersect(expectedLab,ISDF[,1])
    #count number of matching tickers: must have at least half
    if(length(relevantLab) > .50*expectedD) {
        #Remove entries with missing income stmt info
        cleanedISDF <- na.omit(ISDF)
        lab <- as.character(cleanedISDF[,1])
        D <- length(lab)
        cleanedISDF
    } else NA #missing income stmt recs
  } else NA #no file
}
```

通过使用 quantmod getFinancials()，可以获得大量股票的三年年度增长数据，以便进行比较。逻辑变成了一个函数，其中有一个单独嵌套的 for 循环，如下所示。for 循环中有四个连续的 tryCatch 语句，用于检查是否存在财务数字和 Net.Income、Total.Revenue、Gross.Profit，以及 Dil.Norm.EPS。

```
obtainIncomeStmtFigures <- function(lab,dir='QMDM',isQtrly=TRUE) {
  #Read income stmt records via quantmod package
  #Only need to execute once for ETF
  D = length(lab)
  if(isQtrly) back = 5 else back = 4
  if(isQtrly) stmt = 'Q' else stmt = 'A'
  ncol = (2+4*back)
  #Try to read cached income stmts
  ISDF <- readAndCleanISDF(lab,
              dir=dir,stmt='A')
  if(!is.null(dim(ISDF))) return(ISDF)
  print("Income stmt file not found: using getFinancials()")
  ISDF <- data.frame(matrix(nrow=D,ncol=ncol))
  #colnams(ISDF) <- c("symbol","netinc",
  #   "totrev3yr","gsprof3yr","dneps3yr")
  for(d in 1:D) {
    symbol = lab[d]
    basedate = NA
    netinc = rep(NA,back); totrev = rep(NA,back)
    gsprof = rep(NA,back); dneps  = rep(NA,back)
    print(symbol)
    isFound <- TRUE
    tryCatch( {
      getFinancials(symbol, src="google")
    }, error = function(e) {
      print(e); isFound <- FALSE
      netinc <- rep(NA,back); totrev <- rep(NA,back)
      gsprof <- rep(NA,back); dneps  <- rep(NA,back)
    } )
```

```
    if(isFound) {
      tryCatch( {
        Net.Income<-eval(parse(text=paste(
          symbol,'.f$IS$',stmt,'["Net Income",]',sep='')))
        if(is.numeric(Net.Income[1])) {
          netinc = round(Net.Income,2)
        } else {
          netinc = rep(NA,back)
        }
      }, error = function(e) {
        print(e); netinc <- rep(NA,back)
      } )
      tryCatch( {
        Total.Revenue<-eval(parse(text=paste(
          symbol,'.f$IS$',stmt,'["Revenue",]',sep='')))
        if(is.numeric(Total.Revenue[1])) {
          totrev = round(Total.Revenue,2)
        } else {
          totrev = rep(NA,back)
        }
      }, error = function(e) {
        print(e); totrev <- rep(NA,back)
      } )
      tryCatch( {
        Gross.Profit<-eval(parse(text=paste(
          symbol,'.f$IS$',stmt,'["Gross Profit",]',sep='')))
        if(is.numeric(Gross.Profit[1])) {
          gsprof = round(Gross.Profit,2)
        } else {
          gsprof = rep(NA,back)
        }
      }, error = function(e) {
        print(e); gsprof <- rep(NA,back)
      } )
      tryCatch( {
        Dil.Norm.EPS<-eval(parse(text=paste(
          symbol,'.f$IS$',stmt,'["Diluted Normalized EPS",]',sep='')))
        if(is.numeric(Dil.Norm.EPS[1])) {
          basedate = names(Dil.Norm.EPS)[1]
          dneps = round(Dil.Norm.EPS,2)
        } else {
          dneps = rep(NA,back)
        }
      }, error = function(e) {
        print(e); dneps <- rep(NA,back)
      } )
    }
    #print(basedate)
    items = c(symbol,basedate,netinc,totrev,gsprof,dneps)
    if(length(items) == ncol)
      ISDF[d,] = items
  }
  #ISDF #return income stmt net 3yr growth rates
  ISDF
}
```

getFinancials() 是一个很难使用的实用程序。返回的句柄通过 eval() 访问，因为它似乎无法进入传统的 R 变量。（这个返回的句柄，例如纳斯达克股票代码 PBIB，将在下一节中出现。）其次，当股票代码中不存在所要求的数字时，错误是常见的。因此，我们使用 RtryCatch() 函数将变量设置为空值。一旦我们有了一个收集损益表数据的源，我们就依赖于它将这些数据写入 CSV 文件，以便重复使用。一旦 obtainIncomeStmtGth() 准备好了文件，就可以将其写入文件并在稍后读回。下一段代码在两个文件中查找所有可能的候选股票代码。在找到所有要查询的 ticker 符号后，代码块充当 ETL（提取、转换、加载）程序，将得到的 ISDF 数据帧写入文件。

```
writeISDF <- function(ISDF,dir='QMDM',stmt='A') {
  createDirs(dir)
  labNYSE <- as.character(
    read.csv("NYSE/NYSEclean.txt",
             header=TRUE,sep="\t")[,1])
  labNASQ <- as.character(
    read.csv("NASDAQ/NASDAQclean.txt",
             header=TRUE,sep="\t")[,1])
  lab <- c(labNYSE,labNASQ)

  ISDF <- obtainIncomeStmtFigures(lab,dir,isQtrly)
  savedISDF <- ISDF
  colnames(ISDF) <- c("symbol","basedate",
                      paste("netinc",0:(back-1),sep=""),
                      paste("totrev",0:(back-1),sep=""),
                      paste("gsprof",0:(back-1),sep=""),
                      paste("dneps",0:(back-1),sep=""))
  fileName = paste("IncomeStmts",stmt,".csv",sep="")
  write.csv(ISDF,fileName,row.names = FALSE)
}
#Check first to see if run is necessary
if(!file.exists(paste(homeuser,"/FinAnalytics/",dir,"/IncomeStmts",
                      stmt,".csv",sep=""))) {
  writeISDF(ISDF,stmt=stmt)
}
ISDF <- obtainIncomeStmtFigures(lab,dir='QMDM',isQtrly=FALSE)
dim(ISDF)
```

tryCatch() 和上面在 obtainIncomeStmtFigures() 中的其他异常处理，将在大型损益表数字数组中生成缺少数据元素的 NA 结果。在实际应用中，如何巧妙地处理错误结果是数据科学中的一个重要问题。通过预测不完美的数据集（包括 NA、Inf 和 NaN 数据集），使用 R 语言处理数据工程特别方便。

图 7.3 说明了长期投资使用的日价格范围过短的风险。当使用一组股票的历史价格进行数据挖掘时，股票 STRM 从 2013 年 2 月到 2014 年 2 月上升到图表上的最高点。考虑到 252 个日交易价格与总收益率混合在一张图表上，它似乎是该组中表现最好的。然而，当从 2011 年 2 月到 2015 年 2 月下载 1006 个价格时，我们可以观察到，由于股票价格大幅下降，STRM 的投资者不会对图表中最后四分之一（即最近一年）的表现感到兴奋。STRM 的这个例子指出了仅使用单独一年历史价格的风险。在一年之内很难表现出来连续性。

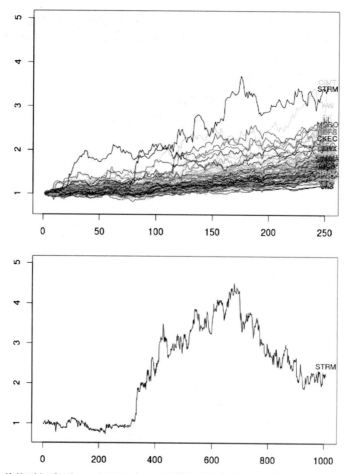

图 7.3 两个价格时间序列：一年和四年。上图的时间段是 2013 年 2 月至 2014 年 2 月，对于 STRM 的投资者来说，这段时间股票表现非常好。下图是一个时间跨度较长的序列，即从 2011 年 2 月至 2015 年 2 月。它显示了一个更大的图景，可以看到 STRM 所处的牛市状态突然结束了。有趣的是，在图中看到"头肩部"出现在上图的第 170 天左右，但出现在下图第 422 天左右（即 252 天之后）

7.5 衡量损益表增长

毛收益就是新数据除以初始数据。然而，假设最初和最终的数字都是负数，那么毛收益也可以为正。例如，Porter Bancorp 公司（NASDAQ：PBIB）的年度净收入如下：

```
> symbol='PBIB'
> getFinancials(symbol, src="google")
[1] "PBIB.f"
> PBIB.f$IS$A["Net Income",]
 2014-12-31 2013-12-31 2012-12-31 2011-12-31
     -11.15      -1.59     -32.93    -107.31
```

使用毛收益法计算一年的净利润增长，我们得到看上去很美好的毛收益，这将使程序认为该候选股票应该是理想的，而实际上，它作为投资候选人的前景非常悲观，因为所有的净收入都是负的!

$$netincgth = -11.15/-1.59 = 7.012\,579 \tag{7.3}$$

所以我们修改了毛收益公式，这意味着对于纯非负的值，返回NA。我们排除了两个负数，以确保毛收益为正。这样是一种保守的做法，以便消除损益表中的负收益和负增长。

```
#Compute gross returns or growth rates
#Use abs() and sign() to force NA when not positive
calcGth <- function(a,b) {
  if(is.na(a) || is.infinite(a) ||
      is.na(b) || is.infinite(b) || abs(a) < .001)
    return(NA)
  if(sign(a) == -1 && sign(b) == -1)
    return((-abs(b)/abs(a)))
  if(sign(a) == -1 && sign(b) == +1)
    return(NA)#((-a+b)/-a)
  if(sign(a) == +1 && sign(b) == -1)
    return(NA)#(-(a+abs(b))/a)
  return(round(abs(b)/abs(a),2)*sign(b))
}
#Unit tests:
calcGth(1.25,1.75)
calcGth(-1.25,1.75)
calcGth(1.25,-1.75)
calcGth(-1.25,-1.75)
calcGth(-1.25,NA)
calcGth(1/0,1.75)
calcGth(.0005,1.75)
```

绘制损益表有助于我们识别错误的计算。下面是处理除以0和NA数字和负增长的最终代码版本。如果我们在连续10行ISDF上运行plotIncomeStmts()函数，我们可以看到候选函数的：

- 净利润增长；
- 总收入增长；
- 毛利润增长；
- 稀释后的每股收益净增长。

plotIncomeStmtGth()是一个测试函数，用于显示损益表数据帧（ISDF）中的任何数据区域。在接下来的代码块的底部单元测试语句中，将依次显示这四个属性。

```
plotIncomeStmtGth <- function(ISDF,back) {
#input: income stmt data frame: D x 17
  par(mar=c(4,4,2,1))
  par(mfrow=c(2,2))
  mapToCol <- function(d)
    if(d==7) 1 else if(d==8)
      2 else if(d==15) 3 else if(d==23) 4 else d
  mainVec = c("Net Income Growth","Total Revenue Growth",
              "Gross Profit Growth","Diluted Norm EPS Growth")
  D = dim(ISDF)[1]
  for(initFld in 2+c(1:4*back)) {
    isPlotted = FALSE
    for(d in 1:D) {
      symbol = as.character(ISDF[d,1])
```

```
      print(symbol)
      finalFld = initFld - (back-1)
      initAmt = as.double(ISDF[d,initFld])
      finalAmts = as.double(ISDF[d,initFld:finalFld])
      gthAmts = c()
      for(i in 1:back)
        gthAmts = c(gthAmts,calcGth(initAmt,finalAmts[i]))
      print(gthAmts)
      if(initFld == 2+4*back) ylim=c(0.5,3.0) else ylim=c(0.5,3.0)
      if(d == 1 || !isPlotted) { #initFld is gth baseline col
        if(!is.na(gthAmts[1])) {
           isPlotted = TRUE
           plot(gthAmts,xlab="Years",
             type='o',ylim=ylim,ylab="Gross Return",
             main=mainVec[(initFld-1)/back])
        }
      } else {
        if(!is.na(gthAmts[1]))
          lines(gthAmts,type='o',
            col=mapToCol(d))
      }
      if(!is.na(gthAmts[1]))
        text(back-.05,gthAmts[back]-.01,symbol,cex=.75)
    }
    cols <- sapply(c(1:D),mapToCol)
    print("------------")
  }
}
#Unit test:
ISDFSlice=ISDF[(match('PCLN',ISDF[,1])-3):
                 (match('PCLN',ISDF[,1])+6),]
ISDFSlice
plotIncomeStmtGth(ISDFSlice,back)
```

结果图如图 7.4 所示。很明显，在这个小样本的数据帧中，PCLN 在十个相邻候选对象中具有最连续的增长率。

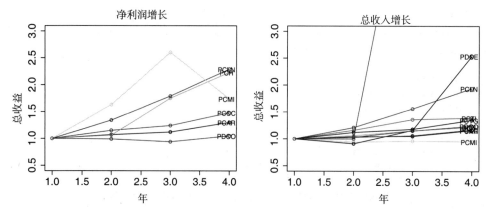

图 7.4 通过 getFinancials() 实用程序访问普通股票四年的年度损益表，计算增长率作为总收益。PCLN 在 10 只候选股票中的持续增长率似乎最高。在算法中，通过特殊情况省略了负增长。下面的年份标记表示各自年份的开始

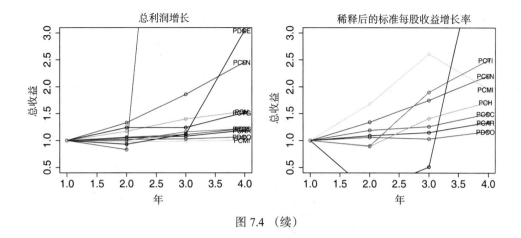

图 7.4（续）

7.6 损益表增长的夏普比率

夏普比率的第一个数字是收益率。在本例中，我们将使用毛收益。如果没有收益，我们的项目将试图比较绝对收入数字，而这些数据在数量上有很大的不同。例如，让我们看一下 Union Pacific 这只股票（代码为 UNP），以及它在 ISDF 数据帧中通过调用 quantmod 包派生的两个最近的邻居。

```
> ISDFSlice=ISDF[(match('UNP',ISDF[,1])-1):
+ + (match('UNP',ISDF[,1])+1),]
> ISDFSlice
     symbol    basedate  netinc0  netinc1  netinc2  netinc3
2087    UNP  2014-12-31  5180.00  4388.00  3943.00  3292.00
2088    UNS  2014-12-31    50.12    21.33    29.44    53.89
2089    UNT  2014-12-31   136.28   184.75    23.18   225.92
       totrev0   totrev1   totrev2   totrev3   gsprof0   gsprof1
2087  23988.00  21963.00  20926.00  19557.00  17891.00  16114.00
2088   1784.36   1788.09   1797.59   1780.57    533.38    538.19
2089   1572.94   1351.85   1315.12   1207.50    319.99    346.28
       gsprof2   gsprof3    dneps0   dneps1   dneps2   dneps3
2087  15175.00  13971.00      5.69     4.69     4.12     3.34
2088    563.46    543.95      2.28     2.06     1.92     2.54
2089    371.35    368.46      3.62     3.59     3.94     4.72
```

我们可以看到，UNP 的总收入是 UNF 和 UNS 之和的 10～20 倍。我们应注意到，损益表报告并非都在同一天完成。例如，如果是 2015 年年初，我们希望在 2014 年 12 月 31 日公布年度数据。从下面的代码运行和图 7.5 可以看出，尽管 2014 年 12 月 31 日是目前最流行的报告基准日期，而其他日期则取决于公司的会计和报告周期。

```
> #Take time out and look at the basedates.
> par(mfrow=c(1,2))
> dvec <- as.Date(ISDF[,2])
> plot(dvec,ylab="basedate",col=4)
> hist(dvec,breaks=100,col=4,ylab="basedate",main="")
> maxd = max(dvec)
> maxd
[1] "2015-02-01"
```

```
> #Below we can see the population of end periods:
> sum(dvec=="2014-12-31")/length(dvec)
[1] 0.5526681
> sum(dvec=="2014-09-30")/length(dvec)
[1] 0.04054054
> sum(dvec=="2014-06-30")/length(dvec)
[1] 0.04608455
> sum(dvec=="2014-03-31")/length(dvec)
[1] 0.03915454
> sum(dvec=="2013-12-31")/length(dvec)
[1] 0.1046431
```

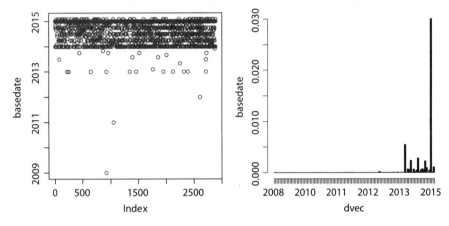

图 7.5　公司损益表基准日期的散点图和柱状图。最常见的日期是 2014 年 12 月 31 日，从右边的柱状图中可以看出，我们的分析基于该柱状图，许多基础日期都在该日期之后的一两个月内

从以上结果可以看出，只有 55% 的基准日期与我们的预期一致，而且最常见的基准日期是 2015 年 2 月 1 日。同时，到目前为止，仍有 45% 的基准日期未做解释。然而，让我们感到欣慰的是，在柱状图中大多数基准日期都在我们需要的范围内。78% 的基准日是在我们预期的季度范围内。我们可以通过将上面从 0.5526681 到 0.10464431 之间的 5 个数字相加来找到这一点。

回到损益表数字本身，我们可以将这些数字扩大到一个共同基数，因为公司的规模是由股票市场上的流通股数量决定的。如果 UNP 的损益表数据是小公司的 10 倍，那么投资者持有的股票数量可能是小公司的 10 倍左右。当将这些数字转换为毛收益时，它们的表现将与普通股价格类似。所有按比例计算的数据都将成为毛收益，并将以 1.0 开始的最初三年期数据为基础。这将在下面的函数 findGth() 中完成。在这个函数中，R 函数 mapply() 用于将 calcGth() 函数按列应用于数据帧。这个非常强大的 R 功能使得编码转换为总收益，变得如同我们期待的那样简单。

```
findGth <- function(ISDF) {
  ISgthDF <- ISDF[,c(1:14)] #sets schema
  ISgthDF[,3] <- mapply(calcGth,ISDF[,6],ISDF[,5])
  ISgthDF[,4] <- mapply(calcGth,ISDF[,10],ISDF[,9])
  ISgthDF[,5] <- mapply(calcGth,ISDF[,14],ISDF[,13])
  ISgthDF[,6] <- mapply(calcGth,ISDF[,18],ISDF[,17])

  ISgthDF[,7] <- mapply(calcGth,ISDF[,5],ISDF[,4])
```

```
    ISgthDF[,8] <- mapply(calcGth,ISDF[,9],ISDF[,8])
    ISgthDF[,9] <- mapply(calcGth,ISDF[,13],ISDF[,12])
    ISgthDF[,10] <- mapply(calcGth,ISDF[,17],ISDF[,16])

    ISgthDF[,11] <- mapply(calcGth,ISDF[,4],ISDF[,3])
    ISgthDF[,12] <- mapply(calcGth,ISDF[,8],ISDF[,7])
    ISgthDF[,13] <- mapply(calcGth,ISDF[,12],ISDF[,11])
    ISgthDF[,14] <- mapply(calcGth,ISDF[,16],ISDF[,15])

    ISgthDF[,1] <- as.character(ISDF[,1])
    #dnepsgth2 means Dil.Net.EPS gth based upon two
    #figures: one 2 years back and one 3 years back
    colnames(ISgthDF) <- c("symbol","basedate",
        "netincgth2","totrevgth2","gsprofgth2","dnepsgth2",
        "netincgth1","totrevgth1","gsprofgth1","dnepsgth1",
        "netincgth0","totrevgth0","gsprofgth0","dnepsgth0")
    ISgthDF
}
```

一旦新的 ISgthDF 数据帧计算出了总收益，R 函数 colnames() 的作用是：用损益表增长属性名和返回值所代表的年份来重新标记列。

现在让我们重新访问 UNP 及其邻居，这次是在新构建的数据帧 ISgthDF 中进行。通过 findGth() 函数，我们可以看到总收益率接近 1.0，无论最初的数据是多少，而这与我们对 UNF、UNP 和 UNS 这三家公司的预期数字是相符的。

```
> ISgthDF <- findGth(ISDF)
> cleanedISgthDF <- na.omit(ISgthDF)
> ISgthDF <- cleanedISgthDF
> ISgthDFSlice=ISgthDF[(match('UNP',ISgthDF[,1])-1):
+ (match('UNP',ISgthDF[,1])+1),]
> ISgthDFSlice
     symbol   basedate netincgth2 totrevgth2 gsprofgth2
1297    UNF 2014-08-30       1.24       1.11       1.09
1298    UNP 2014-12-31       1.20       1.07       1.09
1299    UNS 2014-12-31       0.55       1.01       1.04
     dnepsgth2 netincgth1 totrevgth1 gsprofgth1 dnepsgth1
1297      1.24       1.23       1.08       1.13      1.22
1298      1.23       1.11       1.05       1.06      1.14
1299      0.76       0.72       0.99       0.96      1.07
     netincgth0 totrevgth0 gsprofgth0 dnepsgth0
1297       1.03       1.03       1.03      1.02
1298       1.18       1.09       1.11      1.21
1299       2.35       1.00       0.99      1.11
```

我们还可以使用 match() 函数将 UNP 与其运输行业部门同行进行比较，然后，将这些下标放在一个四元素向量中，并用它来索引 ISgthDF。

```
> ISgthDF[c(match('CNI',ISgthDF[,1]),
+ match('KSU',ISgthDF[,1]),
+ match('NSC',ISgthDF[,1]),
+ match('UNP',ISgthDF[,1])),]
    symbol   basedate netincgth2 totrevgth2 gsprofgth2
275    CNI 2014-12-31       1.09       1.10       1.11
737    KSU 2014-12-31       1.14       1.07       1.09
915    NSC 2014-12-31       0.91       0.99       0.99
```

```
1298      UNP 2014-12-31       1.20         1.07         1.09
     dnepsgth2 netincgth1 totrevgth1 gsprofgth1 dnepsgth1
275      1.15       0.97       1.07       1.04       1.09
737      1.07       0.93       1.06       1.07       1.17
915      1.00       1.09       1.02       1.03       1.09
1298     1.23       1.11       1.05       1.06       1.14
     netincgth0 totrevgth0 gsprofgth0 dnepsgth0
275      1.21       1.15       1.17       1.24
737      1.43       1.09       1.12       1.25
915      1.05       1.03       1.08       1.09
1298     1.18       1.09       1.11       1.21
> lab <- as.character(ISgthDF[,1])
> D   <- length(lab)
```

研究发现，从 2014 年 12 月 31 日起的两年时间里，除了 CNI 最近的毛利润增长（UNP 的 gsprofgth0 = 1.11，CNI 的 gsprofgth0 = 1.17），UNP 在许多领域都击败了其同行。KSU 与 UNP 之间的竞争最为激烈。最近一年，KSU 的净收入增长了 43%（netincgth0 = 1.43）。

由于总收益已经在 ISgthDF 数据帧中，我们再次使用另一种形式的 R 语言函数 apply，称为 apply() 函数，在 cols 向量选择的特定列中应用 mean() 和 sd() 统计函数，以找到夏普比率的两个关键元素。通过调用 findIncomeStmtSR()（其操作方法是将平均值除以标准差），我们确实得到了我们最喜欢的四个损益表指标的夏普比率，并获得了图 7.6 中的四个散点图。

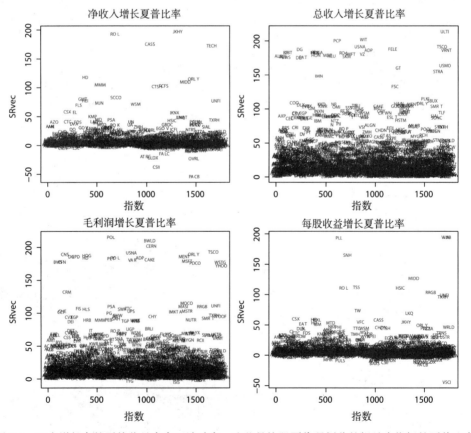

图 7.6　四个增长率的平均收益率高于波动率。这些是按股票代码划分的损益表指标的夏普比率

```
findIncomeStmtSR <- function(ISgthDF,cols,
                 main="") {
  #Find Income Stmt Sharpe Ratio
  SRvec <- apply(ISgthDF[,cols],1,mean)/
    apply(ISgthDF[,cols],1,sd)
  plot(SRvec,cex=0,main=main)
  text(SRvec,ISgthDF[,1],cex=.75)
  SRvec
}
```

我们有四个损益表增长指标,我们可以认为这些候选股票要么在任意类别(*any category*)中是最好的,要么在所有类别(*all* categories)中都是最好的。在这种情况下,我们需要使用最严格的标准,即"all",findBestAllIncomeStmtSR() 函数将四个损益表数字输入夏普比率向量,找出由数据帧中索引标识的、满足给定最低阈值 *thresh* 的候选股票。在由函数返回的 indAllSR 布尔向量中,只有在所有四个类别(all four)中都满足阈值的股票才被标记为 TRUE。

```
findBestAllIncomeStmtSR <- function(
  vecSR1, vecSR2, vecSR3, vecSR4, thresh=50) {
  #From 4 SR vectors, find those that meet thresh
  indVec1SR = vecSR1 > thresh
  indVec2SR = vecSR2 > thresh
  indVec3SR = vecSR3 > thresh
  indVec4SR = vecSR4 > thresh
  indAllSR = indVec1SR & indVec2SR &
   indVec3SR & indVec4SR
  indAllSR
}
```

将这些部分组合在一起,上面的夏普比率函数 findIncomeStmtSR() 对每个损益表属性只调用一次。

```
par(mfrow=c(2,2))
cols  <- c(3,7,11) #netincgth2, netincgth1, netincgth0
ignSR <- findIncomeStmtSR(ISgthDF,cols,
         main="Net Income Gth SR")

cols  <- c(4,8,12) #totrevgth2, totrevgth1, totrevgth0
trgSR <- findIncomeStmtSR(ISgthDF,cols,
         main="Total Revenue Gth SR")

cols  <- c(5,9,13) #gsprofgth2, gsprofgth1, gsprofgth0
gpgSR <- findIncomeStmtSR(ISgthDF,cols,
         main="Gross Profit Gth SR")

cols  <- c(6,10,14) #dnepsgth2, dnepsgth1, dnepsgth0
esgSR <- findIncomeStmtSR(ISgthDF,cols,
         main="Earning per Share Gth SR")
```

图 7.6 显示了运行上述代码后的四个损益表指标夏普比率。最高的股票价格会在图表顶部出现泡沫。如果我们手动选择每一个图表的前两名,并绘制它们从 2010 年到 2015 年五年的历史价格,我们将在图 7.7 的价格图中看到价格下跌,代码如下。注意,getHistPrices() 引用的实用程序代码出现在 8.6 节中。

```
#Let us look at price charts for top two of each
#PLL no longer exists as a ticker, May, 2015
topSRlab <- c('ROL','JKHY','WIT','ULTI',
              'POL','BWLD','DHR','WAB')
prices <- getHistPrices(topSRlab,rep(1/8,8),252*5-1,
         start="2010-07-01",end="2015-06-30",
         startBck1="2010-06-30",startFwd1="2010-07-02")
plotMultSeries(prices,topSRlab,rep(1/8,8),8,
         cc="days",ret="",ylim=c(.6,5.5))
```

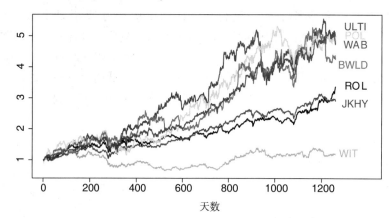

图 7.7 通过 8 只股票的总收益来衡量的价格历史:这 8 只股票是四个损益表属性中的各取前两名。这比其他可能的标准要弱。在我们的历史样本中出现了显著的下降(Wipro Limited 公司的 WIT 不能报价,所以对于读者来说图 7.7 可能是不同的)

从图中我们可以清楚地看到,只在某个(any)属性中拥有一个良好夏普比率是不够的。如果这是我们的投资组合,我们将看到 ULTI 和 POL 的大幅下跌,这将促使我们重新考虑我们的标准。

最后,我们修改了我们的标准,使其更加严格,要求所有四个标准都具有同等权重,现在我们在下面的代码中创建了一个新的数据帧,称为 ISgthSRDF。

```
ISgthSRDF <- data.frame(as.character(ISgthDF[,1]),
                    ignSR,trgSR,gpgSR,esgSR)
colnames(ISgthSRDF) <- c("symbol","ignSR",
                    "trgSR","gpgSR","esgSR")
cleanedISgthSRDF <- na.omit(ISgthSRDF)
ISgthSRDF <- cleanedISgthSRDF
ISgthSRDF[match('UNP',ISgthSRDF[,1]),] #sample
ISgthSRDF[match('INTC',ISgthSRDF[,1]),] #sample
ISgthDF[match('UNP',ISgthDF[,1]),] #sample
ISgthDF[match('INTC',ISgthDF[,1]),] #sample
```

当我们把这个数据帧放在一起时,我们试着做一个小测试,看看在过去三年里,工业类股 UNP 与科技股 INTC 的损益表增长的比较情况。

```
> ISgthSRDF[match('UNP',ISgthSRDF[,1]),] #sample
     symbol    ignSR  trgSR    gpgSR    esgSR
1298     UNP 24.61656   53.5 43.17975 25.25137
> ISgthSRDF[match('INTC',ISgthSRDF[,1]),] #sample
     symbol    ignSR   trgSR    gpgSR    esgSR
2073    INTC 4.709579 25.0735 10.57691 5.084924
```

```
> ISgthSRDF[match('UNP',ISgthSRDF[,1]),] #sample
      symbol    ignSR  trgSR    gpgSR    esgSR
1298     UNP 24.61656   53.5 43.17975 25.25137
> ISgthSRDF[match('INTC',ISgthSRDF[,1]),] #sample
      symbol   ignSR   trgSR    gpgSR    esgSR
2073    INTC 4.709579 25.0735 10.57691 5.084924
```

要知道，在这个窗口期内，INTC 等科技股的表现要优于 UNP 等利用高油价优势在交通领域与同行展开竞争的公司。为了确定这些数据，我们咨询了谷歌融资，发现这些夏普比率似乎是正确的。我们可以计算出 INTC 稀释后标准化每股收益增长率为 1.43，而 UNP 增长率为 1.70。与 2011 年相比，2013 年 INTC 的稀释后标准化每股收益较低，我们现在知道，这个数字会因为负增长而受到惩罚。从图 7.7 和图 7.8 中可以看出，我们现在可以在数千个候选股票中大量使用 findBestAllIncomeStmtSR() 的更严格标准。

从现有损益表增长的角度来看，下面的代码块完成了我们挑选最佳候选股票的过程。在图 7.8 中，我们没有从每个图表中手工挑选最好的 8 个，而是在严格函数 findDestAllIncomeStmtSR() 中设置了一个适当的阈值，该函数将使用以下代码略去"精华" (cream of the crop) 部分：

```
ind8SR <- findBestAllIncomeStmtSR(
  ignSR,trgSR,gpgSR,esgSR,thresh=40)
sum(ind8SR)
top8SRlab <- as.character(ISgthSRDF[,1])[ind8SR]
top8SRlab
prices <- getHistPrices(top8SRlab,rep(1/8,8),252*5-1,
                  start="2010-07-01",end="2015-06-30",
                  startBck1="2010-06-30",startFwd1="2010-07-02")
plotMultSeries(prices,top8SRlab,rep(1/8,8),8,
            cc="days",ret="",ylim=c(.6,5.5))
```

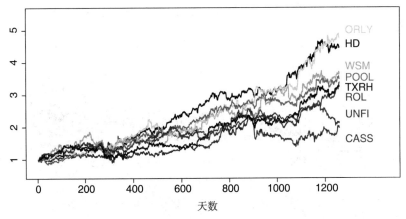

图 7.8 更严格的标准产生了更积极的总收益历史：8 只股票在合并损益表夏普比率竞争中名列前茅

findDestAllIncomeStmtSR() 的 THRESH=40 运行的结果是 ind8SRlab，这是一个股票代码或标签向量。

```
> top8SRlab
[1] "HD"   "ROL"   "WSM"   "CASS"  "ORLY"  "POOL"  "TXRH"  "UNFI"
```

图 7.8 是通过在 8 个股票代码上运行代码的其余部分来获得每日报价的。

按照同样的过程，我们将候选股票的选择范围扩展到 THRESH = 25，以便让第 8 章中的优化引擎有机会在其加权方案中结合 ISSR 的选择与加权方案中的价格历史相结合。

```
> indAllSR <- findBestAllIncomeStmtSR(
+              ignSR,trgSR,gpgSR,esgSR,thresh=25)
> sum(indAllSR)
[1] 33
> topSRlab <- as.character(ISgthSRDF[,1])[indAllSR]
> D = length(topSRlab)
> len = dim(ISgthSRDF)[1]
> topSRlab
 [1] "AME"  "AZO"  "CSX"  "CTC"  "EL"   "FDS"  "HD"
 [8] "KAMN" "KMP"  "MD"   "MMM"  "MTD"  "NKE"  "NRT"
[15] "PCP"  "PX"   "ROK"  "ROL"  "SNA"  "UA"   "WSM"
[22] "CASS" "HSIC" "IKNX" "JKHY" "NTRS" "ORLY" "PAYX"
[29] "PCLN" "POOL" "SIAL" "TXRH" "UNFI"
```

图 7.9 向我们展示了 33 只候选股票中的部分股票，在使用以下代码块收集其价格历史记录时，它们的总收益率达到了 300% 到 400%。看起来很诡异的、始终在 1.0 附近的那条线是 CTC 的报价。雅虎、谷歌融资都不再提供 KMP 和 CTC 的报价了，须将其淘汰。因此长度 D 在投资组合优化之前变为 31。

plotIncomeStmtSRTops() 函数接受四个损益表夏普比率（ISSR）向量中的一个，并使用一个指示布尔向量，该指示布尔向量表示 ISSR 向量和图中的最高夏普比率为 TRUE，并带有股票代码和比率。R 语言正态变量函数 rnorm()，在水平方向上抖动这些股票代码，并尝试将它们随机分离，以便获得更好的可读性。这在一定程度上是可行的，但当密度较高时，需要对 R 数据结构进行研究，才能找到特定的结果。

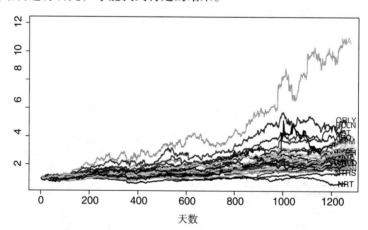

图 7.9 33 个候选股票代码及其在样本中的表现。很明显，在这个窗口期内，对于这组高损益表夏普比率（ISSR）股票，UA 具有最佳的样本内价格行为。ORLY、PCLN 和 HD 的总收益也很高

```
plotIncomeStmtSRTops <- function(isSRvec,indAllSR,
                    lab,minSR,maxSR,type=1) {
  set.seed(200)
  par(mar=c(4,4,2,1))
  par(mfrow=c(1,1))
  numPoints = length(isSRvec[indAllSR])
```

```
  if(type == 1) {
    plot(rep(type,numPoints),isSRvec[indAllSR],cex=0,
      xlim=c(0,5),main="All Income Stmt Gth SR",
      ylim=c(minSR,maxSR),xlab="Income Stmt Gth Type",ylab="SR")
  } else {
    points(rep(type,numPoints),isSRvec[indAllSR],cex=0)
  }
  text(rep(type,numPoints)+.20*rnorm(numPoints),
       isSRvec[indAllSR],ylim=c(minSR,maxSR),
       as.character(lab[indAllSR]),cex=.75,col=type)
}
maxSR <- max(ignSR[indAllSR],trgSR[indAllSR],
             gpgSR[indAllSR],esgSR[indAllSR])
minSR <- min(ignSR[indAllSR],trgSR[indAllSR],
             gpgSR[indAllSR],esgSR[indAllSR])
plotIncomeStmtSRTops(ignSR,indAllSR,ISgthSRDF[,1],minSR,maxSR,1)
plotIncomeStmtSRTops(trgSR,indAllSR,ISgthSRDF[,1],minSR,maxSR,2)
plotIncomeStmtSRTops(gpgSR,indAllSR,ISgthSRDF[,1],minSR,maxSR,3)
plotIncomeStmtSRTops(esgSR,indAllSR,ISgthSRDF[,1],minSR,maxSR,4)
```

图 7.10 所示的图很快变得杂乱无章。奥利汽车零部件可以在所有四个序列中看到。有很多都是看不到的，但是可以用代码序列查询任何给定的股票代码，比如 UA 运动服的代码序列。

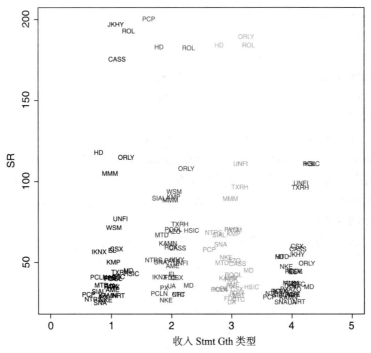

图 7.10 33 个候选股票代码及其损益表夏普比率（ISSR），其中 1=净收益增长，2 = 总收入增长，3 = 毛利润增长，4 = 稀释的标准化每股收益增长

```
> #track UA's IS SR for all 4 categories
> UAidx = match('UA',ISgthSRDF[,1])
> ignSR[UAidx]; trgSR[UAidx]; gpgSR[UAidx]; esgSR[UAidx]
   1283
35.77816
```

```
            1283
       35.50081
            1283
       25.49725
            1283
       25.36479
```

即使 UA 代码被其他代码所遮挡，我们仍然可以从 match() 和数组索引操作中看到 ISSR 是 35.78、35.50、25.50 和 25.36。

现在我们已经为股票代码开发了价格和损益表数据集的夏普比率逻辑，这些逻辑可以用于后续章节的优化和算法学习。

7.7 习题

（1）寻找最佳夏普比率

在 R 中编写另一个版本的 pruneBySharpe()，称为 myPruneBySharpe()，它使用第 2 章中引入的负下标功能来消除价格矩阵中的价格和 lab 向量中的股票代码符号，并调整 D 标量的值。使用 list() 操作符返回 price、ticker 符号和 indepSharpes 的三个变量。使用 pruneBySharpe() 中你需要的任何代码。使用第 7 章 pruneBySharpe() 函数中的单元测试来测试 myPruneBySharpe()。显示测试 myPruneBySharpe() 的输出。

（2）损益表增长的数据可视化

通过定位并运行调用 findBestAllIncomeStmtSR() 的代码，生成图 7.10 中的图。尝试并找到一种更好的方法将股票代码存储在一个列表或字典中，而不是像 7.6 节那样完全随机地将股票代码分隔开。为防止绘图中出现大多数冲突，你需要确定一个适当长度的半径。

（3）数据集错误处理

使用有关证券数据清洗的 4.10 节中的 elimSyms() 代码，来执行此实用程序的单元测试函数 ESUT()。该函数根据格式 bad*.txt 文件中记录的 acquirePrices() 过程中发生的事情，对 prices 矩阵和 lab 向量执行清洗。使用你选择的至少 20 只股票编写单元测试，并使用 bad*.txt 文件取消其中 30% 的股票的资格。提示：你可以使用 APUT() 中的前三行代码以类似的方式分配 dir、l1 和 l2。最好选择 ESUT 作为 dir 名称。在纽约证券交易所和纳斯达克的两个子目录中分别创建一个 badsyms.txt 文件，形成两个符号列表，以便从 prices 和 lab 中删除。

第 8 章
马科维茨均值方差优化

本章主要介绍了一种应用于股票、价格趋势数据挖掘的统计方法，以便在深入了解收益、波动性和证券间时间序列相关性的基础上，选择最理想的投资组合。历史价格可以很好地反映收集数据那个时代所发生的故事：根据市场事件发生的情况，波动、趋势看涨或看跌、振荡或崩盘。图 3.3 显示了图表早期几只经历大衰退的股票的价格行为。事实上，一些证券对时代事件非常敏感，而另一些则表现出较高的独立性。无论如何，模拟确保了每只股票可根据其历史特性进行分析处理。

通常，在分析理想的股票投资组合时，人们会关注两种截然不同的方法。它们是：

- 对公司资产负债表的基本分析，包括账面权益比与市场权益比等因素（Fama 和 French，1995，1996）
- 其普通股在全球市场中的价格行为（Markowitz，1952，1959；Ruppert，2011）。

在后面的章节中，我们将考虑前者的分析，但在本章的金融分析实验中，我们选择了后者，这与许多市场从业者的方法是一致的。普通股的原始价格行为被记录下来，并且全球参与者都可以查看和获取。公开的价格数据是驱动因素。有关投资组合价格分析的理论始于 20 世纪 50 年代。

根据历史价格的收益率和波动性，以及单个股票对剩余股票的协方差，优先考虑。收益率较高、波动性较低、协方差较低的证券。

8.1 两种风险资产的最优投资组合

投资组合的基本思想是将一组证券放入一个篮子中，其中的权重表示每种证券的投资额。每个投资收益都是一个随机变量。在 X 和 Y 两种投资收益的情况下，如果 a 和 b 是投资权重，我们关注的是投资组合的方差。由 3.6 节的推导可知：

$$Var(aX+bY) = E(aX+bY)^2 - E^2(aX+bY)$$
$$= a^2 Var(X) + b^2 Var(Y) + 2ab Cov(X,Y)$$

这是一个可以看出优化作用的非常好的示例，投资组合中有两个风险资产，其中 $Var(X) > 0$ 且 $Var(Y) > 0$。作为投资者，我们总是希望可以实现风险最小化，也就是最小化方差。

假设我们的第一个权重 $a = w_d$ 代表持有固定收益证券（如债券）的投资组合中的债务部分，第二个权重 $b = w_e$ 代表持有股票的投资组合中的股权部分，那么这两个权重必须构成整个投资组合，因此：

$$w_d + w_e = 1$$

实际上，a 和 b 都没有必要代表任何特定类型的投资，我们只是选择了债务和股权作为例子。代入 $a = w_d$ 和 $b = w_e = 1 - w_d$，用微分法求最小值，就可以确定最小方差债务比例的公式。我们的投资组合方差新公式如下：

$$\sigma_P^2 = w_d^2\sigma_d^2 + (1-w_d)^2\sigma_e^2 + 2w_d(1-w_d)\sigma_{de}$$
$$= w_d^2\sigma_d^2 + \sigma_e^2 - 2w_d\sigma_e^2 + w_d^2\sigma_e^2 + 2w_d\sigma_{de} - 2w_d^2\sigma_{de}$$

现在，对 w_d 求导，我们关心的是债务部分的最佳权重。因为在这种情况下只有两份，所以股本份额也将获得最大的权重：

$$\frac{\partial \sigma_P^2}{\partial w_d} = 2w_d\sigma_d^2 - 2\sigma_e^2 + 2w_d\sigma_e^2 + 2\sigma_{de} - 4w_d\sigma_{de} = 0$$

$$w_d(2\sigma_d^2 + 2\sigma_e^2 - 4\sigma_{de}) = 2\sigma_e^2 - \sigma_{de}$$

$$w_d = \frac{2\sigma_e^2 - 2\sigma_{de}}{2\sigma_d^2 + 2\sigma_e^2 - 4\sigma_{de}}$$

最小方差组合债务比例为：

$$w_d = \frac{\sigma_e^2 - \sigma_{de}}{\sigma_d^2 + \sigma_e^2 - 2\sigma_{de}}$$

$$= \frac{\sigma_e^2 - \sigma_d\sigma_e\rho}{\sigma_d^2 + \sigma_{e^2} - 2\sigma_{de}}$$

由于任意两个随机变量 X 和 Y 的 $Cov(X, Y) = \sigma_{XY} = \sigma_X\sigma_{Y\rho}$，所以最小方差投资组合权益比例为：

$$w_e = 1 - w_d$$

下面这个 R 程序，将这种关系可视化：

```
mu_d = .05
mu_e = .12
sigma_e = .30
sigma_d = .20
sigma_de = .003
w_d = seq(0,1,.01)
mu_P    = vector(length=length(w_d))
sigma_P = vector(length=length(w_d))
sr_P    = vector(length=length(w_d))
```

上面的初始化代码设置了五个参数和向量，记录 μp、σp 和夏普比率 $\mu p/\sigma p$ 的 100 个值。下面是在这些向量中迭代和构造曲线的主循环。

```
for(u in 1:length(w_d)) {
  mu_P[u]    = mu_d*w_d[u] + mu_e*(1-w_d[u])
  sigma_P[u] = sqrt(w_d[u]^2*sigma_d^2 + 
      (1 - w_d[u])^2*sigma_e^2 + 
      2*w_d*[u](1 - w_d[u])*sigma_de)
  sr_P[u] = mu_P[u] / sigma_P[u]
}
par(mfrow=c(1,2))
plot(sigma_P,w_d,type="l",ylab="w_d",col=6)
```

```
ind_min_var_P = sigma_P == min(sigma_P)
w_d[ind_min_var_P]
points(sigma_P[ind_min_var_P],w_d[ind_min_var_P])
text(sigma_P[ind_min_var_P]+.04,w_d[ind_min_var_P],
    paste("<-(",round(sigma_P[ind_min_var_P],4),",",
    w_d[ind_min_var_P],")"),cex=.75)
```

图 8.1 描述了曲线和最佳 w_d。通过检验布尔数组 ind_min_var_P,我们发现当 w_d=0.70 时,σ_p 的最小值为 0.1702 或 17.02。上面的代码用于图 8.1 的最左边。下面的代码用于最右边的图。

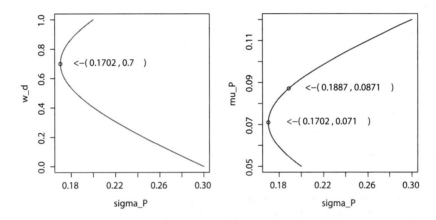

图 8.1 w_d 和 w_e 共享一个投资组合。在左图中描述了最小方差组合的 w_d 值。产生最小方差组合的 μ_p 值出现在右图上产生相切或最佳夏普比率组合的 μ_p 值之下。图中假设 μ_d=0.05, μ_e=0.12, σ_e=0.30, σ_d=0.20, σ_{de}=0.003, $0 \leq w_d \leq 1$

```
#Now plot sigma_P as a function of mu_P
plot(sigma_P,mu_P,type="l",ylab="mu_P",col=2)
mu_P[ind_min_var_P]
points(sigma_P[ind_min_var_P],mu_P[ind_min_var_P])
text(sigma_P[ind_min_var_P]+.045,mu_P[ind_min_var_P],
    paste("<-(",round(sigma_P[ind_min_var_P],4),",",
    mu_P[ind_min_var_P],")"),cex=.75)
```

通过检查布尔数组 ind_opt_p,我们发现当 w_d=0.47 时,σ_p=0.1887 或 18.87%。

```
ind_opt_P = sr_P == max(sr_P)
mu_P[ind_opt_P]
points(sigma_P[ind_opt_P],mu_P[ind_opt_P])
text(sigma_P[ind_opt_P]+.045,mu_P[ind_opt_P],
     paste("<-(",round(sigma_P[ind_opt_P],4),
     ",",mu_P[ind_opt_P],")"),cex=.75)
```

图 8.1 描述了投资组合理论中的三个重要概念:
- efficient frontier 是图 8.1 中最右边的整条曲线。在这条曲线上,我们可以看到给定收益水平的最优方差是什么。
- minimum variance portfolio 有一个收益值,方差是图 8.1 最右边图中两个选定点中的较低值。
- 具有最佳夏普比的 tangency portfolio 是图 8.1 最右侧图中两个选定点的上部。

8.2 二次规划

投资组合优化的公式可以被识别并转换为二次规划（QP）问题。幸运的是，当使用 R 时，quadprog 包可以解决这些问题，该包使用的是 1982 年和 1983 年发布的著名快速算法（Goldfarb 和 Idnani，1982，1983）。R 包对于解决金融中的均值方差问题非常有用。二次规划已经存在几十年了；然而，在统计计算语言中使用二次规划却是一项新技术。solve.QP() 是包中 solver 函数的名称。其详细情况如下：

Usage

solve.QP(Dmat, dvec, Amat, bvec, meq=0, factorized=FALSE)

Arguments

Dmat
matrix appearing in the quadratic function to be minimized.

dvec
vector appearing in the quadratic function to be minimized.

Amat
matrix defining the constraints under which we want to minimize the quadratic function.

bvec
vector holding the values of b_0 (defaults to zero).

meq
the first meq constraints are treated as equality constraints all further as inequality constraints (defaults to 0).

factorized
logical flag: if TRUE, then we are passing R^(-1) (where D = R^T R) instead of the matrix D in the argument Dmat.

具体来说，在 quadprog 包中实现的二次规划使目标函数最小化，如

$$\arg\min_{b}\left(\frac{1}{2}\boldsymbol{b}^\mathrm{T}\boldsymbol{D}\boldsymbol{b}-\boldsymbol{d}^\mathrm{T}\boldsymbol{b}\right), \text{约束条体为} \boldsymbol{A}^\mathrm{T}\boldsymbol{b}\geq\boldsymbol{b}_0 \tag{8.1}$$

其中矩阵 $\boldsymbol{D}$ 为 $p\times p$，常数矩阵 $\boldsymbol{A}$ 为 $p\times p$（这种形式只说明不等式约束）或 $p\times(m+kp)$，对于 m 等式，k 组 p 不等式约束，解变量向量 $\boldsymbol{b}_0$，要么是 $p\times 1$，要么是 $(m+kp)\times 1$。稍后将讨论约束条件。

如果我们暂时只关注 QP，而不考虑投资组合优化的业务问题，我们可以研究这个关键机制，即实现公式 8.1 的解决方案。假设我们要求解一个相对简单的数学最小化问题来找到最优解 $\boldsymbol{b}$（Laber 和 Zhou，2013）：

$$\arg\min_{b}(x_1^2+2x_2^2+4x_3^2-x_1-x_2+5x_3), \text{通常情况下} x_1+x_3\leq 1 \text{且} x_1\geq 5 \text{且} x_2\leq 0$$

把这个问题转化成公式 8.1 的矩阵形式，现在得到：

$$D = 2\begin{bmatrix} 1 & 0 & 0 \\ 0 & 2 & 0 \\ 0 & 0 & 4 \end{bmatrix} \text{且} \boldsymbol{b} = [x_1 \ x_2 \ x_3]^T \text{且} \boldsymbol{d} = [1 \ 1 \ -5]^T \quad (8.2)$$

约束常数是：

$$\boldsymbol{A}^T = \begin{bmatrix} -1 & 0 & -1 \\ 1 & 0 & 0 \\ 0 & -1 & 0 \end{bmatrix} \text{且} \boldsymbol{b}_0 = [-1 \ 5 \ 0]^T \quad (8.3)$$

现在运行求解 $[x_1 \ x_2 \ x_3]^T$ 的 R 程序，结果如下：

```
> library(quadprog)
> library(tseries)
> P = 2*diag(c(1,2,4))
> d = c(1,1,-5)
> At = matrix(0,nrow=3,ncol=3)
> At[1,] = c(-1,0,-1)
> At[2,] = c(1,0,0)
> At[3,] = c(0,-1,0)
> b0 = c(-1,5,0)
> P
     [,1] [,2] [,3]
[1,]    2    0    0
[2,]    0    4    0
[3,]    0    0    8
> d
[1] 1 1 -5
> At
     [,1] [,2] [,3]
[1,]   -1    0   -1
[2,]    1    0    0
[3,]    0   -1    0
> b0
[1] -1 5 0
> xHat = solve.QP(P, d, t(At), b0)$solution
> xHat
[1] 5 0 -4
```

注意，$\boldsymbol{b} = [x_1 \ x_2 \ x_3]^T = [5 \ 0 \ -4]^T$ 满足 $x_1 + x_3 \leq 1, x_1 \geq 5, x_2 \leq 0$ 的约束条件，因此，满足我们的约束条件。

solve.QP() 的第三个参数令人感到困惑。公式 6.1 用 $\boldsymbol{A}^T$ 表示约束，但是 solver 的第三个参数被指定为 $\boldsymbol{A}$ 本身。所以上面的 R 代码填充了一个被表示为 $\boldsymbol{A}^T$（读作 At）的矩阵变量，然后在将该变量提供给求解程序（solver）之前将其进行置换。这很重要，也很棘手！

8.3 利用投资组合优化进行数据挖掘

有了 QP 的入门经验，我们现在可以将其应用于财务数据。1952 年，Harry Markowitz 发明了一种分析技术来优化股票投资组合。这种投资组合优化方法始于他的博士研究（Markowitz，1952，1959）。该理论最为创新的部分是对投资组合中风险的核算。这项工作已被世界各地的投资顾问和基金经理多次引用和使用。另一位研究人员 Bill Sharpe 在谈到资本资产价格时扩展了这一理论（Sharpe，1964）。

我们将运用这一投资组合理论，为在长期基础上比较和混合股票证券提供正式的理由。long-only 是我们的策略，我们利用公开可用的数据来源：每日收盘价。Markowitz 和 Sharpe（Sharpe、Alexander 和 Bailey，1999）提出的投资组合理论可以用来对投资组合 P 进行分类。

- 从 R 开始，这是一个 $N \times p$ 维对数收益时间序列矩阵，其中 $R = (R_1, \cdots, R_p)$。我们的目标是找到最优的 $w = (w_1, \cdots, w_p)^T$。该 w 在 8.2 节中称为 b。定义大小为 N 的投资组合收益向量 $R_p = R_w$。当我们有股票价格的时间序列 p 时：股票证券 j 在第 i 时刻的价格为 S_{ij}，对数收益是 $R_{ij} = \ln(S_{ij}/S_{i-1j})$。注意，如果 S_{1j} 是利率，因为我们期望 S_{ij} 都是正态分布的，那么我们只需为所有 i 和 j 简单设置 $R_{ij} = S_{ij}$。收益的全矩阵是：

$$R = \begin{bmatrix} R_{11} & R_{12} & \cdots & R_{1p} \\ R_{21} & R_{22} & \cdots & R_{2p} \\ \vdots & \vdots & \ddots & \vdots \\ R_{N1} & R_{N2} & \cdots & R_{Np} \end{bmatrix} \quad (8.4)$$

我们可以得到

$$E\{R\} = \mu = \begin{bmatrix} \mu_1 \\ \vdots \\ \mu_p \end{bmatrix} \quad (8.5)$$

而 $cov(R) = \Sigma$ 的形状是 $p \times p$，找到这些矩阵是马科维茨式均值方差优化的前提。

- 现在定义 $E\{R_p\} = \mu_p = (\mu_1, \cdots, \mu_p)^T w = (E\{R_1\}, \cdots, E\{R_p\})^T w$，其中 $\mu_j = \frac{1}{N}\sum_{i=1}^{N} R_{ij}$

- 根据高收益、低波动性和夏普比率的原则，对投资选择进行排序，并完全剔除其中的一些投资选择：

$$\frac{E\{R_p\} - \mu_f}{\sigma_p}$$

其中 $E\{R_p\} = w^T \mu$ 和

$$\sigma_p = \sqrt{W^T \Sigma W}$$

solve.QP() 的一个要求是 Σ 必须是半正定（PSD）。对于这种情况，通过消除弱势选择和它们的收益来减少其规模，将增加 Σ 成为 PSD 的机会。

使用 QP 进行投资组合优化，需要使用目标函数找到给定均值的最优方差投资组合：

$$W^T \Sigma W$$

其中 Σ 是 $p \times p$，同时受到不平等和平等约束（Karoui, 2009; Ruppert, 2011）。与 8.2 节不同，我们有等式和不等式约束，表示为 eq 和 neq。考虑到公式 8.1 中的向量 b，我们首先将等式约束表述为：

$$A_{eq}^T b = b_{eq} \quad (8.7)$$

因此

$$A_{eq}^T = \begin{bmatrix} e^T \\ \mu^T \end{bmatrix} \quad (8.8)$$

其中 $\mathbf{e}^T=(1,\cdots,1)$ 是 p 的向量，而 $\boldsymbol{\mu}^T=(\boldsymbol{\mu}_1,\cdots,\boldsymbol{\mu}_p)$
并且

$$b_{eq}=\begin{bmatrix}1\\ \mu_P\end{bmatrix} \tag{8.9}$$

应用公式 8.1，在本例中 $D=2\Sigma$，$d=0$，$b=w$。所以

$$\boldsymbol{\mu}^T W = \mu_P = \mu_P^T = (\boldsymbol{\mu}^T W)^T = W^T \boldsymbol{\mu} \tag{8.10}$$

并且

$$\mathbf{e}^T W = 1 = 1^T = (\mathbf{e}^T W)^T = W^T \mathbf{e} \tag{8.11}$$

我们可以将公式 8.7 重新表述为：

$$A_{eq}^T b = \begin{bmatrix}\mathbf{e}^T\\ \boldsymbol{\mu}^T\end{bmatrix} W = \begin{bmatrix}\mathbf{e}^T W\\ \boldsymbol{\mu}^T W\end{bmatrix} = \begin{bmatrix}1\\ \mu_P\end{bmatrix} = b_{eq} \tag{8.12}$$

不等式约束可以表示为：

$$A_{neq} b \geq b_{neq} \tag{8.13}$$

其中，A_{neq} 为 $p\times p$（尽管通常可以是 $p\times kp$），b_{neq} 为 $p\times 1$。

现在，我们考虑特定的不等式约束，即"不卖空"约束，一个单一的平等约束，简单表述为：

$$对于所有的 i,\ 1\leq i\leq p,\ w_i\geq 0 \tag{8.14}$$

但是，更正式的表述为：

$$A_{neq}^T = diag(p) 且 b_{neq} = \begin{bmatrix}0\\ \vdots\\ 0\end{bmatrix} \tag{8.15}$$

其中 $diag()$ 是一个大小为 $p\times p$ 的对角矩阵，对角线上是 1，其他地方都是 0，b_{neq} 等于大小为 p 的 0 的向量，因此公式 8.13 现在用公式 8.12 的形式表示，具体使用公式 8.14。

为了形成 A 和 b，我们有等式和不等式的分量，或"不卖空"的条件，所以现在

$$A_{mat}=[A_{eq}\mid A_{neq}]$$

其中 A 是 $p\times(p+2)$，并且

$$b_{vec}=[\ b_{eq}^T\mid b_{neq}^T\ ]^T$$

在 8.5 节中，我们将看到一个具体的例子。

8.4 约束、惩罚和套索

投资组合优化是非线性优化技术的一个非常有趣的应用。由于我们已经在投资组合优化部分中讨论了等式和不等式约束，为了更好地理解二次规划例程优化算法 solve.QP() 是如何工作的，有必要简要介绍一下一般优化。一般来说，p 维中有一个域，待优化的函数 f 是 ($p+1$) 维中的一个曲面。例如，如果 $p=2$，那么函数 f 就是三维曲面（如下例所示）。优化包括寻找域点 $x\in\mathbb{R}^p$，它根据 f 的值给我们一个极小或极大的点。在马科维茨和夏普的传统中，我们通常期望获得平均收益，然后得到该收益的协方差最小的投资组合。所以我们找到了方差的一个最小点，或者说，投资组合的标准差。

约束是施加在 f 上的条件，必须满足这些条件才能使优化有用和有效。由于我们已经开

始讨论投资组合优化约束，因此我们在这里对约束的讨论是一般性的。正如我们在前一节中看到的，约束被指定为等式和不等式。在约束成为矩阵形式之前，我们可以用最常见的形式来考虑这些条件，即 Karush-Kuhn-Tucker（KKT）条件，它表示为主要函数，然后是不等式和等式约束：

$minimize\ f(\boldsymbol{x})$，其中 $g_i(\boldsymbol{x}) \leq 0$ 且 $h_j(\boldsymbol{x}) = 0, i \in \{1, \cdots, l\}$ 且 $j \in \{1, \cdots, m\}$

其中有 l 个不等式和 m 个等式。KKT 方法的完整方程表示为：

$$\begin{aligned}\boldsymbol{x}^* &= \arg\min_{\boldsymbol{x}} f(\boldsymbol{x}) \\ &= \arg\min_{\boldsymbol{x}} L(\boldsymbol{x}, \boldsymbol{\lambda}, \boldsymbol{\mu}) \\ &= \arg\min_{\boldsymbol{x}} f(\boldsymbol{x}) + \sum_{i=1}^{l} g_i(\boldsymbol{x}) + \sum_{j=1}^{m} h_j(\boldsymbol{x})\end{aligned}$$

其中，$\mathcal{L}(\boldsymbol{x}, \boldsymbol{\lambda}, \boldsymbol{\mu})$ 称为拉格朗日，取决于作为拉格朗日乘子向量的 $\boldsymbol{\lambda}$ 和 $\boldsymbol{\mu}$。为实现最小化，可通过求解 $p+l+m$ 维中的方程组来实现，其中 x 是 p 维：

$$\nabla f(\boldsymbol{x}) + \sum_{i=1}^{l} \nabla g_i(\boldsymbol{x}) + \sum_{j=1}^{m} \nabla h_j(\boldsymbol{x}) = 0 \qquad (8.16)$$

式中，∇f 是梯度，一个 p 维向量的偏导数。我们将在下面讨论一个用于优化 KKT 条件的案例。

若只关注等式约束，我们也可以用一种稍微不那么常用但却非常有用的方法，来求最优化情况下的拉格朗日方程。下面是一个简单的例子来说明这种方法。需要将公式最小化，如：最小化 $\boldsymbol{x}^T\boldsymbol{x}$，限值条件为 $\boldsymbol{Ax} = \boldsymbol{b}$。

在本例中，我们将把示例限制为 $p = 2$ 或二维。我们可以设 $\boldsymbol{x} = (x, y)$，因此，考虑到第三维函数值，我们得到了三维抛物面，其中 $f(\boldsymbol{x}) = z = x^2 + y^2$。现在我们知道，如果没有约束，当 $z=0$ 时，函数的最小值就是域点（0，0）。然而，我们有一个等式约束，迫使我们考虑与平面 $\boldsymbol{Ax} = \boldsymbol{b}$ 相交的整个曲面 $x^2 + y^2$。如果我们尝试一个简单的平面，其中 $x + y = 2$，我们可以用 KKT 形式表示为 $h(\boldsymbol{x}) = x + y - 2 = 0$，或者用矩阵形式表示为

$$\boldsymbol{Ax} = \begin{bmatrix} 1 & 1 \\ 1 & 1 \end{bmatrix} \begin{bmatrix} x \\ y \end{bmatrix} = \begin{bmatrix} 2 \\ 2 \end{bmatrix} = \boldsymbol{b}$$

图 8.2 描述了具有等式约束的 $f(x) = z$ 的轮廓。

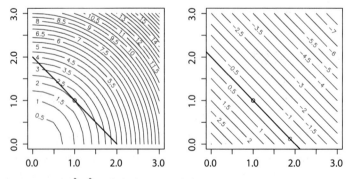

图 8.2 抛物面 $f(x, y) = x^2 + y^2$ 的等高线图，约束条件为 $x+y=2$，解 $(x, y) = (1, 1)$ 在左侧。右边是平面 $Z = -2x - 2y + 4$，我们的约束条件是 $\lambda = -2$

另一种求同一函数最小值的方法是使用拉格朗日乘数。由于纯等式约束的限制，拉格朗

日方法不如 KKT 方法普遍。但对于我们示例中的函数和约束，仍可以应用它。为了获得拉格朗日形式，我们从函数的表达式开始，并将其添加到公式中，以最小化约束方程。最小化 $f(x)$，限值条件为 $g_i(x) = 0$，其中 $i \in \{1, \cdots, m\}$。

对于拉格朗日，我们对每个等式约束使用一个 λ 乘数。在本例中我们有一个约束条件。如果我们把矩阵方程 $Ax = b$ 改写成 $x + y = 2$，那么拉格朗日函数就写成：

$$\mathcal{L}(x, y, \lambda) = \underset{(x,y)}{\arg\min}\{x^2 + y^2 + \lambda(x + y - 2)\}$$

我们取相对于 x、y 和 λ 的导数 $\mathcal{L}$，并将其设为零，然后求解方程：

$$\frac{\partial \mathcal{L}}{\partial x} = 2x + \lambda = 0 \tag{8.17}$$

$$\frac{\partial \mathcal{L}}{\partial y} = 2y + \lambda = 0 \tag{8.18}$$

$$\frac{\partial \mathcal{L}}{\partial \lambda} = x + y - 2 = 0 \tag{8.19}$$

从等式 8.17 中减去 8.18，并将两边同时除以 2，得到

$$x - y = 0$$

从等式 8.19 得到：

$$x + y = 2$$

把剩下的两个方程相加，我们就得出 $x=1$ 和 $y=1$。最小值的域点是 $x=(x, y)=(1, 1)$，$z=x^2+y^2=2$。我们可以在图 8.2 中看到那个点。我们也可以用方程 8.18 得到三个方程组中的 $\lambda=-2$。等式约束 $Ax = b$，用拉格朗日乘数 $\lambda(x+y-2)$ 表示，当 $\lambda=-2$ 时，平面 $z=-2x-2y+4$。该平面如图 8.2 右侧所示。

在我们讨论约束的时候，这是介绍一个主题的很好的切入点，这个主题已经让机器学习界大吃一惊。几十年来，在统计学中，收缩性这一重要概念得到了发展。现在，模型基本上被期望能够具备良好的收缩性能。收缩是这样一种观点，即如果给定的解决方案涉及的参数值越少越小，那么它就更加有益。例如，在回归中，我们的目标是不要将模型过度适合于我们看到的特定数据集。我们希望使用初始训练数据集来帮助我们构建一个模型，该模型可以处理与训练数据集不完全相同的未来测试数据集。这样，我们就有了一个模型，其方差可能与原始测试数据集有较大差异。

收缩可以通过许多方式实现。最常用的一种方法是添加一个惩罚约束，限制解向量范数的大小。约束作为一个上界，具有收紧或套索结果的效果，因此称为套索（LASSO）。LASSO 这个名称创造性地代表了最小绝对选择和收缩操作符。从数学上讲，这是相对简单的。从现在开始，我们将使用 Lasso 代替。

在向量空间中，ℓ_1 距离是各分量绝对值或大小之和。如果是 p 维，那么向量 x 的 $\ell_{1\text{-norm}}$ 为 $\sum_i^p -\ell^{|xi|}$。这就是所谓的曼哈顿距离，因为我们可以把步行的城市街区想象成行人，由于建筑物挡住了所有小路，他们需要一直走在街道上。ℓ_2 距离是各分量的平方之和的平方根。如果是 p 维，那么向量 x 的 $\ell_{2\text{-norm}}$ 为 $\sqrt{\sum_{i=1}^p x_i^2}$。它的作用是将每个分量的大小相加，然后通过平方根调整大小。这就是众所周知的乌鸦飞行距离，原因很明显。

在这两种最常见的距离测量方法中，对于 Lasso，选择 ℓ_1 约束是因为它能够提供更好的收缩性能。几何上，在 $p = 2$ 维中，ℓ_1 距离的测量迫使两个分量中的一个占主导地位，迫使

其他分量为零。这可以在图 8.3 的左图中看到。有一个函数要最小化，如图所示。菱形是 ℓ_1 的约束，$\sum_{i=1}^{2}|x_i| \leqslant 1$，出现在函数的梯度内。由于约束的菱形形状，优化算法被迫在约束菱形的一个角点之间进行选择，只涉及 x 或 y 分量，因为这些点最可能具有要最小化的函数的最小值。所以，我们得到收缩。

如果约束条件是 ℓ_2，菱形就会变成一个圆，这个圆上的点对于 $f(x,y)$ 来说是最小的点包含 x 和 y 分量的组合，这样一来我们就会失去收缩性。在图 8.3 的情况下，观察者可以看到，沿着 $f(x,y)$ 到中心或最低 z 值点（0,1），套索菱形提供了尖锐的、明显的收缩约束。

更正式地表述为，最小化函数

$$f(x,y) = \left(x - \frac{1}{2}\right)^2 + (y-2)^2 \text{ 约束条件为 } |x|+|y| \leqslant 1 \quad (8.20)$$

我们采用 KKT 条件将把上式改写为：

$$f(x,y) = \left(x - \frac{1}{2}\right)^2 + (y-2)^2 \text{ 约束条件为}$$

$$g_1(x,y) = x+y-1 \leqslant 0$$
$$g_2(x,y) = x-y-1 \leqslant 0$$
$$g_3(x,y) = -x+y-1 \leqslant 0$$
$$g_4(x,y) = -x-y-1 \leqslant 0$$

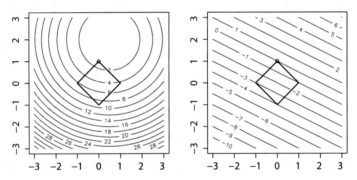

图 8.3 抛物面 $f(x,y) = \left(x - \frac{1}{2}\right)^2 + (y-2)^2$ 的等高线图，左侧有套索式约束 $|x|+|y|=1$ 和解 $(x,y)=(0,1)$。右边是约束平面的等高线图，其中 $z=x+2y-2$ 是套索约束的另一种形式。为了便于比较，两个图都有套索样式的约束菱形，用于 $|x|+|y|=1$

现在，从几何上来说，我们可以从图 8.3 中看出，g_2 和 g_4 位于 f 区域，这个区域的值更高，所以只有 g_1 和 g_3 是重要的。我们有两个 KKT 乘数，λ_1 和 λ_3 分别对应 g_1 和 g_3。利用等式 8.16 的 KKT 公式，KKT 梯度为：

$$\nabla f(x,y) = (2x-1, 2y-4)$$
$$\nabla g_1(x,y) = (1,1)$$
$$\nabla g_3(x,y) = (-1,1)$$

所以我们可以用 $l=2$ 不等式约束，来形成约束解方程：

$$\frac{\partial f}{\partial x} + \lambda_1 \frac{\partial g_1}{\partial x} + \lambda_3 \frac{\partial g_3}{\partial x} = 0$$

和

$$\frac{\partial f}{\partial y} + \lambda_1 \frac{\partial g_1}{\partial y} + \lambda_3 \frac{\partial g_3}{\partial y} = 0$$

可以计算为:

$$2x - 1 + \lambda_1 - \lambda_3 = 0$$
$$2y - 4 + \lambda_1 - \lambda_3 = 0$$

所以,把所有的方程组合起来,得到我们的 $p+l=4$ 方程组,现在有:

$$2x - 1 + \lambda_1 - \lambda_3 = 0$$
$$2y - 4 + \lambda_1 - \lambda_3 = 0$$
$$x + y = 1$$
$$-x + y = 1$$

可以用矩阵形式写为:

$$\mathbf{Au} = \begin{bmatrix} 2 & 0 & 1 & -1 \\ 0 & 2 & 1 & 1 \\ 1 & 1 & 0 & 0 \\ -1 & 1 & 0 & 0 \end{bmatrix} \begin{bmatrix} x \\ y \\ \lambda_1 \\ \lambda_3 \end{bmatrix} = \begin{bmatrix} 1 \\ 4 \\ 1 \\ 1 \end{bmatrix} = \mathbf{b}$$

并通过一个小型 R 语言程序求解 $\mathbf{u}=\mathbf{A}^{-1}\mathbf{b}$,下面得到的结果为 $(x, y, \lambda_1, \lambda_3) = \left(0, 1, \frac{3}{2}, \frac{1}{2}\right)$:

```
> A = matrix(c(2,0,1,-1,
+              0,2,1,1,
+              1,1,0,0,
+              -1,1,0,0),nrow=4,ncol=4)
> b = c(1,4,1,1)
> u = solve(A) %*% b
> u
     [,1]
[1,]  0.0
[2,]  1.0
[3,]  1.5
[4,]  0.5
```

这告诉我们 KKT 形式的方程:

$$x^* = \arg\min_x f(x) = \arg\min_x \mathcal{L}(x, \lambda, \mu) = \arg\min_x L((x,y),(\lambda_1,\lambda_3))$$

$$= \arg\min_x \left\{ \left(x - \frac{1}{2}\right)^2 + (y-2)^2 + \lambda_1(x+y-1) + \lambda_3(-x+y-1) \right\}$$

用 $x^* = (0, 1)$ 和 $\lambda = \left(\frac{3}{2}, \frac{1}{2}\right)$ 求解。我们的两个 λ 项是对最小化问题的惩罚,因为只要 λ_s 为正,它们会增加要最小化的整体公式的值。我们发现使用 $\lambda = \left(\frac{3}{2}, \frac{1}{2}\right)$,两个 λ 项变为 $x+2y-2$,则形成 (x, y, z) 空间中的平面。图 8.3 显示了函数 $f(x, y)$,左侧有套索约束。在右侧,当 $\lambda_1 = \frac{3}{2}$ 和 $\lambda_3 = \frac{1}{2}$ 时,套索约束再次显示在平面轮廓上,其中 $x+2y-2$ 是我们感兴趣的平面。从右边的轮廓可以看出,当平面与 $x+2y-2=z=0$ 的平面相交时,我们得到了

解点，其中 $(x, y) = (0, 1)$。

文献资料中显示的许多马科维茨模拟会涉及少量证券。这些较低维度的模拟说明并逐渐增强了人们对这项技术的信心，它们激发了人们的好奇心，想知道该算法在研究大量证券（这里有数百种，在投资公司的实际操作中也有很多）时表现如何。投资组合经理或个人投资者的目标是，向模拟提供大量候选证券，并查看哪些候选证券在整个投资组合中被标记为具有良好的收益风险比的证券。在这种情况下，R 语言自动化的真正价值将是有益的。虽然这不是很常见，但也已经有关于高维马科维茨投资组合中其他工作方面的研究报告了（Karoui，2009）。

除了收益、风险的度量，其他证券的方差和协方差等也很重要。由于分散投资的贡献，那些协方差低至负的证券甚至比夏普比率较高的证券更受青睐。例如，在九维情况下，AmeriSourceBergen（ABC）是最受欢迎的股票之一，如图 3.3 所示。从相关矩阵图中可以看出，相关系数较低，在图 3.4 的第三行和第三列可以明显看到波谷。

马科维茨算法的一个自然发展过程是将其扩展到许多证券，包括维度。这允许对大量证券进行数据挖掘，以确定是否存在良好的价值。投资者可能不知道这些候选证券的价格特征，直到看到其作为投资组合模拟的结果。

以下是本实验中用于挖掘数据的步骤概要。与代码模块相关的具体细节见图 8.5。

- 数据收集
- 数据预处理
  - 数据可视化
  - 分割调整
- 计算对数收益
- 计算协方差矩阵
- 模拟和优化
- 结果的可视化和存储

自动化步骤之前的数据预处理步骤对于揭示结果时的知识发现过程非常重要。不准确的数据导致不准确的结论。通过使用数据可视化来检查和关注数据模式的细节，自动化步骤可以正确地向前推进。随着自动化代码的开发，这个过程会不断重复。在这种情况下，如 4.5 节所述，通过检查绘制数百个图表，可获得对数据有效性的信心。

8.5 向高维度延展

使用基于互联网的历史价格来衡量 R 程序中的关键统计数据，会碰到什么样的实际实现问题？如果不清洗数据，收益、波动性和协方差等都将无法实现正确计算（Bennett，2014）。在处理大型数据集时，数据清洗量与数据集大小相称。我们返回到庞大的 stockdata 数据集（Zhao、Liu、Roeder、Lafferty 和 Wasserman，2012）。我们的领域从 $\mathbb{R}^{452}$ 开始，因为标准普尔 500 指数的 452 只股票在 2003 年至 2008 年的全部数据都保存在其中。我们很快将从 $\mathbb{R}^{452}$ 看到尺寸略大于 1200 的样本。huge 的目标与我们在本章中的目标略有不同，但是考虑到这个可用的数据集（最初用于像第 9 章那样的图形模型结构学习实验），大量的证券将在更高维度上为投资组合优化提供一个稳健的测试。因此，与通常情况一样，在数据预处理之后，使用 R 包来利用以前的数据收集工作进行测试。

这是我们首次使用 solve.QP() 优化器，所以我们将跟踪每个步骤。收集代码和输出如下。利用 huge stockdata 数据集可以在六行代码中完成：

```
> library(huge)
> data(stockdata)
> len = length(stockdata$data[,1])
> D = dim(stockdata$data)[2]
> prices = stockdata$data[,1:D]
> lab = stockdata$info[1:D,1]
```

数据预处理，包括数据可视化和拆分、代码和输出的调整，如下所示。findR() 实用程序可以调用 splitAdjust() 实用程序。如果 splitAdjusted==FALSE，将进行调用。在计算对数收益之前，我们需要调整 stockdata$prices。

```
> isSplitAdjusted=FALSE
> daysPerYr=252; mufree = 0
  for(i in 1: D)  #Need to splitAdjust():
    prices[,i] <- splitAdjust(prices[,i],1[i])
> R <- findR(prices)
[1] "split adjusting MMM 2 188 140.54 69.07"
...
[1] "split adjusting ABC 2 755 83.77 41.48"
...
[1] "split adjusting AAPL 2 543 88.99 44.86"
...
[1] "split adjusting EBAY 2 167 109.52 55.41"
[1] "split adjusting EBAY 2 537 172.18 85.44"
...
[1] "reverse split adjusting 125 ISRG 125 -2 7.49 14.64"
...
[1] "split adjusting QCOM 2 408 69.17 34.92"
[1] "split adjusting HSY 2 366 92.03 45.74"
...
[1] "reverse split adjusting 32 TIE 32 -10 1.9 18.77"
...
> displayCharts(prices,lab,nrow=6,ncol=4,sleepSecs=5)
...
[1] "451 ZMH"
[1] "452 ZION"
> dim(R)
[1] 1257   452
```

接下来，代码将找到协方差矩阵。我们看看协方差矩阵的左上角。夏普比率稍后也将被计算出来。

```
> res     <- findCovMat(R)
> meanv <- res[[1]]
> cov_mat <- res[[2]]
> diag_cov_mat <- res[[3]]
> sdevv <- res[[4]]
> round(cov_mat[1:8,1:8],4)
        [,1]   [,2]   [,3]   [,4]   [,5]   [,6]   [,7]   [,8]
[1,]  1.3468 0.5412 0.3982 0.6838 0.7282 0.7022 0.5529 0.4677
[2,]  0.5412 2.4249 0.6008 0.9901 0.7854 0.8716 0.7769 0.8051
```

```
[3,]  0.3982 0.6008 1.5557 0.5182 0.4763 0.6424 0.5477 0.3988
[4,]  0.6838 0.9901 0.5182 5.0619 1.0390 1.4370 0.7675 0.8284
[5,]  0.7282 0.7854 0.4763 1.0390 4.1918 2.0683 0.9356 0.7662
[6,]  0.7022 0.8716 0.6424 1.4370 2.0683 9.0457 1.1346 0.6656
[7,]  0.5529 0.7769 0.5477 0.7675 0.9356 1.1346 5.7810 0.6727
[8,]  0.4677 0.8051 0.3988 0.8284 0.7662 0.6656 0.6727 3.6067
> Sharpe <- (meanv-mufree)/sdevv
> isSplitAdjusted <- TRUE
> isPlot <- TRUE
```

模拟和优化的准备代码和输出显示如下。我们的优化器 solve.QP() 希望知道 meq，即专用于等式约束的 Amat 矩阵的列数，也称为 m。当我们检查 solve.QP() 优化器的 Amat 约束矩阵时，我们注意到，它基本上是运行 l_1 或受套索约束的（归因于公式 8.14 和公式 8.12 的上半部分）。结合这些条件，我们可以得出如下结论：

$$\sum_{i=1}^{p}|w_i|=1$$

这是经典套索 $\sum_{i=1}^{p}|w_i|\leqslant s$ 约束的更严格版本，其中 $s=1$（Bruder、Gaussel、Richard 和 Roncalli，2013）。下面代码中 Amat 第一栏下面的，强制执行公式 8.12 的上半部分，Amat 对角线下面的和 bvec 最后 p 个位置中的零强制执行公式 8.13。好消息是，假设没有空头，我们将正则化协方差矩阵，并且，可以预期推荐权重会缩小。

```
> isShorting <- FALSE
> Amat <- cbind(rep(1,D),meanv,diag(1,nrow=D)) #no short sales
> Amat[1:8,1:10]
                meanv
[1,] 1 -0.03242621779461 1 0 0 0 0 0 0 0
[2,] 1  0.05612769998105 0 1 0 0 0 0 0 0
[3,] 1  0.02688130530390 0 0 1 0 0 0 0 0
[4,] 1  0.10358295996890 0 0 0 1 0 0 0 0
[5,] 1  0.04075647559033 0 0 0 0 1 0 0 0
[6,] 1  0.00537512486044 0 0 0 0 0 1 0 0
[7,] 1  0.15014719119253 0 0 0 0 0 0 1 0
[8,] 1  0.02523113946413 0 0 0 0 0 0 0 1
```

模拟、优化和可视化步骤被合并到函数 findWeights() 中。此功能的代码显示如下：

```
findWeights <- function(muP,cov_mat,Amat) {
  bvec = c(1,muP,rep(0,D)) #no short sales
  D <- dim(cov_mat)[1]
  result = solve.QP(Dmat=2*cov_mat,dvec=rep(0,D),
                    Amat=Amat,bvec=bvec,meq=2)
  result
}
```

在投资组合策略收益目标不断降低的循环中调用 findWeights()，可以让我们了解 solve.QP() 是如何将更多的候选股票引入非零加权股票集中的，从而实现投资组合多样化。图 8.4 首先查找尽可能高的收益，在 sort（meanv）输出中描述，然后是 11 个连续的输出图，其对数收益率从高到低，从 33.65% 下降到 3%。从第一张图表中我们可以看到，最好的个股收益率是 33.65%。我们使用这个数字作为第一次运行的初始目标。我们可以看到，$P=452$ 的股票是如何一点一点地被引入投资组合策略的，以及如何根据引入投资组合策略的风险获得最佳收益来进行选择。

```
par(mfrow=c(4,3))
maxMeanV <- max(meanv)
plot(sort(meanv),col=4)
```

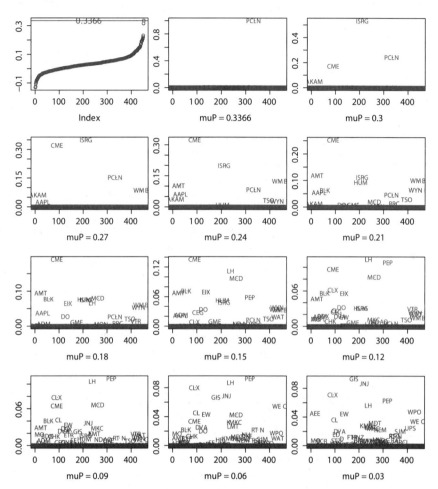

图 8.4 huge stockdata 首次运行 solve.QP() 的结果，所有的 452 只标准普尔股票，达到 2003 年到 2008 年期间可能的最高收益。第一张图表描述了排序后的单个股票收益，这样我们就可以确定最佳的纯收益，而不考虑方差或协方差。11 次运行后的结果出现在权重之后，在纵轴上 w_i 代表股票 i

```
abline(h=maxMeanV,col=2)
text(D/2,maxMeanV,round(maxMeanV,4),col=4)
maxMeanV
for(muP in c(maxMeanV,.30,.27,.24,.21,
             .18,.15,.12,.09,.06,.03)) {
  result <- findWeights(muP,cov_mat,Amat)
  if(length(result[[1]])>0 && !is.na(result[[1]][1])) {
    summary(result)
    w = result$solution
    sum(w)
    round(w,4)
```

```
        plot(1:length(w),w,cex=.01,
             xlab=paste("muP =",round(muP,4)))
        text(1:length(w),w,lab,col=4,cex=.75)
    } else {
        stop("NA result")
    }
}

lab[w > 0.00001]
round(w[w > 0.00001],4)
t(w) %*% meanv

library(quadprog)
opt <- function(lab,meanv,cov_mat,isShorting,Nruns=100) {
    if(isShorting) {           #set the constraints matrix
        Amat = cbind(rep(1,D),meanv)
    } else {
        Amat = cbind(rep(1,D),meanv,diag(1,nrow=D)) #no short sales
    }
```

注意，从上面的第二种情况来看，当 *short_sales* = FALSE 且 $D = 4$ 时，如：

$$A_{mat} = \begin{bmatrix} 1 & \mu_1 & 1 & 0 & 0 & 0 \\ 1 & \mu_2 & 0 & 1 & 0 & 0 \\ 1 & \mu_3 & 0 & 0 & 1 & 0 \\ 1 & \mu_4 & 0 & 0 & 0 & 1 \end{bmatrix}$$

矩阵大小为 4×6，其中 μ_i 是证券 i 的平均收益率。在该矩阵的前两列中，A_{mat} 是约束方程 8.8 的右边。

```
u = 1/2
if(isShorting) {#set of Nruns possible target values
                #for expect portfolio return
    muP = seq(.05,.60,length=Nruns)
} else {
    muP = seq(min(meanv)+.0001,max(meanv)-.0001,
              length=Nruns) #no short sales
}
muP
sdP = muP # set up storage for sdev of port rets
weights = matrix(0,nrow=Nruns,ncol=D) #store port weights
W <- 4
u <- 1/2
# find the optimal portfolios for each target expected return
for (i in 1:length(muP))
{
    if(isShorting) {
        bvec = c(1,muP[i])   # constraint vector
    } else {
        bvec = c(1,muP[i],rep(0,D)) #no short sales
    }
    #print(paste(2*cov_mat,rep(0,D),Amat,bvec))
```

让我们检查约束向量 *bvec*。长度为 *p*+2 或 *D*+*meq*，其中前两个位置对应等式 8.8 至 8.11。其余的 *p*=*D* 位置对应于不等式 8.13 和 8.14。当 *D*=4 时，*bvec* 如下：

$$\boldsymbol{b}_{vec} = [\,1\ \mu_P\ 0\ 0\ 0\ 0\,]$$

这个向量的前两列，$\boldsymbol{b}_{vec}$ 是等式 8.9 的右边。矩阵 $\boldsymbol{A}_{mat}$ 和 $\boldsymbol{b}_{vec}$ 作为参数出现在 solve.QP() 中，如下：

```
isPlot = TRUE

result = solve.QP(Dmat=2*cov_mat,dvec=rep(0,D),
        Amat=Amat,bvec=bvec,meq=2)
```

如 8.2 节中的用法摘要所述，solve.QP() 的 *meq* 参数告诉我们 Amat 矩阵中等式约束列的数量。因此，上述代码对 solve.QP() 的调用中，*meq* = 2。

```
    sdP[i] = sqrt(result$value)
    #weights are contained in result solution
    weights[i,] = result$solution

    mufree = 1.3/daysPerYr # input value of risk-free int rate
    sharpe =(muP-mufree)/sdP # compute Sharpe Ratios
    ind = (sharpe == max(sharpe)) # Find maximum Sharpe Ratio

    if(isPlot && (i%%10)==0) {
      print(i)
      par(mar=c(3.82,2.82,2.82,0.82))
      par(mfrow=c(ceiling((min(10,D+3))/W),W)) #3 extra plots
      for(d in 1:min(49,D)) {
        plot(round(weights[,d],3),xlab=lab[d])
      }
      plot(weights[i,],xlab=paste("weights,i =",i))
      plot(sharpe[1:i],xlab="sharpe",xlim=c(1,Nruns))
      plot(muP[1:i],xlab="mu",xlim=c(1,Nruns))
      Sys.sleep(5*u)
    }
  }
  Sys.sleep(15*u)
  round(weights[ind,],6)
```

代码的上半部分计算了 *muP* 和 *sdP* 所有级别的夏普比率（每个 *i* 对应一个夏普比率）、投资组合策略 *P* 的对数收益的平均值和标准差，然后每到第 10 次迭代显示当前权重的内容，如图 8.6 所示。

```
  for (i in 1:length(muP))
    w = vector(length=D)
```

opt() 例程的其余部分在主循环完成后打印大于 0.001 的权重。图 8.5 帮助我们理解内部步骤。图 8.6 和图 8.7 描述了各个时间步骤中的单个权重，以及股票如何因波动性和平均收益而聚集。图 8.8 描述了最终权重。

```
  w[] = 0
  for(d in (1:D)){
    weight = round(weights[ind,d],3)
    if(weight > .001)
      w[d] = weight
    print(paste(lab[d],weight*100,"%"))
  }
```

```
    for(i in 1:Nruns) if(ind[i]) print(i)
    return(w)
}
```

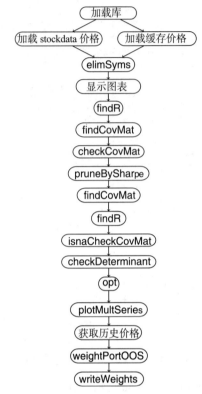

图 8.5　组合优化程序（opt）的顺序，包括预处理步骤。许多功能都出现在前面的章节中

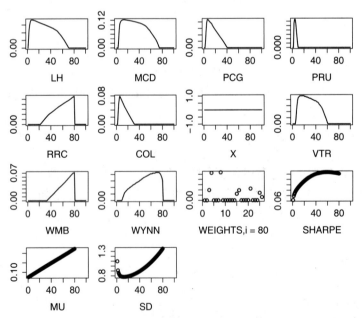

图 8.6　运行完成 80% 优化程序时的权重值（*i*=80）。所有当前权重都显示在权重图中。在夏普图表上，我们可以看到当 *i*=60 时的峰值

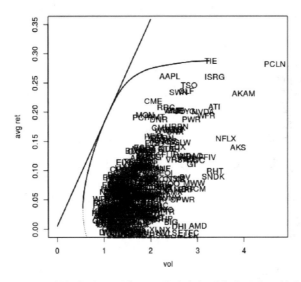

图 8.7 整个 huge stockdata 数据集内股票代码的波动率与平均收益率。其中 24 个指数高于夏普比率阈值

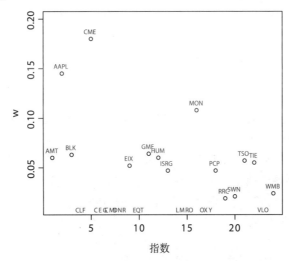

图 8.8 huge stockdata 中 24 只候选股票的零和非零权重值。如 4.7 节所述，由于数据集采样后发生合并，因此可以消除 TIE 和 CVH

8.6 案例研究：2003 ～ 2008 年标准普尔 500 指数成分股

使用九维案例来说明图表和相关性，如图 3.3 所示。然而，使用 huge stockdata 数据集，我们的实验维度可以增加到 p 维时间序列，这里 p = 452 个对数正态随机变量，每个时间序列有 1258 个价格。

下面的代码块将清洗任何错误价格，按夏普比率对候选股票进行删减，重新检查矩阵中的 NA 和错误因素，并为 huge stockdata 数据集运行优化器。

```
#huge case
res <- elimSyms(prices,lab,dir,isSubDir=FALSE)
prices <- res[[1]]
```

```
lab       <- res[[2]]
R <- findR(prices)
D <- dim(prices)[2]
res <- findCovMat(R)
meanv     <- res[[1]]
cov_mat   <- res[[2]]
diag_cov_mat <- res[[3]]
sdevv <- res[[4]]
checkCovMat(cov_mat)
mufree <- 0
res       <- pruneBySharpe(prices,lab,meanv,sdevv,.075)
prices <- res[[1]]
lab       <- res[[2]]
R   <- findR(prices)
res <- findCovMat(R)
meanv     <- res[[1]]
cov_mat   <- res[[2]]
diag_cov_mat <- res[[3]]
sdevv <- res[[4]]
sdevv <- isnaCheckCovMat(R)
checkDeterminant(prices,R,lab)
isShorting <- FALSE
daysPerYr <- 252
library(quadprog)
w <-opt(lab,meanv,cov_mat,isShorting)
t(cbind(lab[w > 0],w[w > 0]))
```

有了这些候选股票、标准普尔 500 指数成分股中尚存的候选股票及其经拆分调整后的时间序列，该模拟运行顺利，并产生了一些精选股票，它们对总投资组合的贡献率为正。在 2GB RAM 的 AMD V140 处理器上的 Ubuntu Linux 11.10（32 位）操作系统上的 RKWard 环境中运行 R 代码时，完成模拟的时间为 22 分钟。第二种配置是在使用 Crouton 的 Ubuntu Linux 上的 RStudio 环境中使用模拟代码在 Google ChromeOS 操作系统下运行，该操作系统使用 2 GB RAM 的赛扬 2995U 处理器。完成模拟的时间不到一分钟。

以下代码序列设置并运行优化器。图 8.9 描述了这组股票的夏普比率曲线。

```
#huge case
res <- elimSyms(prices,lab,dir,isSubDir=FALSE)
prices <- res[[1]]
lab       <- res[[2]]
R <- findR(prices)
D <- dim(prices)[2]
res <- findCovMat(R)
meanv     <- res[[1]]
cov_mat   <- res[[2]]
diag_cov_mat <- res[[3]]
sdevv <- res[[4]]
checkCovMat(cov_mat)
mufree <- 0
res       <- pruneBySharpe(prices,lab,meanv,sdevv,.075)
prices <- res[[1]]
lab       <- res[[2]]
R   <- findR(prices)
res <- findCovMat(R)
meanv     <- res[[1]]
```

```
cov_mat   <- res[[2]]
diag_cov_mat <- res[[3]]
sdevv   <- res[[4]]
sdevv   <- isnaCheckCovMat(R)
checkDeterminant(prices,R,lab)
isShorting <- FALSE
daysPerYr <- 252
library(quadprog)
w <-opt(lab,meanv,cov_mat,isShorting)
```

以下是 huge stockdata 中候选股票的投资组合权重：

```
> t(cbind(lab[w > 0],w[w > 0]))
      [,1]    [,2]    [,3]    [,4]    [,5]
[1,] "AMT"   "AAPL"  "BLK"   "CME"   "EIX"
[2,] "0.06"  "0.145" "0.063" "0.18"  "0.052"
      [,6]    [,7]    [,8]    [,9]    [,10]
[1,] "GME"   "HUM"   "ISRG"  "MON"   "PCP"
[2,] "0.064" "0.06"  "0.047" "0.108" "0.047"
      [,11]   [,12]   [,13]   [,14]   [,15]
[1,] "RRC"   "SWN"   "TSO"   "TIE"   "WMB"
[2,] "0.019" "0.021" "0.057" "0.055" "0.024"
```

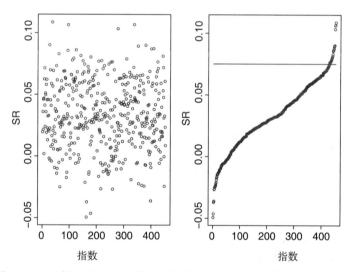

图 8.9　2003 年 1 月至 2008 年 1 月标准普尔 500 指数成分股的夏普比率

通过优化器，26 只候选股票变为了 15 只加权股票。

我们的目的是报告这一金融分析实验，并介绍这第一批几百只候选股票的实验过程、经验和结果。最后，CME 集团（CME）是模拟最优投资组合中权重最高的股票，其次是苹果公司（AAPL）。94% 的股票（452 只中的 428 只）加权为 0，不用于投资组合。所使用的 24 只股票是数据集中最理想的股票。候选股票代码均以其五年样本期的标准差或波动率 σ 和平均收益 μ 显示和绘制，如图 8.7 所示，权重如图 8.8 所示。

优化器 opt() 使用一组固定的历史价格。一旦投资完成，随着时间的推移，分析师最感兴趣的是，当实时市场上出现新价格时，投资组合策略将产生怎样的收益。在运行优化器并找到一个推荐的权重向量 w 之后，对于给定的符号集 lab，我们可以使用 tseries 包中的 get.

hist.quote() 实用程序来调用 Yahoo! 报价数据库。由于每年报价的天数可能会有所不同，因此有三次获取报价的机会。根据开始和结束参数，可以请求任意天数。如 getHistPrices() 函数中所示，应使用相邻的 start、startBck1 和 startFwd1 日期。

使用提供的 lab、len、D、w 和 prices，实用函数 weightPortOOS() 提供了一个样本外投资组合向量 portv，格式为从 1.0 开始的总收益。如果未提供价格矩阵，将使用 getHistPrices() 找到它。虽然通常使用权重的 w 向量，但它也可以应用（$1/D$，…，$1/D$）等权向量。

```
weightPortOOS <- function(lab,len,D,w,prices=NA,
                start="2013-11-29",end="2014-11-28",
                startBck1="2013-11-28",startFwd1="2013-11-27",
                isNaive=FALSE,cached=NA) {#len x D prices
  if(length(prices) == 1 && is.na(prices)) {
    obtainedPrices = getHistPrices(lab,w,len,start=start,end=end,
                startBck1=startBck1,startFwd1=startFwd1,cached=cached)
    existLen = dim(obtainedPrices)[1]
    prices = as.matrix(obtainedPrices[(existLen-len+1):existLen,])
  }
  numNonZeroWs = sum(ceiling(w))
  portv = as.vector(rep(0,len))
  D = length(w)
  for(i in 1:len) {
    for(d in 1:D) { #roll down a return line
      if(w[d] > 0)
        if(!isNaive){
          portv[i] = portv[i] +
              w[d]*prices[i,d]/prices[1,d]
        }else{
          portv[i] <- portv[i] +
              (1/numNonZeroWs)*prices[i,d]/prices[1,d]}
    }
  }
  return(portv)
}
#unit test:
weightPortOOS(c('^GSPC'),252,1,c(1.0))
weightPortOOS(c('PCLN'),252,1,c(1.0))
weightPortOOS(c('^GSPC','PCLN'),252,2,c(.1,.9))
```

8.7　案例研究：2008～2014 年几千只候选股票

使用 R 的 tseries 包，函数 get.hist.quote() 可以提供最近的每日报价，并且这些报价已经进行了拆分调整。所需要的只是股票代码、报价类型（"Adj"）以及所请求序列的开始和结束日期。4.9 节中实现的缓存适用于本时间序列。如该节所述，纽约证券交易所和纳斯达克有两个目录，在这里，股票行情和它们的缓存价格（cached<ticker>.csv）被保存。

我们选择消除那些没有理想夏普比率的股票，而不是用四千多只股票时间序列的平均收益向量和协方差矩阵来增加投资组合优化器的负担。第 7 章广泛讨论了夏普比率。在 7.3 节中，我们介绍了 pruneBySharpe()、findCovMat()、findR()、isnaCheckCovMat() 和 checkDeterminant() 如何帮助我们确定优化器 opt() 的最终候选股票集。

```
#Stocks: six years 2008 through 2014:
dir   <- "MVO6"
start <- "2008-02-14"
end   <- "2014-02-14"
isPlotInAdjCloses <- FALSE
isCacheEnabled <- TRUE
createDirs(dirs)
res <- readSubDirs(dir)
D1  <- res[[1]]
D2  <- res[[2]]
lab <- res[[3]]
len <- 1512
D <- D1 + D2
prices <- matrix(rep(NA,len*D),nrow=len,ncol=D)
library(tseries)
prices <- acquirePrices(prices,lab,len,D,D1,D2,dir,
                  start=start,end=end,isSubDir=TRUE)
```

上面我们获得了 price 向量。一旦有了价格，我们就可以消除 NA 价格，找到协方差矩阵，这样我们就可以在符号列表 lab 中找到每个证券的夏普比率。在检查矩阵是否有异常后，我们可以通过夏普比率过滤器 pruneBySharpe() 对符号列表进行删减。成功地检查了 NA 和子矩阵中的错误因素后，我们继续执行优化器步骤 opt()。

```
res <- elimSyms(prices,lab,dir,isSubDir=TRUE)
prices <- res[[1]]
lab    <- res[[2]]
R <- findR(prices)
D <- dim(prices)[2]
res <- findCovMat(R)
meanv    <- res[[1]]
cov_mat  <- res[[2]]
diag_cov_mat <- res[[3]]
sdevv <- res[[4]]
checkCovMat(cov_mat)
mufree <- 0
res     <- pruneBySharpe(prices,lab,meanv,sdevv,.0456)
prices <- res[[1]]
lab    <- res[[2]]
R   <- findR(prices)
res <- findCovMat(R)
meanv <- res[[1]]
cov_mat <- res[[2]]
diag_cov_mat <- res[[3]]
sdevv <- res[[4]]

sdevv <- isnaCheckCovMat(R)
checkDeterminant(prices,R,lab)
isShorting <- FALSE
daysPerYr <- 252

library(quadprog)
w <- opt(lab,meanv,cov_mat,isShorting)
par(mfrow=c(1,1))
maxw = max(w+.02)
plot(w,ylim=c(0.01,maxw))
```

```
text(w,lab,cex=.55,pos=3,col=4)
t(cbind(lab[w > 0],w[w > 0]))
```

下一个例程 writeWeights() 找出非零加权证券的数量，并按降序将其写入 CSV 文件。

```
#Write out w and lab results to CSV file
writeWeights <- function() {
  numNonZeroWs = sum(ceiling(w))
  QPtype <- 1
  setwd(paste(homeuser,"/FinAnalytics/",dir,"/",sep=""))
  fileName = paste("resD",numNonZeroWs,"QP",toString(QPtype),
                   "Days",len,".csv",sep="")
  if(file.exists(fileName))
    stop(paste(getwd(),fileName,"already exists"))
  contents = cbind(lab,w)
  o <- order(-w)
  write.csv(contents[o,][1:numNonZeroWs,],file=fileName)
}
writeWeights()
```

最终的权重由优化器在对一个非常大的候选集应用严格的夏普比率过滤器后确定。图 8.10 描述了调用 pruneBySharpe() 后的情况。在这一步之后，保留了 44 只候选股票。图 8.11 显示了最后 13 只非零加权股票。图 8.12 描述了 2014 年 3 月 6 日至 2015 年 3 月 5 日一年的市场表现。优化器了得到一组夏普比率最高的"精选"股票。选择 TARO 等生物技术类股和 DLTR 等成长类股的依据是，2008 年 2 月 14 日至 2014 年 2 月 14 日 6 年间夏普比率过滤器中的表现。优化器选择一组约束集的权重，如 8.5 节所述。

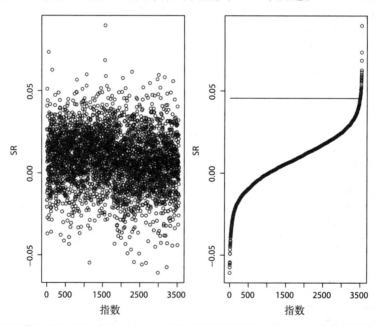

图 8.10 2008 年 2 月至 2014 年 2 月，4000 只候选股票的夏普比率。一些简单的分析告诉我们，TARO 在指数为 1718 的这段时间处于领先地位。排序后的夏普比率在右侧，以最小阈值 0.72 作为水平线

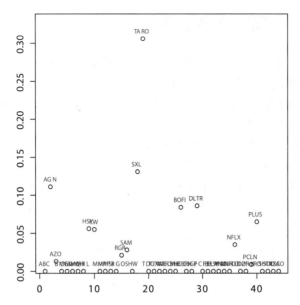

图 8.11 使用目录 MVO6 中的缓存文件,4000 只候选股票的零和非零权重值。区分了 13 个非零权重与零权重

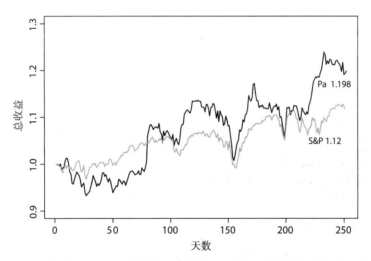

图 8.12 2014 年 2 月至 2015 年 2 月期间,优化器加权的 13 只股票组合的总收益率,按现货市场和样本外值进行标记。生物技术公司 TARO 是权重最高的证券,其价格的飙升提升了投资组合的收益率,在最初 100 天内就超过了标准普尔 500 指数的价格

```
> t(cbind(lab[w > 0],w[w > 0]))
      [,1]    [,2]    [,3]    [,4]    [,5]    [,6]    [,7]
[1,] "AGN"   "AZO"   "HSY"   "KW"    "RGR"   "SAM"   "SXL"
[2,] "0.111" "0.013" "0.056" "0.055" "0.021" "0.028" "0.131"
      [,8]    [,9]    [,10]   [,11]   [,12]   [,13]
[1,] "TARO"  "BOFI"  "DLTR"  "NFLX"  "PCLN"  "PLUS"
[2,] "0.306" "0.084" "0.086" "0.035" "0.009" "0.065"
```

8.8 案例研究：交易所交易基金

像共同基金一样，交易所交易基金或称交易型开放式指数基金（ETF）为投资者提供了市场各个部分的风险敞口。投资者可以自行研究每只基金的组成，这就是一种股票投资组合。由于在同一细分市场中，ETF 的收费通常低于共同基金的收费，因此 ETF 越来越受欢迎。与股票一样，它们的价格也随着市场需求的变化而变化。

如果我们获得 ETF 股票的来源并使用 R 语言实用程序 get.hist.quote() 获取价格，那么我们可以将这些价格缓存到夏普比率过滤器和优化器的重复运行中，步骤如图 8.5 所示。将 ETF 的表现与我们之前对纽约证交所和纳斯达克证交所个别股票案例的研究进行比较是很有意思的。我们进行研究的 ETF 时间段是从 2015 年年中回溯三年，因为很多有意思的 ETF 刚刚起步，历史并不长。

这个案例研究的控制代码更加抽象，因为所有的实用函数都已经在前面定义过了。我们的实用程序 acquirePrices() 可以查找在互联网上是否已经找到并缓存了股票代码的价格。如果找到并缓存了它们，程序将读取 .csv 缓存文件。通过 get.hist.quote() 获得的缓存数据集是 ETF 目录下的文件目录。对于来自 ETFdb.com 的 ETF 名称，在 1649 个文件中总共有 125 万行，但是由于这些名称的引用历史不可用或错误，这些行中大约有 27% 是 NA。初始代码块将设置价格历史记录的日期范围，其长度为 len。它还设置 dir 变量来查找 ETFclean.txt 文件中的缓存价格和股票代码的 lab 向量。

```
#ETFs:
dir      <- "ETF"
start <- "2012-05-02"
end      <- "2015-05-01"
len <- 754
daysPerYr = 252
isPlotInAdjCloses <- FALSE
isCacheEnabled       <- TRUE
createDirs(dir,isSubDir=FALSE)
res <- readSubDirs(dir,isSubDir=FALSE)
D    <- res[[1]]
lab <- res[[2]]
prices <- matrix(rep(NA,len*D),nrow=len,ncol=D)
library(tseries)
prices <- acquirePrices(prices,lab,len,D,D1,D2,
                        start=start,end=end,dir,isSubDir=FALSE)
sum(is.na(prices[1,]))
price1v <- ifelse(is.na(prices[1,]),-1000,prices[1,])
plot(price1v,col=4)
```

一旦执行，这段代码将获得三年的价格并报告缺失的价格。三分之一至四分之一的 ETF 股票没有可获取的价格，如以下已执行声明所示：

```
> sum(is.na(prices[1,]))
[1] 460
> price1v <- ifelse(is.na(prices[1,]),-1000,prices[1,])
> plot(price1v)
```

如图 8.13 所示，为了便于显示，我们将 −1000 赋给那些价格中第一个价格为 NA 的股票。下面的代码序列中调用的 elim-Syms() 实用程序函数将在下一步删除具有 NA 价格的股票，以便查找和检查 findCovMat() 和 checkCovMat() 中的对数收益矩阵 R 和协方差矩阵，并最终根据夏普比率对候选股票进行筛选。图 8.14 和图 8.15 显示了运行 pruneBySharpe() 的结果。

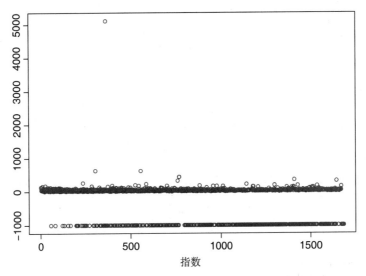

图 8.13 −1000 被分配给具有缺失（NA）价格的 ETF 股票，以描述缺失数据的高密度

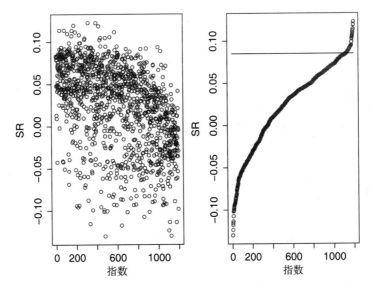

图 8.14 左图为具有有效报价的 1193 只 ETF 的夏普比率。右图为排序后的夏普比率，以最小阈值 0.085 作为水平线

```
res <- elimSyms(prices,lab,dir,isSubDir=FALSE)
prices <- res[[1]]
lab    <- res[[2]]
sum(is.na(prices[1,]))==0 #assert there are no NA prices in first row
isSplitAdjusted <- TRUE
R <- findR(prices)
```

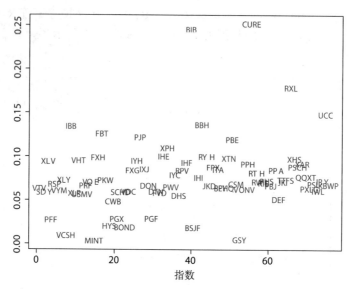

图 8.15 通过夏普比率过滤器后的 ETF 候选股票的平均对数收益率。共 76 只股票

```
res      <- findCovMat(R)
meanv    <- res[[1]]
cov_mat  <- res[[2]]
diag_cov_mat <- res[[3]]
sdevv    <- res[[4]]
checkCovMat(cov_mat)
mufree <- 0
res      <- pruneBySharpe(prices,lab,meanv,sdevv,.085)
prices <- res[[1]]
lab    <- res[[2]]
sum(is.na(prices[1,]))
```

下面的代码序列列出了运行优化器的主要步骤。需要一个新的基于已删减候选列表的协方差矩阵，以及一个新的 R 对数收益矩阵。

```
R   <- findR(prices)
res <- findCovMat(R)
meanv    <- res[[1]]
cov_mat  <- res[[2]]
diag_cov_mat <- res[[3]]
sdevv <- res[[4]]
R <- findR(prices)
sdevv <- isnaCheckCovMat(R)
checkDeterminant(prices,R,lab,isSubDir=FALSE)
isShorting <- FALSE
library(quadprog)
w <- opt(lab,meanv,cov_mat,isShorting)
```

需要检查协方差矩阵的 NA 价格及其决定因素，以检测 8.3 节中引入的 PSD 问题。最后，调用 opt() 优化器函数，图 8.16 中的图显示当迭代索引 1 到 100，在 i 等于 21 时，可以获得最佳的夏普比。下一个代码块绘制优化器运行的结果，如图 8.17 所示。

马科维茨均值方差优化　157

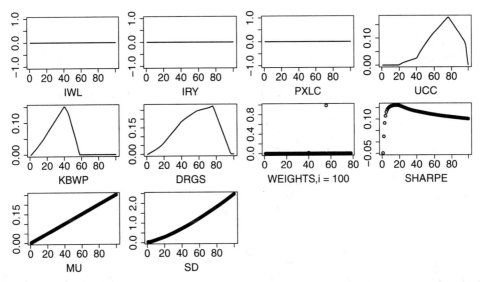

图 8.16　优化器在运行 100% 完成时的权重值（$i=100$）。所有当前权重都显示在左下角。在夏普图表上，可以看到峰值是在 $i=21$ 时，由 opt() 程序中的 ***ind*** 布尔向量确定

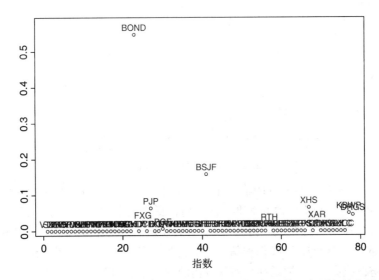

图 8.17　1681 只 ETFdb.com 候选股票中选出的 78 只股票的权重值。右下角的非零重叠股票代码是 KBWP 和 DRGS

```
portv <- weightPortOOS(lab,len,D,w,prias=prices
                   start=start,end=end,cached=c("BSJF"))
sp <- weightPortOOS(c('^GSPC'),len=len,1,c(1.0),
                   prices=NA,start=start,end=end)
par(mfrow=c(1,1))
plot(meanv,col=4,cex=0)
text(meanv,lab,cex=1,col=4)

plot(portv,type="l",ylim=c(.5,1.9),
     main="",xlab="days")
lines(sp,type="l",col="green")
```

```
par(mfrow=c(1,1))
maxw = max(w+.025)
plot(w,ylim=c(0.01,maxw),col=4)
text(w,lab,cex=1,pos=3,col=4)
writeWeights()
```

要查看优化器支持的股票代码及其权重,我们可以编写一个简单的 R 表达式:

```
> t(cbind(lab[w > 0],w[w > 0]))
        [,1]    [,2]    [,3]    [,4]    [,5]    [,6]
[1,] "BOND"  "FXG"   "PJP"   "PGF"   "BSJF"  "PPH"
[2,] "0.565" "0.026" "0.079" "0.005" "0.141" "0.006"
        [,7]    [,8]    [,9]    [,10]   [,11]
[1,] "RTH"   "XHS"   "XAR"   "UCC"   "KBWP"
[2,] "0.018" "0.069" "0.029" "0.003" "0.058"
```

我们看到 BOND 这个代码在 56.5% 的市场中占据主导地位,并怀疑优化器可能会受到数据的诱惑,将所有的鸡蛋都放在了这个篮子中。

查看正在发生的事情的一个好方法是,返回可视化函数 plotMultSeries(),可参考图 4.9 和 4.8 节的介绍。将一个简短的探索性代码块组合在一起,将得到:

```
displayCharts(prices,lab,nrow=3,ncol=4,sleepSecs=2)
interestingIdxs <- c(1,2,11,23,27,41)
p <- length(interestingIdxs)
lab[interestingIdxs]
meanv[interestingIdxs]
sdevv[interestingIdxs]
justLab <- c(lab[interestingIdxs],'^GSPC')
sAndPprices <- getHistPrices(c('^GSPC'),c(1.0),len,
                             start=start,end=end)
justPrices <- cbind(prices[,interestingIdxs],sAndPprices)
p <- p + 1
plotMultSeries(justPrices,justLab,rep(1/p,p),p,ylim=c(.9,2.8))
```

其输出显示在图 8.18 和下方的输出中。在图中,BOND 和 BSJF 显示在底部,我们可以在下面的 R 输出中看到平均值和标准差的分离,夏普比率的组成部分显示 BOND 和 BSJF 的平均收益率要低得多,连续三年内低于 2%,因此从简单的常识经验法则判断,它们不符合候选股票的条件。图 8.18 让我们相信,它们之所以能进入推荐的投资组合,是因为它们拥有良好的"防御能力"、低波动性,而非较弱的"进攻能力"。

```
> lab[interestingIdxs]
[1] "VTV"  "SDY"  "VHT"  "BOND" "PJP"  "BSJF"
> meanv[interestingIdxs]
[1] 0.06314663 0.05890903 0.09524277 0.01882325 0.12179788 0.01863257
> sdevv[interestingIdxs]
[1] 0.7362232 0.6921851 0.8373464 0.2192034 1.0193671 0.1786221
```

图 8.19 向我们展示了"优化"的投资组合策略的表现并没有超过样本中的基准。由于 BOND 占投资组合的 50% 以上,且收益率非常低,该投资组合的表现将无法超过标准普尔 500 指数。这个分析告诉我们,我们必须对数据给予更多的关注。当我们转向一种新的数据集 ETF 时,不能寄期望于简单地改变算法,就可以得到我们所期望的那种优化的投资组合! ETF 的历史时间序列不同于股票的历史时间序列。

我们可以在 badsyms.txt 文件中预先添加这些名称,以将其排除在候选资格之外。这样做表明，VCSH 也处于低收益、低波动性的阵营中，优化器倾向于这样做，因为它们也被预先添加到该文件中了。

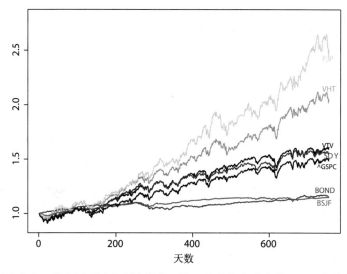

图 8.18 对于收益率，我们更喜欢绘制在最前面的四个价格序列中的 ETF，与我们的两个优化器喜欢的 ETF（BOND 和 BSJF）相比，这四个价格序列的看涨程度更高，图表也不那么平滑，而这两个优化器喜欢的 ETF 显示为最下面的价格序列。时间期限为 2012 年 5 月至 2015 年 5 月

股票的价格容易受到交易市场的影响。ETF 作为一个投资组合，会有一个相当平稳的价格序列。我们的方法是运用夏普比率的过滤阈值步骤和优化步骤规则。因此，波动性较低的 ETF 可以以较低的平均收益率混入候选队伍，而这在看涨策略中并不完全可取。使用 elimSyms() 函数将 BOND、BSJF 和 VCSH 排除在外，我们得到了修改后的权重，如图 8.20 所示，在当前 73 个夏普比率较高的候选项中，有 10 个权重是非零权重。这个结果是合理平衡的。图 8.21 将选出的 ETF 投资组合（共 10 只股票）的表现与同期的标准普尔 500 指数进行了比较。每个股票代码的在新投资组合中的权重用数字表示如下。

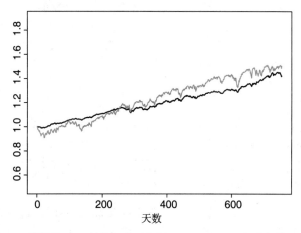

图 8.19 标准普尔 500 指数的 ETF 投资组合（包括 BOND 和 BSJF）的投资组合总收益率。ETF 投资组合的总收益率较低，呈现较深的颜色。时间期限为 2012 年 5 月至 2015 年 5 月

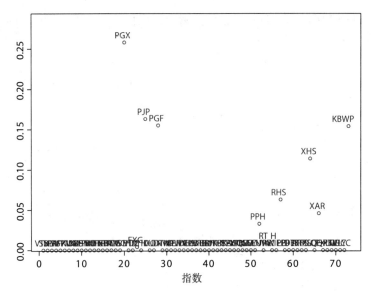

图 8.20 是剔除了四个最平滑、低收益和低波动性 ETF 股票后的权重值。修正后的投资组合更加平衡

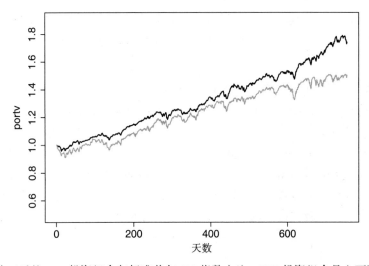

图 8.21 修正后的 ETF 投资组合与标准普尔 500 指数之比。ETF 投资组合是上面那条线。时间期限是 2012 年 5 月到 2015 年 5 月

```
> t(cbind(lab[w > 0],w[w > 0]))
     [,1]    [,2]    [,3]    [,4]    [,5]
[1,] "PGX"   "FXG"   "PJP"   "PGF"   "PPH"
[2,] "0.258" "0.004" "0.163" "0.155" "0.033"
     [,6]    [,7]    [,8]    [,9]    [,10]
[1,] "RTH"   "RHS"   "XHS"   "XAR"   "KBWP"
[2,] "0.009" "0.063" "0.114" "0.046" "0.154"
```

从图 8.21 可以看出，修订后的投资组合优于标准普尔 500 指数。由于许多 ETF 缺乏历史价格，我们只测量样本中的表现。

```
> portv[len]
[1] 1.704891
> sp[len]
[1] 1.503441
> portv[len]-sp[len]
[1] 0.1022501
```

对三年的收益率差进行分析后发现，修正后的 ETF 投资组合收益率比基准收益率高出 23.4%。

我们可以将剔除不良证券 BOND、BSJF 和 VCSH 视为对规则的调整或修改。然而，当有不符合预期的结果出现时，我们需要检查规则，看看它们是否仍然有意义。ETF 不同于单只股票。在 pruneBySharpe() 中实现的夏普比率过滤器显然不足以很好地处理 ETF 候选股票。我们从未对候选股票进行平均对数收益筛选。因此，在习题中，我们建议使用一个新的实用函数 pruneByMean() 来尝试这个方法。

综上所述，当对价格数据进行适当的预处理时，本文描述的这个迭代开发过程（包括 QP 算法）是一种有效的数据挖掘方法。想一想，许多数据挖掘算法，包括 Sergey Brin 和 Larry Page（Brin 和 Page，1998）创建的 PageRank，以及监督机器学习算法，包括分类和回归树（CART）（Breiman、Friedman、Olshen 和 Stone，1984），都是优化算法。CART 和相关技术的目标是最小化预测响应变量值与实际响应变量值之间的差异。二次规划也是一种优化算法，由于其相似性，可以认为它是数据挖掘的一种形式。它可以应用于成百上千只候选股票的数据集，并利用马科维茨选择规则，选出几只表现最好的股票。由于自动化技术不太先进，几乎不可能审查 452 个股票图表和 568616 个调整后的收盘价，也不可能预测如何对投资组合条目进行最佳加权。但是，这种使用 R 包和自定义 R 代码实现的高维优化算法使分析变得可行。在与本章相关的工作中，一组有趣的结果来自于一个项目，该项目改变了最初的夏普比率确认步骤和优化器权重的个别限制（Benedict、Brewer 和 Haddad，2015）。

8.9 习题

（1）检查 8.1 节的代码。编写一个单行 R 表达式，该表达式计算出（w_d, w_e）投资组合达到最佳夏普比率时 w_d 的值。

对于下面的每种情况，目标都是通过将图 8.5 的代码序列拼接在一起并完成运行，从而获得一个以 res 为前缀的结果权重文件。优化器 opt() 是程序中的关键步骤。

（2）优化标准普尔 500 指数成分股

（如果尚未存在）在计算机上的 FinAnalytics 目录下创建一个名为 huge 的子目录。当需要发出生成的权重文件时，将使用此目录。对于我们使用 R huge 包的情况，当使用 library（huge）加载包时，所有的股票代码和价格都已加载。stockdata 是计算 D 和 len 的数据帧，包含必要的向量 price 和 lab。在书中找到加载这些元素的代码，假设 isHugeData==true。不需要创建子目录或缓存文件。但是，这些价格是经历股票拆分却未经调整的价格。使用代码序列通过调用 findR()（用于计算对数收益）来调用 splitAdjust()，确保 isSplitAdjusted 事先设置为 FALSE，以调整价格。

（3）2008～2014 年数千只候选股票的优化

（如果尚未存在）在计算机上的 FinAnalytics 目录下创建一个名为 MVO6 的子目录。在这个巨大的目录下，创建 NYSE 和 NASDAQ 子目录。在本书网站上找到 NYSEclean.txt 和 NASDAQclean.

txt 文件。将这些文件分别放入 NYSE 和 NASDAQ 子目录中。使用第 8 章中的代码从互联网下载并创建缓存文件，或者，如果已完成这一步骤，则读取缓存文件以获取文件 NYSEclean.txt 和 NASDAQclean.txt 中证券的价格。每个文件中应该有大约 2200 个代码。使用 <-"2008-02-14" 作为开始，<-"2014-02-14" 作为结束。

（4）ETF 的优化

（如果尚未存在）在 FinAnalytics 目录下创建名为 ETF 的子目录。对于 ETF，不需要其目录下的子目录。从本书网站获取 ETFclean.txt 股票代码文件。文件中应该有 1681 个代码。将 ETFclean.txt 文件放入 ETF 目录。使用 <-"2012-05-02" 作为开始，<-"2015-05-01" 作为结束。

（a）运行初始化代码，它包含 #ETFs : comment 之后的所有内容，出现在 8.8 节或本书网站上。运行优化器，并在结果加权组合中显示每个股票代码的权重。

（b）如 8.8 节所述，在使用夏普比率进行删减之前，编写一个名为 pruneByMean（prices, lab, meanv, threshMane）的函数，该函数根据平均对数收益阈值对股票候选列表进行删减。在 pruneBySharpe() 选择你所需的阈值来限定合理候选股票数量之前，筛选过程中包含 pruneByMean() 函数。在 ETF 目录中执行另一个优化器运行。请报告结果组合中每个股票代码的权重。

（5）优化最佳损益表夏普比率股票（本题难度高）

请参阅第 7 章的四个类别（收入增长；净收入增长；总收入增长；总利润增长；稀释的正常化每股收益增长）(Income Growth, Net；Total Revenue Growth；Gross Profit Growth；Diluted Normalized Earning per Share Growth)，在建立一个名为 TopISSR 的两级目录（下面是 NYSE 和 NASDAQ 子目录）后执行优化器运行。这是全新的优化器运行类型，因此需要原始的新代码。它应该基于相同的过程，但是使用损益表夏普比率（ISSR）而不是 PruneBySharpe() 函数。你可以调用新的选择函数 pruneByISSR()。pruneByISSR() 的必要参数是什么？报告你对投资组合策略样本内和样本外的预期收益率。第 8 章有一个很有用的函数 weightPortOOS() 来帮助回答这个问题；使用这个函数来获取样本外运行所需的价格。使用 <-"2011-02-09" 作为开始；<-"2015-02-09" 作为结束。

第 9 章 集 群 分 析

当相似的实体被分组成集群，也称聚类（cluster）时，就可以形成关联。在青少年的高中学习期间，学生被分为"头脑好用""运动员"和"艺术家"等，形成了学生的个性聚类。该人格模型简单易行，便于不断学习和掌握性格特征。当一个人高中毕业后，他会意识到这个分类是多么简单。

聚类对计算机程序也很有用，并在机器学习领域得到了广泛的应用。根据有关报道，为确定市场方向，已经有实验尝试利用支持向量机（SVM）来分析价格和体积模型，以及使用无向图来表示基于协动的数百种股票证券（作为随机变量）的依赖性和聚类（Ullrich、Seese 和 Chalup，2007；Fletcher，2012；Fletcher、Hussain 和 Shawe-Taylor，2010）。

与打算从数据中学习交易信号的 SVM 研究不同，无向图的研究目标就没有那么雄心勃勃。随机相关的市场随机变量的无向图是从每个证券的市场时间序列训练数据中获得的，而这些数据是在同一交易时间窗口中获取的。当存在足够的协同移动时，图形包含一条从顶点到另一个顶点的边，表示安全性。

当把机器学习的结构看作无向图时，由于同一领域的股票经常以类似的方式移动，因此顶点之间的边看起来与我们的市场直觉惊人地接近。

9.1 k-means 聚类

k-means 的目的是划分 m 个观测值（$x1, \ldots, xn$），其中每个观测值为一个 p 维实向量，取 $k \leq p$ 个簇集 $\{C_1, \ldots, C_k\}$，表示 $\{m^{-1}, \ldots m^{-k}\}$，这样

$$\arg\min_C \sum_{i=1}^{k} \sum_{X \in C_i} \|X - \bar{m}_i\|^2 \tag{9.1}$$

其中 $\bar{m}_i$ 就是 C_i 中各个点的平均值（MacQueen，1967；Ledolter，2013）。

在 8.5 节的投资组合中，我们有 p 个证券价格时间序列，其长度为 N 个观测值，S 大小为 $N \times p$，其中 $N = d \times y$，$y=6$ 是观测年数，d 是每年的交易日数，通常为 252。我们将 y 年时间序列划分为年度样本均值 $\bar{M}_{l,j}$ 的对数收益到一个 $6 \times p$ 矩阵 $\bar{M}$：

$$\bar{M} = \begin{bmatrix} \bar{M}_{1,1} & \bar{M}_{1,2} & \cdots & \bar{M}_{1,p} \\ \bar{M}_{2,1} & \bar{M}_{2,2} & \cdots & \bar{M}_{2,p} \\ \bar{M}_{3,1} & \bar{M}_{3,2} & \cdots & \bar{M}_{3,p} \\ \bar{M}_{4,1} & \bar{M}_{4,2} & \cdots & \bar{M}_{4,p} \\ \bar{M}_{5,1} & \bar{M}_{5,2} & \cdots & \bar{M}_{5,p} \\ \bar{M}_{6,1} & \bar{M}_{6,2} & \cdots & \bar{M}_{6,p} \end{bmatrix} \tag{9.2}$$

$\bar{M}$ 总结了矩阵 R，其中我们同样假设 R 包含价格序列 $R_{i,j} = \ln(S_{i,j}/S_{i-1,j})$ 的对数收益值。根据 2003 年至 2008 年的历史价格，选择了 $y \times p$ 矩阵 $\bar{M} = (\bar{M}_1, \ldots, \bar{M}_p)$ 和

$$\bar{M}_{l,j} = \frac{1}{d-1} \sum_{i=2+(l-)\times d}^{l\times d} \ln(S_{i,j}/S_{i-1,j}) = \frac{1}{d-1} \sum_{i=2+(l-1)\times d}^{l\times d} R_{i,j} \tag{9.3}$$

让我们来看看所选的 26 只股票在 2008～2014 年市场上的表现如何。函数 findRecentHugePrices() 将从第 8 章中使用 opt() 的样本内模拟输出的文件中读取组合代码符号及其各自的权重，然后在用户文件系统的 FinAnalytics/MVO6 目录中查找最近的样本外价格。

```
daysPerYr = 252
D <- NA

findRecentHugePrices <- function(dir,portFile) {
  #Take portfolio from portFile and find recent prices in cache.
  #Side effects Lab, W, D, len
  setwd(paste(homeuser,"/FinAnalytics/",dir,"/",sep=""))
  df   <- read.csv(portFile)
  lab <<- df[,2] #lab[2] is no longer expected to be FBMI
  w   <<- df[,3]
  indw <- (w > 0)
  lab  <- lab[indw]
  w    <- w[indw]
  D    <- length(lab)
  len <<- daysPerYr*6
  prices = matrix(rep(NA,len*D),nrow=len,ncol=D)
  #We have cache 2008 to 2014 prices in MVO6 dir
  dir = 'MVO6'
  d = 1
  for(l in lab) {
    fileName = paste('cached',l,'.csv',sep='')
    for(subdir in c('NYSE','NASDAQ')) {
      setwd(paste(homeuser,"/FinAnalytics/",dir,'/',
                  subdir,sep=''))
      if(file.exists(fileName))
        break
    }
    print(fileName)
    prices[,d] = read.csv(fileName,header=TRUE,
                          sep='')[,1]
    d = d + 1
  }
  #Validation of prices exist
  for(d in 1:D)
    if(is.na(prices[1,d]))
```

```
        stop(lab[d])
      plotMultSeries(prices,lab,w,D,ylim=c(.7,13))
      return(prices)
    }
    #This fails:
    prices <- findRecentHugePrices('huge','resD26QP1Days1258.csv')
    #This fails:
    prices <- findRecentHugePrices('huge','resD25Days1258woTIE.csv')
    #success:
    prices <- findRecentHugePrices('huge','rebalresD24Days1258.csv')
    R <- findR(prices)
```

此函数访问 2008 ~ 2014 年缓存价格的两个子目录,并尝试查找组合证券的价格。最后三个可执行的行代表三次尝试。运行后,我们发现第一行遇到的问题是:

```
    ...
    [1] "cachedTSO.csv"
    [1] "cachedGME.csv"
    [1] "cachedTIE.csv"
    Error in file(file, "rt") :...
        cannot open file 'cachedTIE.csv':...
    >
```

通过在网上搜索发现,钛金属公司(NYSE:TIE)在 2013 年被精密铸件公司(NYSE:PCP)收购。我们修改文件以删除 TIE,并使用名为 resD25Days1258woTIE.csv 的新文件重新运行 findRecentHugePrices()。看看它是否会成功。它没有成功。

```
    > prices <- findRecentHugePrices('resD25Days1258woTIE.csv')
    ...
    [1] "cachedRAI.csv"
    [1] "cachedWYNN.csv"
    [1] "cachedCVH.csv"
    Error in file(file, "rt") :...
        cannot open file 'cachedCVH.csv':...
    >
```

即使 CVH 在我们的投资组合中,也不存在它的缓存文件。在我们的日期范围内,TIE 和 CVH 的价格不能获取。有关这些合并事件的更多详情,请参见 4.7 节。由于它只占我们投资组合的一小部分,我们决定使用第 4 章中提供的实用函数 adjustForMergers() 来重新平衡我们的投资组合,去掉股票中的 TIE 和 CVH,现在 p=24。使用 rebalresD24Days1258.csv 进行第三次尝试,这次成功了。以下是关键市场数据矩阵的维度。

因为 findRecentHugePrices() 调用 plotMultSeries(),所以让我们利用这个机会看看它生成的输出,如图 9.1 所示。我们的第一个观察是 PCLN 在这段时间里有一个惊人的图表。AAPL、CERN 和 WYNN 的股价也有不错的涨幅。

```
    > dim(prices)
    [1] 1512    24
```

对于第一轮 k-means 聚类,我们只关注对数收益的年度平均值。为了适应 k-means 方法,我们对 $\bar{M}$ 进行了转置,即 $\bar{M}^T$ 是一个 24×6 的矩阵。这为 k-means 算法提供了 $m = 6$ 个向量 ($x1, x2, x3, x4, x5, x6$)。考虑 $k = 2,3,4,5$ 的情况。下面两个代码段假设为 $m = 6$ 年、$p = 24$ 只股票价格,其 prices[] 矩阵为 1512×24。首先,函数 findMeanForYrs 根据公式 9.3

合并对数收益。

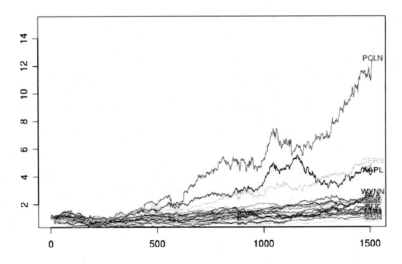

图 9.1　2008～2014 年六年中更新后的投资组合的样本外价格图，P=24。TIE 和 CVH 已被淘汰

```
library(stats)
#K-means clustering
findMeanForYrs <- function(prices) {
  D <- dim(prices)[2]
  R <- findR(prices)
  meanLogRet <- matrix(nrow=6,ncol=D)
  for(j in 1:D) { #security j
    R[,j] = 100*diff(log(prices[,j]))
    for(l in 1:6) { #year l
      meanLogRet[l,j] = 1/(daysPerYr-1)*
        sum(R[(2+(l-1)*daysPerYr-1):(l*daysPerYr-1),j])
    }
  }
  meanLogRet
}
meanLogRet <- findMeanForYrs(prices)
```

现在，下面的直线代码序列将使用正确的列和行名称扩展 meanLogRet 矩阵，并运行 R 语言 stats 包 kmeans() 函数四次。

```
meanLogRet <- findMeanForYrs(prices)
colnames(meanLogRet) <- lab
rownames(meanLogRet) <- c(2008,2009,2010,
                          2011,2012,2013)
round(meanLogRet[,1:4],4)   #sample first 4
meanLogRetT = t(meanLogRet)

round(meanLogRetT[1:4,],2)
```

在下面的输出中，我们可以看到 $\bar{\boldsymbol{M}}^{\mathrm{T}}$ 矩阵的前五行以及运行 R 函数 kmeans() 的结果。

```
> round(meanLogRetT[1:4,],2)
      2008  2009 2010 2011 2012 2013
```

```
CME  -0.39  0.18 0.02 -0.01  0.03 0.13
AAPL -0.10  0.28 0.22  0.13 -0.03 0.08
MON  -0.14 -0.01 0.00  0.02  0.12 0.03
MCD   0.02  0.06 0.08  0.12 -0.01 0.02
```

在上面的第一列中,我们可以看到前三只股票的低对数收益率。下面的代码序列从 $k = 2$ 到 $k = 5$,输出按簇号排序:

```
> set.seed(1) #This kmeans call is based upon mean log ret by year
> grpMeanLogRet2 <- kmeans(meanLogRetT, centers=2, nstart=10)
> sort(grpMeanLogRet2$cluster)
 CME AAPL  PCP  BLK ISRG  WMB WYNN CERN PCLN  MON  MCD  TSO  GME
   1    1    1    1    1    1    1    1    1    2    2    2    2
  LH  BCR  AMT  HUM  EIX  SWN ESRX  RRC  DVA  RAI  AET
   2    2    2    2    2    2    2    2    2    2    2
> grpMeanLogRet3 <- kmeans(meanLogRetT, centers=3, nstart=10)
> sort(grpMeanLogRet3$cluster)
 CME ISRG  WMB WYNN  MON  MCD  TSO  GME   LH  BCR  HUM  EIX  SWN
   1    1    1    1    2    2    2    2    2    2    2    2    2
 RRC  DVA  AET AAPL  PCP  AMT  BLK ESRX  RAI CERN PCLN
   2    2    2    3    3    3    3    3    3    3    3
> grpMeanLogRet4 <- kmeans(meanLogRetT, centers=4, nstart=10)
> sort(grpMeanLogRet4$cluster)
 MON  MCD  GME   LH  BCR  AMT  HUM  EIX  SWN ESRX  RRC  DVA  RAI
   1    1    1    1    1    1    1    1    1    1    1    1    1
 AET  CME  PCP  BLK ISRG  WMB WYNN  TSO AAPL CERN PCLN
   1    2    2    2    2    2    2    3    4    4    4
```

下面是 AAPL 和 PCLN 的累计对数收益。当我们看到以股市标准衡量的相当高的 5 年累积对数收益率时(分别为 59% 和 99%),便可以理解 PCLN 和 AAPL 是如何共同出现在上述序号为 4 的簇集中的了。

```
> round(meanLogRetT[match('AAPL',lab),],2)
 2008  2009  2010  2011  2012  2013
-0.10  0.28  0.22  0.13 -0.03  0.08
> sum(meanLogRetT[match('AAPL',lab),])
[1] 0.5860594
> round(meanLogRetT[match('PCLN',lab),],2)
 2008  2009  2010  2011  2012  2013
-0.14  0.42  0.31  0.09  0.08  0.24
> sum(meanLogRetT[match('PCLN',lab),])
[1] 0.9943923
```

下面是五种方法的结果分组。

```
> grpMeanLogRet5 <- kmeans(meanLogRetT, centers=5, nstart=10)
> sort(grpMeanLogRet5$cluster)
ISRG  CME  WMB WYNN  TSO AAPL  PCP  AMT  BLK ESRX  RAI CERN PCLN
   1    2    2    2    3    4    4    4    4    4    4    4    4
 MON  MCD  GME   LH  BCR  HUM  EIX  SWN  RRC  DVA  AET
   5    5    5    5    5    5    5    5    5    5    5
```

现在,我们从平均值和标准差的角度来考虑整个时间序列的对数收益。标准差可以从协方差矩阵的对角项中找到。一旦将数据帧放在一起,plot() 和 text() 将显示 5 个簇集,如图 9.2 所示,靠近左上角的证券具有更好的夏普比率。所有这些证券的夏普比率都小于 1。

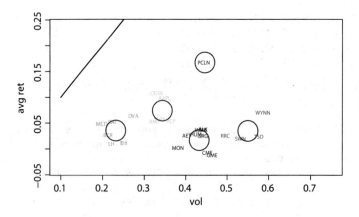

图 9.2 基于 6 年对数收益的平均值和标准差的 5 个簇集

```
#Now use entire time series mean and sd
R <- findR(prices)
cov_mat = cov(R/100)
mean_vect = apply(R,2,mean)
diag_cov_mat = diag(cov_mat)
sd_vect = sqrt(diag_cov_mat)*sqrt(daysPerYr)

meanLogRetVolByStockDF <-
     data.frame(ticker=colnames(meanLogRet),
     mean=mean_vect, sdev=sd_vect)

meanLogRetVolByStockDF[1:5,]
set.seed(1) #This kmeans call is based on mean log ret and vol
grpMeanLogRetVol <-
     kmeans(meanLogRetVolByStockDF[,c("mean","sdev")],
     centers=5, nstart=10)
o = order(grpMeanLogRetVol$cluster)
data.frame(meanLogRetVolByStockDF$ticker[o],
           grpMeanLogRetVol$cluster[o])
```

需要三个 plot 语句来定位位置、放置文本并在平均值周围标记圆圈。

```
par(mfrow=c(1,1))
plotMeans <- function(x,y,tickers,cluster,
                      centers) {
  par(mar=c(4,4,2.82,2.82))
  plot(x,y,type='n',
       xlim=c(0.1,.75),ylim=c(-.04,.24),
       ylab="avg ret",xlab="vol")
  text(x,y,labels=tickers,
       col=(cluster+1),cex=.55)
  points(centers[,2],centers[,1],cex=6.0,col=4)
  lines(x=c(.1,.25),y=c(.1,.25))
}
plotMeans(meanLogRetVolByStockDF$sdev,
          meanLogRetVolByStockDF$mean,
          meanLogRetVolByStockDF$ticker,
          grpMeanLogRetVol$cluster,
          grpMeanLogRetVol$centers)
```

图 9.1 的结构类似于第 8 章介绍的均值 – 方差分析。理想的位置位于图的左上角,此处收益高,风险较低。当然,这是理想的股票特性。所有涉及的证券都没有出现在那个象限中。MCD 似乎是离 45 度线最近的一个。

通过 k-means 进行聚类,根据收益和波动性对类似的证券进行组合。有时,由于已经存在的状况或遵从性原因,一旦建议了某个投资组合,便不应该再购买特定的证券。可以找到近似原始候选价格行为的替代证券。

9.2 剖析 k-means 算法

使用 k-means 算法进行聚类是一种优化形式:查找平均值的位置,使聚类条目与平均值之间的总距离最小。该算法最初是由 Hartigan 和 Wong 在 1979 年以 FORTRAN 程序的形式发布。并由 Ledolter(2013)揭示了 k-means 算法背后细节处理的秘密。

首先,我们来讨论距离测量。l_2 距离是类似于"乌鸦飞行"的直接路径,包含计算直角三角形的对角线。在这些部分的问题中,项目是二维的:均值是一个维度,标准差是另一个维度。从毕达哥拉斯定理可知

$$d(x_1, x_2) = \sqrt{x_1^2 + x_2^2}$$

相关代码如下。

```
l2dist <- function(x,y) {
  sqrt((x[1]-y[1])^2 + (x[2]-y[2])^ 2)
}
#unit test
l2dist(c(3,4),c(0,0)) == 5
```

在 l2dist() 函数后面有一个 3、4、5 直角三角形的简单单元测试示例,其值应该为 TRUE。下面是该算法的三个基本步骤。迭代时间步数是 t。

- 初始化:随机选择 k 项作为簇集本身,然后进行第一次迭代的更新步骤。
- 赋值:迭代通过每一项 x_i,并将其赋值给一个有最接近平均值 $\bar{m}_j$ 的簇集 $C_{j(t)}$,其中最接近的平均值为 $\bar{m}_j$,这样就实现了距离最小化。

$$C_j(t) = \{x_i : |x_i - \bar{m}_j(t)| \leq |x_i - \bar{m}_{j*}(t)|, \text{所有的} j* \in \{1, \cdots, k\}\} \quad (9.4)$$

- 更新:从赋值步骤中创建的簇集中,计算 k 个新均值作为每个簇集中项的中心。求和及除数就是算术平均值。

$$\bar{m}_j(t+1) = \frac{\sum_{x_j \in C_j(t)} x_i}{|C_j(t)|} \quad (9.5)$$

现在,我们看看初始设置 p 的 R 代码的三个主要步骤:证券数量、簇集数量,以及包含股票对数收益均值和标准差的数据帧。

```
p = dim(meanLogRetVolByStockDF)[1]
k = 5
logRetVolWMeanDistDF <- data.frame(
  as.character(meanLogRetVolByStockDF[,1]),
  meanLogRetVolByStockDF[,2],
  meanLogRetVolByStockDF[,3],
  rep(0,p))
```

```
colnames(logRetVolWMeanDistDF) <-
  c("ticker","mean","sdev","jthMeanIdx")
logRetVolWMeanDistDF
```

初始化首先发生,如下所示。初始聚类均值为使用 sample() 函数从 p 项集合 $x_1, \cdots, x_p$ 中随机选择 k 项。

```
#Initial: Randomly choose k units as cluster means first
set.seed(46510)
idxs <- sample(1:p, k)
clusterMeans <- matrix(
  c(meanLogRetVolByStockDF[idxs,2],
    meanLogRetVolByStockDF[idxs,3],
    idxs),nrow=5,ncol=3)
clusterMeans
newStepClusterMeans <- matrix(clusterMeans,
                    nrow=5,ncol=3) #clone initially
par(mfrow=c(4,1))
```

然后我们介绍 kmeansSteps() 函数,它包含我们的迭代步数。就我们目前的股票例子而言,四次迭代就足够了,但一般来说,最好是一直循环直到检测到收敛。在这个入门级代码块中,为了简单起见,当初始化没有为 k 个簇集分配任何项时,我们通过 stop 排除了这样的示例。

```
kmeansSteps <- function() {
  for(t in 1:4) {
    if(sum(is.na(clusterMeans)) > 1) stop
```

下面是赋值步骤,如公式 9.4 所描述的。循环通过所有 p 个证券,使用 d() 计算每个 k 均值的距离,并在 clusterMeans 数组中记录该距离。除了 $t = 1$ 时,每步都执行此操作。

```
    #Assignment step:
    if(t > 1)
      for(i in 1:p) {#find closest mean for i-th ticker
        min_l2dist <- 1e6 #start off w/infinity
        for(j in 1:k) {
          x1 <- logRetVolWMeanDistDF[i,2]
          x2 <- logRetVolWMeanDistDF[i,3]
          x  <- c(x1,x2)
          m  <- clusterMeans[j,1:2]
          l2dist_x_m <- l2dist(x,m)
          if(l2dist_x_m <= min_l2dist) {
            min_l2dist <- l2dist_x_m
            best_j     <- j
          }
        }
        logRetVolWMeanDistDF[i,4] <- best_j
      }
    else
      logRetVolWMeanDistDF[,4] <- sample(1:k, p, replace=TRUE)
    print(t(logRetVolWMeanDistDF[,c(1,4)]))
```

更新步骤如下。对于所有 $j \leq k$ 簇,找到 x_1 和 x_2 坐标簇平均值,然后将其放入适当的矩阵中。

```
#Update step:
for(j in 1:k) {
  print(paste("update step j =",j))
  x1ClusterMean <- mean(
    logRetVolWMeanDistDF[logRetVolWMeanDistDF$jthMeanIdx==j,2])
  x2ClusterMean <- mean(
    logRetVolWMeanDistDF[logRetVolWMeanDistDF$jthMeanIdx==j,3])
  newStepClusterMeans[j,1:2] <-
    c(x1ClusterMean,x2ClusterMean)
  newStepClusterMeans[j,3] <- TRUE #not needed now
}
```

下一个指令块让用户了解迭代的状态。第三个和第四个语句显示前一个集群和新集群，而前一个集群是浅灰色（col=8）。最后，我们在 clusterMeans 和 newClusterMeans 中得到了两个矩阵，可以将其与小阈值进行比较，以确定是否发生了收敛。

```
    print(newStepClusterMeans)
    plotMeans(logRetVolWMeanDistDF$sdev,
              logRetVolWMeanDistDF$mean,
              logRetVolWMeanDistDF$ticker,
              logRetVolWMeanDistDF$jthMeanIdx,
              newStepClusterMeans)
    points(clusterMeans[,1]~
              clusterMeans[,2],cex=9,col=8)
    points(newStepClusterMeans[,1]~
              newStepClusterMeans[,2],cex=9,col=9)
    clusterMeans <- newStepClusterMeans
  }
}
kmeansSteps()
```

图 9.3 描述了通过算法优化的集群移动的时间序列。在图 9.2 中，我们将集群描述为一个圆。在图 9.3 中，我们继续将集群描述为一个圆，但是上面显示的代码将用更大的圆包围这些圆，以突出从初始配置到最终配置的扩展。k 个集群均值 $\bar{m}_{j(t)}$ 和 k 个新集群均值 $\bar{m}_j(t+1)$ 之前所需的迭代次数足够接近，可以根据 k 和 p 停止变化。

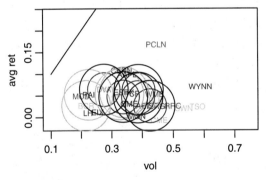
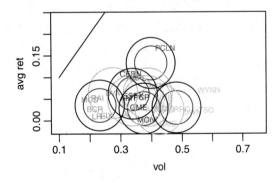

图 9.3 对我们的版本的 k-means 算法的每一步的集群均值移动的情况。第一张图显示了初始的随机分配和混淆。接下来是三个纠正步骤。浅色的圆圈表示以前的位置

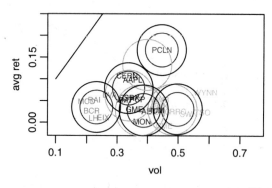
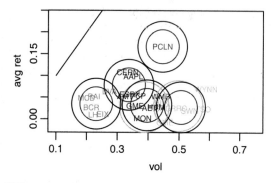

图 9.3 （续）

在波动性和平均收益维度上对证券进行聚类，将具有相似市场行为的证券组合在一起。投资偏好可以是个人的选择。如果一个人喜欢股票 MON 的市场行为，那么他也可能对同一 k 均值集群中表现相似的股票感兴趣。k-means 集群提供了类似推荐系统的替代证券建议（Bystrom，2013）。

我们关注了用均值回归和波动性进行 p 维聚类的情况，其中 x 轴是波动性，y 轴是均值回归，现在我们将注意力转向用协方差进行 p 维聚类的情况。我们将使用一个称为无向图的离散结构。

9.3 无向图的稀疏性和连通性

到目前为止，聚类只考虑了平均收益和波动性。现在我们开始研究协方差。高斯图形模型（Gaussian Graphical Model，GGM）是基于多元正态分布的，见附录。研究的关键参数是 Σ 协方差矩阵。

为了从协同运动的角度分析投资组合，无向图是非常有用的。它们是一种组织随机变量关系的方法，这些随机变量对应于单个股票价格时间序列的对数收益。如果我们有四个假设的股票，股票代码为 W、X、Y 和 Z，它们可能一起移动，也可能不一起移动，那么我们可以使用一幅四顶点图来可视化它们的关系。虽然这是一个小图，但这种小图或大图中的簇可以用来发现在相同市场条件下表现类似的股票之间的共同之处。

无向图可以用邻接矩阵表示。在图的邻接矩阵中，如果图中节点 i 和 j 之间有一条边，我们就有一个非零项 $A_{i,j}$。图 9.4 显示了一个简单的无向图，其中行和列表示节点 W、X、Y 和 Z。一个可能的邻接矩阵（其中非零项为 1）是：

$$A = \begin{pmatrix} 0 & 1 & 1 & 0 \\ 1 & 0 & 1 & 1 \\ 1 & 1 & 0 & 1 \\ 0 & 1 & 1 & 0 \end{pmatrix} \quad (9.6)$$

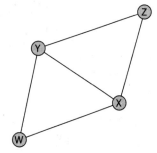

图 9.4 四维邻接矩阵 A 的简单无向图

注意，我们不认为节点 i 与自身相邻是一种必然，所以对角线上出现 0。图的密度 δ 可以从邻接矩阵中求出，方法是求总边数之和，除以可能的边数。图中 p 个顶点相连接产生边

的数量可能是 $p(p-1)/2$。

根据投资组合理论，投资者感兴趣的是相互间共通性较低的投资组合。因此，我们希望图是稀疏的，较少连接的，较不密集的，也就是每个顶点发出的边的数量较少。这些将是具有较少簇的图。这可以很容易地从具有 $p \times p$ 的邻接矩阵 A 中找到：

$$\delta = \frac{\#\text{实际的边数}}{\#\text{可能的边数}} = \frac{\sum_{i=1}^{p}\sum_{j=1}^{j<i}A_{i,j}}{p(p-1)/2} \text{ 且 } \psi = 1-\delta \quad (9.7)$$

方程式中的比率是密度。稀疏度 ψ，定义为 1 减去密度。如图 9.4 中的简单图表，$\psi = 1 - \frac{5}{6} = \frac{1}{6}$。MVO 算法试图找到的理想独立运动市场图的密度为 0，稀疏度为 1。这是一个没有边的图，与每个节点的市场随机变量对应的收益完全独立。从方差优化的角度来看，最糟糕的图的密度为 1，稀疏度为 0。在这种度量下，稀疏度为 $\frac{1}{6}$ 的 W、X、Y 和 Z 的邻接矩阵只比最坏情况 0 的邻接矩阵稍微稀疏一些。

下面是 R 语言代码，它将使用图的邻接矩阵计算稀疏度。

```
computeSparsity <- function(A) {
  dimA = dim(A)
  if(dimA[1] == dimA[2]) {
    sumedges = 0
    p = dimA[1]
    for(i in 1:p)
      if(i > 1)
        for(j in 1:(i-1))
          sumedges = sumedges + A[i,j]
  } else return(NA)
  return(1-sumedges/((p*(p-1)/2)))
}
cells = c(0,0,1,1,
          0,0,1,1,
          1,1,0,1,
          1,1,1,0)
A = matrix(cells,nrow=4,ncol=4)
computeSparsity(A)
...
> computeSparsity(A)
[1] 0.1666667
> 1-computeSparsity(A) #density
[1] 0.8333333
```

众所周知，局部聚类系数对于测量图的连通性是非常常见的。例如，如果图 9.4 代表一个社交网络，节点 X 有朋友 Y 和 Z，那么如果 Y 和 Z 也是朋友（这种情况很可能出现），那么图中就形成了一个三角形。本质上，局部聚类系数计算的是现实三角形数量与潜在三角形数量之比（Fairchild 和 Fries，2012）。对于 $p \times p$ 邻接矩阵 A 的顶点 v_i，其局部聚类系数 $c(v_i)$ 的计算公式是

$$c(v_i) = \frac{\#connectedtriangles}{\#possibletriangles} = \frac{\sum_{j=1}^{p}\sum_{k=1}^{p}A_{i,j}A_{j,k}A_{k,i}}{\binom{oudegree(v_i)}{2}}, \text{ 其中 outdegree}(v_i) > 1, \text{ 否则 } c(v_i) = 1 \quad (9.8)$$

且整个图的局部聚类系数（$G = (V, E)$，其中 $E \subseteq V \times V$）可以通过每个顶点 $v_i \in V$ 的 c

求平均数得到,

$$C(\mathbf{G}) = \frac{1}{|\mathbf{V}|} \sum_{v_i \in \mathbf{V}} c(v_i) \qquad (9.9)$$

也就是说通过遍历顶点集合 $\mathbf{V}$ 中的每一个顶点找到每一个 c。

举个例子,再次思考图 9.4。$c(W) = 1$,因为 outdegree(W)= 2,现实三角形的个数是 $\binom{2}{2}$ = 1,潜在三角形的个数是 1,包括 X 和 Y。对于 Z 也是这样,$c(Z)=1$。现在对于顶点 X 和 Y,$c(X) = \frac{2}{3} = c(Y)$,因为 outdegree($X$) =3,所以 ((outdegree($v_i$)) =3,潜在三角形的数目是 3,连接的三角形的数目是 2。对四个顶点求平均值,得到 $C(G) = (1+1+\frac{2}{3}+\frac{2}{3})/4 = \frac{5}{6}$。

下面是 R 语言代码,它将使用图的邻接矩阵计算局部聚类系数:

```
computeClusterCoeff <- function(A, isVerbose=FALSE) {
  N = dim(A)[1]
  degree = vector(length=dim(A)[1])
  avgdegree = vector(length=dim(A)[1])
  sumCC = 0
  for (i in 1:N) {
    sum = 0
    degree[i] = sum(A[i,])
    avgdegree[i] = degree[i]*(degree[i]-1)/2
    if(degree[i] < 2) {
      avgdegree[i] = 1; sum = 1
    } else {
      avgdegree[i] = dim(combn(degree[i],2))[2]
      for(j in 1:N) {
        for(k in j:N) {
          fact = A[i,j]*A[j,k]*A[k,i]
          if(fact > 0) {
            sum = sum + fact
            #print(paste(i,j,k,fact))
          }
        }
      }
    }
    if(isVerbose) print(paste(i,"===> cc num =",sum))
    if(avgdegree[i] != 0) {
      if(isVerbose) print(paste(i,
              "===> clst coeff =",sum/avgdegree[i]))
      sumCC = sumCC + sum/avgdegree[i]
    }
  }
  sumCC/N
}
#Unit test
cells = c(0,0,1,1,
          0,0,1,1,
          1,1,0,1,
          1,1,1,0)
A = matrix(cells,nrow=4,ncol=4)
computeClusterCoeff(A,isVerbose=TRUE)
```

在这种情况下,局部聚类系数的计算结果与 computeClusterCoeff() 的输出结果相同。

```
> computeClusterCoeff(A,isVerbose=TRUE)
[1] "1 ===> cc num = 1"
[1] "1 ===> clst coeff = 1"
[1] "2 ===> cc num = 1"
[1] "2 ===> clst coeff = 1"
[1] "3 ===> cc num = 2"
[1] "3===> clst coeff = 0.666666666666667"
[1] "4 ===> cc num = 2" [1]
"4 ===> clst coeff = 0.666666666666667"
[1] 0.8333333
```

但通常情况并非如此。

9.4 协方差和精度矩阵

虽然第 5 章论证了正态分布不是股票对数收益规律,而可能是一个例外,不过通过对正态分布的近似分析,我们可以利用 GGM 理论的最新发展来对投资组合的相互作用进行建模。多维正态分布的协方差矩阵对数收益的投资组合通常被称为 Σ,大小为 $p \times p$。有一个重要结果表明,精度矩阵(公式 9.10)可用于指导多元正态随机变量对之间是否存在协同运动(Whittaker,1990)。因为我们的对数收益被认为服从这种分布,所以我们可以在这里应用它。

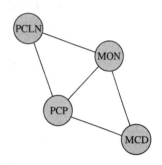

$$\Omega = \Sigma^{-1} \quad (9.10)$$

有一个工具来建立无向图是必不可少的。下面是 R 代码,用于从协方差矩阵 Σ 上获取精度矩阵 Ω,并将其更改为图邻接矩阵,然后绘制图 9.5 和图 9.6(股票总收益图)。一旦导入价格并计算股票的对数收益,就可以调用 plotGraph() 实用程序。

图 9.5 基于 2003 年至 2008 年价格的大样本股票数据中四只股票的无向图

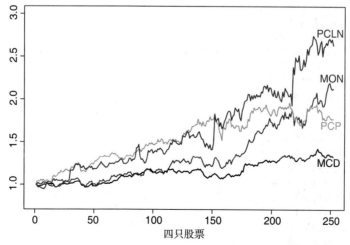

图 9.6 四只股票的价格序列来自 2007 年的样本内 huge stockdata 数据集。PCLN 和 MCD 不能通过精度矩阵方程 9.10 和图 9.5 一起移动。水平轴是一年中的交易日,垂直轴是价格缩放到 1

```
library(igraph)
library(tseries)
plotGraph <- function(lab,w,A) {
  D = dim(A)[1]
  indw = (w > .001)
  g <- graph.empty() + vertices(toupper(lab[indw]))
  threshold = .6
  for(i in 1:D) {
    if(w[i] > 0.0) {
      for(j in 1:max(1,(i-1))) {
        if(i != j && w[j] > .001 && A[i,j] != 0) {
          #print(toupper(lab[j]))
          g <- g + path(toupper(lab[i]),toupper(lab[j]))
        }
      }
    }
  }
  ug <- as.undirected(g)
  V(ug)$color <- "gold"
  V(ug)$label.cex = 1.1
  plot(ug,vertex.size=22.05)
}
plotGraph(c('W','X','Y','Z'),c(1/4,1/4,1/4,1/4),A)
```

我们再次从 huge stockdata 数据集开始。到目前为止，项目中有一个价格矩阵，从 2003 年到 2008 年，共有 1258 个经过拆分调整后的价格。让我们看看 452 只股票中的 4 只。我们可以使用 R 函数 match() 在数据集中的 lab 向量中定位我们想要的股票代码，从而得到向量 matchIdxs。如果在一个投资组合建议中包含股票 MCD、MON、PCP、PCLN，我们可以用这个即将形成的序列求出一年 100 倍对数收益的协方差矩阵。

```
#Find covariance and precision Matrices
library(huge)
data(stockdata)
D = length(stockdata$data[1,])
len = length(stockdata$data[,1])
prices = stockdata$data[,1:D]
lab = stockdata$info[1:D,1]
isSplitAdjusted = FALSE
R <- findR(prices,isSplitAdjusted=FALSE) #Split-adjusts prices
dim(prices)
#Form small p  array of prices
ticker = c('MCD','MON','PCP','PCLN')
matchIdx = vector(length=4)
for(i in 1:4)
  matchIdx[i] = match(ticker[i],lab)
p = matrix(rep(0,252*4),nrow=252,ncol=4)
oneYr = (1258-251):1258
p[,1] = prices[oneYr,matchIdx[1]]
p[,2] = prices[oneYr,matchIdx[2]]
p[,3] = prices[oneYr,matchIdx[3]]
p[,4] = prices[oneYr,matchIdx[4]]
```

下面是计算出的对数收益 r 的四个向量。

```
r = matrix(rep(0,251*4),nrow=251,ncol=4)
r[,1] = diff(log(p[,1]))
```

```
r[,2] = diff(log(p[,2]))
r[,3] = diff(log(p[,3]))
r[,4] = diff(log(p[,4]))
r100 = 100*r #100 x log rets
Sigma = cov(r100)
round(Sigma,2)
Omega = solve(Sigma)
round(Omega,2)
A = ifelse(round(Omega,2)!=0.00, 1, 0)
w = c(.25,.25,.25,.25)
plotGraph(ticker,w,A)
plotMultSeries(p,ticker,w,4,
               cc=paste(sum(w>0),"stocks"),
               ret="",ylim=c(.8,3))
```

得出协方差矩阵：

$$\Sigma = \begin{pmatrix} 1.38 & 0.92 & 0.69 & 0.51 \\ 0.92 & 4.33 & 2.12 & 2.20 \\ 0.69 & 2.12 & 4.08 & 2.14 \\ 0.51 & 2.20 & 2.14 & 9.70 \end{pmatrix} \quad (9.11)$$

然后，使用 R 语言函数 solve() 和 round()，找到精度矩阵：

$$\Omega = \begin{pmatrix} 0.86 & -0.15 & -0.07 & 0.00 \\ -0.15 & 0.35 & -0.13 & -0.04 \\ -0.07 & -0.13 & 0.35 & -0.04 \\ 0.00 & -0.04 & -0.04 & 0.12 \end{pmatrix} \quad (9.12)$$

Ω 精度矩阵有一个很好的性质，对于它的任何元素，当 $\omega_{i,j}=0$ 时，我们知道证券 i 的对数收益序列是有条件地独立于证券 j 的对数收益序列的，假定其他证券 k 的剩余随机变量，其中 $k \neq i$ 且 $k \neq j$。当忽略对角线元素，将其设置为零，并考虑其他元素是否等于 0.00 时，此矩阵作为邻接矩阵运行。那些不等于 0.00 的元素在相应的邻接矩阵中被认为等于 1。我们可以从这个精度矩阵得出以下结论：第一只和第四只股票，麦当劳和 Priceline 公司（股票代码为 MCD 和 PCLN）是不相关的，因为 $\omega_{1,4}=\omega_{4,1}=0$。如图 9.5 所示，我们可以看到与 Ω 对应的无向图，以显示投资组合中每个加权股票的协同运动。从空图 $(V, \{\})$ 构造图的算法如下：

- 首先从协方差矩阵中求出精度矩阵；
- 使用 R 函数 ifelse() 确定图的邻接矩阵 A：检查精度矩阵元素是否四舍五入到 0.00，如果精度矩阵值在第 i 行和第 j 列没有四舍五入到 0.00，则将 $A[i,j]$ 设为 1；
- 迭代相邻矩阵 A 的下三角，如果第 i 行、第 j 列为 1，则将边 (v_i, v_j) 添加到边集 E。最后一步是上面的 plotGraph() 函数所做的。

9.5 可视化协方差

在使用 GGM 时，可以很明显看出，无向图中的边是否应该存在是主观的，且需要进行调整。例如，如果我们的 p 维对数收益数据序列之间的协方差很高，那么我们就可以得到一个密度高、稀疏性低的强连通无向图，这是一个紧密簇集，绘图后看起来像一个多节球。这并不能帮助投资者理解股票间的协方差。我们以前一节中 Σ 和 Ω 的示例矩阵为例，不过当 $p>4$ 时，这不是一个典型的大型股票样本。事实上，我们发现 Ω 矩阵包含零的情况有点罕见！但是对于 $p = 452$ 的 huge.stockdata 数据集中的股票来说，一个小样本就可以告诉我们一个节点（如 EBAY）会由精度矩阵 Ω 表示。换言之，对于与 EBAY 对应的第 139 行（股票指数 139），通过：A = ifelse（Omega!=0.00，1,0）在精确矩阵中找到的邻接矩阵中，大约有一半的列将被标记为 1。由于这样的图不是很有用，我们需要一种机制来降低密度，或者说增加图的稀疏度，使它成为一个好的可视化工具。简单地将协方差矩阵的逆运算作为伪邻接矩阵 Ω 的算法是有局限性的。描述节点对的相对依赖性是该图的目的，并且这也是一个布尔状态（真或假）。边要么存在，要么不存在。首先，找出 24 只候选股票的夏普比率，然后为方便起见增强节点标签。

```
findSixYrSR <- function(dir='huge',csvFile = 'rebalresD24Days1258.csv') {
    setwd(paste(homeuser,"/FinAnalytics/",dir,"/",sep=""))
    df <- read.csv(csvFile)
    lab <- df[,2]
    w <- df[,3]
    indw = (w > 0)
    lab <- lab[indw]
    isEnhanced <- FALSE
    w <- w[indw]
    D <- length(lab)
    daysPerYr = 252; mufree = 0
    recentPrices <- findRecentHugePrices('huge',
                                   'rebalresD24Days1258.csv')
    R <- findR(recentPrices)
    cov_mat <- cov(R)
    meanv <- apply(R,2,mean)
    diag_cov_mat <- diag(cov_mat)
    sdevv <- sqrt(diag_cov_mat)
    Sharpe <- (meanv-mufree)/sdevv*sqrt(daysPerYr)
    Omega <- solve(cov_mat)
    prices <- recentPrices
    list(prices,R,cov_mat,meanv,sdevv,Sharpe,Omega,isEnhanced)
}
res <- findSixYrSR()
prices     <- res[[1]]
R          <- res[[2]]
cov_mat    <- res[[3]]
meanv      <- res[[4]]
sdevv      <- res[[5]]
Sharpe     <- res[[6]]
Omega      <- res[[7]]
isEnhanced <- res[[8]]
```

为了以更有意义的方式描述单个证券，可以用 enhanceLab() 增强节点标签，以附加六年期的夏普比率和四舍五入权重。小的加权将四舍五入为 0。上面的程序找到了六年的夏普比率，并将其与证券进行对比：通过计算夏普向量，在 findSixYrSR() 的影响下，标签可以得到增强。

```
enhanceLab <- function(lab,Sharpe,w) {
    #Enhance lab with Sharpe and weight in percent
    D <- length(lab)
```

```
        shplab = vector(length=D)
        for(d in 1:D) {
          shplab[d] = paste(lab[d],
                     paste(round(Sharpe[d],2),
                     paste(round(100*w[d],0),'%',sep='')),sep='\n')
        }
        return(shplab)
      }
      shplab <- enhanceLab(lab,Sharpe,w)
```

下面列出的增强型标签，在构建时称为 shplab。我们从第 8 章了解到，在 452 只候选股票中，CME 和 AAPL 是权重最高的股票，分别为 16% 和 12%。接下来是 PCP 和 MON（权重占 8%）。MCD、TSO、LH、GME 和 BCR 权重占 5%。

```
> shplab
 [1] "CME\n-0.04 16%"  "AAPL\n0.71 12%"  "MON\n0.01 8%"
 [4] "MCD\n0.61 5%"    "TSO\n0.1 5%"     "GME\n-0.07 5%"
 [7] "PCP\n0.37 8%"    "LH\n0.11 5%"     "BCR\n0.31 5%"
[10] "AMT\n0.41 5%"    "BLK\n0.21 5%"    "ISRG\n0.14 4%"
[13] "HUM\n0.17 3%"    "EIX\n0.11 3%"    "SWN\n0.09 2%"
[16] "ESRX\n0.42 2%"   "WMB\n0.21 2%"    "RRC\n0.13 1%"
[19] "DVA\n0.59 1%"    "RAI\n0.59 1%"    "WYNN\n0.3 1%"
[22] "CERN\n0.82 0%"   "PCLN\n0.95 0%"   "AET\n0.16 0%"
```

下面显示了 runGlassoAndDisplay() 的代码。现在，我们在一个只有四个顶点的介绍性案例中运行并展示它，以便大家了解，投资组合证券之间的协方差如何实现可视化。

```
runGlassoAndDisplay <- function(prices,lab,w,D,Sharpe,
                       isEnhanced=FALSE,lmratio = 0.33,trackIdx=9) {
  #Run the Glasso and record results in undir graph ug
  len = length(prices[,1]) # Does not impact R:
  Y = log(prices[2:len,1:D]/prices[1:(len-1),1:D])
  x.npn = huge.npn(Y, npn.func="truncation") # Nonparanormal
  out.npn = huge(x.npn,method = "glasso",
              cov.output = TRUE, nlambda=D,
              lambda.min.ratio = lmratio)
  out.npn
  #Find indicator array:
  indw = (w > .001)
  #Attach SR to lab
  if(!isEnhanced && D > 4) {
    shplab <- enhanceLab(lab,Sharpe,w)
    isEnhanced <- TRUE #shplab enhanced: e.g. "ISRG\n0.14 4%"
  }
  g <- graph.empty() + vertices(toupper(shplab[indw]))
  trackIdxEdges <- 0 #Track MCD
  for(d in D:D) { #focus on last version D
    for(i in 1:D) {
      if(w[i] > .001) {
        for(j in 1:i) {
          if(w[j] > .001 && out.npn$path[[d]][i,j] == 1) {
            #print(paste(i,j))
            #print(toupper(lab[i]))
```

注意，我们通过运行下面的这条关键行来扩充图 g，这一行的作用是：对权值为非零的股票，如果通过调用 huge() 生成邻接矩阵 out.npn 的最终版本（第 d 个版本）中有 1，则该

行代码将从顶点 i 到 j 添加一条边。

```
                g <- g + path(toupper(shplab[i]),toupper(shplab[j]))
                #Undir graph means need to count either case:
                if(j == trackIdx || i == trackIdx)
                    trackIdxEdges <- trackIdxEdges + 1
            }
          }
        }
    }
    ug <- as.undirected(g)
    V(ug)$color <- "gold"
    #V(ug)$offset <- 1.2
    V(ug)$label.cex = 0.8
    plot(ug,vertex.size=sqrt(500*w),ylab=
            paste("lmratio=",lmratio))
  }
  print(paste("tracked outdegree:",trackIdxEdges))
  list(out.npn$path[[D]],shplab,isEnhanced)
}
```

既然已经定义了 runGlassoAndDisplay()，那么我们就可以使用它来显示四个简单的图形，根据 lmratio 参数的设置来描述密度或稀疏性的差异。

```
A = ifelse(Omega!=0.00, 1, 0)
lab4 <- c('MCD','MON','PCP','PCLN')
labIdxs <- sapply(lab4,function(x) match(x,lab))
prices4 <- prices[,labIdxs]
w = rep(1/4,4)
shplab <- lab[labIdxs]
par(mfrow=c(2,2))
res <- runGlassoAndDisplay(prices4,lab4,w,4,Sharpe,
                       lmratio=1.20,trackIdx=1)
A      <- res[[1]]
shplab <- res[[2]]
isEnhanced <- res[[3]]
res <-runGlassoAndDisplay(prices4,lab4,w,4,Sharpe,
                       lmratio=.95,trackIdx=1)
A      <- res[[1]]
shplab <- res[[2]]
isEnhanced <- res[[3]]
res <- runGlassoAndDisplay(prices4,lab4,w,4,Sharpe,
                       lmratio=.70,trackIdx=1)
A      <- res[[1]]
shplab <- res[[2]]
isEnhanced <- res[[3]]
res <- runGlassoAndDisplay(prices4,lab4,w,4,Sharpe,
                       lmratio=.45,trackIdx=1)
A      <- res[[1]]
shplab <- res[[2]]
isEnhanced <- res[[3]]
```

在图 9.7 中，我们可以看到运行上述代码序列的结果。我们对 Glasso 算法的参数 lmratio 进行了四种不同的尝试。右上角的图稀疏度为 1，并且完全没有连接。当我们向右移动时，在 MON 和 PCP 之间以及 PCLN 和 PCP 之间添加一条边。在左下角，当 lmratio = 0.7 时，我们得到稀疏度为 1/6，最后，当 lmratio = 0.95，稀疏度为 0 时，会实现完全连接。通过设置 lmratio，我们可以控制图的稀疏程度，使其适合我们的使用。它就相当于收音机的音量，我们把它设置为最有用的设置。

图 9.8 显示了 452 只股票图的全部内容。我们可以看到在子组之间发生聚类。有趣的是，有几个异常值在大簇集之外移动到边缘。这些都是相对独立的股票。下面的代码将计算 runGlassoAndDisplay() 函数所需的协方差。

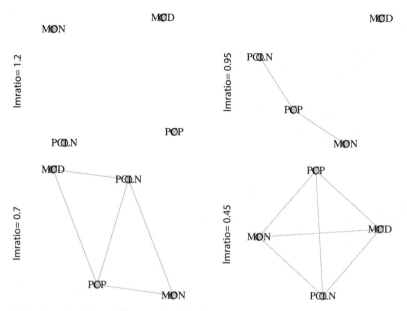

图 9.7　惩罚级别确定了是否使用边来描述协方差级别。当 lmratio 从 1.20 下降到 0.45 时，稀疏度从 1 到 0 不等

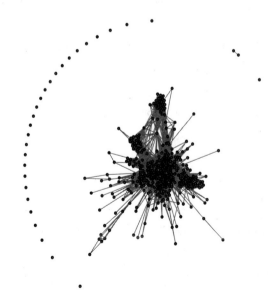

图 9.8　使用 huge.plot() 的标准普尔 500 指数 2003 年至 2008 年 452 只幸存股票的无标记无向图节点

```
w = rep(1/D,D)
Omega = round(solve(cov_mat),2)
```

```
Omega[1:8,1:8]
Aomega = ifelse(Omega!=0.00, 1, 0)
res <- runGlassoAndDisplay(prices,lab,w,D,Sharpe,
            lmratio=.45,trackIdx=4)
A       <- res[[1]]
shplab <- res[[2]]
isEnhanced <- res[[3]]
Aomega[1:8,1:8]
huge.plot(A)
```

比较大集合中股票的平均协方差可以知道股票与其他股票是如何聚集的。就像在第 7 章中，在单个股票的基础上找到夏普比率一样，确定与其他股票的协方差也很有趣。协方差小对应于低相关性，并使一只股票成为投资组合中一个很好的选择。从图 9.9 中我们可以看到，JNJ、PEP、HSY 和 KFT 都是消费品类股票，它们在全部股票中的平均协方差属于较小的几个。下面的代码将执行平均协方差计算（sumcovv/D），并按股票代码绘制它们。

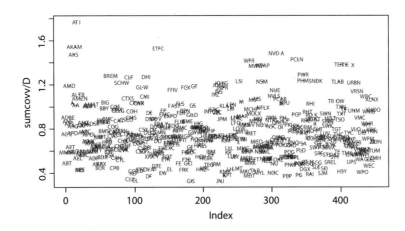

图 9.9　图 9.8 中股票平均协方差的比较。股票的平均协方差越小，意味着其对数收益行为与其他股票的独立性越强

```
#Avg Cov
> saveList <- list(D,lab,prices) #save away
library(huge)
data(stockdata)
D = length(stockdata$data[1,])
len = length(stockdata$data[,1])
prices = stockdata$data[,1:D]
lab = stockdata$info[1:D,1]
isSplitAdjusted = FALSE
R <- findR(prices,isSplitAdjusted=FALSE) #Split-adjusts prices
dim(prices)
cov_mat <- cov(R)
sumcovv=vector(length=D)
for(i in 1:D)
    sumcovv[i]=sum(cov_mat[i,])-cov_mat[i,i]
plot(sumcovv/D,type="p",cex=.1)
text(1:D,sumcovv/D,lab,col=4,cex=.55)
```

将图 9.8 中图的边导出到两列 CSV 文件中，以便导入到开放源代码的图形绘制工具

Gephi 中，我们可以看到使用 Gephi 的 Yifan Hu 比例布局算法绘制的图形，如图 9.10 所示。即将出现的函数 runGlassoAndDisplay() 在第三个嵌套 for 循环的 write() 语句中发出边文件记录。在图 9.10 中，我们可以看到两个 EBAY 都有三个连接的节点：AMZN、QCOM 和 YHOO。另一方面，在 Gephi 显示的图形中，EMC 有 23 个连接的节点。

```
lab4    <- c('EBAY','EMC','PCLN','UPS')
labIdxs <- sapply(lab4,function(x) match(x,lab))
plot(sort(cov_mat[139,-139]),ylim=c(-.1,4),
     xlab="Sorted Index",ylab="Cov to other stocks")
points(sort(cov_mat[145,-145]),col=2)
points(sort(cov_mat[338,-338]),col=4)
points(sort(cov_mat[417,-417]),col=3)
text(rep(400,4),c(1.1,1.75,2.5,.5),lab4,cex=.75)
> D <- saveList[[1]]; lab <- saveList[[2]]; prices <-
> saveList[[3]]#restore
```

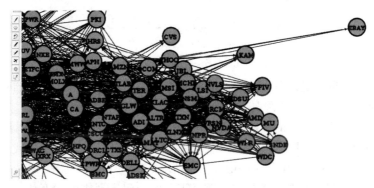

图 9.10 放大了 Gephi 工具在 EBAY 和 EMC 上的应用，这是两只科技股。EBAY（右上角）有 3 只关联股票，EMC（右下角）有 23 只关联股票

在图 9.11 中我们可以看到，总体上 EBAY 与其他股票的协方差小于 EMC，尤其是在图表的末尾处。上面显示了此图表的代码。

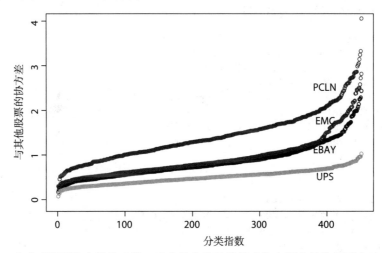

图 9.11 四个典型股票协方差的比较，这些协方差是从候选集中所有其他股票中整理出来的。在图 9.10 中可以看到 EBAY 和 EMC，PCLN 和 UPS 也是典型的股票。UPS 的协同运动最少，其次是 EBAY

9.6 Wishart 分布

样本协方差矩阵 Σ 是从 MVN 分布的样本中推导出来的。然而，正如 GGM 文献中指出的，样本协方差矩阵本身是一个参数，并且服从 Wishart 分布（Hastie、Tibshirani 和 Friedman，2009）。Wishart 分布表示从 MVN 分布中抽取 n 的平方和叉积的总和。Wishart 分布的 p.d.f. 是一个非常复杂的公式，由于维数的原因很难可视化（关于各种 p.d.f. 的讨论，请参见附录，特别是关于 MVN 分布的部分）。如果 X 是一个 $n \times p$ 矩阵，其中 $x_i = (x_{i,1}, \cdots, x_{i,p})$ 来自 p 维中的 MVN（0，Σ）分布，S 是 $p \times p$ 样本协方差矩阵，定义为

$$S = \frac{1}{n}\sum_{i=1}^{n}(x_i - \bar{x})(x_i - \bar{x})^T \tag{9.13}$$

我们称 $S \sim W_p(\Sigma, n)$，其中 S 是正定的。密度公式为

$$f(S) = \frac{|X|^{\frac{n-p-1}{2}}}{2^{\frac{np}{2}}\Sigma^{\frac{n}{2}}\Gamma_p\left(\frac{n}{2}\right)}\exp\left(\frac{-tr(\Sigma^{-1}X)}{2}\right) \tag{9.14}$$

其中 $n > p-1$ 是自由度，平均值为 $n\Sigma$ 且函数 $\Gamma_p()$ 是 p 维中的多变量 gamma 函数。Σ 表示一个正定标度矩阵，可以看作是 MVN 分布的方差 – 协方差矩阵。

有多个 R 包包含这种分布的模拟。我们将重点介绍 sbgcop 包，它有一个名为 rwish() 的 Wishart 随机变量生成器，其中包含 MVN 协方差和请求的变量数量。从 R 代码中了解这种分布可以帮助我们理解 GGM 中使用的协方差和精度矩阵。

让我们再来看看四只股票的 Σ 和 Ω 矩阵。下面的代码序列将以 Ω 开始，并将其反转为 Σ 的另一个版本，称为 sig，然后用它来发送 rwish() 函数。我们将要求 100 个"路径"或变量。

```
mapToCol <- function(d)
  if(d%%8==7) 1 else if(d==8)
    2 else if(d==15) 3 else if(d==23) 4 else d

library(sbgcop)
Omega = matrix(c(0.86, -0.15, -0.07,  0.00,
                -0.15,  0.35, -0.13, -0.04,
                -0.07, -0.13,  0.35, -0.04,
                 0.00, -0.04, -0.04,  0.12),nrow=4,ncol=4)
A = ifelse(Omega!=0.00, 1, 0)
plotGraph(c('MCD','MON','PCP','PCLN'),rep(1/4,4),A)
Sig = solve(Omega)
p <- dim(Sig)[1]
df <- p+1

set.seed(138) # for replication
paths <- 100 # number of obs in our sampling dist
W.empir <- matrix( nrow = paths, ncol = length( c(Sig)) )
dim(W.empir)
for(i in 1:paths) {
  W.empir[i, ] <- c(rwish(Sig,nu=1))
  if(i == 1) {
```

```
        plot(as.vector(W.empir[i,]),type="l",
             ylim=c(-15,+90),ylab="rwish npaths=100")
    } else {
        lines(as.vector(W.empir[i,]),col=mapToCol(i))
    }
}
```

上面的代码计算 Wishart 样本并将其存储在 W.empir 矩阵中。在图 9.12 中，它将变量绘制为 16 个元素路径。下面的代码生成了图 9.13 的方框图，其中描述了 Wishart 矩阵中每个随机变量的分布。

```
> boxplot(W.empir)
> meanW <- apply(W.empir,2,function(x) mean(as.vector(x)))
> matrix(round(meanW,2),4,4)
     [,1] [,2] [,3]  [,4]
[1,] 1.15 0.86 0.93  0.41
[2,] 0.86 4.08 1.95  2.62
[3,] 0.93 1.95 4.26  2.84
[4,] 0.41 2.62 2.84 11.19
> round(Sig,2)
     [,1] [,2] [,3] [,4]
[1,] 1.37 0.90 0.67 0.52
[2,] 0.90 4.21 1.98 2.06
[3,] 0.67 1.98 3.95 1.98
[4,] 0.52 2.06 1.98 9.68
```

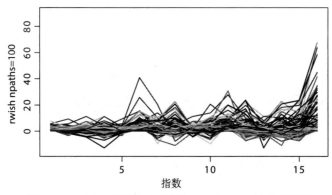

图 9.12　rwish() 函数的变量产生 100 个 4×4 协方差矩阵

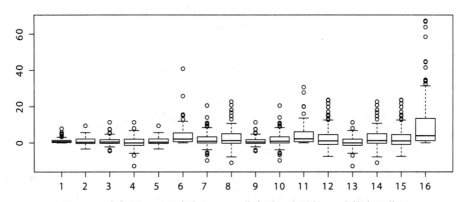

图 9.13　方框图显示了来自 Wishart 分布随机变量的 16 个协方差位置

我们可以看到，起点矩阵 Sig 的值与由 Wishart 变量计算得到的 meanW 矩阵相似。我们注意到协方差矩阵第 4 行和第 4 列中的最后一个元素在方框图中显示出非常大的协方差（在横轴上的索引为 16），这对于 PCLN 股票来说是很有可能的。

```
for(j in (1:16)) {
  if(j == 1) {
    plot(density(W.empir[j,]),
         xlim=c(min(W.empir),max(W.empir)),
         ylim=c(0,.8),main="")
  } else {
    lines(density(W.empir[j,]),col=mapToCol(j))
  }
}
```

图 9.14 描述了 $p=4$ 和 $\Sigma = \Omega^{-1}$ 这一特殊情况下的另一个 Wishart 视图。上面显示了生成此图的代码。在这个视图中叠加了 16 个密度图。大多数分布都集中在 0 和 1 之间，但异常值也会把图拉到尾部。

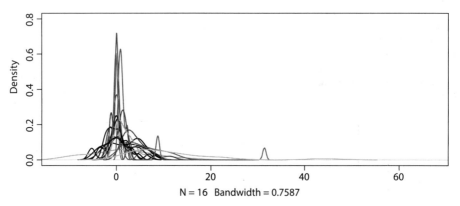

图 9.14　显示了 Wishart 分布协方差的叠加密度图。我们可以从图 9.13 的方框图中确定，超宽的尾部来自位于 $p \times p = 16$ 处的元素

9.7　Glasso：无向图的惩罚

我们提到了需要一种机制来降低图的密度或稀疏度。无向图的稀疏度类似于参数间的收缩。Glasso 算法是对著名的 Lasso 算法（第 8 章曾讨论过）的改进，适用于无向图。与 Lasso 一样，正则化参数用作过滤级别。在这种情况下，我们对图进行适当稀疏级别的过滤（Tibshirani，1996）。对数似然函数为：

$$l(\Omega) = \log(|\Omega|) - tr(S\Omega) \quad (9.15)$$

约束对数似然函数为：

$$\Omega^* = \arg\max_{\Omega} l_C(\Omega) = \arg\max_{\Omega} \log(|\Omega|) - tr(S\Omega) - \sum_{(j,k) \notin E} \gamma_{j,k} \omega_{j,k} \quad (9.16)$$

在方程 9.16 的第二种形式中，当我们使整体表达式最大化时，损失之和作用于对数似然，这就降低了整体值。所以边越多，求和项的损失就越大。这使得边的数量保持在最小值。我们在 9.4 节中指出，仅精度矩阵 Ω 就说明了很多边都是有用的。这种带损失的对数似然就是我们要找的。有关 Glasso 算法的详细信息，请参阅本书（Hastie、Tibshirani 和

Friedman，2009）和参考文件（Friedman、Hastie 和 Tibshirani，2008）。

9.8 运行 Glasso 算法

Zhao、Liu、Roeder、Lafferty 和 Wasserman 在运行 Glasso 之前，通过运行非超正常步骤（nonparanormal step）对这个庞大的包进行了改进（Zhao、Liu、Roeder、Lafferty 和 Wasserman，2012）。这个巨大的程序包使用了 Glasso 算法。我们将使用 Glasso 算法以图形化的方式可视化股票在投资组合中的协同运动。使用非超正常步骤在 huge 上运行 Glasso 算法，我们可以得到一个更有用的图，如图 9.8 所示，它比来自精度矩阵的图要稀疏得多。

在调用 Glasso 算法之前，使用了非超正常转换 huge.npn()。运行 Glasso 算法的主要例程称为 runGlassoAndDisplay()，输出可用于生成图 9.15、图 9.16 和图 9.17 的顶部部分。主例程 runGlassoAndDisplay() 的代码在 9.5 节中介绍过。在 huge .npn() 和 huge() 调用之后循环，使用 path() 函数构建图形。然后使用 plot() 在无向图 ug 上绘制图形。图的最精确版本 out.npn$path 由 [[D]] 下标。

9.9 多年追踪价值股

相对于股息、收益和收入等基本面而言，一只股票的交易价格低于其他股票，这种股票被称为价值股（value stock）。价值股的共同特征包括：较低的股价收益率、较高的股息收益率和较低的市盈率。

当使用夏普比率阈值模拟 452 只大型股票数据库的 MVO 算法时，由于在期望的时间窗口中发生了公司合并事件，因此将 26 只股票整理为 24 只。由此得到的 24 只股票组合如图 8.8 所示。

模拟这个投资组合外样本的时间跨度为 6 年，从 2008 年 2 月 14 日持续到 2014 年 2 月 14 日，我们可以认真思考 GGM 和每年的投资组合收益，总共有 6 个图。每年都开始和结束于 2 月 14 日。如，2008 年开始于 2008 年 2 月 14 日，结束于 2009 年 2 月 14 日。鉴于 2008 年至 2011 年的市场事件，我们将研究本节中六个图表中的前三个，因为它们是最有趣的。

让我们来追踪投资组合中一只知名价值股的走势。麦当劳公司的股票，其代码为 MCD，之所以成为投资组合的一部分，是因为它在 2003 年至 2008 年这段股票数据期间表现出色，并获得了 5% 的权重。从 2008 年到 2014 年，对 MCD 进行了一次模拟，得到了图 9.17 中 0.061 的夏普比率。我们通过查看图 9.15 开始跟踪 MCD，发现它出现在 2008 年一个密集的相关链接集群的中间部分。在下面的计算报表中，我们可以看到 MCD 的年收益率为 5.4%。2009 年，MCD 独领风骚；这一年，该公司实现了 15.9% 的收益率，原因在于，当经济从大衰退中复苏时，麦当劳的连锁餐厅受到节俭消费者大力推崇。以下是 MCD 这六年内每年的管理资产收益率：

```
> prices[252,4]/prices[1,4]-1
[1] 0.05411973
> prices[2*252,4]/prices[253,4]-1
[1] 0.159067
> prices[3*252,4]/prices[252*2+1,4]-1
```

```
[1] 0.228165
> prices[4*252,4]/prices[252*3+1,4]-1
[1] 0.3467565
> prices[5*252,4]/prices[252*4+1,4]-1
[1] -0.03004245
> prices[6*252,4]/prices[252*5+1,4]-1
[1] 0.05333184
```

- 图 9.15 是一个无向图，下面是 2008 年的实际价格，它已经缩放到初始值 1 美元。在图中，2008 年有一个密集的图表和熊市图表。MCD 与其他 10 只股票相关联，从图 9.15 的下图中我们可以看到，MCD 的价格路径略高于 1 美元，是该组收益率最高的股票之一。

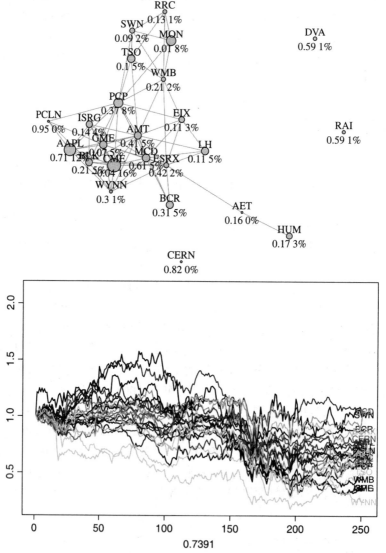

图 9.15 2008 年 24 只证券的收益率协同运动曲线图和图表。每个顶点的第一个数字是当前价格样本的夏普比率：2008 年至 2014 年。第二个是该股票的投资组合权重

- 图9.16显示了2009年牛市的复苏情况,图9.16的上图显示了投资组合中股票的独立性。根据Glasso算法,MCD被认为与投资组合中的其他23只股票无关,因为MCD的偏度为0。
- 图9.17为2010年的图表,它显示了2009年图表的压缩情况。这张图是完全连接的,因此没有一只股票的表现抢眼,明显好于其他股票。这一年晚些时候,量化宽松进入第二阶段,市场波动性较低。股市收益率是适度积极的,MCD的股票收益率可以说是非常积极的,达到22.8%。MCD本身表现出中等程度的依赖(出度为3),不像2008年那么严重。有趣的是,这一次,尽管MCD本身在投资组合中享有更高的权重,但它还是"抓住了""一飞冲天的"PCLN。值得注意的是,它仅有三个直接邻居,其中之一就是Priceline(PCLN),这是一个非常看好的关系,因为在这段时间内,PCLN在纽交所和纳斯达克的收益率是最高的。尽管PCLN在2010年的收益率高达115.6%,但MCD仍然是一只有价值的股票,其收益率为22.8%。

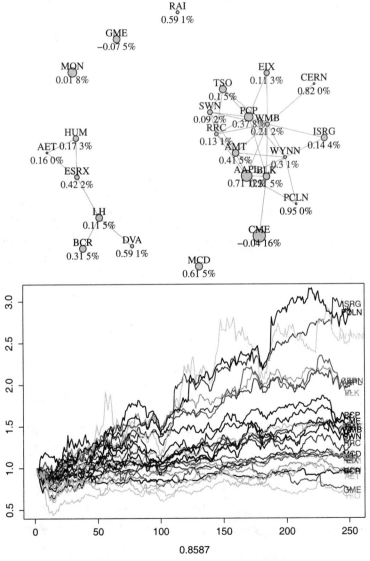

图9.16　2009年24只证券的收益率协同运动曲线图和图表

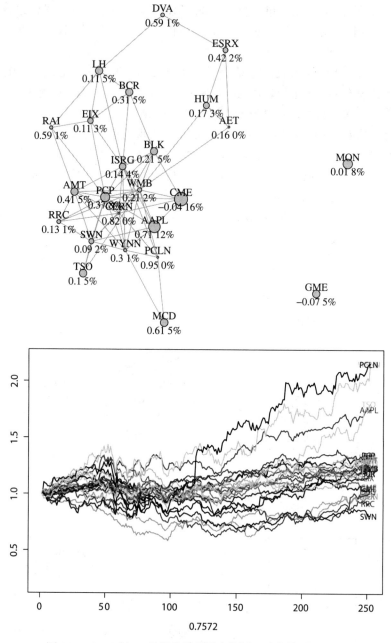

图 9.17 2010 年 24 只证券的收益率协同运动曲线图和图表

根据计算出的收益率（5.4%、15.9%、22.8%、34.7%、3.0% 和 5.3%）MCD 可被视为具有良好势头的股票。在 2010 年，它被轻微地吸收到簇集的边缘，并与"一飞冲天的"股票共存。2011 年，市场开始降温，然而持有 MCD 股票的投资者对其 34.7% 的价格涨幅相当满意。

图 9.15 至图 9.17 是通过调用 huge 包生成的。我们不仅要关注图，还要考虑图的聚类度量：稀疏度和聚类系数。下面是运行 Glasso 过程并从 9.3 节计算图形度量的 R 代码。

```
runSixYrsGlasso <- function(daysPerPeriod,Sharpe,y=NA,sleepIntval=0,
```

```
                        isClusterCoeff=TRUE) {
  #Run Glasso alg from 2008 to 2014 by yr, qtr, mo
  totalPeriods= 6*daysPerYr/daysPerPeriod
  par(mfrow=c(1,1))
  sparsity = array(dim = c(totalPeriods))
  clustCoeff = array(dim = c(totalPeriods))
  portv = array(dim = c(totalPeriods))
  if(is.na(y)) yrange = c(1:totalPeriods) else yrange = c(y:y)
  for(y in yrange) { #2008:2009 to 2013:2014
    d1 = (y-1)*daysPerPeriod+1
    d2 = y*daysPerPeriod
    print(d1);print(d2)
    res <- runGlassoAndDisplay(prices[d1:d2,],lab,w,D,Sharpe,
                      lmratio=.6,trackIdx=4)
    A <- res[[1]]
    sparsity[y] <- round(computeSparsity(A),4)
    if(isClusterCoeff)
      clustCoeff[y] <- round(computeClusterCoeff(A),4)
    #compute portfolio return:
    portValue <- round( w %*% (prices[d2,]/prices[d1,]), 4)
    portv[y] <- portValue[1,1]
```

使用系统的 sleep() 实用程序，我们可以捕获图 9.15 至图 9.17。

```
    Sys.sleep(sleepIntval)
    if(daysPerPeriod == 252) { #yearly case
      if(y == 2) ylim = c(.5,3.1) else ylim = c(.2,2.2)
      plotMultSeries(prices[d1:d2,],lab,w,D,cc=sparsity[y],
                 ret=portV[1,1],ylim=ylim,isAlone=TRUE)
    } else {
      portvDetail = array(rep(0,daysPerPeriod),
                    dim = c(daysPerPeriod))
      for(d in 1:D)
        portvDetail = portvDetail +
          w[d] * (prices[d1:d2,d]/prices[d1,d])
      plot(portvDetail,type='l',xlab="year",
         ylab="portfolio value")
    }
    Sys.sleep(sleepIntval)
  }
  return(list(sparsity,clustCoeff,portv))
} res <- runSixYrsGlasso(21,Sharpe,y=1)[[1]] #1 mo run
```

runSixYrsGlasso() 将输出绘制为无向图，并在模式为每年时将结果存储在长度为 6 的三个向量中。除了单独的无向图之外，还有一个投资组合中所有股票按比例缩放的年收益率图。在数据采集阶段，该函数将 price[] 矩阵按 R 范围 [$d1$:$d2$,]，按天分割为周期协方差矩阵。它是一个观察、计算及传输周期组合值、稀疏度和聚类系数结果的函数。return 语句将多个结果绑定在一起。

9.10 年度稀疏度回归

让我们从另一个角度来考虑这个六年期。运行 runSixYrsGlasso() 函数可以得到稀疏度、聚类系数和投资组合价值。

```
glassoRes <- runSixYrsGlasso(252,Sharpe) #1 mo run
> yrlySparsity = glassoRes[[1]]
> yrlySparsity
[1] 0.7391 0.8587 0.7572 0.4819 0.8768 0.8043
> yrlyClustCoeff = glassoRes[[2]]
> yrlyClustCoeff
[1] 0.7513 0.7874 0.6299 0.7759 0.6500 0.7611
> yrlyPortV = glassoRes[[3]]
> yrlyPortV
[1] 0.6529 1.4432 1.2605 1.1493 1.1434 1.2274
```

我们的目标是通过了解其他两个独立变量的共同图，来预测投资组合的价值方向，向上或向下。其实我们真正想预测的是滞后了一段时间的投资组合的价值方向。通过这种方式，投资者可以决定在接下来预期的牛市或熊市期间对投资组合进行短期投资。

利用 sparcity（稀疏度）、clustCoeff（聚类系数）和 portv（投资组合价值）对滞后组合价值 shiftedPortV 进行预测，得到最佳线性回归方程。从下面第五列的 p 值可以看出，这是一个糟糕的回归计划：

```
Coefficients:
             Estimate Std. Error t value Pr(>|t|)
(Intercept)   6.83786    2.90470   2.354    0.143
sparsity     -1.83939    0.88964  -2.068    0.175
clustCoeff   -6.05451    3.44116  -1.759    0.221
portv         0.01173    0.39211   0.030    0.979
```

事实上，即使去掉 portv 并保留另外两个图度量，回归结果仍然很差：

```
Coefficients:
             Estimate Std. Error t value Pr(>|t|)
(Intercept)   6.844      2.366     2.893   0.0629 .
sparsity     -1.835      0.718    -2.556   0.0835 .
clustCoeff   -6.049      2.806    -2.156   0.1201
```

我们可以用这组非常小的数据做什么，下面用一个点（.）表示第 5 列的 p 值：

```
Coefficients:
             Estimate Std. Error t value Pr(>|t|)
(Intercept)   1.6911     0.6480    2.610   0.0594 .
sparsity     -0.7741     0.8479   -0.913   0.4129
```

但这可能并不令人惊讶，因为投资组合的价值波动很大，而我们只有 6 点可以研究。注意，由于 1512 个日期时间序列中涉及的数据点的数量和证券数量，读卡器得到的结果可能与这些结果有所不同。

下面是预测投资组合价值的最终回归公式。它只涉及稀疏度的独立随机变量。

$$z_{yrly} = \beta_0^{yrly} + \beta_1^{yrly} \times \text{yrlySparsity} \tag{9.17}$$

首先，我们使用函数 map ToYr() 建立一个周期的映射，该映射从以年（模式 1）或季度（模式 2）或月份（模式 3）为周期映射到我们正在测试的时间段，形成小数年。在 runSixYrsGlasso() 中找到原始数据后，可以编写回归过程，如下所示：

```
mapToYr <- function(per,mode=1) {
  if(mode==1) per+2007 else if(mode==2) per/4+2008
  else (per+2)/12+2008 }
```

```
fitLinReg <- function(sparsity,clustCoeff,portv,
                      daysPerPeriod,mode=1,LRTerms=3) {
  totalPeriods = 6*daysPerYr/daysPerPeriod
  periodsByYr = mapToYr(c(1:totalPeriods),mode=mode)
  shiftedPortV = c(1,portv[1:(totalPeriods-1)])
  if(LRTerms == 3) {
    lm <- lm(shiftedPortV ~ sparsity + clustCoeff + portv)
  } else if(LRTerms == 2) {
    lm <- lm(shiftedPortV ~ sparsity + clustCoeff)
  } else {
    lm <- lm(shiftedPortV ~ sparsity)
  }
  print(summary(lm))
  coef <- coef(lm)
  coef
  beta0 = coef[1]
  print(beta0)
  beta1 = coef[2]
  print(beta1)
  if(LRTerms >= 2) beta2 = coef[3]
  if(LRTerms == 3) beta3 = coef[4]
```

根据线性回归项的个数可以得到 z。因为投资组合值序列向右移动，z[1] 被设置为填充值。

```
  if(LRTerms == 3)
    z = beta0 + beta1*sparsity +
        beta2*clustCoeff + beta3*portv
  else if(LRTerms == 2)
    z = beta0 + beta1*sparsity +
        beta2*clustCoeff
  else
    z = beta0 + beta1*sparsity
  z[1] = 1.0
  par(mar=c(4,4,2.82,2.82))
  par(mfrow=c(1,1))
  plot(periodsByYr,sparsity,type='l',
       col=2,ylim=c(.2,1.5),xlab="year")
  points(periodsByYr,sparsity,col=2)
  if(LRTerms > 1) {
    lines(periodsByYr,clustCoeff,type='l',col=5)
    points(periodsByYr,clustCoeff,col=5)
  }
  lines(periodsByYr,shiftedPortV,type='l',col=4)
  points(periodsByYr,shiftedPortV,col=4)
  lines(periodsByYr,z,col=27)
  lines(periodsByYr,rep(1,totalPeriods))
```

下面，我们可以计算布尔市场方向变量 indz（基于预测器）和 indNonNegV（该季度是否有非负投资组合价值的实际市场随机变量）。

print() 函数中的 sum() 告诉我们，与实际的非负投资组合值相比，布尔预测成功了多少次，并且在预测下一个周期的非负或负价格时，准确率会达到 80%。由于一个周期的滞后，我们使用 1 作为第一个填充值（$z=1$）。

```
  indz = (z>=1)
  indNonNegV = (shiftedPortV>=1)
```

```
    print((sum(indNonNegV == indz)-1)/(length(indz)-1))
```

一系列垂直线段被用来突出牛市/熊市预测与下面的 R 函数 lines() 不匹配的情况。然后将这五个新计算的向量放入列表后返回。

```
    for(y in 2:totalPeriods)
      if(indz[y] != indNonNegV[y]) {
        lines(c(z[y],shiftedPortV[y])~
            c(mapToYr(y,mode=mode),mapToYr(y,mode=mode)),col="red")}
    return(data.frame(z,sparsity,clustCoeff,portv,shiftedPortV))
  }
```

对于年度基准，我们可以查看图 9.18，虽然看到的数据点非常少，但是预测线 z（没有标记点的线），在某种程度上跟踪到了稀疏度。无法预测的情况用垂直线表示。

```
runGlassoAndLinReg <- function(daysPerPeriod,Sharpe,
                    mode=1,LRTerms=1) {

    totalPeriods = 6*daysPerYr/daysPerPeriod
    glassoRes = runSixYrsGlasso(daysPerPeriod,Sharpe)
    sparsity = glassoRes[[1]]
    clustCoeff = glassoRes[[2]]
    portv = glassoRes[[3]]
    lrres <- fitLinReg(sparsity,clustCoeff,portv,
                daysPerPeriod,mode=mode,LRTerms=LRTerms)
    lrres
}
```

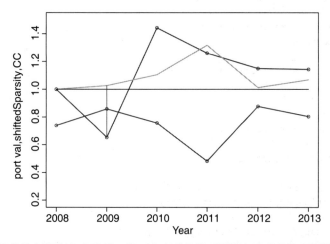

图 9.18　根据聚类绘制投资组合收益。前两个序列是滞后投资组合价值和预测滞后投资组合价值（没有点）。底部序列是协同运动图的稀疏度。垂直线段用于突出牛市/熊市预测与实际价格水平不匹配的情况

一年的周期内可能有太多的牛市和熊市趋势，因此无法将其纳入一个时间段。稀疏度中存在某种变化，一定程度上与滞后的投资组合价值有关。当将数据集缩减到一年的稀疏度和价值时，数据集就变得非常小。无论如何，我们看到了一些积极的结果，预测准确率达到 80%。

```
> yrlyDF  <- runGlassoAndLinReg(252,Sharpe,mode=1,LRTerms=1)
[1] 0.8
```

这个结果是鼓舞人心的，但只取得了有限的成功。现在，我们将从季度和月度的协同运

动图来预测投资组合的方向。

9.11 季度稀疏度回归

让我们考虑按季度重试图 9.18 的图表类型。毕竟，每个季度的股市收益率可能相差很大。六年包括 24 个季度。然后，我们再看一下稀疏度和聚类系数与投资组合价值滞后之间的趋势。具体来说，根据文献（Ang 和 Bekaert, 2003）的假设，更高的稀疏度会产生更高的投资组合收益。我们再次运行 R 语言 lm() 函数并请求 summary()。这次每周期天数 daysPerPeriod=63 而不是 252。这意味着总周期数 totalPeriods=24。

```
Coefficients:
            Estimate Std. Error t value Pr(>|t|)
(Intercept)  0.9109     0.2001    4.552 0.000174 ***
sparsity     0.3042     0.1247    2.440 0.023655 *
clustCoeff  -0.1579     0.2178   -0.725 0.476579
```

从上面的总结报告中可以看出，聚类系数并没有以一种有用的方式纳入回归。仅使用稀疏度重新运行回归得到如下总结：

```
Coefficients:
            Estimate Std. Error t value Pr(>|t|)
(Intercept) 0.77003    0.09355   8.231 3.67e-08 ***
sparsity    0.35562    0.12214   2.912  0.00809 **
```

我们的 β 有两个和三个星号，我们变得乐观起来。报告的 p 值现在远低于 0.05。

这是一个回归方程，它定义了我们的预测向量 z_{qtrly}，我们需要独立随机变量 qtrlySparsity 和 qtrlyClustCoeff 的数据；然而，qtrlyClustCoeff 还是没有以一种有用的方式纳入回归。β^{qtrly} 的值将不同于每年的值。

$$z_{qtrly} = \beta_0^{qtrly} + \beta_1^{qtrly} \times \text{qtrlySparsity} \tag{9.18}$$

当我们将 clustCoeff 从回归中去掉时，我们只得到截距和稀疏度，图 9.19 显示了以 82.6% 的成功率运行 runGlassoAndLinReg() 函数的季度回归结果。

```
> runGlassoAndLinReg(63,Sharpe,mode=2,LRTerms=1)
[1] 0.826087
```

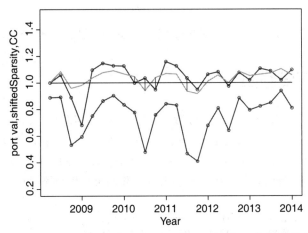

图 9.19 投资组合价值的 24 个季度。前两个序列是滞后的投资组合值，没有标记点，预测值 z。最下面的那个序列是稀疏度

图 9.20 显示了第 23 个季度的季度运行情况。这张图很稀疏。就目前而言，市场在这 63 天里看涨也是事实。

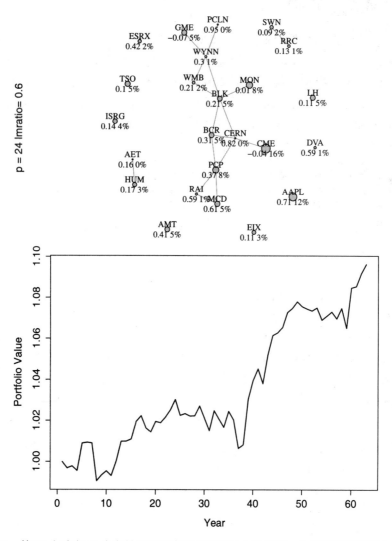

图 9.20　第 23 个季度 63 个交易日的聚类图和投资组合价值图。本季度经济复苏非常乐观

9.12　月度稀疏度回归

在金融分析中，很多时候我们希望找到趋势，但结果却发现，由于市场的高度随机性，逻辑和直觉在应用中受到了很大的限制。然而，在这种情况下，我们确实看到了月度周期的关系，如图 9.21 所示。现在，对于每月，我们有 daysPerPeriod=21 和 totalPeriods=72。

对于每月的案例，我们在样本中有更多的点。我们可以看到下面的回归总结：

```
Coefficients:
            Estimate Std. Error t value Pr(>|t|)
(Intercept)  0.92992    0.03215  28.920   <2e-16 ***
sparsity     0.10862    0.04187   2.594   0.0115 *
```

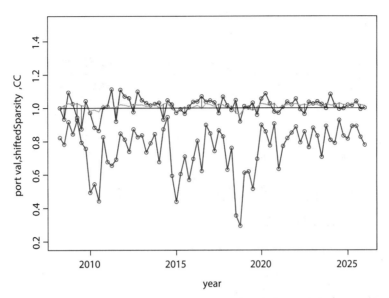

图 9.21　72 个月的投资组合值。前两个序列是滞后的投资组合值和无点标记的预测因子 z。最下面的一个序列是稀疏度。省略聚类系数

我们最好的线性回归公式只有一个独立随机变量。

$$z_{mnthly} = \beta_0^{mnthly} + \beta_1^{mnthly} \times \text{mnthlySparsity} \tag{9.19}$$

```
> runGlassoAndLinReg(21,Sharpe,mode=3,LRTerms=1)
[1] 0.6478873
```

我们的成功率是 64.7%。这就引出了一个问题，如果我们作为投资者，并将稀疏度作为主要预测指标，未来潜在收益能否通过在 Glasso 生成的图表上使用稀疏性和连通性度量来预测是看涨还是看跌？这些微小的成功表明，或许它们可以在某些季度和月度时间表上做到这一点；在本章习题中，我们探讨了样本外的情况。

9.13　架构和扩展

聚类分析的软件架构包括用于查找图表结构的 Glasso 算法和线性回归，将这些图表用作下一个牛市或熊市时期的市场信号。图 9.22 是显示函数层次结构的结构图。夏普比率可以用来增强图形标签。需要价格才能够找到对数收益、协方差和逆协方差矩阵。运行 Glasso 算法不仅可以生成图表和市场图表，还可以跟踪图表度量。一旦图表度量可用，就可以尝试按照年度、季度和月度进行线性回归。

要知道，此时我们对年度、季度和月度图表的预测仅在提供的样本内。对于有想法的读者来说，有一个习题可以通过对样本外数据使用样本内系数来扩展回归。2014 年和 2015 年为年度、季度和月度案例提供了整整两年的可用样本外数据。请参阅本章最后一个习题。

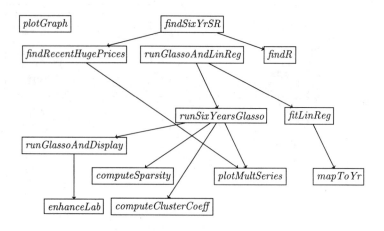

图 9.22 调用函数的层次结构图

9.14 习题

（1）绘图并找到以下邻接矩阵的稀疏度和聚类系数：

$$A_1 = \begin{pmatrix} 0 & 1 & 1 & 0 & 0 \\ 1 & 0 & 1 & 0 & 1 \\ 1 & 1 & 0 & 1 & 1 \\ 0 & 0 & 1 & 0 & 0 \\ 0 & 1 & 1 & 0 & 0 \end{pmatrix}$$

（a）使用节点名 U、V、W、X 和 Y 绘制无向图。
（b）使用方程式 9.7 和 9.9。显示所有中间步骤。
（c）使用 R 实用函数 computeSparsity() 和 computeClusterCoeff()。

（2）检验 Wishart 分布的变量

显示图 9.12 的代码位于 9.6 节中。

（a）在种子设定为 138 的情况下运行代码。使用 50 个分隔符显示 W.empir[，1]、W.empir[，6]、W.empir[，11] 和 W.empir[，16] 的四个柱状图。
（b）解释为什么没有一个值是负数。

（3）将聚类预测扩展到样本外数据集（本题难度大）

想挑战一下的读者可以通过对样本外数据使用样本内系数来扩展回归。2014 年和 2015 年为年度、季度或月度案例提供了整整两年的可用样本外数据。检查 runSixYrsGlasso() 和本书中其他之前的程序以了解加载价格，并根据需要进行分离，这样我们就可以运行一个六年的样本内模拟和两年的样本外模拟（而不仅仅是六年的样本内模拟）。

（a）构建并执行年度模拟。
（b）构建并执行季度模拟。
（c）构建并执行月度模拟。

第 10 章
衡量市场情绪

最常见的市场区制分为牛市（bull）和熊市（bear）。在第 9 章中，我们在投资组合的基础上研究了如何使用无向高斯图模型来衡量市场情绪。尤其是稀疏性，即在图中缺少的那些边的数量，某种程度上表明了当前市场的景气度。

通常来说，辨别市场区制是很难的。如果这很容易，那么正确跟随市场的趋势行为肯定比现在的实际情况更常发生。观察时间窗可以帮助我们确定市场区制。很多市场从业者都注意到了，牛市的波动性要比熊市要低。在金融危机时期内会出现市场恐慌，市场恐慌作为很多熊市的一个常见现象，会造成价格跌落速度比正常的价格提升速度要快很多。这种差距在有些时候是非常明显的，比如从 2000 年 1 月开始的牛市到 2008 年 9 月市场回落。

使用工具来确定市场情绪已经有很长的历史了。本章将会从一个市场区制转移（Ang 和 Bekaert, 2004）的理论开始。这个方法出自于 2004 年 Ang 和 Bekaert 的论文 "How regimes affect asset allocation"。下面几行是这个理论的简单阐述：首先，装载原始数据并且计算风险资产的回报，在这里使用的例子是 SPY（标普 500 指数）、EWL（瑞士指数）和 EWJ（日本指数）。这三种资产几乎都是与地域相关的，但 Ang 和 Bekaert 发现他们在国际多元化市场中是最重要的。在 Ang 和 Bekaert 的发现背后的基本经济原理是，消费者更容易去延迟购买耐用商品，却不那么容易延迟购买服务商品。举个例子，如果我没有工作，那么我会选择延迟购买一辆新车，但是我不能延迟去付我手机的账单或者房租（因为会导致服务中断）。基于这个思路，在经济低迷时期，消费者的延迟消费行为会导致制造业出现不相称的低回报。这事情反过来也是一个可以套利的机会。如果我们怀疑出现了这种情况，即制造业比服务业更不景气，那么我们就可以在这个经济低迷时期做空（比如赊销给经纪人）制造业资产，并且做多服务业资产。在这里，我们假设 EWJ 代表制造业经济走向，而 EWL 代表小型服务业经济走向，SPY 代表一个大型服务业走向。

10.1 马尔可夫区制转移模型

假设一个样本时间序列 $\{y_t\}_{t=1}^{T}$，这里 y_t 是假定的某个资产的对数回报。

$$y_t = \mu_{S_t} + \sigma_{S_t}\epsilon_t \tag{10.1}$$

$$\epsilon_t \sim N(0,1) \tag{10.2}$$

我们假设市场有两种区制，即熊市（1）和牛市（2）。那么可以得到一个状态变量

$S_t \in \{1,2\}$，这个状态不是个显态，但是必然可以从对数回报过程的走向中发现。这个状态过程可以被认为是一个马尔可夫链（Markov Chain），其转移概率为：

$$P(S_t = i \mid S_{t-1} = j) = p_{ij}$$

马尔可夫链是一个随机过程，它在一个状态集合下经历从一种状态到另一种状态的转换，正如图 10.1 描绘的那样。

模型参数值 $\theta = (\mu_1, \sigma_1, \mu_2, \sigma_2, p_{11}, p_{22})$ 是通过最大似然估计法估计出来的，这里 μ_1 是牛市的均值，σ_1 是牛市的标准差，μ_2 是熊市的均值，σ_2 是熊市的标准差。$p_{1,1}$ 是当前状态为牛市且保持到下个状态也为牛市的概率，$p_{2,2}$ 是当前状态为熊市且保持到下个状态也为熊市的概率。

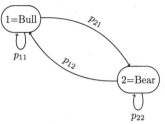

图 10.1　区制转换状态转移图

定义可见数据的似然函数最大化公式为：

$$L(\theta) = \prod_{t=1}^{T} f(y_t \mid \theta)$$

其中

$$f(y_t \mid \theta) = \sum_i \sum_j f(y_t \mid S_t = i, S_{t-1} = j; \theta) P(S_t = i, S_{t-1} = j; \theta)$$

有关似然的更多知识请参见附录。现在再来看 $\theta = (\mu_1, \sigma_1, \mu_2, \sigma_2, p_{11}, p_{22})$，通过上面的公式可以获得四种状态转移概率的函数 $f(y_t \mid \theta)$：

$$\begin{aligned} f(y_t \mid \theta) &= \sum_i \sum_j f(y_t \mid S_t = i, S_{t-1} = j; \theta) P(S_t = i, S_{t-1} = j; \theta) \\ &= \frac{1}{\sigma_1 \sqrt{2\pi}} e^{-\frac{1}{2}\left(\frac{y_t - \mu_1}{\sigma_1}\right)^2} P(S_t = 1, S_{t-1} = 1; \theta) \\ &+ \frac{1}{\sigma_1 \sqrt{2\pi}} e^{-\frac{1}{2}\left(\frac{y_t - \mu_1}{\sigma_1}\right)^2} P(S_t = 1, S_{t-1} = 2; \theta) \\ &+ \frac{1}{\sigma_2 \sqrt{2\pi}} e^{-\frac{1}{2}\left(\frac{y_t - \mu_2}{\sigma_2}\right)^2} P(S_t = 2, S_{t-1} = 2; \theta) \\ &+ \frac{1}{\sigma_2 \sqrt{2\pi}} e^{-\frac{1}{2}\left(\frac{y_t - \mu_2}{\sigma_2}\right)^2} P(S_t = 2, S_{t-1} = 1; \theta) \end{aligned}$$

这里可以使用 $\phi(\cdot)$ 表示概率密度函数来简化上面的公式，可得：

$$\frac{1}{\sigma_i \sqrt{2\pi}} e^{-\frac{(y_t - \mu_i)^2}{2\sigma_i^2}} = \frac{1}{\sigma_i} \phi\left(\frac{y_t - \mu_i}{\sigma_i}\right)$$

这里 ϕ 是标准正态概率密度函数，根据正态分布的定义：

$$\phi(x) = \frac{1}{\sqrt{2\pi}} e^{-\frac{1}{2}x^2}$$

由于标准正态分布的标准差为 $\sigma = 1$，所以 $\phi(\cdot)$ 需要乘以 $\frac{1}{\sigma}$，则有：

$$f(y_t) = \frac{1}{\sigma_i\sqrt{2\pi}} e^{\frac{(y_t-\mu_i)^2}{2\sigma_i^2}} = \left(\frac{1}{\sigma_i}\right)\frac{1}{\sqrt{2\pi}} e^{-\frac{1}{2}\left(\frac{y_t-\mu_i}{\sigma_i}\right)^2} = \frac{1}{\sigma_i}\phi\left(\frac{y_t-\mu_i}{\sigma_i}\right)$$

通过使用 $\phi(\cdot)$ 这个记号，以及常量不会影响最大似然估计的原理，可以获得如下公式：

$$\begin{aligned}f(y_t|\theta) &= \frac{1}{\sigma_1}\phi\left(\frac{y_t-\mu_1}{\sigma_1}\right)P(S_t=1, S_{t-1}=1;\theta)\\ &+ \frac{1}{\sigma_1}\phi\left(\frac{y_t-\mu_1}{\sigma_1}\right)P(S_t=1, S_{t-1}=2;\theta)\\ &+ \frac{1}{\sigma_2}\phi\left(\frac{y_t-\mu_2}{\sigma_2}\right)P(S_t=2, S_{t-1}=2;\theta)\\ &+ \frac{1}{\sigma_2}\phi\left(\frac{y_t-\mu_2}{\sigma_2}\right)P(S_t=2, S_{t-1}=1;\theta)\end{aligned}$$

通过对上面的联合状态概率公式使用贝叶斯法则，可以将联合状态概率 $P(S_t=1, S_{t-1}=1;\theta)$ 分解为一个条件分量 $P(S_t=1|S_{t-1}=1)$ 和一个边缘分量 $P(S_{t-1}=1)$ 中，例子如下：

$$\begin{aligned}f(y_t|\theta) &= \frac{1}{\sigma_1}\phi\left(\frac{y_t-\mu_1}{\sigma_1}\right)P(S_t=1|S_{t-1}=1)P(S_{t-1}=1)\\ &+ \frac{1}{\sigma_1}\phi\left(\frac{y_t-\mu_1}{\sigma_1}\right)P(S_t=1|S_{t-1}=2)P(S_{t-1}=2)\\ &+ \frac{1}{\sigma_2}\phi\left(\frac{y_t-\mu_2}{\sigma_2}\right)P(S_t=2|S_{t-1}=2)P(S_{t-1}=2)\\ &+ \frac{1}{\sigma_2}\phi\left(\frac{y_t-\mu_2}{\sigma_2}\right)P(S_t=2|S_{t-1}=1)P(S_{t-1}=1)\end{aligned}$$

一旦获得了单独的条件概率，我们就可以用模型里的分量来替代它们。这里已知 $p_{11}=P(S_t=1|S_{t-1}=1)$，$p_{12}=P(S_t=1|S_{t-1}=2)$，$p_{22}=P(S_t=2|S_{t-1}=2)$，$p_{21}=P(S_t=2|S_{t-1}=1)$，可推得：

$$\begin{aligned}f(y_t|\theta) &= \frac{1}{\sigma_1}\phi\left(\frac{y_t-\mu_1}{\sigma_1}\right)p_{11}P(S_{t-1}=1)\\ &+ \frac{1}{\sigma_1}\phi\left(\frac{y_t-\mu_1}{\sigma_1}\right)p_{12}P(S_{t-1}=2)\\ &+ \frac{1}{\sigma_2}\phi\left(\frac{y_t-\mu_2}{\sigma_2}\right)p_{22}P(S_{t-1}=2)\\ &+ \frac{1}{\sigma_2}\phi\left(\frac{y_t-\mu_2}{\sigma_2}\right)p_{21}P(S_{t-1}=1)\end{aligned}$$

对于一个马尔可夫链的性质，可以得知 $p_{22}+p_{12}=1$ 以及 $p_{11}+p_{21}=1$，那么可推得似然函数的变量域 $\theta=(\mu_1, \sigma_1, \mu_2, \sigma_2, p_{11}, p_{22})$，及其递归函数，即根据先验时间段 t 做定义 $t-1$ 的函数服从：

$$f(y_t|\theta) = \frac{1}{\sigma_1}\phi\left(\frac{y_t-\mu_1}{\sigma_1}\right)p_{11}P(S_{t-1}=1)$$

$$+\frac{1}{\sigma_1}\phi\left(\frac{y_t-\mu_1}{\sigma_1}\right)(1-p_{22})P(S_{t-1}=2)$$

$$+\frac{1}{\sigma_2}\phi\left(\frac{y_t-\mu_2}{\sigma_2}\right)p_{22}P(S_{t-1}=2)$$

$$+\frac{1}{\sigma_2}\phi\left(\frac{y_t-\mu_2}{\sigma_2}\right)(1-p_{11})P(S_{t-1}=1)$$

这样，最大似然估计就导出了参数估计结果。下面我们可以记录马尔可夫区制转移模型的参数，这些参数估计方法是最大似然，通过使用 Marcello Perlin 于 2006 年实现的 R 语言包 fMarkovSwitching 来完成，这个方法出自于 Hamilton 的时间序列分析（Hamilton，1994）以及 Pennacchi 的资产定价成果（Pennacchi，2007）。当然，现在要求读者重现这些结果是很难的，因为 fMarkovSwitching 包已经过时了，不过我们可以在这里讨论这些结果。我们所期望的牛市会有一个更大的均值回报和更小的标准差，对比之下，熊市会有更小的均值回报和更大的标准差，正如表 10.1 中所展示的那样。我们在下面所观察到的状态 1 的标准差 σ_1 大约是状态 2 的标准差 σ_2 的一半，具体参见表 10.1。我们也可以观察到均值的表现是相反的，即状态 1 的均值回报 μ_1 大概为 5%，而状态 2 的均值回报大概为 −6%（见表 10.2）状态 1 和状态 2 的标准误差见表 10.3。

当然也可以发现每个状态都有很强的持续性，表 10.4 展示了每个状态都有大约 95% 的概率保持到下一个状态。这佐证了熊市和牛市都趋向于持续这个事实。在 Ang 和 Bekaert 的发现中可以得到熊市与牛市之比大概是 2 比 1，这意味着平均每个牛市会持续 15 个月，平均每个熊市可以持续 8 个月。

表 10.1 各个区制的标准差

	1	2
1	0.0235	0.0538

表 10.2 各个状态的均值

	1	2
1	0.0508	−0.0626

表 10.3 各个状态的标准误差

	1	2
1	0.0111	0.0031

表 10.4 转移矩阵

	1	2
1	0.9668	0.0119
2	0.0332	0.9881

10.2 读取市场数据

探索 Ang 与 Bekaert 模型的第一步是解读证券价格的数据文件。下载 SPY、EWL 和 EWJ 的月收盘价格。我们希望来对比比较均衡的经济（SPY）、制造业经济（EWJ）和服务业经济（EWL）在熊市和牛市环境下的情况。我们把数据读取到数据结构中，并加载区制转换最大似然估计的结果。用 1.0 代表牛市状态，用 0 代表其他状态。

```
setwd(paste(homeuser,"/FinAnalytics/ChapX",sep=""))

spy=read.csv("spy.csv",header=TRUE)
ewj=read.csv("ewj.csv",header=TRUE)
ewl=read.csv("ewl.csv",header=TRUE)
```

```
spy[1:3,]
smoothProbspy=read.csv("smoothProbspy.csv",header=TRUE)
smoothProbspy[1:3,]

#Plot series:
par(mfrow=c(5,1))
par(mar=c(1,2,1,1))
plot(spy[,5],type="l",col=4)
plot(ewj[,5],type="l",col=4)
plot(ewl[,5],type="l",col=4)
plot(smoothProbspy[,1],type="l",col=4)
#lines(smoothProbspy[,2],type="l",col=5)

stateProb=rep(0,length(ewl$Date))
for (i in 1:length(ewl$Date)){
  if (smoothProbspy$V1[i]>0.5){
    stateProb[i]=1.0
  }
} plot(stateProb,type="l",col=4)
```

现在就可以画出这三种指数的收盘价格和状态概率了。通过图 10.2 所画出的时间序列走势图，可以探究牛市（即大概都是市场上扬走势的时间段）的特点。

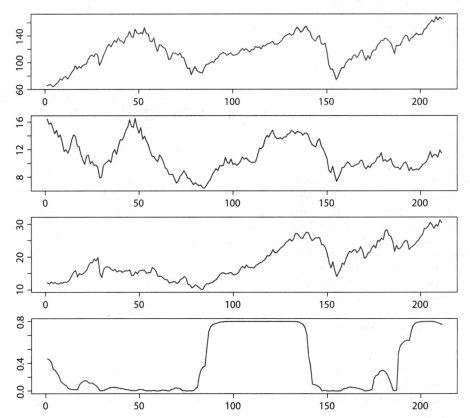

图 10.2 最上面三幅图分别是风险资产 SPY、EWJ 和 EWL 的月价格图，下面两幅图是 SPY 的区制状态概率和 SPY 的区制转换阈值

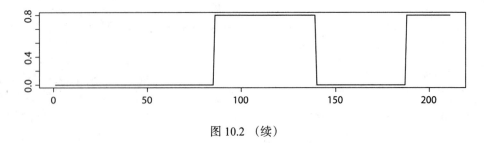

图 10.2 （续）

所有的方差矩阵和优化投资策略组合计算需要用到的都是回报，而不是原始价格。所以需要通过下面的等式将原始价格转换成资产回报：

$$r_t = \frac{P_t - P_{t-1}}{P_{t-1}} = \frac{P_t}{P_{t-1}} - 1$$

这里的 R_t 代表当前时段的回报，P_t 为当前时段价格，而 P_{t-1} 是前一个时段的价格。这些价格都是第 3 章所定义的回报净值。

```
#sum(stateProb)
Rspy=rep(0,length(ewl$Date))
Rewl=rep(0,length(ewl$Date))
Rewj=rep(0,length(ewl$Date))
for (i in 2:length(ewl$Date)) {
  Rspy[i]=spy$Adj.Close[i]/spy$Adj.Close[i-1]-1
  Rewl[i]=ewl$Adj.Close[i]/ewl$Adj.Close[i-1]-1
  Rewj[i]=ewj$Adj.Close[i]/ewj$Adj.Close[i-1]-1
 }
```

通过所定义的回报向量，就可以构建熊市和牛市的回报向量了，即通过状态概率向量一步步地把熊市时段回报放入熊市回报向量中，把牛市时段回报放入牛市回报向量中。

```
a=1
b=1
#sum(stateProb)
bullRspy=rep(0,sum(stateProb))
bullRewl=rep(0,sum(stateProb))
bullRewj=rep(0,sum(stateProb))
bearRspy=rep(0,length(ewl$Date)-sum(stateProb))
bearRewl=rep(0,length(ewl$Date)-sum(stateProb))
bearRewj=rep(0,length(ewl$Date)-sum(stateProb))
for (i in 1:length(ewl$Date)) {
  if (smoothProbspy$V1[i]>0.5) {
    bullRspy[a]=Rspy[i]
    bullRewl[a]=Rewl[i]
    bullRewj[a]=Rewj[i]
    a=a+1
  } else {
    bearRspy[b]=Rspy[i]
    bearRewl[b]=Rewl[i]
    bearRewj[b]=Rewj[i]
    b=b+1
  }
}
#Plot series:
par(mfrow=c(3,1))
par(mar=c(2,2,1,1))
```

```
plot(bearRspy,type="l",col=4,main="S&P 500 Index")
plot(bearRewl,type="l",col=4,main="Swiss Index")
plot(bearRewj,type="l",col=4,main="Japanese Index")

hist(bearRspy,breaks=40,col=4,xlim=c(-.2,.2),main="S&P 500 Index")
hist(bearRewl,breaks=40,col=4,xlim=c(-.2,.2),main="Swiss Index")
hist(bearRewj,breaks=40,col=4,xlim=c(-.2,.2),main="Japanese Index")
```

现在可以通过图 10.3 画出这三种资产的回报向量，并注意到这与高波动性和低波动性时期相对应。通过柱状图可以得知每个资产回报的实际分布，见图 10.4。

```
> mean(bearRspy)
[1] 0.003797312
> mean(bearRewl)
[1] 0.00169756
> mean(bearRewj)
[1] -0.007118687
```

通过均值结果可以发现 SPY 相比于其他两种资产有更高的回报。使用区制转换只是衡量市场情绪走向的一种直接方法，而 10.3 节介绍的贝叶斯推理则是另外一种方法。

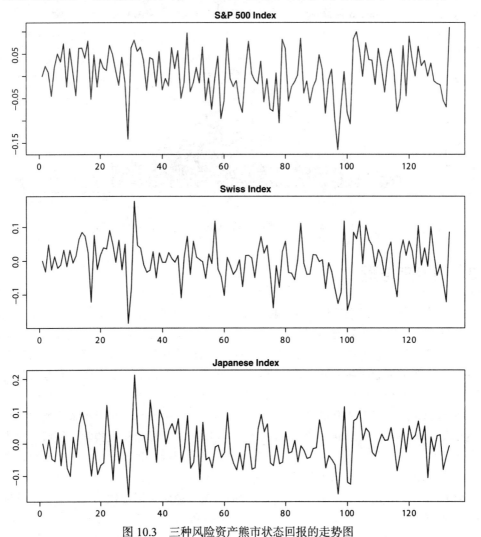

图 10.3　三种风险资产熊市状态回报的走势图

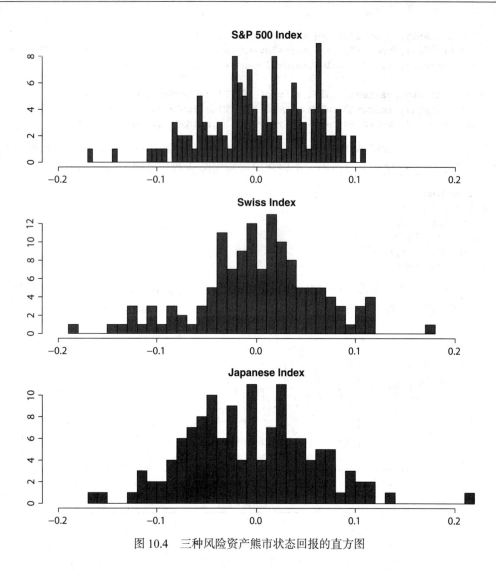

图 10.4 三种风险资产熊市状态回报的直方图

10.3 贝叶斯推理

在之前的章节中，我们使用了非有向图来归纳市场随机变量的群组。在本章中，我们将再次使用图模型，但是与之前不同的是，这次图中的边是有方向的，用来展示所期望的因果性，并且点将会是代表真假的布尔谓词，它可能是真可能是假，拥有不确定性。贝叶斯概率网络在人工智能和机器学习领域中是很重要的方法之一。在历史上，计算机科学曾经将任何涉及不确定性的推理归纳到人工智能领域，当然也包括贝叶斯推理（Pearl，1998）。机器学习方法对比于人工智能方法有更多统计学上的全面和严谨的要求。贝叶斯概率网络，也经常被称为 BN（Bayesian Network，贝叶斯网络），跨越了人工智能和机器学习领域。它为人工智能领域提供了一个更加正式的模型。因为这个网络的根源在逻辑学上，下面简单讨论一下计算机科学领域中用到的逻辑学和图论知识。

在计算机科学的文献中充斥着自动化推理的方法。命题逻辑提供了一个关于条件推理做定理证明所必需的机制，并且有一些编程语言比如 Prolog（Colmerauer 和 Roussel，1983）

通过求谓词的值来作为程序执行的方法。命题逻辑的断言放入软件程序的控制点上（Floyd，1967；Hoare，1969）。时态逻辑是谓词逻辑的一种变体，用时间点的条件推理来做软件程序（Pnueli，1977）或者硬件电路（Clarke 和 Emerson，1981；Bennett，1986）的正确性证明。命题逻辑和时序逻辑的推理都是正确性的，这也有助于验证计算机工程较底层的离散布尔逻辑。

而贝叶斯推理将谓词和概率联系在一起。假设这里有一个命题逻辑，其中有谓词 *GressSoaked*（沁水的草地），*Raining*（下雨），*SprinklerOn*（洒水器），那么有以下蕴含（implication）：

$$(SprinklerOn => GrassSoaked) 且 (Raining => GrassSoaked) \tag{10.3}$$

这里 $v => w$ 被定义为 $\neg v \vee w$。在时序逻辑中，时间段被定义为一个最后算子 $\diamond$，放入上面的公式中可得：

$$(SprinklerOn => \diamond GrassSoaked) 且 (Raining => \diamond GrassSoaked) \tag{10.4}$$

接着使用贝叶斯推理，把条件概率嵌入到这个蕴含中：

$$P(GrassSoaked \mid SprinklerOn) 且 P(GrassSoaked \mid Raining) \tag{10.5}$$

这样我们就不仅仅考虑谓词是否为真，同时也要考虑这个谓词为真的概率。接下来将会介绍先验和后验分布来计算我们观察到事件之前和之后的概率（Ruppert，2011），然后再应用逻辑的形式来获得这个先验和后验分布（Pnueli，1997）。

10.4　Beta 分布

Beta 分布在贝叶斯推理中是极其重要的。与正态分布这样的实数域范围从 $-\infty$ 到 ∞ 不同的是，Beta 分布的实数域在 [0,1] 区间内。在衡量概率参数的似然时，我们都知道这些参数一定都在 [0,1] 的区间内，所以 Beta 分布在这里是非常有用处的。

Beta 概率密度函数为

$$P(X = x) = f(x) = \frac{\Gamma(\alpha+\beta)}{\Gamma(\alpha)\Gamma(\beta)} x^{\alpha-1}(1-x)^{\beta-1}, \text{ 其中 } \alpha, \beta \in 1, 2, 3, \cdots \tag{10.6}$$

10.5　先验和后验分布

贝叶斯法则允许我们在看到随机变量的值之前或者之后来推理其分布情况。贝叶斯法则在第 3 章已经讨论过了，其公式为：

$$P(Y_2 \mid Y_1) = \frac{P(Y_1 \mid Y_2)P(Y_2)}{P(Y_1)} \tag{10.7}$$

如果我们有一个参数或者参数集 θ，那么我们就可以使用 π 在观察 Y 之前来考察其先验分布 $\pi(\theta)$，也可以在观察了 Y 之后考察其后验分布 $\pi(\theta|Y)$，并且研究这些参数 θ 与事件相对的密度分布。接下来可以试着使用贝叶斯法则来发现 $\pi(\theta|Y)$：

$$\pi(\theta \mid Y) = \frac{f(Y \mid \theta)\pi(\theta)}{f(Y)} = \frac{f(Y \mid \theta)\pi(\theta)}{\int f(Y \mid \theta)\pi(\theta)d\theta} = \frac{f(Y \mid \theta)\pi(\theta)}{C} \tag{10.8}$$

这里的积分不再是一个关于 θ 的函数，而是一个常量 C，这让整个公式变得简单了。C 可以在积分或者加和 $\pi(\theta|Y)$ 的所有概率等于 1 的情况下得出。

如果我们想根据基于市场契机的策略来研究短期走向，那么在我们看到一个连续正或者负回报的序列时，就会更新即将到来的回报是正还是负的信念。最开始的时候，在观察之前，我们有不带偏见的信念，即一个给定市场是熊市还是牛市，这就像一个 $Beta(2,2)$ 分布，它是一个对称连续分布，并且很容易去拟合 $\pi(\theta)$，对于这个分布，其 $p.d.f$（概率密度函数）为：

$$\pi(\theta) = 6\theta(1-\theta) \tag{10.9}$$

设 Y 为 5 次观察结果中能看到一个正回报的次数。我们的目的是为了寻找一个可以覆盖简单对数回报布尔值（比如接下来的序列）的逻辑结构。这里有一个例子，对于 21 个连续调整后收盘价，可以得知有 20 个对数收益，还有 20 个确定对数收益是否为正的布尔值。

```
> setwd(paste(homeuser,"/FinAnalytics/ChapX",sep=""))
> ec = read.csv("ECprices201305.csv")[,1]
> (diff(log(ec))>0)[1:20]
 [1] FALSE FALSE FALSE  TRUE  TRUE FALSE  TRUE FALSE FALSE  TRUE FALSE
[12]  TRUE FALSE  TRUE FALSE  TRUE  TRUE FALSE FALSE  TRUE
```

上面的这个 TRUE/FALSE 或者说 1/0 值的序列对于序列 $Y_1,\cdots,Y_5$ 来说是已知的，可统写为 $Binomial(5,\theta)$，其概率密度公式如下，并且在图 10.5 的左上图展示了结果（这个分布会在附录里提到）：

$$f(y|\theta) = \binom{5}{y}\theta^y(-\theta)^{5-y} \tag{10.10}$$

现在，根据公式 10.8，我们可以把公式 10.9 和公式 10.10 的两个概率密度分布函数代入 $Y_1,\ldots,Y_5$ 为 TRUE 的后验密度里：

$$\pi(\theta|5) = \frac{6\theta^6(1-\theta)}{\int 6\theta^6(1-\theta)d\theta} = \frac{6\theta^6(1-\theta)}{C_5} \tag{10.11}$$

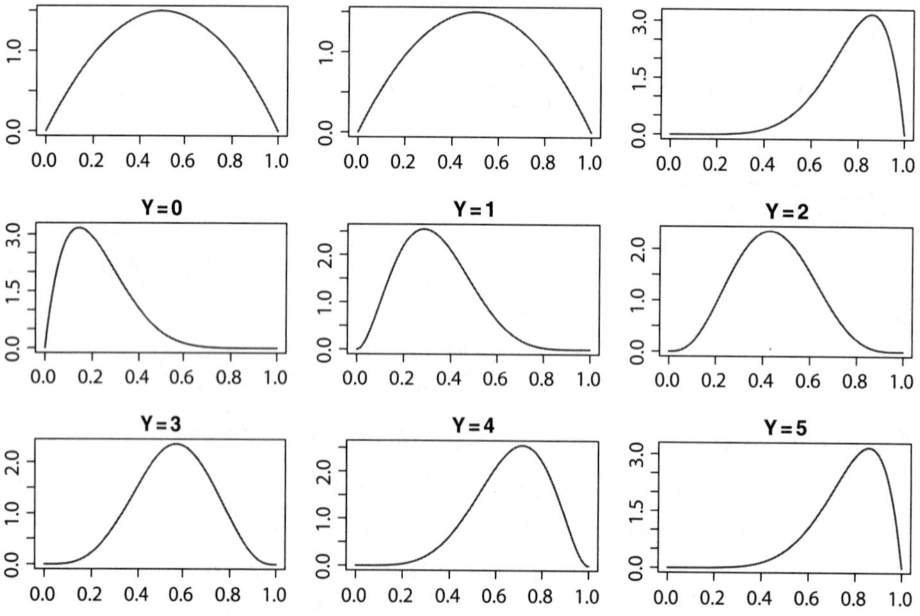

图 10.5　第一行为两个先验密度的计算结果和一个 $\pi(\theta|5)$ 的计算结果。后 6 张图表示 $\pi(\theta|y)$ 从 Y 等于 0 到 5 的结算结果，每张图上面都有标记

相似地，如果所有的 $Y_1,...,Y_5$ 为假，那么它的后验密度为：

$$\pi(\theta|0) = \frac{6\theta^6(1-\theta)}{\int 6\theta^6(1-\theta)d\theta} = \frac{6\theta(1-\theta)^6}{C_0} \tag{10.12}$$

可以通过计算或者分析来获得 C_5 和 C_0 的值。下面的 R 语言代码用来模拟各种潜在的后验分布形式，结果已经在图 10.5 中给出。这个模拟通过 1 万次尝试并且在从 1 到 N 的 for 循环中通过 postYis5DensTheta 和 postYis0DensTheta 变量来获得积分，最后再除以 N 来获得结果。

```
N=10000
par(mar=c(2,2,2,2))
computePostDist <- function(n=5) {
  theta = vector(length=N)
  betaDensTheta = vector(length=N)
  priorDensTheta = vector(length=N)
  postYisnDensTheta = vector(length=N)
  postYis0DensTheta = vector(length=N)
  postYisyDensTheta = matrix(rep(0,(n+1)*N),nrow=(n+1),ncol=N)
  for(i in 1:N) {
    theta[i] = i/N
    betaDensTheta[i] = dbeta(theta[i],2,2)
    #validate our expression for priorDensTheta
    priorDensTheta[i] = 6*theta[i]*(1-theta[i])
    postYisnDensTheta[i] = 6*theta[i]*(1-theta[i])*(theta[i])^n
    postYis0DensTheta[i] = 6*theta[i]*(1-theta[i])*(1-theta[i])^n
    for(y in 0:n)
      postYisyDensTheta[(y+1),i] = dbeta(theta[i],2,2)*
                                    dbinom(y,n,theta[i])
  }
  print(paste("Cn is",sum(postYisnDensTheta/N)))
  print(paste("C0 is",sum(postYis0DensTheta/N)))
  #
  postYisnDensTheta = N*postYisnDensTheta/sum(postYisnDensTheta)
  for(y in 0:n)
    postYisyDensTheta[(y+1),] = N*postYisyDensTheta[(y+1),]/
      sum(postYisyDensTheta[(y+1),])

  par(mfrow=c(ceiling((4+n)/3),3))
  plot(theta,betaDensTheta,type='l')
  plot(theta,priorDensTheta,type='l')
  plot(theta,postYisnDensTheta,type='l')

  #par(mfrow=c(2,3))
  for(y in 0:n)
    plot(theta,postYisyDensTheta[(y+1),],
         type='l',main=paste("Y =",y),ylab="prob")
} computePostDist()
```

在计算和画出所有值 $Y = y$ 对应的 Beta 分布概率密度函数图（具体参见图 10.5）之后，可以得到结论：$C_5 = C_0 = \frac{6}{56}$。

```
> computePostDist()
[1] "Cn is 0.106983494617936"
[1] "C0 is 0.106983494617936"
```

将这些结果代回公式 10.6 和公式 10.8 之后，可得：

$$\frac{\Gamma(\alpha+\beta)}{\Gamma(\alpha)\Gamma(\beta)} = \frac{\Gamma(9)}{\Gamma(7)\Gamma(2)} = 56$$

上面的结果很容易通过 R 语言中的 *gamma*() 函数来计算。现在我们可以知道 $\pi(\theta|5)$ 服从 $Beta(7,2)$ 分布，$\pi(\theta|0)$ 服从 $Beta(2,7)$ 分布。

10.6 检验对数收益率的相关性

回报一般都被认为是有非零相关性的（Damodaran 和纽约大学斯特恩商学院）。我们可以通过一个专门为时间序列（比如价格或者对数回报序列）而设计的自相关函数 ACF，来得知刚刚的那个结论在多大程度上是真的。R 语言中的 *acf*() 函数用到的参数包括：整个序列的均值，以及通过 X_s 和 X_{s+t} 切出的两个部分序列，这里 X_{s+t} 为切出的时间序列的滞后量，而 X_s 为切出的时间序列的无滞后量。

$$c_t = \frac{1}{n}\sum_{s=1}^{n-t}(X_{s+t}-\bar{X})(X_s-\bar{X}) \text{ 且 } r_t = \frac{c_t}{c_0} \quad (10.13)$$

自己动手在 R 语言里实现这个算法，可以帮助我们理解这个分析矩阵里面所包含的术语。实现公式 10.13 的代码在下面，并且在代码段的最后有一部分是与 R 语言本身的 *acf*() 函数结果的比较。在代码里，我们将对数回报乘以 100，来保证它们不那么接近于 0。在代码中 R 就是 X。

```
setwd(paste(homeuser,"/FinAnalytics/ChapX",sep=""))
ec = read.csv("ECprices201305.csv")[,1]
maxlag=30
n=59
acfval = vector(length=(maxlag+1))

R = 100*diff(log(ec[1:(n+1)]))
Rbar = mean(R)

for(lag in 0:maxlag) {
  R1=R[1:(n-lag)]
  R2=R[(1+lag):n]

  if(lag == 0)
    c0 = 1/n*sum((R-Rbar)*(R-Rbar))

  acfval[lag+1] = 1/n*sum((R1-Rbar)*(R2-Rbar))/c0
}
par(mfrow=c(1,2))
plot(R1,type='l',ylim=c(-.04,.04),col=5,
     main=paste("Lag =",maxlag))
lines(R2,type='l',col=3)
round(acfval,3)
acf <- acf(R, lag.max=maxlag)
acf
lines(0:maxlag,acfval,col=5)
```

这里使用 0：30 的切片代替 1：31 的切片，这两种方法可以做一个自相关性的比较，正如下面看到的数字结果以及图 10.6 看到的图片结果。最强的相关性出现在最低的滞后阶上，这与期望相符。在滞后阶为 30 的情况下，看左边的图所显示出的两个对数回报序列 R_1 和 R_2，也是 R[] 中切分点。R_1 和 R_2 都是从 2013 年 5 月的 EC price 序列中取出来的。

```
> round(acfval,3)
 [1]  1.000 -0.223 -0.026 -0.010  0.003  0.150 -0.079  0.095
 [9] -0.082 -0.071  0.014 -0.080  0.063 -0.017  0.022 -0.111
[17] -0.041  0.047 -0.044  0.064 -0.012 -0.081 -0.122  0.144
[25] -0.028 -0.176  0.104  0.011 -0.076 -0.122  0.176
>
> acf <- acf(R, lag.max=maxlag)
> acf

Autocorrelations of series 'R', by lag

     0      1      2      3      4      5      6      7
 1.000 -0.223 -0.026 -0.010  0.003  0.150 -0.079  0.095
     8      9     10     11     12     13     14     15
-0.082 -0.071  0.014 -0.080  0.063 -0.017  0.022 -0.111
    16     17     18     19     20     21     22     23
-0.041  0.047 -0.044  0.064 -0.012 -0.081 -0.122  0.144
    24     25     26     27     28     29     30
-0.028 -0.176  0.104  0.011 -0.076 -0.122  0.176
```

这验证了我们对公式 10.13 的实现。

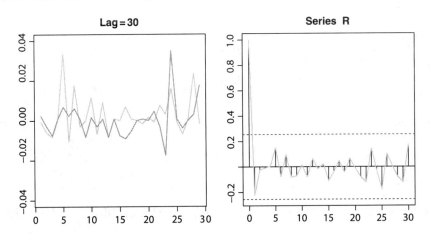

图 10.6　对数回报的时间序列以及它用两种方法计算的 30 个时间步滞后量的相关性的图像对比

10.7　态势图

如果我们有了之前所说的那三种资产的连续报价的对数回报 R_1 和 R_2，以及这两种对数回报的状态 S_1、S_2 和 S_3，那么（当需要考虑价格涨跌的时候）这两种对数回报可以简单地总结为两个布尔随机变量 Y_1 和 Y_2。

$$Y_1 = \mathbf{1}_{R_1 > 0} \text{ 且 } Y_2 = \mathbf{1}_{R_2 > 0} \tag{10.14}$$

这里 1 是一个返回布尔值的方程的表达式结果，这里 1 表示真，0 表示假。举个例子，当价格为美元对欧元的汇率报价时，这些随机变量可以用来作为一个态势表示来表征价格是涨还是跌，就像真假值在 10.5 节中的作用（根据对数回报价格上涨或者不变），这样：

$$Y_1 = \mathbf{1}_{\log(S_2/S_1)>0} \text{ 且 } Y_2 = \mathbf{1}_{\log(S_3/S_2)>0} \qquad (10.15)$$

众所周知，连续价格一般来说都有一些非零的相关性，正如 10.6 节所论证的那样，我们可以说 Y_1 和 Y_2 是相互依赖的关系，正如图 10.7 描绘的那样：

$$P(Y_1 = y_1) \text{ 且 } P(Y_2 = y_2 \mid Y_1 = y_1) \qquad (10.16)$$

图 10.7 一个独立随机向量和一个非独立随机向量展示了是否有连续对数回归是大于 0 的

下面的代码将会帮助我们查看一个巨大的价格数据集，并且记录我们的样本概率，这个价格数据集出自于文件 ECprices201308.csv，从 2013 年 8 月的 29 339 点开始的。

```
setwd(paste(homeuser,"/FinAnalytics/ChapXI",sep=""))
ec = read.csv("ECprices201308.csv")[,1]
ind = diff(log(ec))> 0
len = length(ind)
sum = matrix(rep(0,4),nrow=2,ncol=2)
N = 0
for(t in 1:(len-1)) {
  Y1 = ind[t]
  Y2 = ind[t+1]
  if(!Y1 && !Y2) sum[1,1] = sum[1,1] + 1
  if(!Y1 && Y2)  sum[1,2] = sum[1,2] + 1
  if(Y1 && !Y2)  sum[2,1] = sum[2,1] + 1
  if(Y1 && Y2)   sum[2,2] = sum[2,2] + 1
  N = N + 1
}
prob = sum/N
ind
prob
prob/.25
sum(prob)
```

下面的输出展示了所计算出的 2 乘 2 概率矩阵。它们看起来都离 $\frac{1}{4}$ 不太远，接着让它们都除以 $\frac{1}{4}$ 可以看到尤其是在右下方的 $P(Y_1) \& P(Y_2)$，我们会非常惊讶它离 $\frac{1}{4}$ 非常远。

```
> prob
          [,1]      [,2]
[1,] 0.2559566 0.2729659
[2,] 0.2730000 0.1980775
> prob/.25
          [,1]      [,2]
[1,] 1.023827 1.0918635
[2,] 1.092000 0.7923101
> sum(prob)
[1] 1
```

虽然我们已经知道了历史市场的连续价格有非零相关性了，但是我们仍然对样本相关性是正的还是负的有疑问。这个月数据的样本已足够大使我们的期望在 0.2500 概率的 1% 左右范围内。我们可以在下面看到最后的结果是 0.2500 的百分比。

```
#Should we expect consec. logrets to be
#up then down with prob .2500?
set.seed(1001)
N <- 30000; vec<-rnorm(N); sum<-0
for(i in 1:(N-1)){
   if(vec[i]>0 && vec[i+1]<=0) sum<-sum+1
}
> sum/N
[1] 0.2506
> 100*sum/N/.2500
[1] 100.24
```

如果 Y_1 和 Y_2 是正相关的,那么 $P(Y_1 \& Y_2)$ 在一个足够大的样本集中会是大于 $\frac{1}{4}$ 的。而不是 $P(Y_1 \& Y_2) = 0.1981$ 且 $P(\neg Y_1 \& \neg Y_2) = 0.2560$。将概率矩阵底部行加和为 $P(Y_1) = 0.2730 + 0.1981 = 0.4711$,而最右列加和则为 $P(Y_2) = 0.2730 + 0.1981 = 0.4710$。这样我们就可以用概率乘积方程两种形式的后一种来计算 $P(Y_2|Y_1)$:

$$P(Y_1 \& Y_2) = P(Y_1)P(Y_2|Y_1), 当且仅当 P(Y_2|Y_1) = \frac{P(Y_2 \& Y_1)}{P(Y_1)} \quad (10.17)$$

将 $P(Y_2 \& Y_1) = 0.1981$ 和 $P(Y_1) = 0.4711$ 代入可得 $P(Y_2|Y_1) = 0.4205$。我们这下知道了 Y_1 和 Y_2 是非独立的,因为 $P(Y_1)$ 几乎已经是 $\frac{1}{2}$(实际上是 0.4711)且 $P(Y_2)$ 几乎也是 $\frac{1}{2}$(实际上是 0.4710)。如果 Y_1 和 Y_2 是相互独立的,那么 $P(Y_2|Y_1)$ 将会和 $P(Y_2)$ 很接近,但是它们并不那么接近:分别为 0.4205 和 0.4710。

现在我们对 EURUSD(欧元兑美元)的外汇价格进行研究,这些价格通常在计算金融学的文献中被建模为一种 GBM(几何布朗运动,Geometric Brownian Motion)随机过程,与第 14 章和图 15.1 的内容相似。利率微分在公式 14.20 中提供了一个漂移项 μ。一个很有趣的分析问题是:这些市场对数回报与正态分布有多接近呢?我们知道,从正态分布中生成这些回报让我们可以得到更少的尾部事件,正如第 5 章所讨论的那样。那么什么样的尾部事件是市场对数回报呢?另一个有趣的问题是:通过 GBM 过程产生的价格是如何与市场的真实价格在相关性方面进行比较的呢?

29 338 个从之前两个 R 程序 *ind* 产生的指示变量所组成的向量也可以告诉我们,存在多少相关性或者独立性。我们知道,如果样本值是服从正态分布且独立的,那么 $P(Y_1 \& Y_2) = P(Y_1)P(Y_2)$ 将会是真的。所以如果 $P(Y_1)=0.5$ 且 $P(Y_2)=0.5$,那么 $P(Y_1)P(Y_2)=0.25$。我们可以从统计学上的独立性知道这些,这个已经在第 3 章讨论过了。然而在从 2013 年 8 月开始的价格序列 *ec* 中,$P(Y_1 \& Y_2) = 0.1981$ 且 $P(Y_1)P(Y_2)=0.25$,这里数字相差很远。因此独立性假设就不合适了。让我们看看真实的 31 138 个月价格,并且与从正态分布 $N(\mu,\sigma^2)$ 生成的价格做对比,这里 μ 和 σ 是市场价格对数回报的均值和标准差。下面的程序代码实现之前所说的市场对数回报与从正态分布模拟的回报的比较。我们可以先通过画图,在图 10.8 中高亮显示了真实对数回报和理想状况下模拟出的对数回报的不一致之处。

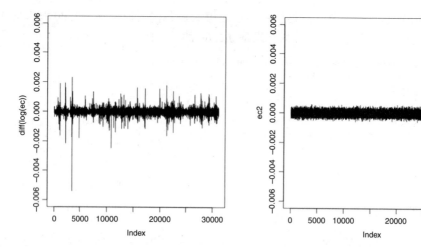

图 10.8　31 138 个真实市场价格对数回报和 31 138 个正态分布模拟的回报（两图 y 的度量相同）。可以发现左图中的这些真实市场对数回报的标准差并不是一个常数

```
countInd <- function(R) {
  ind = R > 0
  len = length(ind)
  sumUp = 0; sumDn = 0
  N = 0
  for(t in 1:(len-4)) {
    if(is.na(ind[t])) {
      ind[t] = ind[t+1]
      print(ind[t])
    }
    Y1 = ind[t]
    Y2 = ind[t+1]
    Y3 = ind[t+2]
    Y4 = ind[t+3]
    Y5 = ind[t+4]
    if(Y1 && Y2 && Y3 && Y4 && Y5)
      sumUp = sumUp + 1
    if(!Y1 && !Y2 && !Y3 && !Y4 && !Y5)
      sumDn = sumDn + 1
    N = N + 1
    #print(paste(Y1,"->",Y2))
  }
  probUp = sumUp/N
  print(paste("Prob of seeing long ind",probUp))
  print(paste(round(probUp/(1/32)*100,2),"of 100 %"))
  probDn = sumDn/N
  print(paste("Prob of seeing shrt ind",probDn))
  print(paste(round(probDn/(1/32)*100,2),"of 100 %"))
  N
} #unit test:
pvec <- c(1.3,1.2,1.4,1.25,1.2,1.4,1.2,1.25,1.35,1.4,1.35,
          1.3,1.2,1.24,1.25,1.26,1.27,1.28,1.25,1.35,1.4,1.35,
          1.3,1.2,1.4,1.25,1.2,1.4,1.2,1.25,1.35,1.4,1.35,
          1.3,1.2,1.4,1.25,1.2,1.4,1.2,1.25,1.35,1.4,1.35)
countInd(diff(log(pvec)))
```

```
#Collecting 5 consecutive log ret directions
setwd(paste(homeuser,"/FinAnalytics/ChapX",sep=""))
par(mfrow=c(1,2))
ec = read.csv("ECprices201305.csv")[,1]
plot(diff(log(ec)),type='l',ylim=c(-.006,.006))
countInd(diff(log(ec)))

ec2 = rnorm(length(ec),0,sd(diff(log(ec))))
plot(ec2,type='l',ylim=c(-.006,.006))
countInd(ec2)
```

countInd()函数统计了所有的 5 布尔指示变量的个数，这个 5 布尔指示变量 $Y_1,\cdots,Y_5$ 就像我们进行交易的指示函数是全真或者全假。在一个对称且非独立的集合中，指示变量全真的概率为 $P(Y_1,\cdots,Y_5)=\left(\frac{1}{2}\right)^5=\frac{1}{32}=0.03125$。当对 EURUSD 价格的对数回报运行 countInd() 后，我们可以获得程序输出为一个比较小的基于 $\frac{1}{32}$ 的百分比。由于 5 个连续正对数回报为 44.4% 发生在市场数据样本中的可能性小于出现在正态生成数据样本中的可能性，这意味着我们可以说对数回报正在回归自然。与理想中的正态变量相比，它们更不太可能保持 5 连阳或者 5 连阴的回报，如下代码段所示。

```
> countInd(diff(log(ec)))
[1] "Prob of seeing long ind 0.0173765015738421"
[1] "55.6 of 100 %"
[1] "Prob of seeing shrt ind 0.0261450504271857"
[1] "83.66 of 100 %"
[1] 31134
```

再次解释一下，我们并没有观察独立性，而是观察了 $P(Y=5)=\frac{0.5560}{32}$ 和 $P(Y=0)=\frac{0.8360}{32}$ 的反相关性，这些值比 $\frac{1}{32}$ 小那么一点点，而 $\frac{1}{32}$ 正是我们期望的独立事件的独立性结果。有向概率图可以展示出因果性。在这个例子中，如果数据分析表明在市场数据中有些反因果性，那么看到的长期和短期指示就会比在模拟数据中能看到的指示少。

当进行交易时，我们需要等待直到发现跟随趋势的指示。如果我们考虑一个抛硬币过程，发现连续 5 次都出现同一面的概率为 $\left(\frac{1}{2}\right)^5=\frac{1}{32}$，那么通过这个反相关性，我们可知下一个指示出现的概率更小。

贝叶斯概率网络允许对市场动向进行一个形式上的推理，并且证明在第 11 章中所用到的一个关于趋势跟踪交易策略的基本态势指示的正确性。

10.8 习题

（1）另一种指示的后验分布

假设你的经理希望你放宽交易指示 isLongIndicator()，使其只考虑交易连续正对数回报或者连续负对数回报数量为 $Y_4=4$ 的情况。

（a）使用 computePostDist() 函数来展示这种情况下的贝塔分布。

(b) 画出这些随机变量集合的有向概率图，参考图10.9。

（2）市场随机变量的独立性

假设 Y_1 和 Y_2 为 EURUSD 连续正对数回报报价的指示，如图10.7所示。当我们收集了大约3万个对数回报时，我们发现样本出现下面的概率：

$$\begin{pmatrix} .24 & .27 \\ .23 & .26 \end{pmatrix}$$

(a) 通过上表内的数据，确定 $P(Y_1)$、$P(Y_2)$ 和 $P(Y_1 \& Y_2)$ 的值。

(b) 把这些概率值保留到小数点后两位，我们可以认为在这个样本中 Y_1 和 Y_2 是相互独立的吗？

第 11 章
模拟交易策略

有人说他们 30 年前买了房子，现在的价格是购买价的很多倍，很多这样的故事在广泛流传。从历史上看，在房地产市场投资是一项比较安全的投资。就像一个长期投资者在房地产市场做的那样，以十年为单位来看，一个长期投资者在个人股票市场中也期望股市处于上升趋势。股票市场投资者会保持多头，即坚持股票市场长期来看看涨，直到他们决定平仓并实现任何收益。在许多情况下，这些会发生在他们退休后。这样的投资方式是一种保守的策略，叫趋势跟踪（trend following）：跟踪长期的上涨趋势，直到涨到预期的获利，或者持有这项投资到不能再持有。

本章是完全基于短时趋势跟踪的内容，即几分钟到几小时的趋势跟踪。它建立在第 10 章提到的市场情绪思路之上，并且有所延伸。

11.1 外汇市场

如果一家美国公司希望用欧元货币来为所购买的产品付账，它就需要在交易完成之前对冲欧元的风险。用经济学的思路来说，如果欧元在付账日之前升值，并且我们正等着将手里的美元兑换成欧元，那么这个付款增加了有效价值，这与我们的愿望相反。在这里，公司的处境最终也会是交易策略的一部分。一个对冲欧元风险的趋势跟踪策略包括在欧元预期会增值或走强的时间点上购买欧元并且卖出美元。如果我们有一个远期合约（forward contract）或期货合约（futures contract），即可以在未来某个时间点以 1.1400 的汇率价格来购买欧元的权利，并且欧元随后升值，正因为欧元对比当前更值钱了，所以我们把价格定在 1.1400 这个较低的汇率来购买是很划算的。只要我们认为欧元在未来还有上升的趋势存在，那么就可以签一个这样的未来合约。所以，即使我们只是想进行付款，我们还是变成了市场中的一个交易者。

除了这个简单的付款例子之外，对于那些进行投机或者对冲货币汇率中的长期风险的人来说，另一个策略也是常用的。因为货币汇率相比股票来说，其回报或者回报率的增长要慢很多，一个常用策略是均值回归（mean reversion）。在上面的例子中，如果欧元最近都是以 1.1400 美元左右的价格进行交易，那么当欧元汇率偏离 1.1400 的时候，欧元汇率再返回到这个区间并不是不常见的。如果这种情况发生了，我们说其价值"回归"到均值。在这里，均值回归策略包括当汇率跌到 1.135 以下并且预计它会涨回 1.1400 的时候购买欧元，并且在其回归到均值的时候卖出。如果做得成功，那么将会获得 0.0050 或者说 50 个基点的获利。

让我们将注意力放到更短的时间内，比如在一天内，这两种最基础的价格时间序列的投资策略：趋势跟踪和均值回归，哪个更适合。从短期看，对于趋势跟踪策略来说，一个可以感知到的趋势需要维持一段时间，在这段时间投资者期望可以通过持有来获利。这些投资者相信这种趋势可以通过观察整个市场或者一个特定的信号被触发而开始出现。所以在这种策略下，投资者需要建立一个头寸。如果通过市价订单进入头寸，那么投资者的进入头寸就会受市场价格的限制。为了尽快达到入场预期，尽快完成交易是这个操作的目标。对技术先进的公司而言，该交易通常只需要几秒甚至几毫秒，而对于个人来说，自己手动进入交易或者委托经纪人为他们进行交易则需要数分钟甚至数小时的时间：这是"人的速度"所必然导致的时间浪费。

而在均值回归策略中，在一个短时段内，投资者根据价格将会恢复到历史的均值价格这个期望来选择多头或者空头头寸。如果投资者处于空头头寸位置，那么它持有的观点就是价格高于均值价格并且预计价格还会跌回到均值价格上。均值回归策略的两个最大挑战是：1.确定当前价格所要回归到的具体均值价格。2.投资者在均值回归之前所能够忍受的持有或者观察时间有多长。如果在进入空头头寸之后出现牛市，那么等待价格回落到平均水平可能是相当令人抓狂和难熬的。例如，在 21 世纪第一个十年的中后期所出现的原油牛市中，一些历史回归价格在 2014 年后还没有出现。并且在如今的货币交易世界中，很多货币，如加拿大元，在 2008 年到 2013 年的五年中不断地逼近美元，而它在 2003 年对美元的汇率价格仅为当前价格的 65%。回归到 0.65 这个指数或许不会再发生。为了最小化永远没有回归导致的风险，防止投资者头寸策略失误越跑越偏，止损限价订单可以发挥作用。它在限定价格的基础上进行止损。只要订单可以以限定的价格或者接近限定价格的方式进入市场，那么交易的损失就是有限的。富有经验的投资者可以克服这些障碍，并且通过有效利用限价订单来保持一个有利可图的均值回归策略。

让我们回到趋势跟踪策略上，并且观察一个基本的通过外汇市场趋势获利的长期和短期策略。在有保证金账户存在的期货市场中，趋势跟踪更可能会出现在一个短时段基础上。日间交易包括在同一天内建立头寸和清算头寸，在过夜时保持"平仓"或空仓。一天之内就有足够的价格变动可通过利用策略来获利。投资者可以做多或者做空，但是必须在交易下单前确定操作的方向。

期货是一种衍生证券（derivative security），它总是有一个到期时间，并且它的价格被设为大致接近于到期日的预期价格。如果一个人参与 EUR/USD（欧元/美元）货币对的货币期货市场，他通常会在每个合约上审时度势，要么采取欧元看多，同时看空美元，要么采取美元看多，同时看空欧元。当利率处于低位时，对于四个标准合约，即每年三月、六月、九月和十二月，到期的期货货币对的价格，往往是接近"现金"或可随时买卖的非期货价格的。这样的话，对欧元/美元的未来走势进行趋势追踪与对欧元/美元的现金有价证券进行趋势追踪，二者是高度相似的。

11.2 图表分析

通常来说，人们习惯于通过对图表进行分析来验证策略是否可行。我们可以利用历史数据和 R 语言作为模拟语言来实现趋势跟踪算法，然后通过对策略回溯测试（back-test）来感知其鲁棒性和获利能力。虽然有很多商业领域的包都可以模拟和展示交易及交易状态，但是从头开始写一个模拟器是不错的学习和理解方式。

图 11.1 中图表的每个点都展示了欧元兑美元的一个分钟期货价格，并且这个数据是 2013 年 6 月整月期货市场开放交易的时间的分钟期货价格。欧元从这个月初开始大约为 1.3000，但是在中间其最高能涨到 1.3400，又跌落了回来，最后又回到了为 1.3000 这个价格上。就我们的目的而言，我们在这里不关注市场确切的开盘和收盘时间。通常来讲，期货市场在周一到周五是 23 小时开放的，每天都有一小时休息时间，而周末是 48 个小时的休息，直到亚洲的期货市场在周日开放。这些时间约束都可以在基本策略启动并运行之后建立起来。现在我们将以最基本的短时趋势跟踪作为一个多头和空头策略开始介绍（见图 11.2）。

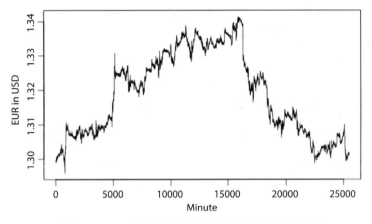

图 11.1 2013 年 6 月每分钟欧元兑美元期货价格

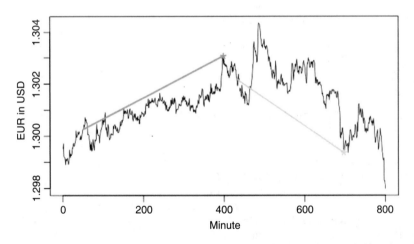

图 11.2 一个短期（绿色）的趋势跟踪交易和一个长期（黄色）的趋势跟踪交易。在这个例子中，设 stopAmt=0.0045，profAmt=0.0025。整个价格过程是一个典型的均值回归（附彩图）

11.3 初始化及结束

现代期货市场大部分的管理员职责都需要通过计算机程序来实现。我们的市场模拟器也不例外，模拟器在这里需要保持追踪交易的入场和离场价格。由于这个系统所跟踪的时间点是比较简易的，所以需要确认一个时间只有一次有效交易，这是必须准守的规则。这个模拟器还需要能够分别对长期和短期的指示信号确定相应的交易方式。

下面的这些函数需要在每次模拟的开始之前和结束之后运行。执行它们需要大量使用超级赋值运算符，来完成所需的模拟器重置导致的副作用。常量 K 是已观察的对数回报个数，KH 是 K 的两倍，因此可以通过观察和记录进入决策实战的对数回报来观察入场交易之后市场如何移动。

```
reset <- function(S) {
  print("reset")
  K <<- 5; KH <<- 10
  LONG <<- 1; SHRT <<- 2; PROF <<- 1; LOSS <<- 2
  MaxTrades <<- round(length(S)/100)
  longProfTicks <<- 0
  longLossTicks <<- 0
  shrtProfTicks <<- 0
  shrtLossTicks <<- 0
  longProfLogDiffS <<- array(rep(0,MaxTrades,KH),c(MaxTrades,KH));
      longProfIdx <<- 1
  longLossLogDiffS <<- array(rep(0,MaxTrades,KH),c(MaxTrades,KH));
      longLossIdx <<- 1
  shrtProfLogDiffS <<- array(rep(0,MaxTrades,KH),c(MaxTrades,KH));
      shrtProfIdx <<- 1
  shrtLossLogDiffS <<- array(rep(0,MaxTrades,KH),c(MaxTrades,KH));
      shrtLossIdx <<- 1
  longProf <<- vector(length=MaxTrades)
  longLoss <<- vector(length=MaxTrades)
  shrtProf <<- vector(length=MaxTrades)
  shrtLoss <<- vector(length=MaxTrades)
  logProfIdx <<- 1
  longLossIdx <<- 1
  shrtProfIdx <<- 1
  shrtLossIdx <<- 1
}
```

下面代码中的 winTicks 和 TotalTicks 变量实现了中标比率的计算，11.8 节将介绍具体的内容。

```
reportCounts <- function() {
  print(paste(longProfIdx-1,longLossIdx-1,
              shrtProfIdx-1,shrtLossIdx-1))
  print(paste("this sim longs =",counts[1],"shrts = ",counts[2]))
  winTicks = longProfTicks+shrtProfTicks
  totalTicks = longProfTicks+shrtProfTicks-
               longLossTicks-shrtLossTicks
  print(paste(round(winTicks),round(totalTicks),
              "winning ratio:", round(winTicks / totalTicks,4)))
  annHistVol
}
```

11.4 动量指标

图 11.3 中展示了一个基本的通过寻找连续的价格变化所呈现的向上方向或者向下方向

的动量（momentum）来制定多头和空头趋势跟踪策略。这里通过确定是否存在上升或下降动量这个非常简单的指标来确定是连续正（负）回报，从而选择进入多头（空头）头寸。通过查看欧元兑美元最近的 60 个时间点的对数回报，我们得到如下结果：

```
> ec = read.csv("ECprices201310.csv")[,1]
> diff(log(ec[40:100])) > 0
 [1]  TRUE FALSE FALSE FALSE  TRUE FALSE FALSE  TRUE FALSE FALSE
[11]  TRUE  TRUE FALSE FALSE FALSE  TRUE  TRUE  TRUE FALSE FALSE
[21] FALSE  TRUE  TRUE FALSE FALSE FALSE FALSE FALSE  TRUE  TRUE
[31] FALSE FALSE FALSE FALSE FALSE FALSE  TRUE  TRUE  TRUE  TRUE
[41]  TRUE FALSE FALSE FALSE FALSE FALSE FALSE  TRUE  TRUE FALSE
[51] FALSE  TRUE FALSE FALSE FALSE FALSE FALSE FALSE  TRUE  TRUE
```

这里有一个地方连续出现 5 个或 5 个以上的上升回报：从第四行布尔值的中间开始。这个趋势在这个序列中是相当罕见的，并且这是我们的多头交易进场指标。在这个趋势第 5 个布尔值（第 42 个时间点）之后的两个时间段内，我们将入场多头交易：一个周期回过头来观察趋势，识别看涨信号，并下订单；另一个周期等待多头订单确认。图 11.3 展示了在 5000 分钟价格序列中的七次连续交易，其中五次交易是成功的，包括多头（绿色）交易和空头（黄色）交易，最后两次是失败的空头交易（红色）。棕色表示不成功的多头交易（未出现）。

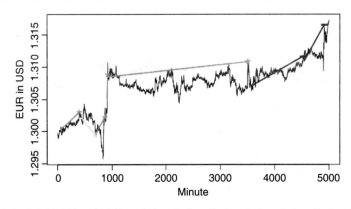

图 11.3　价格序列中的连续七次交易：多头、空头、多头、多头、多头、空头、多头。其中四次多头（绿色）交易是成功的，一次空头（黄色）交易是成功的，最后两次是失败的空头交易（红色）。在这个例子中，设 stopAmt=0.0045，profAmt=0.0025，时间段仍为 2013 年 6 月（附彩图）

11.5　在头寸中使用贝叶斯推理

一个给定市场的动量的论证，比如例子中的欧元兑美元（EURUSD）期货市场，可以通过贝叶斯理论中的先验（prior）和后验（posterior）概率来获得。对于先验概率的情况，因为我们几乎不知道在即将到来的未来会出现什么样的价格和对数回报，所以这里可以假设未来的价格波动是一个非常对称的分布。然后，开始观察对数回报并且判断它们是否为正，即公式 9.5 中的二项树随机变量 Y，我们可以更新自己的观点，并根据给定 Y 构建连续的后验分布。如果我们看到五个连续的正对数回报，即 $Y=5$，那么可以判定出现了一个指向牛市的向上方向的动量。可以把这个逻辑转化为扔硬币连续五次扔出正面，然后改变所有关于出现正面和背面分布为 50%-50% 概率的信念，转为一个当前情况下出现正面的概率远比出现背面大的贝叶斯信念。而对于连续出现五次正面,另一个观点则为牛市的价格趋势会是非常短暂的,并且未来这个价格趋势会消失,价格会回落到它的均值价格上。这些观点会带来一个问题:价格趋势会保持多长时间?本章的头寸测试旨在更多地了解这个问题。

图 10.5 告诉我们,当 $Y=5$ 时,先验和后验推理让我们相信,后验分布服从 $Beta(7,2)$,其概率密度函数(p.d.f)出现在右下角。下面两行 R 语言代码可以告诉我们 $Beta(7,2)$ 分布的均值为 0.7776,这个结果是肯定偏向于看好另一个牛市会出现的,即预期即将到来的对数回报是正数。

```
> draws = rbeta(1000000,7,2)
> mean(draws)
[1] 0.777645
```

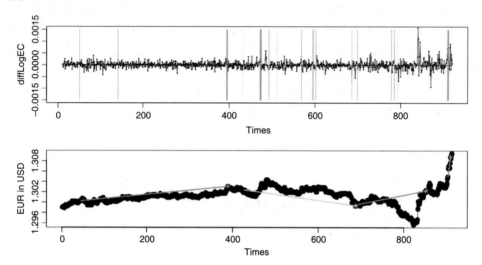

图 11.4　上图是欧元兑美元(EURUSD)市场在 2013 年 6 月 910 分钟的分钟对数回报,下图是其头寸图表(附彩图)

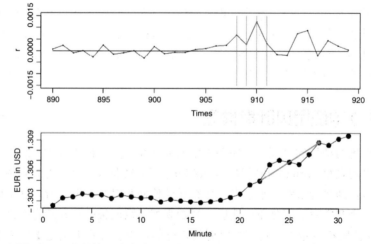

图 11.5　上图是图 11.3 中的第四个头寸的对数回报趋势。下图展示了一个持续 7 分钟的交易,获利预期为 25 个基点

现在我们可以审视在典型的欧元兑美元(EURUSD)对数回报中,五步趋势指示(即

连续出现 5 个或 5 个以上的同向回报）出现的频繁程度，这个指示在图 10.9 中被描述为一个网络。如果能发现五步的指示，那么就可以入场头寸和持有头寸，直到通过入场开始发生 25 个或者 45 个基点的向上或者向下方向上的变化来确认头寸是有利润的或者没利润的。图 11.4 展示了 2013 年 6 月最初 910 分钟内的对数回报和价格变化程度，伴随着一些多头和空头指示。下图是同时段欧元兑美元价格以及短期多头头寸（绿色）和空头头寸（黄色）。上面的对数回报图中，多头指示为绿色，空头指示为黄色。下图展示了根据上图的指示（同颜色）来选择头寸的例子。图 11.5 关注于这个时间序列中的一个头寸。

11.6　入场

我们现在已经审视了进入交易所需的条件。在这里简单地提出了一种启发式规则，我们可以认为这种规则能够证明市场中有足够的动量来开始跟随一个趋势。大家都知道，这些上涨或者下降的趋势在一个日内市场中并不会持续很长时间。isLongIndicator() 和 isShrtIndicator() 这一对函数返回的一个指示，其输入是通过之前章节所提到的贝叶斯后验原理得到的结果，函数里的 Y 数值在 0 到 5 的范围内，意义为在一个连续的 5 分钟内涨或者跌的价格数。我们可以使用这个规则来判断是否更有可能出现一个牛市或者熊市并维持足够长的时间来使我们从中获利。

```
isLongIndicator <- function(logRetArr) {
  Y = sum(logRetArr[1:5] > 0)
  return(Y == 5)
}

isShrtIndicator <- function(logRetArr) {
  Y = sum(logRetArr[1:5] < 0)
  return(Y == 5)
}
```

以上介绍的这对函数，会贯穿于整个市场模拟中，我们使用其结果作为交易入场的指示。这对函数返回的是在价格时间序列中是否存在 5 个连续的对数回报，其趋势单调是向上（多头）的或者向下（空头）的方向，这个结果就是指示。当这些函数所返回的指示中有一个为真（TRUE）时，我们将会在下一分钟从一个没有交易的状态转为准备入场交易的状态。

下面的相关代码产生各种图表的，比如图 11.5 最上面的一幅图。它使用了本章将要出现的 5 个函数：isLongIndicator()、isShortIndicator()、reset()、reportCounts() 和 sim()。现在最好不要运行此代码块的第二部分，直到在后面的章节中定义这些函数之后再运行。

```
displayLogRetInds <- function(r,times) {
  plot(times,r,type='l',col=4,
       ylim=c(-.0015,.0015))
  points(times,r,cex=.2)
  len = length(r)
  lines(times,rep(0,len)) #plot x-axis

  longInd <- as.vector(rep(0,10)); j <<- 0
  shrtInd <- as.vector(rep(0,10)); k <<- 0
  for(i in 5:length(r)) {
    t = times[1]+i-1
    if(isLongIndicator(r[(i-4):i])) {
      j <<- j + 1
```

```
            longInd[j] <- i
            i = i + 5
            print(t)
        }
        if(isShrtIndicator(r[(i-4):i])) {
            k <<- k + 1
            shrtInd[k] <- i
            i = i + 5
            print(t)
        }
    }
    #Draw the potential entries:
    if(j>0)
      for(i in 1:j)
        lines(c(longInd[i]+times[1]-1,
               longInd[i]+times[1]-1),
              c(-.0015,.0015),col="green")
    if(k>0)
      for(i in 1:k)
        lines(c(shrtInd[i]+times[1]-1,
               shrtInd[i]+times[1]-1),
              c(-.0015,.0015),col="yellow")
    longInd <<- longInd
    shrtInd <<- shrtInd
}
```

displayLogRetInds() 函数只生成一个图形。

11.7 离场

图 11.3 描述了使用 profAmt=0.025,stopAmt=0.0045 作为策略，在 2013 年 6 月的分钟价格序列中的七个交易过程，其中包括 4 个获利的多头（绿色）、1 个获利的空头（黄色），以及 2 个未能获利的空头（红色）。由星号（*）为结尾的诊断线描绘了一个有获利离场，而减号标记（-）描绘了一个未能获利的离场。

回溯测试（backtesting）是决定离场策略的关键因素。起初，profAmt=25 且 profAmt=45 被认为是一个很好的标准；然而更多的测试发现 profAmt=45 且 profAmt=35 对于样本数据集来说是一个更好的选择。因此，当在一个时间点发现足够充分的多头动量时，我们会在下一分钟进入多头交易并且持有到发生下述两种情况之一：

- 多头动量保持并且价格对比于入场价格上涨了 0.0045 或 45 个基点。
- 多头动量消失并且价格对比于入场价格下跌了 0.0035 或者 35 个基点。

相应地，空头交易的获利目标为入场价格的 45 个基点之下并且停在 35 个基点之上。当在一个分钟时间点上出现两种离场信号之一时，我们需要在接下来的几分钟内退出交易。这个策略设置了在两种交易方向上的一个获利目标和一个止损限额。获利目标尝试把获利锁定在一个被证明为可靠的水平上。止损限额用来防止发生重大经济损失的风险。

11.8 获利能力

与股票市场类似，外汇市场有一个报价约定。对于在芝加哥商品交易所交易的欧元／美元（EUR/USD）期货货币对来说，0.0001 代表一个基点（tick）来作为获利或者亏损的结算，基点即最小的报价单元，其价值为每手买卖合约 $12.50。对于 10 手合约（contract）的投资来说，一个在获利方向移动 45 个基点的价值为：

Profit = (10 contracts)(12.50 USD per contract per tick)(45 ticks) = 5625.00 USD

而对于这个 10 手合约的投资，一个在不获利方向移动 35 个基点的价值为：

Loss = (10 contracts)(12.50 USD per contract per tick)(35 ticks) = 4375.00 USD

11.9 短期波动性

回溯测试是在交易中发现市场波动的一种方法。通过不断试错，我们可以发现：对于样本数据集中的 6 个月分钟数据来说，45 个基点的获利和 35 个基点的止损限额是一个比较正确的设置。在每个交易能赢取 5625.00 美元和损失 4325.00 美元的策略中，我们能够接受赚钱的交易比损失的交易少一点点的情况，来维持一个获利的头寸。

随着趋势和均值回归的发生，以及由于价格波动的原因，投资者可以推测即将出现的未来价格，并且以此来应用策略从而获利。当我们模拟一个月的市场时，我们也想借此发现并且记录这个月有效的波动性。投资者的直觉告诉我们，在趋势跟踪策略中，必须要有足够的波动性才能够获利。如果我们所预期的趋势正在发生，那么这些趋势将导致对数回报有一个比较高的标准差，而且这些也应该在波动中有所反映。

在以分钟为基础时间单位的欧元走势图中衡量波动性，用 S 来表示价格向量，衡量结果如下：

```
> S = ec
> logDiffS = diff(log(S))
> logDiffSmean = mean(logDiffS)
> N = length(logDiffS)
> minHistVol = sqrt(1/(N-1)*sum((logDiffS-logDiffSmean)^2))
> annHistVol = minHistVol*sqrt(60*24*252)
> annHistVol
[1] 0.1024109
```

在 3.4 节中有历史波动性的通式的详细内容。

下一节概述了一些 R 语言代码来管理：设置常量、重置计数器和报告结果。我们将从在价格时间序列上模拟一个月内的以分钟为基本时间单位的欧元市场日内交易开始。

11.10 状态机

在每个为安全起见只存在单一价格的时间段内，我们的交易处于如图 11.6 中描绘的九种状态之一，图中的这些正的和负的状态变量都已经被保存进 R 代码的 *direction* 变量中。这里的状态（0）是一个休眠状态，表示不存在活跃的交易。这九种状态描述如下，首先是三个交易状态：（0）是无交易，（1）是多头，（−1）是空头；然后是六个过渡状态：（+.25）是从无交易到多头的过渡状态，（−.25）是从无交易到空头的过渡状态，（+.50）是达到了损失限额时，多头到离场的过渡状态，（+.75）是达到获利目标时，多头到离场的过渡状态，（−.50）是达到了损失限额时，空头到离场的过渡状态，（−.75）是达到获利目标时，空头到离场的过渡状态。

现在，我们可以根据图 11.6 中的状态机设计来准备整个模拟主体循环了。

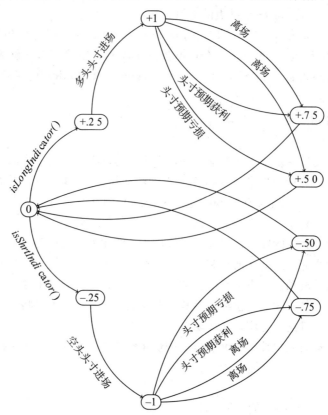

图 11.6　多头和空头头寸的状态机

```
sim <- function(S,mo,stopAmt=.0035,profAmt=.0045) {
  plot(S,type='l',col='blue4',xlab='minutes',
       ylab='EUR in USD')
  if(TRUE) #"blue"
    points(S,type='p',xlab="Minutes",ylab="EC",
           col='blue4',pch=16, cex=1.4)

  #simulate strategies on the incoming chart
  #We use 1e4 multiplier since logrets are only used for
  #pattern analysis
  logDiffS = 10000*diff(log(S))
  logDiffS = append(logDiffS, 0.0, after = 0); #log ret inds
  logDiffSmean = mean(logDiffS)
  N = length(logDiffS)
  minHistVol <<- sqrt(1/(N-1)*
                    sum((logDiffS/1e4-logDiffSmean/1e4)^2))
  annHistVol <<- minHistVol*sqrt(60*24*252)
  tradetrange = 0
  tradeSrange = 0
  direction = 0
  countT = 0; countF = 0
  logDiffSentry = array(rep(0,KH),c(KH))
```

我们使用 5 个对数回报作为交易入场的指示，并且分析这 5 个数据和这 5 个数据的 5 个先验。这导致最初会跳出时间段 $KH+1=K+K+1=5+5+1=11$。下面的 while 循环是模拟主体循环，主要功能是通过 logDiffS 的对数回报价格向量的长度遍历整个向量。下面接着 4 个主要代码块，分别为：多头（long）、多头消退（long unwind）、空头（short）和空头消退（short unwind）。这四个流程的逻辑部分都有相应的注释。

```
i = 11
while(i<=length(logDiffS)) {
  #long:
  if((direction == 0) && isLongIndicator(logDiffS[(i-4):i])
      ) {
    logDiffSentry = logDiffS[(i-(KH-1)):i]
    direction = +0.25 #buy upon next points
  }
```

tradetrange（trade time range，交易时间的范围）和 tradeSrange（trade stock price range，交易股票价格的范围）这两个向量分别记录了交易进场和离场的时间 i 和价格水平 $S[i]$。这会在之后简化获利或者损失的计算。

```
  else if(direction == +0.25) {
      tradetrange = c(i)
      tradeSrange = c(S[i])
      print(paste("long: ",tradetrange,tradeSrange))
      countT <- countT + 1
      i <- i + 5 #fast fwd time for next indicator instance
      direction = +1
  }
```

当多头交易中 45 个基点的获利目标达成时（即下面的代码），我们将转为"达到预期收益头寸而离场"的状态。一旦处于这种状态，所有的交易离场记录就都完成了。

```
  #long unwind:
  if((direction == +1) && ((S[i]-tradeSrange[1]) > profAmt)) {
    direction = +0.75
  }
  else if(direction == +0.75) {
    tradetrange = union(tradetrange, c(i))
    tradeSrange = union(tradeSrange, c(S[i]))

    print(paste("unwind long expected gain: ",tradetrange[2],
      tradeSrange[2],round(tradeSrange[2]-tradeSrange[1],5)))
    lines(tradetrange,tradeSrange,type="l",col="green",lwd=3)
    points(tradetrange[2],tradeSrange[2],
        cex=2,pch="*",col="green")

    longProf[longProfIdx] <<-
        tradeSrange[2]-tradeSrange[1] >= 0
    longProfLogDiffS[longProfIdx,] <<- logDiffSentry
    longProfIdx <<- longProfIdx + 1

    longProfTicks <<- longProfTicks + 10000*
        (tradeSrange[2] - tradeSrange[1])

    tradetrange = 0; tradeSrange = 0; direction = 0
  }
```

当多头交易中 45 个基点的止损目标达成时（即下面的代码），我们将转为"达到预期亏损头寸而离场"的状态。一旦处于这种状态，所有的交易离场记录就都完成了。

```
#long unwind:
if((direction == +1) && ((S[i]-tradeSrange[1]) <= -stopAmt)) {
  direction = +0.50
}
else if(direction == +0.5) {
  tradetrange = union(tradetrange, c(i))
  tradeSrange = union(tradeSrange, c(S[i]))
  
  print(paste("unwind long expected loss: ",tradetrange[2],
      tradeSrange[2],round(tradeSrange[2]-tradeSrange[1],5)))
  lines(tradetrange ,tradeSrange ,type="l",col="brown",lwd=3)
  points(tradetrange[2],tradeSrange[2],
      cex=3,pch="-",col="brown")
  
  longLoss[longLossIdx] <<-tradeSrange[2]-tradeSrange[1] < 0
  longLossLogDiffS[longLossIdx,] <<- logDiffSentry
  longLossIdx <<- longLossIdx + 1
  
  longLossTicks <<- longLossTicks + 10000*
      (tradeSrange[2] - tradeSrange[1])
  
  tradetrange = 0; tradeSrange = 0; direction = 0
}
```

对应地，下面是空头情况的逻辑实现。

```
#short:
if((direction == 0) && isShrtIndicator(logDiffS[(i-4):i])
    ) {
  logDiffSentry = logDiffS[(i-(KH-1)):i]
  direction = -0.25
}
else if(direction == -0.25) {
  tradetrange = c(i)
  tradeSrange = c(S[i])
  print(paste("shrt: ",tradetrange,tradeSrange))
  countF <- countF + 1
  i <- i + 5 #fast fwd time for next indicator instance
  direction = -1
}
```

与多头相似，当达到获利目标时（下面的代码），我们将转为"达到预期收益头寸而离场"的状态。

```
#short unwind:
if((direction == -1) && ((tradeSrange[1]-S[i]) > profAmt)) {
  direction = -0.75
}
else if(direction == -0.75) {
  tradetrange = union(tradetrange, c(i))
  tradeSrange = union(tradeSrange, c(S[i]))
  print(paste("unwind shrt expected gain: ",tradetrange[2],
              tradeSrange[2],round(tradeSrange[1]-tradeSrange[2],5)))
  lines(tradetrange ,tradeSrange ,type="l",
```

```
        col="gold",lwd=3)
  points(tradetrange[2],tradeSrange[2],
      cex=2,pch="*",col="gold")

  shrtProf[shrtProfIdx] <<- tradeSrange[1]-tradeSrange[2] >= 0
  shrtProfLogDiffS[shrtProfIdx,] <<- logDiffSentry
  shrtProfIdx <<- shrtProfIdx + 1

  shrtProfTicks <<- shrtProfTicks + 10000*
    (tradeSrange[1] - tradeSrange[2])

  tradetrange = 0; tradeSrange = 0; direction = 0
}
if((direction == -1) && ((tradeSrange[1]-S[i]) <= -stopAmt)) {
  direction = -0.50
}
else if(direction == -0.50) {
  tradetrange = union(tradetrange, c(i))
  tradeSrange = union(tradeSrange, c(S[i]))
  print(paste("unwind shrt expected loss: ",tradetrange[2],
      tradeSrange[2],round(tradeSrange[1]-tradeSrange[2],5)))
  lines(tradetrange,tradeSrange,type="l",col="red",lwd=3)
  points(tradetrange[2],tradeSrange[2],
      cex=3,pch="-",col="red")

  shrtLoss[shrtLossIdx] <<-tradeSrange[1]-tradeSrange[2] < 0
  shrtLossLogDiffS[shrtLossIdx,] <<- logDiffSentry
  shrtLossIdx <<- shrtLossIdx + 1

  shrtLossTicks <<- shrtLossTicks+10000 *
      (tradeSrange[1] - tradeSrange[2])

  tradetrange = 0; tradeSrange = 0; direction = 0
  }
  i <- i + 1
 }
 return(c(countT,countF))
}
```

sim() 函数的一部分输出会在下面出现。由于这个函数执行了交易入场和离场模拟，所以这个函数记录了每个头寸的结果（获利或损失），通过 tradetrange 和 tradeSrange 这个 2 元素的向量获得离场时间和价格以及价差。reportCounts() 是对在一个月的每分钟数据上的每次模拟进行总结的函数，展示了获利的多头数目、未获利的多头数目、获利的空头数目、未获利的空头数目，以及多头和空头头寸合计。获利率（winning ratio）可以通过公式 11.1 计算，并且出现在最底部的输出段附近：

$$获胜率 = 获利基点 / (获利基点 - 非获利基点) \qquad (11.1)$$

记得为非获利基点加上负号。

首先，我们设置当前目录，以便于找到一个价格文件。然后可以运行我们构建的一个交易模拟函数来进行测试。

```
setwd(paste(homeuser,"/FinAnalytics/ChapXI",sep=""))
par(mfrow=c(2,1))
```

```
start=890; end=920 #Limits chart to start:end
ec = read.csv("ECprices201306.csv")[,1]
ec = ec[start:end]
diffLogEC = diff(log(ec))
times=c(start:(end-1))
countInd(diffLogEC)
displayLogRetInds(diffLogEC,times)
ec = read.csv("ECprices201306.csv")[,1]
plot(start:end,ec[start:end],type="p",col=4)
reset(ec[1:800])
counts <- sim(ec[1:800],"01306",
              stopAmt=.0045,profAmt=.0025)
reportCounts()
ec = read.csv("ECprices201306.csv")[,1]
plot(ec[1:5000],type="l",col=4)
reset(ec[1:5000])
counts <- sim(ec[1:5000],"201306",
              stopAmt=.0045,profAmt=.0025)
reportCounts()
```

这里有 7 个模拟交易的日志，包括了入场时间（以分钟计）和模拟的入场价格，在后面接着是消退或者离场时间（以分钟计）和模拟的离场价格。"expected gain"（预期获利）项的意思是一个获利目标在第 t 分钟达成，因此在第 $t+1$ 分钟将会出现一次离场，并且这里是预期获利，但并不保证一定会获利。这个获利可能不会出现，比如市场大幅波动并超出了获利区间，但是这是极其不可能出现的情况。"expected loss"（预期损失）项在非获利的情况下有类似的作用。

最后一行是一个交易入场，它的离场没有发生在前 5000 秒中，所以这里在模拟结束时没有记录 unwind（消退）事件。

```
> counts <- sim(ec[1:5000],"201306",stopAmt=.0045,profAmt=.0025)
[1] "long:   52 1.30027"
[1] "unwind long expected gain:  397 1.30306 0.00279"
[1] "shrt:  434 1.30216"
[1] "unwind shrt expected gain:  696 1.29936 0.0028"
[1] "long:  701 1.29964"
[1] "unwind long expected gain:  860 1.30224 0.0026"
[1] "long:  910 1.30498"
[1] "unwind long expected gain:  916 1.3088 0.00382"
[1] "long:  935 1.3085"
[1] "unwind long expected gain:  3500 1.31081 0.00231"
[1] "shrt:  3558 1.307"
[1] "unwind shrt expected loss:  4522 1.31164 -0.00464"
[1] "shrt:  4542 1.31091"
[1] "unwind shrt expected loss:  4909 1.31655 -0.00564"
[1] "long:  4978 1.31647"
```

下面的代码块顺序运行了 6 次为期 1 个月之久的连续模拟。

```
setwd(paste(homeuser,"/FinAnalytics/ChapXI",sep=""))
ec = read.csv("ECprices201305.csv",header = FALSE)[,1]
reset(ec)
counts <- sim(ec,"201305")
reportCounts()
```

```
ec = read.csv("ECprices201306.csv",header = FALSE)[,1]
reset(ec)
counts <- sim(ec,"201306")
reportCounts()

ec = read.csv("ECprices201307.csv",header = FALSE)[,1]
reset(ec)
counts <- sim(ec,"201307")
reportCounts()
ec = read.csv("ECprices201308.csv",header = FALSE)[,1]
reset(ec)
counts <- sim(ec,"201308")
reportCounts()

ec = read.csv("ECprices201309.csv",header = FALSE)[,1]
reset(ec)
counts <- sim(ec,"201309")
reportCounts()

ec = read.csv("ECprices201310.csv",header = FALSE)[,1]
reset(ec)
counts <- sim(ec,"201310")
reportCounts()
```

其中一个月的模拟输出结果可能如下：

```
...
[1] "long:  29242 1.29533"
[1] "unwind long expected gain:  29305 1.30128 0.00595"
[1] "shrt:  29319 1.3033"
[1] "unwind shrt expected gain:  30441 1.29858 0.00472"
[1] "shrt:  30490 1.29724"
[1] "unwind shrt expected loss:  30614 1.30068 -0.00344"
[1] "shrt:  30687 1.29849"
> reportCounts()
[1] "12 11 14 11"
[1] "this sim longs = 23 shrts =  26"
[1] "1221 2076 winning ratio: 0.5882"
[1] 0.09746766
```

一个关键的统计学变量来说明获利的是获胜率（winning ratio）为 58.82%。上面输出块中最下面的一行记录了这个价格时间序列的历史年化波动，为 9.75 个百分点，我们可以将这个结果视为一种策略达成的一个刺激变量，来进行记录或者潜在研究。

图 11.7 描绘了 2013 年 5 月整个月的 23 个多头和 26 个空头交易的头寸活动情况。下面的配色访问通常被用来显示头寸活动：

- 绿色用于多头获利交易
- 黄色用于空头获利交易
- 棕色用于多头非获利交易
- 红色用于空头非获利交易

这里再次重申，星号（*）是一个获利交易的头寸在时间和价格水平上的离场点。减号（-）是一个非获利交易的头寸在时间和价格水平上的离场点。这里蓝色的价格走势图用实心的圆圈填充扩大来帮助强调交易轨迹符号。

总结函数 plotMeanInds() 的输出展示了对数回报的均值，以便于时间自左向右推进。

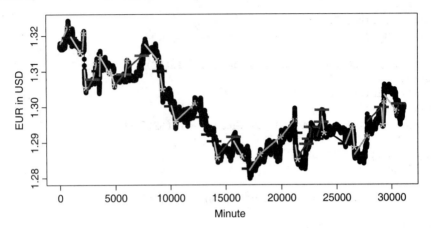

图 11.7 2013 年 5 月整月的多头和空头头寸，这里随着时间推进包括全部 4 种结果：多头、空头、成功和不成功（附彩图）

```
#post-simulation analysis of indicator distribution
plotMeanInds <- function() {
  par(mfrow=c(2,2))
  print(longProfLogDiffS[1:(longProfIdx-1),])
  plot(apply(longProfLogDiffS[1:(longProfIdx-1),],2,mean),
       xlab=paste("N =",longProfIdx-1),
       ylab="long prof: 1e5*logrets",ylim=c(-5,5),col=4)
  abline(h = 0,v = 5.5,col=8)
  print(longLossLogDiffS[1:(longLossIdx-1),])
  plot(apply(longLossLogDiffS[1:(longLossIdx-1),],2,mean),
       xlab=paste("N =",longLossIdx-1),
       ylab="long loss: 1e5*logrets",ylim=c(-5,5),col=4)
  abline(h = 0,v = 5.5,col=8)
  print(shrtProfLogDiffS[1:(shrtProfIdx-1),])
  plot(apply(shrtProfLogDiffS[1:(shrtProfIdx-1),],2,mean),
       xlab=paste("N =",shrtProfIdx-1),
       ylab="shrt prof: 1e5*logrets",ylim=c(-5,5),col=4)
  abline(h = 0,v = 5.5,col=8)
  print(shrtLossLogDiffS[1:(shrtLossIdx-1),])
  plot(apply(shrtLossLogDiffS[1:(shrtLossIdx-1),],2,mean),
       xlab=paste("N =",shrtLossIdx-1),
       ylab="shrt loss: 1e5*logrets",ylim=c(-5,5),col=4)
  abline(h = 0,v = 5.5,col=8)
}
plotMeanInds()
```

11.11　模拟总结

观察在交易入场之前不远处的对数回报，如图 11.8 所示，我们可以看到一个对数回报水平在交易前有一个明显的平稳。正如在之前贝叶斯推理章节讨论过的，连续 5 个上涨或者下跌的对数回报表明概率非常低，就像抛硬币连续 5 次全是正面。我们可以把这种罕见的状况总结为市场转为牛市或者熊市，时间长度足够获利。

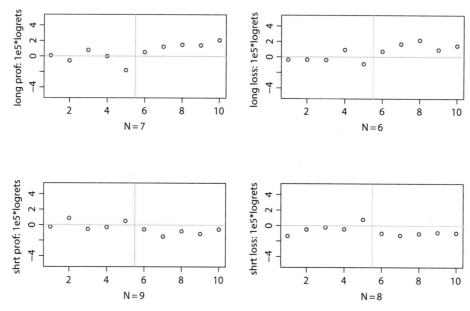

图 11.8 在交易入场前 N 个交易样本的对数回报的均值。多头交易在图中上部。获利交易在图中左部。我们可以从 $KH=10$ 的时间段的对数回报历史中看到,最后 $K=5$ 的回报(在右部)从波动性来说较小,比较流畅

当在回溯测试和存在的交易之间(包括买卖方价差),发生滑动时,使用趋势跟踪获得一个"盈余"是相当困难的。

市场数据充满噪声,因此信噪比很低。由于噪声含量高,数据挖掘和机器学习技术在实践中价值有限(Kinlay,2011)。当投资者使用动量规则时,经常会发现他们只是"暂时"工作。即使在庞大的数据集上用鲁棒性强的回溯测试,也必须尝试新的指示来保证一个获利盈余。对于表 11.1 中的几百个交易来说,使用策略进行预测的成功率仅为 58.8%,因此用大量鲁棒性强的市场数据对策略集中进行足够测试是必需的,而且应该做好对策略进行修改或替换的准备,以保持获利。

表 11.1 该策略六个月表现合计。第一列的平均获利比例为 58.8%

获利比例	多头	空头	获利基点	基点总数
58.8	23	26	1221	2076
45.5	20	24	823	1807
63.3	23	21	1204	1902
63.7	16	15	813	1276
62.3	14	17	677	1087
59.4	14	17	776	1305

11.12 习题

(1)为交易入场标准添加条件

历史波动性可能是一个确定我们是否在牛市或熊市趋势跟踪区的指示。对所提供的 6 个月的 EC 数据(201305 到 201310),用 sim() 模拟器运行,并且记录(1)获胜率和(2)每次运行所记

录年度上的波动性，该波动性显示在 reportCounts() 输出的最后一行中。

(a) 绘图（1）为水平轴，（2）为垂直轴。

(b) 在 isLongIndicator() 和 isShrtIndicator() 中加入历史波动性的一种简单条件，以提高获胜率，该简单条件是什么？

(c) 增加这个额外的标准是如何改变获利率的？

(2) 使用模拟器运行另一种策略

假设你的经理想要你修改这个交易模拟器使其只考虑多头交易。请尝试修改并运行在这种情况下的模拟器。这里使用 6 个月的一分钟价格文件，文件名为 ECprices20130xx，其中 xx 代表第几个月。记录每次运行的计数，并且将结果与表 11.1 做比较。

第 12 章
使用基础知识进行数据探索

如第 7 章所述，损益表和资产负债表为投资者提供了公司内部的视角。但作为投资者，我们想知道总收入是否逐年增长。我们可能也想知道我们拥有的股票市值与账面价值的比率，并将其与较大的市场进行比较。了解这一点有助于我们判断该公司在股票市场上是否会被高估。

虽然"NoSQL"、键值和图形数据库都是最近才出现的，但 SQL 数据库仍然提供快速查询和支持数十年历史数据的模式。我们将在本章中看到，可以使用 RSQLite 包在 R 环境中查询投资基本面。投资者和数据科学家可以用很少的代码执行所需的数据挖掘，从而产生有益的结果。我们首先从投资基本面的一些定义和公式开始。

从第 7 章开始，特别是第 10 章，我们把价格变动作为投资策略的主要驱动力。在第 7 章中，我们介绍了四个关键的损益表指标，并测量了它们的夏普比率。与第 7 章一样，本章的重点将是公司资产负债表的基本指标，而不是价格变动及其统计数据。我们的直觉和投资原则来自经典行业参考文献（Bodie、Kane 和 Marcus，2013；Greenblatt，2006）。为了介绍基本面的相关内容，我们先定义了一些基本的投资术语和示例，然后在检查数据集之前介绍我们的数据挖掘包。

12.1 RSQLite 包

为了在数据挖掘设置中应用这些基本的投资原则，我们需要一个包来执行计算。SQL 是针对关系数据库声明性查询的专用语言（Chamberlin 和 Boyce，1974）。查询结果由主查询机制 select 语句指定。SQLite 是一个使用 SQL 语言广泛部署的数据库引擎。SQLite 的源代码位于公共域中，可通过 http://www.sqlite.org/ 访问。

RSQLite 是一个 R 包，用于与 SQLite 数据库引擎交互，使 R 能够很好地处理我们在财务中遇到的大型数据集。为了介绍这个主题，我们将介绍一些基本的例子，查询资产负债表和损益表中常用的财务比率，并继续编写一个基本的价值公式。假设已经安装了 RSQLite 包，我们加载 DBI 和 RSQLite 库，创建连接，并通过连接 con 将 mtcars 数据帧加载到 SQLite 表"mtcars"中，列出 mtcars 表中的所有字段。

```
> library(DBI)
> library(RSQLite)
> con <- dbConnect(SQLite(),":memory:")
> dbWriteTable(con,"mtcars",mtcars)
[1] TRUE
```

```
> dbListFields(con,"mtcars")
[1] "row_names" "mpg"      "cyl"     "disp"    "hp"      "drat"
[7] "wt"        "qsec"     "vs"      "am"      "gear"    "carb"
```

建表后，我们可以从 mtcars 表中选择气缸数量为 4 的所有条目：

```
> result <- dbGetQuery(con,
+                      "SELECT * FROM mtcars WHERE cyl = 4")
> result
       row_names      mpg cyl  disp  hp drat    wt  qsec vs am gear
1      Datsun 710   22.8   4 108.0  93 3.85 2.320 18.61  1  1    4
2      Merc 240D   24.4   4 146.7  62 3.69 3.190 20.00  1  0    4
3       Merc 230   22.8   4 140.8  95 3.92 3.150 22.90  1  0    4
4       Fiat 128   32.4   4  78.7  66 4.08 2.200 19.47  1  1    4
5     Honda Civic  30.4   4  75.7  52 4.93 1.615 18.52  1  1    4
6  Toyota Corolla  33.9   4  71.1  65 4.22 1.835 19.90  1  1    4
7   Toyota Corona  21.5   4 120.1  97 3.70 2.465 20.01  1  0    3
8       Fiat X1-9 27.3   4  79.0  66 4.08 1.935 18.90  1  1    4
9    Porsche 914-2 26.0   4 120.3  91 4.43 2.140 16.70  0  1    5
10    Lotus Europa 30.4   4  95.1 113 3.77 1.513 16.90  1  1    5
11      Volvo 142E 21.4   4 121.0 109 4.11 2.780 18.60  1  1    4
```

现在查询每加仑①行驶英里数大于 30（约 48.28 公里）的所有四缸汽车，然后断开 SQLite 数据库连接。

```
> result <- dbGetQuery(con,
+                      "SELECT * FROM mtcars WHERE cyl = 4 AND mpg > 30")
> result
       row_names      mpg cyl disp  hp drat    wt  qsec vs am gear
1       Fiat 128   32.4   4  78.7  66 4.08 2.200 19.47  1  1    4
2     Honda Civic  30.4   4  75.7  52 4.93 1.615 18.52  1  1    4
3  Toyota Corolla  33.9   4  71.1  65 4.22 1.835 19.90  1  1    4
4    Lotus Europa  30.4   4  95.1 113 3.77 1.513 16.90  1  1    5
> dbDisconnect(con)
[1] TRUE
```

现在我们已经了解了这个简单的汽车每加仑行驶里程的例子，下面将在对 RSQLite 包的介绍中讨论投资指标。

12.2 计算市净率

谈到财务应用程序，我们可以通过查询财务比率数据库来引入 RSQLite。假设我们在磁盘上有一个 SQLite 数据库，它保存着符合 SEC 要求的资产负债表和损益表文件。我们利用 Compustat 和芝加哥大学安全价格研究中心（CRSP）的数据库表。

从本书网站上提供的 .dta 文件中读取表后，我们立即使用 dbWriteTable() 编写它们，以便进行查询。使用 Compustat 的命名法，查询 funda 表，了解 IBM 的总资产（at）和总负债（lt）。

```
> library(foreign)
> setwd(paste(homeuser,"/FinAnalytics/ChapXII",sep=""))
> funda <- read.dta("funda.dta")
> msf <- read.dta("msf.dta")
> con <- dbConnect(SQLite(),":memory:")
```

---

① 1 加仑约为 3.79 升。——编辑注

```
> dbWriteTable(con,"funda",funda,overwrite=TRUE)
[1] TRUE

> dbWriteTable(con,"msf",msf,overwrite=TRUE)
[1] TRUE

> dbListTables(con)
[1] "funda" "msf"

> query <- "SELECT tic, at, lt
+           FROM funda
+           WHERE fyear = 2010
+           AND tic ='IBM'"
> result <- dbGetQuery(con,query)
> result
  tic     at    lt
1 IBM 113452 90280
```

我们还可以计算 2010 财年末 IBM 的市净率 M/B。我们需要用年度日历结束时的每股价格 prcc_c 乘以已发行的普通股数量 csho。

```
> query<-"SELECT tic, prcc_c, csho, at-lt AS bv
+         FROM funda
+         WHERE fyear = 2010
+         AND tic ='IBM'"
> result <- dbGetQuery(con,query)
> result
  tic prcc_c     csho    bv
1 IBM 146.76 1227.993 23172
> result$prcc_c * result$csho
[1] 180220.3
```

请注意，已发行的 csho 普通股以百万计，总市值略高于 1800 亿美元。除以股东权益，即账面价值，得到的市场账面价值为：

```
#market-to-book (M/B) ratio:
result$prcc_c * result$csho / result$bv
[1] 7.777501
```

使用 SQLite 还可以通过 AS 关键字在数据库中进行市净率计算。随着查询变长，我们使用返回字符和缩进来为 SQLite 命令提供结构。

```
> query<-"SELECT tic, at-lt AS bv, prcc_c*csho/(at-lt) AS mb
+         FROM funda
+         WHERE fyear = 2010
+         AND tic ='IBM'"
>         result <- dbGetQuery(con,query)
> result
  tic    bv       mb
1 IBM 23172 7.777501
```

我们可能对整个市场的市净率分布感兴趣。因此，让我们取消只针对 IBM 的限制，获得 2010 年每家上市公司的市净率。

```
> query <- "SELECT tic, prcc_c*csho/(at-lt) AS mb
+           FROM funda
+           WHERE fyear = 2010
```

```
+              AND tic IS NOT NULL
+              AND prcc_c IS NOT NULL
+              AND csho IS NOT NULL
+              AND seq IS NOT NULL"
> result <- dbGetQuery(con,query)
> result <- subset(result,mb > 0.0 & mb < 50)
```

我们不能再显示查询结果,因为它对于一个页面来说太大了,但是我们可以计算摘要统计信息

```
> summary(result$mb)
    Min.  1st Qu.   Median     Mean  3rd Qu.     Max.
 0.00004  0.98920  1.66400  2.99000  3.05300 49.79000
```

并绘制市净率柱状图,如图 12.1 所示。

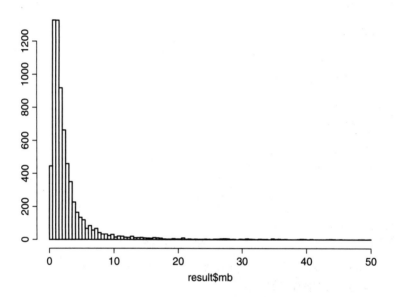

图 12.1 市净率柱状图。样本均值约为 3.0

```
> hist(result$mb,breaks=100,main="")
```

12.3　Reshape2 包

当我们查询数据库时,查询通常以表单的形式返回。

```
> command <- "SELECT tsymbol,date,ret
+             FROM msf
+             WHERE date BETWEEN '2010-01-01' AND '2010-12-31'
+             AND tsymbol IN ('AAPL','GOOG')"
> result <- dbGetQuery(con,query)
> result
   tsymbol       date          ret
1     AAPL 2010-01-29 -0.088591158
2     AAPL 2010-02-26  0.065379545
3     AAPL 2010-03-31  0.148470357
...
22    GOOG 2010-10-29  0.167196095
```

```
23    GOOG 2010-11-30 -0.094492406
24    GOOG 2010-12-31  0.068848766
```

其中 tsymbol 在同一列中具有多个值。如果我们想找到一组收益的协方差矩阵，这是很麻烦的，因为它假定收益是一个矩阵中的列。我们可以按以下方式使用 cbind()：

```
> c1 <- result[result$tsymbol=='AAPL',]$ret
> c2 <- result[result$tsymbol=='GOOG',]$ret
> cbind(c1,c2)
              c1           c2
 [1,] -0.08859116 -0.145224065
 [2,]  0.06537955 -0.005932669
 [3,]  0.14847036  0.076537602
 [4,]  0.11102126 -0.073044486
 [5,] -0.01612468 -0.076213397
 [6,] -0.02082687 -0.083767459
 [7,]  0.02274083  0.089672983
 [8,] -0.05500484 -0.071836688
 [9,]  0.16721511  0.168370277
[10,]  0.06072251  0.167196095
[11,]  0.03378956 -0.094492406
[12,]  0.03667043  0.068848766
```

但是，如果查询量很大并且缺少值，那么这种方法就不方便了。Hadley Wickham 的 R 包 reshape2 提供了一个解决方案。我们使用 melt() 函数将数据减少到其最基本的原子化状态，然后根据我们想要的行和列中的变量重新转换这个"熔融"（molten）数据。我们回到苹果和谷歌的例子。我们在将 tsymbol 和 date 命名为 id 变量的同时将查询熔融数据，而 ret 是一个度量变量。

```
> library(reshape2)
> result <- melt(result,id=c("tsymbol","date"))
> result
   tsymbol       date variable        value
1     AAPL 2010-01-29      ret -0.088591158
2     AAPL 2010-02-26      ret  0.065379545
3     AAPL 2010-03-31      ret  0.148470357
...
22    GOOG 2010-10-29      ret  0.167196095
23    GOOG 2010-11-30      ret -0.094492406
24    GOOG 2010-12-31      ret  0.068848766
```

我们看到每一个单独的 ret 度量都已命名。现在的结果是熔融的。此时，我们可以将日期 date 作为唯一的行变量，并将 tsymbol 和 ret 都作为列变量进行重新计算（recast）。

```
> dcast(result,date~tsymbol+variable)
         date    AAPL_ret     GOOG_ret
1  2010-01-29 -0.08859116 -0.145224065
2  2010-02-26  0.06537955 -0.005932669
3  2010-03-31  0.14847036  0.076537602
4  2010-04-30  0.11102126 -0.073044486
5  2010-05-28 -0.01612468 -0.076213397
6  2010-06-30 -0.02082687 -0.083767459
7  2010-07-30  0.02274083  0.089672983
8  2010-08-31 -0.05500484 -0.071836688
9  2010-09-30  0.16721511  0.168370277
10 2010-10-29  0.06072251  0.167196095
```

```
11 2010-11-30  0.03378956 -0.094492406
12 2010-12-31  0.03667043  0.068848766
```

还可以根据变量值计算聚合函数。例如，让我们找出每个 tsymbol 的月平均收益。

```
> dcast(result,tsymbol~variable,mean)
  tsymbol         ret
1    AAPL 0.038788505
2    GOOG 0.001676213
```

最后，让我们检查这些方法是否与使用从查询结果中剥离收益列的初始方法得到的结果一致。

```
> mean(c1)
[1] 0.03878851
> mean(c2)
[1] 0.001676213
```

通过 R 包 tseries 和实用函数 getHistPrices()，我们可以使用 get.hist.quote() 收集每日价格，并使用 4.8 节中的 plotMultSeries() 函数将它们绘制出来，以便将上述月度分析与其他视图进行比较。

```
library(tseries)
prices <- getHistPrices(c('AAPL','GOOGL'),c(.5,.5),252,
          start="2010-01-01",end="2010-12-31",
          startBck1="2009-12-31",startFwd1="2010-01-02")

plotMultSeries(prices,c('AAPL','GOOG'),c(.5,.5),2,
          cc="days",ret="",ylim=c(.6,1.5))
```

图 12.2 描绘的是 AAPL 和 GOOG 每日报价。在这一年里，AAPL 在市场上的表现要比 GOOG 好很多。

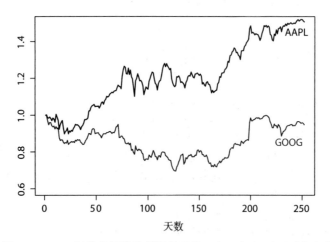

图 12.2 2010 年按总回报比例调整后的 AAPL 和 GOOG 日收盘价

12.4 案例研究：谷歌

让我们再深入一点，看看谷歌的市场价值与行业的账面价值之间的变化。我们首先查询 funda 表来确定谷歌的市净率。

```
query <- "SELECT fyear, sich, (csho*prcc_f)/(at-lt) AS mb
        FROM funda
        WHERE fyear >= 2004
        AND tic IN ('GOOG')"
res1 <- dbGetQuery(con,query)
unique(res1$sich)
```

并继续查询所有共享谷歌行业代码（7370）公司的市净率。

```
query <- "SELECT tic, fyear, (csho*prcc_f)/(at-lt) AS mb
        FROM funda
        WHERE fyear >= 2004
        AND fyear <= 2013
        AND sich = 7370
     AND tic NOT IN ('GOOG')
        AND mb IS NOT NULL
        ORDER BY tic, fyear"
res2 <- dbGetQuery(con,query)
```

我们现在可以查询熔融数据并重新计算，按 fyear 计算所有公司的市净率中值。

```
library(reshape2)
res2 <- melt(res2,id=c("tic","fyear"),na.rm=TRUE)
res2 <- dcast(res2, fyear~variable, median)
```

我们现在可以根据行业 M/B 中值绘制谷歌 M/B 图，如图 12.3 所示。对这个图的一种解释是：谷歌相对于它的市场价值和账面价值"回归现实"。到 2012 年，市值更接近账面价值。

```
par(mar=c(4,4,2,2))
plot(res1$fyear,res1$mb,type='l',ylim=c(0,1.1*max(res1$mb)),col='blue',
     xlab='year',main='Google M/B ratio versus industry median M/B ratio')
lines(res2$fyear,res2$mb,type='l',col='red')
legend(x=2008,y=15,legend=c("GOOG M/B","industry 7370 M/B"),
       col=c('blue','red'),lwd=c(1.5,1.5))
```

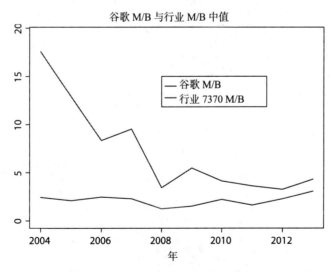

图 12.3 2004 年至 2013 年谷歌市净率与行业市净率的比较

12.5 案例研究：沃尔玛

我们可以将这两个数据库中的信息结合起来，比如，研究 2002 年至 2010 年沃尔玛每股收益增长与市盈率之间的相互作用。我们首先查询沃尔玛 2002 年第一天到 2009 年最后一天之间的价格表中的 tsymbol、price、split adjustment factor 和 date。

```
query <- "SELECT tsymbol,prc,cfacshr,date
        FROM msf
        WHERE date BETWEEN '2002-01-01' AND '2009-12-31'
        AND tsymbol IN ('WMT')"
res1 <- dbGetQuery(con,query)
```

我们现在查询沃尔玛的市盈率（定义为市值除以净收入）和每股收益（定义为净收入除以已发行普通股）的基本面表格。

```
query <- "SELECT fyear, (csho*prcc_f)/ni AS pe, ni/csho AS eps
        FROM funda
        WHERE fyear >= 2002
        AND fyear <= 2010
        AND tic IN ('WMT')"
res2 <- dbGetQuery(con,query)
```

有了这两个问题，我们就可以描绘出沃尔玛的价格活动，并将不断上升的每股收益（十年来增长了两倍）与不断下降的市盈率（大约下降了三分之二）进行对比。因此，尽管沃尔玛 10 年来每股收益增长了两倍，但市场对未来增长的预期却在迅速下降。它的降幅足以使沃尔玛的价格在整个十年内保持在同一区间。图 12.4 显示了过去十年的股价历史、每股收益和市盈率。

```
par(mfrow=c(3,1))
plot(x=as.Date(res1$date),y=res1$prc,col="blue",type='l',
     xlab='date',ylab='price')
plot(x=res2$fyear,y=res2$eps,col='blue',type='l',
     xlab='date',ylab='EPS')
plot(x=res2$fyear,y=res2$pe,col='blue',type='l',
     xlab='date',ylab='P/E ratio')
```

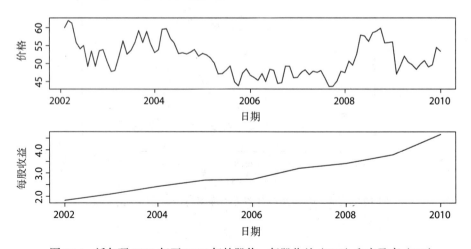

图 12.4　沃尔玛 2000 年至 2010 年的股价、每股收益（EPS）和市盈率（P/E）

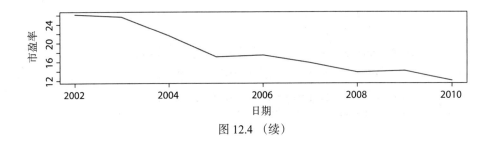

图 12.4（续）

12.6 价值投资

让我们转向价值投资公式的实现。在价值战略中，我们希望找到定价过低的优质公司。让我们使用嵌套子查询首先查询 2010 财政年度的 funda 表股票，这些股票不在财务报表中，它们的账面价值超过 10 亿美元，收益率超过 10%，现金流价格收益率超过 20%，并且以美国为基础。掌握了这些股票行情，我们就可以从 msf 表中提取未来三年的收益信息，同时将 1 添加到收益中，这样它们就可以成倍增长。

下面的查询由两个独立但相关的查询组成。内部查询被写成：

```
SELECT tic
FROM funda
WHERE fyear = 2010
    AND (sich < 6000 OR sich &> 6999)
    AND seq > 1000
    AND ni/(prcc_f*csho) > .1
    AND ni/(prcc_f*csho) IS NOT NULL
    AND oancf/(csho*prcc_f) > 0.2
    AND oancf/(csho*prcc_f) IS NOT NULL
    AND fic = 'USA'
```

并通过从 funda 表中选择股票符号 tic 来进行价值筛选，该股票在财政年度 fyear = 2010 中不属于金融类股票（即在 6000~7000 范围之外），市值超过 10 亿（seq > 1000），显示收益率 ni/（prcc_f*csho）大于 10%，显示现金流与市值比率 oancf/（csho*prcc_f）大于 20%，并且是在美国注册的（fic = 'USA'）。

外部查询获取内部查询返回的股票代码，并在 msf（月度股票文件）表中查找股票代码日期，以及 "2010-12-01" 和 "2013-12-31" 之间每个月的收益，按股票代码 tsymbol 和收益日期 date 排序。

```
> query <- "SELECT tsymbol,date, (1+ret) AS ret
+ FROM msf
+ WHERE date BETWEEN '2010-12-01' AND '2013-12-31'
+ AND tsymbol IN (
+     SELECT tic
+         FROM funda
+         WHERE fyear = 2010
+         AND (sich < 6000 OR sich > 6999)
+         AND seq > 1000
+         AND ni/(prcc_f*csho) > .1
+         AND ni/(prcc_f*csho) IS NOT NULL
+         AND oancf/(csho*prcc_f) > 0.2
+         AND oancf/(csho*prcc_f) IS NOT NULL
+         AND fic = 'USA')
```

```
+       ORDER BY tsymbol, date"
> result<-dbGetQuery(con,query)
```

我们现在加载 R reshape2 包，熔融数据并根据股票代码 tsymbol 重新计算，对每个 tsymbol 的所有收益求和 prod，通过股票代码来查看每个股票的三年累计收益。

```
> result <- melt(result,id=c("tsymbol","date"),na.rm=TRUE)
> result <- dcast(result, tsymbol~variable, prod)
> result
   tsymbol       ret
1      ALK 2.6843125
2      CHK 1.3441437
3      EIX 1.3839577
4      ETR 1.0317614
5      GCI 2.4998424
6       MU 2.9921584
7      OSK 1.7608019
8     SKYW 0.9525674
9      STR 1.5271584
10       T 1.4854925
11     TER 1.4856662
12     TSN 2.1809760
13     UFS 1.3281121
14     VSH 0.9298738
15     WDC 2.5776105
```

最后，我们对累积收益进行平均，并观察到三年投资组合的平均加权净收益率略低于 75%。

```
> mean(result$ret)
[1] 1.744296
```

让我们更仔细地看一下这个值公式，并用它来进一步说明 reshape2 包。我们前面的查询产生了太多的股票，以至于无法在一个页面上显示所有的收益信息，所以现在将条件设置得更加严格。让我们将要求的收益率提高到 15%，将要求的现金流企业收益率提高到 25%：

```
> query <- "SELECT tsymbol,date, (1+ret) AS ret
+           FROM msf
+           WHERE date BETWEEN '2010-12-01' AND '2013-12-31'
+               AND tsymbol IN (SELECT tic
+           FROM funda
+               WHERE fyear = 2010
+                 AND (sich < 6000 OR sich > 6999)
+                 AND seq > 1000
+                 AND ni/(prcc_f*csho) > .15
+                 AND oancf/(csho*prcc_f) > 0.25
+                 AND fic = 'USA')
+           ORDER BY tsymbol, date"
> result <- dbGetQuery(con,query)
```

现在让我们用 tsymbol 和 ret 作为列变量进行熔融和重新计算。

```
> result <- melt(result,id=c("tsymbol","date"),na.rm=TRUE)
> dcast(result, date ~ tsymbol + variable)
        date    MU_ret   UFS_ret   WDC_ret
1 2010-12-31 1.1033155 1.0032929 1.0119403
2 2011-01-31 1.3142144 1.1581929 1.0035398
```

```
3  2011-02-28 1.0559772 0.9939725 0.8988830
4  2011-03-31 1.0305481 1.0529748 1.2194245
5  2011-04-29 0.9869224 1.0135105 1.0673102
6  2011-05-31 0.9010601 1.1016986 0.9208543
7  2011-06-30 0.7333333 0.9276932 0.9926330
8  2011-07-29 0.9852941 0.8440667 0.9472237
9  2011-08-31 0.8018996 1.0046279 0.8557748
...
36 2013-11-29 1.1934389 1.0094440 1.0776965
37 2013-12-31 1.0308057 1.1096947 1.1220682
```

最后，我们通过取每个 tsymbol 值的所有条目之和 prod 来计算累积收益：

```
> result <- dcast(result, tsymbol ~ variable, prod)
```

并观察累计三年的等权重投资组合回报：

```
> mean(result$ret)

[1] 2.299294
```

或者，当我们减去 1，将其转换为净收益时，接近 130%。

```
> query<-"SELECT tic FROM funda
+           WHERE fyear = 2010
+               AND (sich < 6000 OR sich > 6999)
+               AND seq > 1000
+               AND ni/(prcc_f*csho) > .15
+               AND ni/(prcc_f*csho) IS NOT NULL
+               AND oancf/(csho*prcc_f) > 0.25
+               AND oancf/(csho*prcc_f) IS NOT NULL
+               AND fic = 'USA'"
> result <- dbGetQuery(con,query)
> result

  tic
1  MU
2  WDC
3  UFS

> str(result)

'data.frame':   3 obs. of  1 variable:
 $ tic: chr  "MU" "WDC" "UFS"
```

我们可以下载 2010 年价值公式选出的三大热门股票的价格：

```
> library(quantmod)
> getSymbols(result$tic, from = "2010-12-01", to = "2013-12-31")

[1] "MU"  "WDC" "UFS"

> MU <- MU[, "MU.Adjusted", drop=F]
> WDC <- WDC[, "WDC.Adjusted", drop=F]
> UFS <- UFS[, "UFS.Adjusted", drop=F]
```

一旦价格以 MU、WDC 和 UFS 系列表示，我们就可以绘制它们。图 12.5 描述了这三种股票的价格行为。在 2010 年至 2013 年期间，市场对 UFS 的态度不如其他两家公司（MU 和 WDC）。

```
> par(mfrow=c(3,1))
> plot(MU)
```

```
> plot(WDC)
> plot(UFS)
```

现在分析和图表已经完成，我们可以与数据库断开连接。

```
> dbDisconnect(con)
[1] TRUE
```

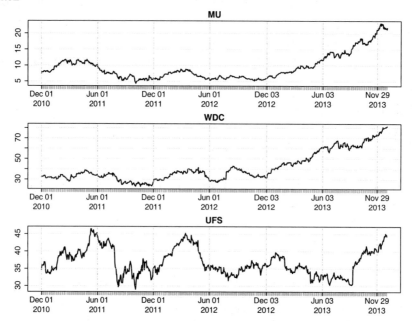

图 12.5　2010 年 12 月 1 日至 2013 年 12 月 31 日，美光科技（MU）、西部数字科技（WDC）、多米塔公司（UFS）的股价

12.7　实验室：试图战胜市场

我们想研究一个类似于 Joel Greenblatt（Greenblatt，2006）在《战胜市场》一书中提出的价值公式。请注意，PE 比率和 EP 比率互为倒数，并且包含相同的信息。我们将保留 EP 比率作为衡量成本的标准，但现在使用 ROA 作为衡量质量的标准。使用数据库字段的名称，我们计算 EP 比率的方法是，用净收入 ni 除以权益市值 prcc_f*csho。同时，我们计算资产回报率的方法是，用净收入 ni，除以权益市值 prcc_f*csho 与负债总额 lt 之和。与之前一样，我们筛选市值超过 10 亿且符合条件 seq>1000 的股票，并用条件 fic = 'USA' 筛选出在美国注册的股票。使用命令定义查询：

```
query<-"SELECT tic, ni/(prcc_f*csho) AS ep, ni/(csho*prcc_f + lt) AS roa
        FROM funda
        WHERE fyear = 2010
            AND (sich < 6000 OR sich > 6999)
            AND seq > 1000
            AND ep > .1
            AND ep IS NOT NULL
            AND roa > 0.1
            AND roa IS NOT NULL
            AND fic = 'USA'"
```

执行，然后用命令显示查询：

```
res<-dbGetQuery(con,query)
res
```

12.8 实验室：财务实力

在本练习中，我们希望筛选 2010 财年显示出财务实力的公司。衡量财务实力的一个指标是债转股比率，我们在上面已经对其进行了筛选。另一个衡量财务实力的指标是用盈利偿还债务的能力。编写查询以筛选 2010 财年的股票，这些股票的总负债可以用不超过两年的收益来偿还。净收益被定义为 ni，总负债（包括总债务）在 funda 中被定义为 lt，我们将 ni/lt 的比率定义为支付（pay）的数量。此外，我们希望筛选出市值至少达到 10 亿美元，净收入 ni 为正，并且在美国注册的公司。

```
query <- "SELECT tic, lt/ni AS pay
         FROM funda
         WHERE fyear = 2010
             AND seq > 1000
             AND fic = 'USA'
             AND pay < 2
             AND pay > 0"
```

使用命令执行查询

```
res <- dbGetQuery(con,query)
```

使用以下命令显示满足此要求的股票代码：

```
res$tic
```

用如下代码绘制 pay 变量的柱状图：

```
hist(res$pay)
```

12.9 习题

（1）使用 RSQLite 获取财务报表

在 R 程序中编写一个 SQL 查询，查找 IBM、HPQ、ORCL 和 SAP 的市值，以便进行比较。请使用 funda 表。

（2）价值投资的另一种观点

12.6 节包含了查找定价过低公司的查询。在 2010 年至 2013 年的四年中，如果在一个投资组合中平均加权，计算得出的净回报率约为 75%。在本练习中，我们希望验证来自另一个源的净收益结果。根据需要使用本书中尽可能多的实用程序功能来执行以下验证：

(a) 获取 12.6 节中 15 种股票的每日报价，并将其放入 $N \times 15$ 的价格矩阵中。提示：这里有一个实用函数。

(b) 在同一图表上绘制价格，按比例从 1.0 进行缩放。提示：这里有一个实用函数。

(c) 将这 15 只股票放入投资组合，并在时间段的开始和结束时找到投资组合的价值。使用这两个数字来计算净收益。

(d) 书中执行报价和投资组合加权功能的函数名称是什么？提示：此操作超出了样本范围。

第13章
使用基本原理进行预测

关于数据挖掘和机器学习的文献中充斥着这样的言论：根据棒球运动员前一年的击球次数和散步次数来预测他们的收入；根据价格、客户收入和广告水平来预测产品销售。这些都是令人惊异和值得关注的事情，激励数据科学家继续从事他们的事业。经典案例一般以一个大型二维数组为特征：以自变量（也称为刺激变量）为行，以可预测变量（也称为响应变量）为列。如果我们预测运动员的工资，这个数字是由合同谈判人员手工调整的。由于运动员之间不断地相互比较，运动员的收入也会不断提升。工资是一个数字，通常每年最多更新一次。而且通常只有少数人参与运动员的工资或消费品价格的制定。所以这些代表了可预测的理想情况。

不幸的是，金融分析领域的预测从来没有像体育和营销领域那样准确。金融市场的随机性越来越大，每一个交易日的每一秒钟都会发生价格更新。金融市场参与者众多。每一种证券都受到许多其他证券的影响。例如，石油价格不仅受石油供需关系的影响，还受到每一增量石油价格水平交易量的影响，以及利率和各种外汇汇率的影响等。然而，我们可以使用相同的技术来尝试这些财务预测，以实验和观察什么是可以预测的。

尝试预测的过程至少会带来两个好处。一方面，可以从其他属性的组合中预测属性：在这种情况下，就是从刺激变量中预测响应变量。如果是这样的话，我们可以在数据科学的其他领域与其他成功者并驾齐驱。另一方面，预测也许是不可能的，甚至是没用的；但是，将所有数据放入数组的行和列中，提供了在无监督学习视角下的观察。同时，可以通过应用阈值或对属性进行排序和过滤来发现性能最佳的证券，正如我们在第7章中所观察到的那样。

13.1 最佳损益表投资组合

当我们使用金融分析技术时，事先并不知道哪种技术会产生最佳的样本外结果。因此，我们在实验室进行分析和实验，然后随着时间的推移，我们可以通过收集新的市场价格来观察样品外的性能。如果我们想大胆一点，可以投资于投资组合，这样我们就能"参与其中"，随着时间的流逝，就能切实感受到未实现的利润和亏损。如果我们想谨慎些，就可以简单地观察样本外的表现，但如果它是令人满意的，作为投资者，我们可能希望自己已经在投资组合中进行了投资。但事实上，我们不能回到过去重新考虑我们先前的决定。

第7章提供了两种形式的夏普比率，以确定最佳候选股票：

1.每日价格的夏普比率。

2.年度损益表的夏普比率,特别是:
- 净收入增长;
- 总收入增长;
- 毛利润增长;
- 稀释每股净收益增长。

"增长"具体指的是总收益。我们主观地选择了这四个指标作为关键指标,它们通常在年度报告和年度投资者会议中非常重要。目前为止,在这一章中,我们关注的是那些有资格使用第一个夏普比率的候选股票。由于这里的投资组合优化技术已经足够通用,我们可以查看优化器的另一次运行,在这个运行中,候选集是通过使用第二个夏普比率进行限定的。有关这个建议,请参阅8.9节中。

13.2 重新格式化损益表增长数据

为了与第7章中三年的年度损益表数据相匹配,我们可以从这三年中获取价格向量,并将其归纳为平均收益和波动率。尽管波动性对于降低风险非常重要,但投资者最感兴趣的还是平均收益。在层次结构方面,我们可以参考图13.1中的树。在本节中,我们将重点讨论上市公司的公司损益表中最低的四个指标。

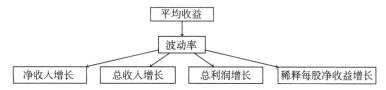

图13.1 由高到低依次显示年度证券统计数字及其对投资者的相对重要性。波动率低于平均收益表明我们倾向于控制在适当风险内

在第7章中,我们构建了一个损益表增长数据帧,每帧都有一行股票代码,称为ISgthDF。我们将以它作为基础来形成ISptrnDF数据帧。既然我们关注的是预测,那么需要将数据集分为训练行和测试行,如图13.2所示。使用2012年和2013年的样本损益表数据,以及价格增长数据,来训练每一种机器学习技术。2014年,样本外损益表数据用于预测当年的价格增长。价格增长是用对数收益率来衡量的,它高于标准普尔500指数(S&P 500 Index)的日收益率和年收益率。

为了为即将到来的例程及其执行准备好R环境,最好回到7.4节并将代码重新运行到第7章末尾。下面的例程findPtrn()将ISgthDF转换为一个更长更窄的数据帧,称为ISptrnDF,用于我们的训练和测试模式。代码如下。为新数据帧设置架构后,将创建2012年、2013年和2014年的新ISPTRndf行集。

```
findPtrn <- function(ISgthDF) {
  N <- dim(ISgthDF)[1]
  ISptrnDF <- ISgthDF[c(1:(3*N)),c(1:9)] #sets schema
  #2 years back
  ISptrnDF[1:N,c(1,2)] <- ISgthDF[1:N,c(1,2)]
  ISptrnDF[1:N,c(3:7)] <- round(ISgthDF[1:N,c(3:7)],2)
  ISptrnDF[1:N,c(8:9)] <- rep(NA,2*N)
```

```
            ISptrnDF[1:N,7] <- rep(2,N)
            #1 year back
            ISptrnDF[(N+1):(2*N),c(1,2)] <- ISgthDF[1:N,c(1,2)]
            ISptrnDF[(N+1):(2*N),c(3:7)] <- round(ISgthDF[1:N,c(7:10)],2)
            ISptrnDF[(N+1):(2*N),c(8:9)] <- rep(NA,2*N)
            ISptrnDF[(N+1):(2*N),7] <- rep(1,N)
            #0 year back
            ISptrnDF[(2*N+1):(3*N),c(1,2)] <- ISgthDF[1:N,c(1,2)]
            ISptrnDF[(2*N+1):(3*N),c(3:7)] <- round(ISgthDF[1:N,c(11:14)],2)
            ISptrnDF[(2*N+1):(3*N),c(8:9)] <- rep(NA,2*N)
            ISptrnDF[(2*N+1):(3*N),7] <- rep(0,N)

            colnames(ISptrnDF) <- c("symbol","basedate","netincgth",
                     "totrevgth","gsprofgth","dnepsgth","yrsback",
                     "meanabvsp","sdev")
            rownames(ISptrnDF) <- NULL
            ISptrnDF
        }
        ISptrnDF <- findPtrn(ISgthDF)
        D <- dim(ISptrnDF)[1]/3
        lab <- ISptrnDF[1:D,1]
```

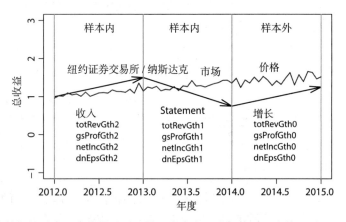

图 13.2 历史数据的时序。直线描述了这样一个事实：我们使用四个快照（2012 年、2013 年、2014 年、2015 年），与标准普尔 500 指数相比，四个损益表数据产生三个总收益，三个对数收益

最后一行找到 D，涉及的维度或证券的数量：数据帧长度是这个数字的三倍，2D 表示样本内数据，D 表示样本外数据，其中 D = p，p 是证券数量的另一个常数。给定的证券在 ISptrnDF 中现在有三行条目，如下例所示，间隔 D 行：2012 年为两年前，2013 年为一年前，2014 年为零年前，在 yr 列中给出了明确的显示。

```
> idx <- match('UNP',lab)
> ISptrnDF[c(idx,idx+D,idx+2*D),]
     sym basedate   netincgth totrevgth gsprofgth dnepsgth yr meanabv sdev
846  UNP 2014-12-31      1.20      1.07      1.09     1.23  2      NA   NA
2617 UNP 2014-12-31      1.11      1.05      1.06     1.14  1      NA   NA
4388 UNP 2014-12-31      1.18      1.09      1.11     1.21  0      NA   NA
```

以上三条记录分别为损益表数据的行 ID、股票代码、基准日期、四个损益表增长数据、几个年份前、平均对数收益率高于标准普尔 500 指数多少，以及对数收益率的标准差（最后两项还未确定）。在下一节中，我们将介绍如何确定最后两个同样重要的列。

13.3 获取价格统计

让我们考虑一下用于预测的数据帧。行中表示随机变量实例的数据项被绑定到某个时间点。当然，在考虑股票价格时，在 1 到 N 天的时间内，$N \times p$ 二维数组是由低到高排序的，并且为了保持数据的有效性，需要保留排序。这样的 $N \times p$ 价格数据集可以归结出以下主要特性：收益率和波动率的输出采用 $p \times 2$ 格式，这样可用于后续的预测算法。完成此操作后，可以考虑其他与价格无关的统计数据。同样，可以构建一个二维数组，但这次非价格相关的数字是与价格相关的统计数据相邻的列。新的二维数组大小为 $p \times a$，其中 a 是属性的数量，每个属性都可以作为预测变量或刺激变量。在本例中，我们将返回损益表数字，将这些 a 位置作为列标题。

早在第 4 章，我们就讨论了使用 tseries 包中的 get.hist.quote() 函数获取股票价格的可靠方法。这里再次提到它，尽管在本例中，价格是由第 8 章的 getHistPrices() 函数预先获取的，并缓存到 MVO4 目录中的文件中。这就加快了几千只股票近 100 万个报价的加载速度。

实际上，选择股票的投资者对打败标普 500 指数这个市场"标杆"很感兴趣。专业的基金经理已经把打败这个标杆作为一个目标。打败标杆并不是一件容易的事情。尽管如此，如果这是我们的目标，我们认为，最好在相同的时间间隔内，将我们的平均收益与标杆业绩进行按比例缩放。如果一只股票的总利润增长率比 2012 年高出 10%，这可能是由于经济状况总体向好或该公司的某些效率得以提高。然而，当市场估值股票的平均收益率在 2013 年比 2012 年高出 10% 时，那就不是因为该公司的效率提高了，而是存在一定程度的系统性股市乐观情绪。我们建议从个股的平均收益率中减去标准普尔指数的平均收益率。通过这样做，我们实现了两个目标：

- 显然，我们关注的是平均收益率高于标准普尔指数的股票。调整后的平均收益将大于 0。
- 我们将给定股票的年均收益率定为同一基准。这使得基于价格的统计数据能够更好地进行年度比较。

我们从大对数收益矩阵 R 开始，大小是 $N \times p$。p 是股票的数量。在代码中，我们倾向于使用 D 而不是 p。我们还有一个长度为 N 的向量，用于标准普尔 500 指数的对数收益率，称为 r。我们可以计算两个非常简单的统计数据：单只股票的样本均值和来自对数收益序列中的指数：

$$\bar{R}_j = \frac{1}{N} \sum_{i=1}^{N} R_{i,j} \text{ 且 } \mu_M = \frac{1}{N} \sum_{i=1}^{N} r_i \tag{13.1}$$

在这种情况下，N 是交易日数，通常为 252。有了这些均值后，我们可以开始调整整个股票均值向量使其等于超过均值的部分（正的或负的），指数均值为：

$$\bar{A}_j = \bar{R}_j - \mu_M \tag{13.2}$$

首先，我们需要能够从纽约证交所和纳斯达克目录中读取缓存价格。函数 findCachedPrices() 将为我们执行此操作。它包含两个目录的循环。

```r
dir <- 'MV04'
setwd(paste(homeuser,"/FinAnalytics/",dir,"/",sep=""))
len = 1006 #start with all four years

findCachedPrices <- function(dir,lab,prices,
                    start=NA,end=NA) {
  if(!is.na(start) && !is.na(end))
    prices <- prices[start:end,] #cut down size of prices
  d = 1
  for(l in lab) {
    attempts <- 0
    fileName = paste('cached',l,'.csv',sep='')
    for(subdir in c('NYSE','NASDAQ')) {
      setwd(paste(homeuser,"/FinAnalytics/",dir,'/',
                  subdir,sep=''))
      attempts <- attempts + 1
      if(file.exists(fileName)) {
        break
      } else if(attempts == 2) {
        attempts <- -1 #unsuccessful
      }
    }
    if(attempts == -1) { #unsuccessful
      print(paste(fileName,"not in NYSE nor NASDAQ"))
      prices[,d] = rep(NA,len)[start:end]
    } else { #successful
      print(paste(fileName,"in",subdir))
      prices[,d] = read.csv(fileName,header=TRUE,
                            sep='')[start:end,1]
    }
    d = d + 1
  }
  #return vector may have NAs
  return(prices)
}
#unit test:
labtest <- c('AAN','MCD','PCLN') #2 NYSEs, 1 NASDAQ
dir     <- 'MV04'
len     <- 1006
D       <- length(labtest)
px <- matrix(rep(NA,len*D),nrow=len,ncol=D)
px <- findCachedPrices(dir,labtest,px,start=253,end=504)
```

下面的代码块将获得 D 股票三年的价格历史，但随后将其缩减为三个一年期的向量。它还获得了标准普尔 500 指数的相应时期内的报价。

```r
findCached3YrsBackPrices <- function(dir,lab,len) {
  #Go back 3 years in cached files for prices
  D <- length(lab)
  isSplitAdjusted <<- TRUE
  prices2 <- matrix(rep(NA,len*D),nrow=len,ncol=D)
  prices2 <- findCachedPrices(dir,lab,prices2,
                              start=253,end=504)

  prices1 <- matrix(rep(NA,len*D),nrow=len,ncol=D)
```

```
    prices1 <- findCachedPrices(dir,lab,prices1,
                                start=504,end=755)

    prices0 <- matrix(rep(NA,len*D),nrow=len,ncol=D)
    prices0 <- findCachedPrices(dir,lab,prices0,
                                start=755,end=1006)
    return(rbind(prices2,prices1,prices0))
}
D <- length(lab)
allPrices <- findCached3YrsBackPrices(dir,lab,len)
dim(allPrices)
prices2   <- allPrices[1:252,]
dim(prices2)
prices1   <- allPrices[253:504,]
dim(prices1)
prices0   <- allPrices[505:756,]
dim(prices0)
```

下一段代码将检索标准普尔 500 指数的价格向量，这样我们就可以找到 μ_M 的对数收益。

```
library(tseries)
setwd(paste(homeuser,"/FinAnalytics/MV04",sep=""))

findSPprices <- function(fn="cachedGSPC.csv") {
  if(!file.exists(fn)) {
    pricesSP <- getHistPrices(c('^GSPC'),c(1),len,
                              start="2011-02-09",end="2015-02-09",
                              startBck1="2011-02-08",
                              startFwd1="2011-02-10")[,1]
    write.csv(pricesSP,file="cachedGSPC.csv",row.names=FALSE)
  } else {
    pricesSP <- read.csv("cachedGSPC.csv")[1]
    #error handling
    if(is.na(pricesSP[1,1])) {
      system('rm cachedGSPC.csv')
      findSPprices()
    }
  }
  pricesSP[,1]
}
pricesSP  <- findSPprices()
pricesSP2 <- pricesSP[253:504]
pricesSP1 <- pricesSP[504:755]
pricesSP0 <- pricesSP[755:1006]
```

一旦我们有了价格，就会发现通常的对数收益；然而，这次是一年执行一次。这一次，我们还在向量 $r2$、$r1$ 和 $r0$ 中包括了标准普尔 500 指数的对数收益。

```
R2 <- findR(prices2)
R1 <- findR(prices1)
R0 <- findR(prices0)
r2 <- findR(as.matrix(pricesSP2,252,1))
r1 <- findR(as.matrix(pricesSP1,252,1))
r0 <- findR(as.matrix(pricesSP0,252,1))
```

函数 findOneYrPriceStats() 每次运行一年。它计算标准普尔 500 指数的平均对数收益率，然后从各种证券的平均对数收益率中减去它。它还计算对数收益或波动率的标准差。

```
findOneYrPriceStats <- function(R,r) {
  #Go back 3 years mean log ret and sdev
  meanSP        <- apply(r,2,mean)
  meanvAbvSP    <- apply(R,2,mean)-meanSP
  meanv         <- apply(R,2,mean)
  cov_mat       <- cov(R/100) #rescale back to logret wo 100 factor
  diag_cov_mat  <- diag(cov_mat)
  sdevv         <- sqrt(diag_cov_mat)
  SR            <- meanvAbvSP/sdevv
  return(list(meanvAbvSP,sdevv))
}

res <- findOneYrPriceStats(R2,r2)
meanvAbvSP2 <- res[[1]]
sdevv2 <- res[[2]]
res <- findOneYrPriceStats(R1,r1)
meanvAbvSP1 <- res[[1]]
sdevv1      <- res[[2]]
res <- findOneYrPriceStats(R0,r0)
meanvAbvSP0 <- res[[1]]
sdevv0      <- res[[2]]
```

从 2015 年 2 月 9 日开始，我们已经收集了候选股票一年的原始数据和计算价格统计数据。选择 2 月，是为了让市场对 12 月 31 日的常规盈利报告做出一个月的反应，同时，因为涉及年终假期，所以再增加 9 天。meanAbvSP2 代表两年前标普 500 指数的平均对数收益率，meanAbvSP1 代表一年前，meanAbvSP0 代表当下之前。

当通过减去 S&P500 指数收益的标量值来调整对数收益时，我们可以考虑使用一个新的数组 A，它与我们的对数收益数组 R 具有相同的维度。每个元素都定义为：

$$A_{i,j} = R_{i,j} - \mu_M \tag{13.3}$$

对于行实例 i 和候选股票列 j，如上面 findOneYrPriceStats() 主体的第二行代码所示。如果我们将 $\frac{1}{N}\Sigma_{i=1}^{N}$ 应用于 13.3 公式的两侧，并使用公式 13.1，我们注意到 $\frac{1}{N}\Sigma_{i=1}^{N}\mu_M = \mu_M$，并得出以下结果：

$$A_j = \mu_j - \mu_M \tag{13.4}$$

也就是说，我们新的 A_j 序列的平均值只是 R_j 的平均值（即对于每个 j 减去 μ_M）。μ_M 是同一时期的标准普尔 500 指数平均对数收益率。如果我们的目标是要比标准普尔 500 指数标杆表现得更好，我们应该研究超过标杆表现的单个股票平均收益率分布，$\bar{A}_j$ =meanAbvSP。运行 R summary（meanAbvSP），其中：

```
meanvAbvSP = c(meanvAbvSP0,meanvAbvSP1,meanvAbvSP2)
summary(meanvAbvSP)
```

得到如下结果：

```
> summary(meanvAbvSP)
   Min. 1st Qu.  Median    Mean 3rd Qu.    Max.    NA's
-1.1380 -0.0635 -0.0033 -0.0111  0.0563  0.8118     435
```

这告诉我们，在三年的每日价格样本中，D=1621 候选股票中的大多数股票平均收益率略低于标杆（平均为 -0.0111，中位数为 -0.0033）。

公式 13.4 本质上是 p 方程，可表述为：
$$[\bar{A}_1, \cdots, \bar{A}_p] = [\mu_1, \cdots, \mu_p] - \mu_M$$

进行更多的数据分析后，我们知道新随机变量的标准差，$\bar{A}_j$ 就是减去一个标量平均值后的原始 $\bar{R}_j$，与原始标准差相同。μ_M 仅调整分布的位置，而不调整它的规模，通过公式 13.1 和公式 13.2 的方差也可以看出这一点，其中我们用 $N-1$ 表示 N：

$$Var(A_j) = \frac{1}{N-1} \sum_{i=1}^{N} [A_{i,j} - \bar{A}_j]^2 \quad (13.5)$$

$$= \frac{1}{N-1} \sum_{i=1}^{N} [(R_{i,j} - \mu_M) - (\bar{R}_j - \mu_M)]^2 \quad (13.6)$$

$$= \frac{1}{N-1} \sum_{i=1}^{N} [R_{i,j} - \bar{R}_j]^2 \quad (13.7)$$

$$= Var(R_j) \quad (13.8)$$

公式 13.6 由公式 13.5 和公式对 13.3 和 13.4 推导出。下一节的代码将生成图 13.3 中 2012 年、2013 年和 2014 年的三个密度图。

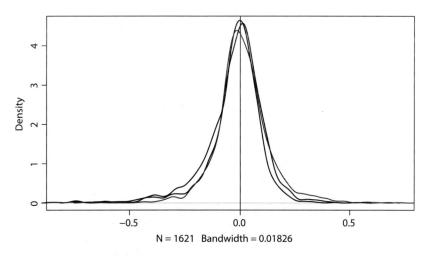

图 13.3 超出标普 500 指数表现的平均对数收益率曲线。每条曲线包含从 2012 年、2013 年和 2014 年选择的单个年份的 $D=1621$ 个股票代码

13.4 合并损益表和价格统计数据

许多投资者认为，当股票能够增加其损益表的主要属性，如每股净收入、总收入、毛利润和（稀释后的净）收益时，股票会朝着积极的方向发展。将这些历史损益表增长数据与历史平均收益率和波动性价格统计数据结合起来是很有意义的。根据前一年的历史数据，预测未来平均收益，或者更现实地说，预测某股票平均收益所处的类别等级。

R 数据帧是使用许多数据挖掘和机器学习包的常见机制。建立一个设计良好、干净的数据帧是使用分类树和回归树的关键。然后，通过 na.omit() 检查数据帧中的 NA，并删除包含

NA 的行。

```
augPtrn <- function(ISptrnDF) {
  #augment DF with price stats
  N <- dim(ISptrnDF)[1]/3
  ISptrnDF[1:N,c(8,9)] <-
    cbind(round(meanvAbvSP2,4),round(sdevv2,4))
  ISptrnDF[(N+1):(2*N),c(8,9)] <-
    cbind(round(meanvAbvSP1,4),round(sdevv1,4))
  ISptrnDF[(2*N+1):(3*N),c(8,9)] <-
    cbind(round(meanvAbvSP0,4),round(sdevv0,4))
  ISptrnDF
}
ISptrnDFcln <- na.omit(augPtrn(ISptrnDF))
D <- dim(ISptrnDFcln)[1]/3
lab <- ISptrnDFcln[1:D,1]
```

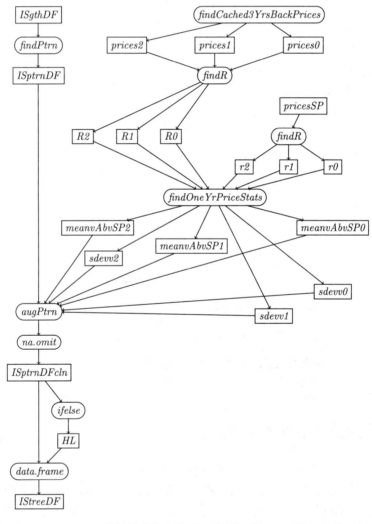

图 13.4 该树显示了 IStreeDF 数据帧的复杂谱系。圆角矩形框里面是 R 函数。实际上，预测步骤并不像将数据发送到适当的形式那样复杂

上面的 augPtrn() 函数使用 meanAbvSP 和 sdevv 向量更新数据帧的第 8 列和第 9 列。meanAbvSP 和 sdevv 被用作 netincgth、totrevgth、gsprofgth 和 dnepsgth 四个刺激变量的响应变量。我们尝试了股票 NSC 的一个测试案例，认为标准普尔 500 指数以上的适当平均值和标准差位于第 8 行和第 9 行。

```
> thisD <- dim(ISptrnDFcln)[1]/3
> idx = match('NSC',lab)
> ISptrnDFcln[c(idx,idx+thisD,idx+2*thisD),c(3:9)]
     netincgth totrevgth gsprofgth dnepsgth yr meanabv    sdev
587       0.91      0.99      0.99     1.00  2 -0.0445  0.0155
2358      1.09      1.02      1.03     1.09  1  0.0516  0.0136
4129      1.05      1.03      1.08     1.09  0  0.0174  0.0127
```

数据帧现在已经准备好应用预测技术了。整个过程如图 13.4 所示。

```
library(moments)
yb2logrets <- ISptrnDFcln[1:D,8]
yb1logrets <- ISptrnDFcln[(D+1):(2*D),8]
yb0logrets <- ISptrnDFcln[(2*D+1):(3*D),8]
alllogrets <- c(yb2logrets,yb1logrets,yb0logrets)
skewness(alllogrets)
kurtosis(alllogrets)
plot(density(yb2logrets),main="")
lines(density(yb1logrets),col=4)
lines(density(yb0logrets),col=9)
abline(v=0.0)
summary(alllogrets)
```

运行 skewness() 和 kurtosis() 函数可以发现，由于我们将其与标准普尔 500 指数（S&P 500）市场中的一些最佳收益率进行比较，这种偏差可能会出现在左侧（正如预期的那样）。

```
> skewness(alllogrets)
[1] -1.008415
> kurtosis(alllogrets)
[1] 10.70697
```

上面报告结果的峰度为 10.71，比 3 大得多，表明该分布远不是正态分布，尾部很重。

13.5　使用分类树和递归划分进行预测

预测技术需要某种类型的正式数据集设计规程。传统上，有监督机器学习数据集是一个二维表，其中行是实例，列是属性或随机变量（Gareth、Witten、Hastie 和 Tibshirani，2013；Ledolter，2013）。递归分区也不例外。在我们的例子中，行是候选股票，列是预测属性，我们认为这些预测属性是候选算法。在行维度中，还有一个属性。这些行被分成三维尺寸部分，每年一个。由于财务数据的时间序列性质，时间最久的两个部分用于训练数据，其余部分用于测试数据，以尝试预测。

通过预测，我们假设有刺激变量可以用来预测响应变量。输入变量被称为响应的刺激或预测器。这些刺激变量之间可能存在相关性，但通常被认为是独立变化的。为了简单起见，我们通常只关注一个响应变量。有一类称为 CART 的经典技术，即分类和回归树（Classification and Regression Tree）。根据响应变量的数据类型（连续或分类），形成回归树或分类树。当响应变量为数值或连续时，使用回归树。例如，这可能是计算机上请求的预测响应时间或预测的收益率。在枚举或分类响应变量时使用分类树。这可以是集合 $\{A, B, C, D, F\}$ 中的预测等级，也可以是下一个时间段中对股票的预测方向：看涨或看跌。CART 有很多 R 包，其中 tree、rpart 和 party 是最受欢迎的。我们将重点研究 party（Hothorn、Hornik、Strobl 和 Zeileis，2015）。对于 CART 中的大多数分类器，对树进行删减是一个重要的步骤，通常需要重新运行、调整修剪（prune）参数并使用数据集的子集交叉验证。当在 party 包中使用 ctree 条件推断树时，由于声明这些步骤是不必要的，因此这些部分非常简单。这个包的一个优点是，它在绘制决策树方面也做得特别好。在我们的例子中，我们的想法是使用训练集数据构建树，方法是在每个步骤中使用关于许多预测变量之一的布尔决策将训练集划分为子类。就像计算机科学领域的任何树一样，只有一个根节点。数据帧 IStreeDF，有四个损益表协变刺激变量，我们想尝试将其作为预测因子。在构建过程的每一步中，构建树都需要在四个步骤中找到一个协变量，从而得到最佳的分割。

我们现在描述一个典型回归树的递归分区之间的一般算法。分类树和回归树的具体算法根据实现该算法的研究团队的设计而有所不同。相关详细信息，最好查阅与特定软件包相关的文献。

如果我们的预测器，X 在 p 维中有 v 个可能的值，$X_1, \cdots, X_v$，我们发现 w 个不同的非重叠区域 $R_1, \cdots, R_w$，对于每个 X_i，都有一个 R_j，$X_i \in R_j$。每个 R_j 都只有一个值 $\hat{y}_{R_j}$ 或响应变量。$\hat{y}_{R_j}$ 是 R_j 中 X_i' 响应变量的均值。我们构造了区域，使残差平方和

$$RSS = \sum_{j=1}^{w} \sum_{i \in R_j} (y_i - \hat{y}_{R_j})^2 \qquad (13.9)$$

通过递归分区最小化。该区域从 R_1 开始，以 R_w 结束，这是一个"greedy"（贪婪）算法，只考虑当前分区和下一个最佳分割，而不考虑未来的状态。这意味着公式 13.9 的 RSS 仅在每次拆分移动时最小化。例如，如果有一个随机变量向量 X，其中 $X=(X_1, X_2, X_3, X_4,)=$(dnepsgth, gsprofgth, totrevgth, netincgth)，那么节点 2 和节点 3 形成区域，其中 $\{X|X_1 \leq 1.03\}$ 并 $\{X|X_1 > 1.03\}$，其中 $X1$ 对应于 dnepsgth。在 X_j 上拆分时，我们发现一个切点 c，它将其拆分为 $R_1(j, c) = \{X|X_j \leq c\}$ 和 $R_2(j, c) = \{X|X_j > c\}$，这两个区域是 RSS 减少量最大的区域。

RSS 是最小化决策树算法的一个很好的指标。使用 $\hat{y}_{R_j}$，当 y 连续时，区域的平均响应作为回归树的预测 y 值是可行的。然而，在分类树案例中，假设一个分类 y 有 K 个可能值，那么我们就需要一个不同的度量。对于分类 $\hat{y}_{R_j}$，每个区域没有平均值，因此 RSS 未定义。我们可以考虑在第 k 类的第 m 个区域出现的训练集样本点的比例 $\hat{p}_{mk}$。对于与单个初始树节点相对应的理想区域，我们希望所有 y 值完全匹配，但是，当我们开始递归拆分过程时，实际上，由于单个初始节点中 y 值的多样性，不可避免地会存在不纯度。例如，假设 $K=2$，我们从单一的起始区域开始，如果我们有 50 个训练集元素，第 1 类有 25 个 y 值，第 2 类有 25 个 y 值，那么节点的纯度很低。我们可以考虑具有相同值的 y 的比例，得到 $\hat{p}11 = \frac{1}{2}$ $\hat{p}12$。有一半的 y 相互不匹配。所以我们开始递归地拆分树，以获得更好的节点纯度。随着树的构建，通过向树中添加节点，可以获得更好的节点纯度。

我们可以考虑将每个区域 m 的采样点分类为 E_m 时的误差。如果将 $\hat{p}_{mk}$ 正确分类在一起，

则 $1-max(\hat{p}_{mk})$ 是对错误分类点的指标。然而，事实证明，E_n 对构建决策不具有适度的敏感性。

另外两个常见例子的指标是基尼系数 Gm 和交叉熵或偏差（cross entropy or deviance），在区域中用 D_m 表示，等价地，在树节点中用 m 表示。如果我们想到一个简单的决策树，它有一组与树节点对应的区域，在许多情况下，如果 $K=2$ 表示进行二叉分类，那么在下面的求和中只剩下两项：

$$E_m = 1 - amx_k(\hat{p}_{mk}) \tag{13.10}$$

$$G_m = \sum_{k=1}^{k} \hat{p}_{mk}(1-\hat{p}_{mk}) = \hat{p}_{m1}(1-\hat{p}_{m1}) + \hat{p}_{m2}(1-\hat{p}_{m1}) \tag{13.11}$$

$$Dm = -\sum_{k=1}^{K} \hat{p}_{mk} \log(\hat{p}_{mk}) = -\hat{p}_{m1}\log(\hat{p}_{m1}) - \hat{p}_{m2}\log(\hat{p}_{m2}) \tag{13.12}$$

在这个例子中，我们假设 $K=2$，$\hat{p}_{m1}=0.7$，这意味着 10 个点中的 7 个点组合成一个区域并属于彼此。

$$E_m = 1 - \max_k(\hat{p}_{mk}) = 1 - .7 = .3000$$
$$G_m = \hat{p}_{m1}(1-\hat{p}_{m1}) + \hat{p}_{m2}(1-\hat{p}_{m2}) = .7(.3) + .3(.7) = .4200$$
$$D_m = -\hat{p}_{m1}\log(\hat{p}_{m1}) - \hat{p}_{m2}\log(\hat{p}_{m2}) = -(.7)\log(.7) - (.3)\log(.3) = 0.6109$$

我们在上面同时展示基尼系数和交叉熵的公式。可以看到，它们有相似的值，如图 13.5 所示。

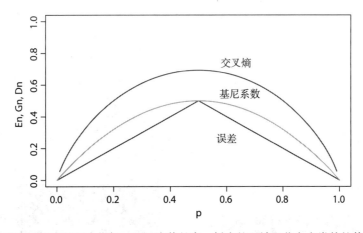

图 13.5　节点不纯度的三个指标。不纯度值越高，树中的区域和节点在类外的值就越多

我们的下一个目标是在 R 中可视化这三个函数，其中 p 和 $1-p$ 用于 $\hat{p}_{m1}$ 和 $\hat{p}_{m2}$。我们可以在图 13.5 中看到节点不纯度作为以下 R 代码的输出。我们可以看到三个代码中有两个平滑的曲线，这有助于优化。要更完整地讨论 CART 的节点拆分标准，请参考文献（Hastie、Tibshirani 和 Friedman，2009；Gareth、Witten、Hastie 和 Tibshirani，2013；Ledolter, 2013）。

```
#Calc classification tree impurity
p = seq(0,1,.01)
En <- function(p) {1-max(p,1-p)}
Gn <- function(p) {p*(1-p)+(1-p)*p}
Dn <- function(p) {-p*log(p)-(1-p)*log(1-p)}
```

```
EnVec <- sapply(p,En) #error
GnVec <- sapply(p,Gn) #Gini
DnVec <- sapply(p,Dn) #cross-entropy

plot(p,EnVec,ylim=c(0,1),col=4,type="l",
     ylab="En,Gn,Dn")
text(c(.7),En(.7),"Error",col=4,cex=.95)
lines(p,GnVec,ylim=c(0,1),col=3)
text(c(.7),Gn(.7),"Gini index",col=3,cex=.95)
lines(p,DnVec,ylim=c(0,1),col=2)
text(c(.7),Dn(.7),"Cross-entropy",col=2,cex=.95)
```

如果数据集在深度和密度上都很强大，例如第 7 章开始部分每天的价格序列（可以在数千个以前的日期中获得），可以追溯到数百天，那么形势很有利。在损益表数据中，这个序列只能追溯到几年前。幸运的是，这些数字可以通过 quantmod 软件包获得，但其限制是，年度损益表数字仅提供四年内的。

在一个理想的、有监督的学习环境中，我们应该有足够的数据来划分训练集和测试集。就损益表而言，深度只有四年，由于损益表的数据每年都在波动，因此我们不确定这是否可行。第 7 章中的 STRM 股票示例说明了仅使用一年的每日价格的风险。首先，需要用价格增长水平来扩充 ISptrnDFcln 数据帧：Up 和 Down 是与标普 500 指数平均水平 meanabv 相关的分类。

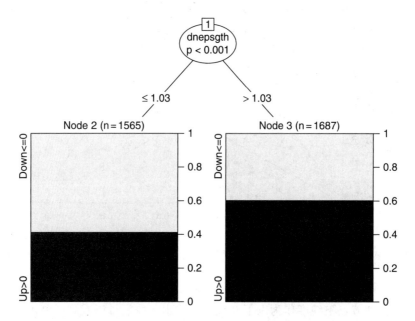

图 13.6　$2D=3242$ 个训练行形成的递归分区分类树，数据来自 2012 年和 2013 年损益表。简言之，运行递归分区告诉我们，每股净收益增长率稀释超过 3% 的股票（被视为 dnepsgth 总收益率超过 1.03）的表现将优于标准普尔 500 指数

下面的代码形成了响应变量 HL，用于确定索引上方的平均收益值是看涨（>0）还是看跌（≤ 0）。我们使用 R 的 party 包进行递归树分区，首先附加一个响应属性，告诉我们结果是 High 还是 Low。这是一个是否购买证券的指标。如果预计平均收益率会上升，我们会购

买证券，并计划持有一段时间。

```
library(party)
attach(ISptrnDFcln)
train <- c(1:D,(D+1):(2*D))
length(train)==2*D

HL=ifelse(ISptrnDFcln$meanabv > 0,"Up>0","Down<=0")
IStreeDF = data.frame(ISptrnDFcln,HL)
```

注意，上面代码中 train 定义的训练集的大小是总数据集大小的 2/3。接下来，再次检查我们的新数据帧 IStreeDF、field HL，在股票 NSC 的单元测试示例中看起来是正确的，近年来它似乎有两种类型：*High* 和 *Low*。

```
> thisD <- dim(IStreeDF)[1]/3
> idx = match('NSC',lab)
> IStreeDF[c(idx,idx+thisD,idx+2*thisD),c(3:8,10)]
     netincgth totrevgth gsprofgth dnepsgth yr meanabv      HL
575       0.91      0.99      0.99     1.00  2 -0.0445 Down<=0
2332      1.09      1.02      1.03     1.09  1  0.0516    Up>0
4089      1.05      1.03      1.08     1.09  0  0.0174    Up>0
```

将最后一列与 meanabv 列进行比较，这个测试用例看起来不错。事实上，netincgth 列似乎在预测每年的 *meanabv* 响应，两年之前的那年是收入增长较差的一年，高于标准普尔 500 指数的收益率也较差；一年之前的那年在收入增长和高于标准普尔 500 指数的收益率方面表现较为强劲；刚刚过去的一年表现居中。在检查了数据之后，现在我们可以继续查找训练集下标 train，并调用 ctree() 递归树来进行函数分区。

```
attach(IStreeDF)
istree=ctree(HL ~ netincgth + totrevgth + gsprofgth + dnepsgth,
        data=IStreeDF, subset=train)
```

我们现在知道了刺激变量区域和训练节点，这些将用于 *istree* 中的任何样本外数据集的预测，我们将三分之一的数据作为样本外数据，以便测试预测。一旦构建了 *istree* 树，我们就可以将其传递给 predict() 函数，以便在测试集 *IStreeDF* [−*train*,] 上进行预测。

```
predRes <- predict(type="response",
                istree, IStreeDF[-train,])
tbl <- round(table(predRes,IStreeDF[c(-train), "HL"])/D,3)
tbl
(tbl[1,1]+tbl[2,2])/sum(tbl)

par(mar=c(4,4,1,1))
par(mfrow=c(1,1))
plot(istree,cex=.25)
```

请注意，在这棵树的四个损益表数字中，唯一提到的是 dnepsgth，即稀释后每股净收益增长。这告诉我们，它是在图 13.6 所示的 party 树分区包中最重要的预测器。我们可以再看一下调用 ctree() 的公式：

```
meanabv ~ netincgth + totrevgth + gsprofgth + dnepsgth .
```

我们可以要求对预测响应的总数进行汇总，上涨还是下跌。

```
> sum(predRes == "Up>0")
[1] 819
> sum(predRes != "Up>0")
[1] 802
```

我们可以将这些数字解释为,在一段时间内,超过标准普尔 500 指数(S&P 500 Index)的证券价格上涨或下跌的数量。

我们可以通过让 R 显示变量 istree 的内容来请求对分类树的描述。输出如下,并列出了四个输入变量、刺激变量、预测变量以及响应变量。每行都是树的一个节点,我们可以把树节点 1 看作根节点,然后在下一行中列出从根节点 1 分出作为分支的两行。

```
> istree

Conditional inference tree with 2 terminal nodes

Response:  HL
Inputs:  netincgth, totrevgth, gsprofgth, dnepsgth
Number of observations:   3252

1) dnepsgth <= 1.03; criterion = 1, statistic = 25.908
  2)*  weights = 1565
1) dnepsgth > 1.03
  3)*  weights = 1687
> plot(istree)
```

我们知道我们是在一个机器学习训练集上操作,这个训练集的大小是: > length(train)[1] 3242,测试集的大小是训练集的一半。运行下面的代码块时,该代码块试图通过价格统计和两年前的损益表增长来预测高平均收益率的股票,我们看到了由此产生的混淆矩阵,它是基于两个已标记类的两个预测类。

```
> predRes <- predict(type="response",
+                    istree, IStreeDF[-train,])
> tbl <- round(table(predRes,IStreeDF[c(-train), "HL"])/D,3)
> tbl

predRes    Down<=0   Up>0
  Down<=0    0.335  0.159
  Up>0       0.231  0.275
> (tbl[1,1]+tbl[2,2])/sum(tbl)
[1] 0.61
```

有两种基本的价格变动类型,我们的响应变量 y_i 可以从中赋值: $Down \leq 0$ 和 $Up > 0$,其中 Up 是看涨趋势。我们可以看看前三行预测的低平均收益率的分布情况,发现大多数预测的低收益率实际上都是 Down。如果我们对 2×2 矩阵的左上象限和右下象限求和,会得到 61.0%。

13.6　分类器之间的预测率比较

大部分编码工作致力于获得对 party 包实用程序有用的价格和损益表数据。作为财务数据,由于影响市场价格的外部因素很多,市场平均收益率并不总是反映损益表上发生的事情。但是，尽管如此，这里的结果仍然是令人鼓舞的。如经典文献《统计学习导论》(Gareth、Witten、Haste 和 Tibshirani, 2013) 所述，在 Smarket 数据集上使用了逻辑回归、线性判别分析和二次判别分析，利用金融预测领域中更先进的技术，预测成功率可从 52% 提高到 60%。无论何时，当我们在样本外测试中的成功率超过 50% 时，我们都应该称之为成功。

我们可以尝试使用另外两个分类器来与 party 包递归树进行比较。randomForest 决策树对训练集进行多次采样，并对结果进行平均。通常，这样可以产生更稳健的预测结果。支持向量机（SVM）是比较经典的统计学习技术之一，它试图将数据集分割成集群，以匹配响应变量值。我们将前面的代码合并到函数 runClassifier() 中，该函数包含 party 包树、randomForest 包树和 e1071 包 SVM 的用例。

```r
library(party)
library(randomForest)
library(e1071)
attach(IStreeDF)
runClassifier <- function(IStreeDF,train,name="ctree") {
  if(name == "ctree") {
    classifier=ctree(HL ~ netincgth + totrevgth +
              gsprofgth + dnepsgth,
              data=IStreeDF, subset=train)
    predRes <- predict(type="response",
              classifier, IStreeDF[-train,])
  } else if(name == "randomForest"){
    set.seed(100)
    classifier=randomForest(HL ~ netincgth + totrevgth +
              gsprofgth + dnepsgth,
              data=IStreeDF, subset=train, mtry=4, importance=TRUE)
    predRes <- predict(type="response",
              classifier, IStreeDF[-train,])
  } else if(name == "svm") {
    classifier <- svm(formula=HL ~ netincgth + totrevgth +
              gsprofgth + dnepsgth,data=IStreeDF, subset=train,
              kernel="sigmoid",na.action=na.omit, scale = TRUE)
    predRes <- predict(type="response",
              classifier, IStreeDF[-train,])
  }
  par(mar=c(4,4,1,1))
  par(mfrow=c(1,1))
  if(name == "ctree" || name == "randomForest")
    plot(classifier,cex=.25)
  tbl <- round(table(predRes,IStreeDF[c(-train), "HL"])/D,3)
  print(tbl)
  print(tbl[1,1]+tbl[2,2]/sum(tbl))
}
runClassifier(IStreeDF,train,"ctree")
runClassifier(IStreeDF,train,"randomForest")
runClassifier(IStreeDF,train,"svm")
```

我们在追求完美的预测、100% 的成功率时，在金融领域，我们面临着成千上万的市场参与者的挑战，他们随机地帮助确定证券的价格。与生物学和市场分析问题相比，金融市场问题的模式经常被随机的、偶尔发生的极端事件所打断。

让我们思考一下。如果预测和投资证券的成功率很容易达到 80%，那么每个人都会跃跃欲试。但在实践中，这是非常棘手的，因为成功率没有得到保证，而且面临着损失大笔资金或由于没有获得所需的价格而损失收益的威胁。交易成本也是影响最终结果的一个重要因素。

分类器	预测准确率
party 树	61.0
随机森林	55.2
技术向量机	44.9

尽管如此，只要我们的预测准确率足够好，超过 50%，我们就可以支付有关的交易成本和员工成本，从长远来看，利润可以通过预测递归分区获得。对于这个涉及三年价格的案例，决策树 61.0% 的预测准确率是相当不错的。对这些问题的进一步研究是读者阅读本章基础内容后的练习和挑战。

13.7　习题

（1）建立目录结构，获取市场价格

在 FinAnalytics 下设置一个名为 MVO4 的目录，其中包含子目录 NYSE 和 NASDAQ。找到股票代码文件 *NYSEclean.txt* 和 *NASDAQclean.txt*，并将它们放在各自的子目录中。检查用于单元测试 acquirePrices() 函数的逻辑，以便正确地调用该函数，获取 NYSE 和 NASDAQ 子目录中的缓存文件。*NYSEclean.txt* 和 *NASDAQclean.txt* 文件中的每个股票代码都应该有一个缓存文件，如表 4.1 所示；然而，并非所有符号（symbol）在下载时都会成功。确保使用 *readSubDirs*() 设置符号向量、lab 和维度变量 $D=D1+D2$。注意 $D1$ 应该是 2233 左右，$D2$ 应该是 2248 左右。

创建一个名为 prices 的二维矩阵，在其中填满 NA，然后调用 acquirePrices() 以获取长度为 len 的 D 个价格向量，时间段为：start= "2011-02-09" end= "2015-02-09"。当 acquiringPrices() 正在运行时，请查看 NYSE 目录，以检查是否使用非 NA 价格创建了正确的缓存文件。如果一直生成 NA，那么开始和结束日期很可能与 len 变量不匹配。

（2）扩展单元测试

找到第 13 章 findCachedPrices() 函数的逻辑。将 13.3 节的单元测试扩展为包含 12 个 NYSE 和 12 个 NASDAQ 符号（symbol）。在这 24 个符号中，如果最多有 6 个符号的价格无法获得，也是可以的。如果这些符号没有缓存文件，返回的矩阵会发生什么？

（3）获取标准普尔 500 指数价格

使用 getHistPrices() 的以下调用来获取指数价格，以便与单个股票价格进行比较：

```
pricesSP <- getHistPrices( c('^GSPC'), c(1), len, start = "2011
-02-09", end = "2015-02-09", startBck1 = "2011-02-08", start
Fwd1 = "2011-02-10") write.csv( pricesSP, file = "cachedGSPC.
csv", row.names=FALSE)
```

在 MVO4 目录中创建文件 cachedGSPC.csv。

（4）使用基本原理执行预测

获取并在新创建的目录结构上执行第 13 章的其余代码。检查文本结果和图是否符合预期。

（5）扩展数据集以进行交叉验证

一旦数据集中有多个元素，交叉验证就涉及训练数据子集的训练和测试。在第 13 章中，我们只输入了三年的价格，其中两年用于训练。扩展程序逻辑以导入五年的数据用于训练和测试。在四年可能的训练数据中留出一年的，运行 party 包预测训练和测试逻辑。留出一年，就会有四种可能的训练集。报告每个训练集的预测准确率。在报告中，绘制由 ctree() 的每个调用实例构建的结果树，以便查看使用的每个随机变量的阈值。在样本数据中留出一年的数据会产生四种情况，报告一下四种情况的预测准确率。

第 14 章
期权的二项式模型

对于市场来说，衍生证券（derivative securities）的风险敞口（exposure）比股票的风险敞口更加灵活和复杂。在本章中，我们将关注一种众所周知的特定衍生证券类型——期权（option）。期权赋予买方以固定价格购买标的证券（underlying security）的权利，但并没有相应的义务。这种权利将于逾期日失效。

以下这些观点是正确的：期权的用户可以决定他们想要购买标的证券的价格。然而标的证券的价位未来是否会达到预期并没有任何保证，因此这些合约可能在逾期日时会变得不值钱。需要说明的是，拥有这些权利是需要付期权费（option premium）的。

对于美式期权（American option），用户可以在购买期权的权利之后到逾期日（maturity）之前的任何时间来行权（exercise）。而对于欧式期权（European option），用户的权利只能在逾期日那一天来行权（Hull，2006）。

当一个人拥有一只股票时，他在持有头寸的过程中会经受出现的所有起落。而当拥有一个期权时，他只会经受多头或者空头方向的风险。由于标的证券本身的随机特性，评估期权是一个复杂的行权过程。过去常常在期权交易世界中使用的一个相对简单的期权模型是二项树（binomial tree）。这里的目的是帮助解释期权是如何运作的，以便于在之后我们可以构建一个分析框架。

14.1 应用计算金融学

在计算金融（computational finance）中，人们使用概率和统计来推理算法中的金融工具。为了便于理解二项树和另一种相关的模型（二项资产定价模型），我们在这里假设证券投资者：

- 拥有银行账户；
- 投资标的证券，比如股票。

在这里的例子中，展示期权市场的最好方法是玩一个期权交易游戏。假想的股票投资者 Smitty 坚信 GOOG（Google，谷歌公司）股票的需求会上升，然后在周一（$t=0$）购买了 1 股（share），然后在周五卖掉（$t=T$），这里 GOOG 在每天有 50-50 的概率上升（p）或者下降（q）1 美元（\$1）。GOOG 股票在周一的每股交易价格是 \$800，下面是整个时间里的模拟情况：

$$n = 0,1,2,3,4 \text{ 或 } t = 0, \left\{\frac{1}{N}\right\}, \left\{\frac{2}{N}\right\}, \left\{\frac{3}{N}\right\}, \left\{\frac{4}{N}\right\}$$

从这些时间和潜在的股票价格中，我们可以构建一个格（lattice，这里 N 是一年中交易日的数量），用投硬币的方法来决定每天的价格走向：向上（H）或者向下（T）。

下面我们来观察一个 GOOG 单日的股票价格 $S(t)$，如图 14.1 所示。这些基于时间的随机变量 $S(t)$ 代表股票价格，整体来说是一个随机过程。对买家来说，周一（$t=0$）的股票是多头，并关心周五（$t=T$）股票的期望价值。在图 14.2 中，整个格中有 16 种可能结果的路径。在这个版本中，展示了原始股票价格 S 的最基本的二项树结构，还有股票未来价格在向上（u）或者向下（d）方向上的演变。图 14.3 展示了当股票价格大约为 $S=800$ 时的格。当时间在 T 这里冻结时，在最后会有一个期望的价格：

$$\mathbb{E}[S(T)] = 804p^4 + 802 \cdot 4p^3q + 800 \cdot 6p^2q^2 + 798 \cdot 4q^3p + 796q^4$$

$$= \left\{ 804\frac{1}{16} + 802\frac{4}{16} + 800\frac{6}{16} + 798\frac{4}{16} + 796\frac{1}{16} \right\} = 800$$

$$P(S(T) > S(0)) = \left\{ \frac{1}{16} + \frac{4}{16} \right\} = \frac{5}{16}$$

$$= .3125 \qquad (14.1)$$

$$= P(S(T) < S(0))$$

期权投资者 Billie 坚信 GOOG 已经估值过高了，在周一购买一个看跌期权（put option），再在周五卖出。看跌期权是一种衍生证券，有权利以行权价格（strike price）$K=801$ 卖出 GOOG 股票，并且可以选择以下行为之一：

- 如果在周五，GOOG 价格下跌到 800、798 或者 796 时，则通过行权来获利，获利为行权价减去到期价格。
- 如果 GOOG 价格上涨到 802 或 804，就让其自然到期，因为没什么投资价值。

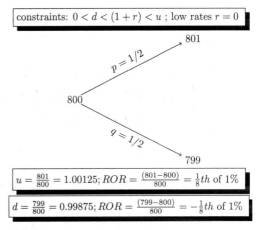

图 14.1 市场关闭时股票价格到另一天是上涨还是下跌趋势的过渡图

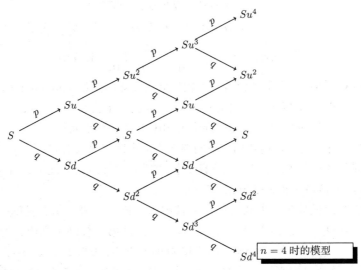

图 14.2 从股票价格为 S 开始时所有的可能结果。在时间段 $n=4$ 时，从根节点有 16 种可能路径

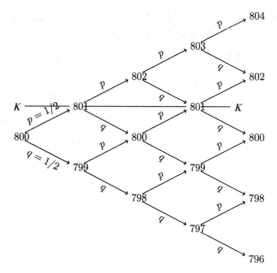

图 14.3 当成交价 $K=801$ 时，所绘出的格

选择看跌期权的人是对这个期权价格持有看空或者疲软（bearish）观点的。当 $K-S(T)$ 大于 0 时，他们便能获得这个差值的定量盈利。假设期望的期权收益为 T：

$$\mathbb{E}[\max(K-S(T),0)] = \sum_x \max(K-s,0) \cdot P(S(T)=s)$$
$$= (\max(801-804,0)P(HHHH) +$$
$$\max(801-802,0)(P(HHHT) + P(HHTH) +$$
$$\max(801-802,0)(P(HTHH) + P(THHH)) +$$
$$\max(801-800,0)(P(HHTT) + P(HTHT)) +$$
$$\max(801-800,0)(P(THTH) + P(TTHH)) +$$
$$\max(801-800,0)(P(HTTH) + P(THHT)) +$$
$$\max(801-798,0)(P(TTTH) + P(TTHT)) +$$
$$\max(801-798,0)(P(THTT) + P(HTTT)) +$$
$$\max(801-796,0)P(TTTT))$$
$$= 0p^4 + 0 \cdot 4p^3q + 1 \cdot 6p^2q^2 + 3 \cdot 4p^3q + 5p^4$$

$$\mathbb{E}[max(K-S(T))] = 1\frac{6}{16} + 3\frac{4}{16} + 5\frac{1}{16} = 1.4375 \tag{14.2}$$

所以 \$1.4375 是期权的净资产价值，也就是众所周知的溢价（premium value）。

我们的第三位投资者 Mayer 不确定 GOOG 的价值会不会在未来走跌，但是也并不认为 GOOG 会上涨，所以他想出售一个行权价格为 801 美元的看跌期权，并从收取溢价中获利，希望不必向期权持有人支付任何费用。我们都知道这个期权今天的费用，也知道所期望的在未来可能需要多付的钱是 \$1.4375。在看跌期权达到最大价值的情况下，Mayer 卖出它的利润最坏的情况是 \$1.4375-\$5=\$-3.5625。

这个三人游戏的最佳模拟方式是使用一枚硬币投掷四次来表示在星期一到星期五每天结束时是盈利（正面）还是亏损（反面）。在周一，投掷第一枚硬币之前，图 14.4 展示了三个人的支出情况，这里 Smitty 以 \$800 的价格购买了股票，Billie 买入了看跌期权并且支付了 \$1.44 的溢价，这个溢价直接给了 Mayer。到了周五，如图 14.5 所示，根据四次抛售的结果，Smitty 将获得 GOOG 的当前价格的回报；如果该价格低于行权价格，Billie 将获得零，或者如果股价低于行权价格，则获得行权价格与股价之间的差价；则 Mayer 必须支付零，或者如果股价低于行权价格，则支付行权价格与股价之间的差价。这三位投资者代表了在一个期货市场中所有典型的投资者角色。

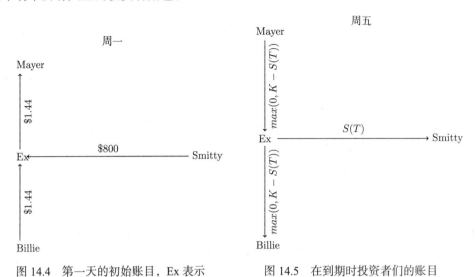

图 14.4　第一天的初始账目，Ex 表示股票和期权的交换

图 14.5　在到期时投资者们的账目

14.2　风险中性定价和无套利

在计算金融中，有一个重要的基本原则叫作风险中性定价（risk-neutral pricing）。风险规避型（risk-averse）投资者会将其风险降至最低，追求风险型（risk-seeking）投资者却被风险所吸引，在这种理论情况下，风险中性型（risk-neutral）投资者既不追求风险也不规避风险。出于人性考虑，尽管我们很难相信是否存在这种类型的人，但为了解决期权定价的一般情况，这是最合理的假设。通过假设投资者是风险中性的，那么只要期望值相同，就能保证单个结果与多个结果之间不存在偏好（no preference），他们的期望值都是一样的。任何更复杂的假设都会导致更多的复杂性，而且不一定会增加分析的准确性。

另一个基本原则被称为无套利情况（no arbitrage condition）。套利是理论上的情况，即投资者可以从任何涉及在任何概率或者时间状态下，非负现现金流（negative cash flow）情况的交易中获利，这样保证了至少在一个状态是正现金流（positive cash flow）。这有可能是一个在零支出情况下的无风险获利（risk-free profit）。"无套利"意味着当这种套利存在时，很快就会消失。因为市场参与者很快就从套利中迅速获利，也因为很难引入随机变量进行套利，所以这种共同假设似乎是合理的。

14.3　高风险率环境

我们可以在假设利率为零的情况下进行二项树期权计算。这里需要引入一个无风险利率的概念，即美国政府等稳定发行方所支付的国债利率 μ_f。虽然无风险利率在 2000 ～ 2010

年这十年的早期阶段几乎为 0，当然事实并非总是如此。在 20 世纪 70 年代末到 80 年代初的繁荣时期，出现了一系列很高的无风险利率，频频打破纪录。

为了展示无风险利率能涨到多高，以及它会如何影响二项树模型，下面要讲一个发生在那个年代的故事。一个 Illinois（伊利诺斯州）家庭以 \$80 000 的价格在 1972 年购买了一套居住房。在 1984 年，这个家庭卖出了这套房子，售价为 \$380 000。我们可以算出它的年化回报率 r_A，并且把它用作当时的无风险利率（prevailing risk-free interest rate）比如 μ_f 的测算代替物。

$$380\,000 = 80\,000 \cdot (1+r_A)^{12} \tag{14.3}$$

$$r_A = 14\% \tag{14.4}$$

现在 r_A 为年化房地产增值率，并且它也可以用来作为利率的测算代替物。由于我们在二项树模型中使用的是日化利率，所以需要通过下面的公式解出日化无风险利率 r：

$$(1+r_A) = (1+r)^N \big|_{N=250} \tag{14.5}$$

所以 r 的值为：

$$r = 0.000\,524\,25 \tag{14.6}$$

在这个二项式资产定价模型中，股票价格上升 p 的风险中性概率，与导致该股票价格上升的因素 u 和导致该股票价格下降的因素 d 以及无风险利率 r 有关（Shreve, 2004a）：

$$p = \frac{1+r-d}{u-d} \tag{14.7}$$

类似的股票价格下降 $q = 1 - p$ 的风险中性概率，也是与导致该股票价格上升的因素 u 和导致该股票价格下降的因素 d 以及无风险利率 r 有关。

$$q = \frac{u-1-r}{u-d} \tag{14.8}$$

从公式 14.7 中，可知，由于 $u = \frac{1}{d}$，所以我们可以通过两边同时乘以 $(u-d)$ 来确定 d 和 u。

$$pu - pd = 1 + r - d$$

$$pu - (p-1)d = 1 + r$$

$$pu + (1-p)d = 1 + r$$

$$\frac{p}{d} + qd = 1 + r$$

$$\frac{.535}{d} + .465d = 1.000\,524\,25$$

这里可以解得 $d = 0.9929$，$u = 1.000\,715\,1$。

图 14.6 展示了在高利率环境下重新计算的二项树例子。这里以美元计价的价格上升量和下降量都比本章节之前的那个二项树要大很多。当时利率 r 决定了价格上涨的概率 p。只要每天持有股票，那么每天价格都在上涨可能性较大，因为风险中性定价的假设会迫使风险利率适用于整个股票市场。风险中性概率的结果说明了，我们的股票每天都有 53.5% 的上涨可能性。而且在这个周末，期望价格会是 \$801.79，预计一年后的期望价格为 \$906.25。

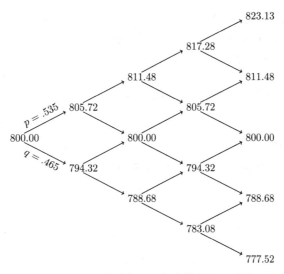

图 14.6 在高利率下重新计算出的二项树

14.4 期权数据二项模型的收敛

现在我们已经很直观地观察了二项模型，接下来我们会做一个实验，用一种实用的方法来计算在交易所买卖的期权价值。虽然 Black-Scholes 公式已经成为评估欧洲期权的主要方法，但随着离散二项模型的迭代次数的增加，可以告诉我们这种直观的方法是否足够精确来定价市场中的实物期权。

这里推荐书籍 Following（Haug，1998），它对于任何想要对各种期权进行定量分析的人来说都是一本非常方便的参考书，我们接下来会用一系列使用泛化二项模型的公式来作为定价算法。我们将把注意力放在更简单的欧式期权上，因为欧式期权需要在到期日之前一直持有。我们从图 14.2 中可以知道，模型假设在树中步数为 n 并且成熟期为 T 年的节点资产价格为：

$$Su^i d^{j-i}, i \in \{0,1,\cdots,j\}$$

这里 u 和 d 是我们已经知道的上涨和下降影响因子，大小都在 1 附近。在图 14.1 中，其范围为 $0 < d < (1+r) < u$。更准确的是，

$$r = exp(\sigma\sqrt{\Delta t}), d = exp(-\sigma\sqrt{\Delta t}), \text{其中} \Delta t = T/n$$

那么一个股票价格在每步上涨的概率 p 可定义为：

$$p = \frac{\exp(b\Delta t) - d}{u - d} \text{且} q = 1 - p$$

这个公式可以通过现有的二项树模型来模拟评估，从而根据股票的初始价格 S 和行权价格 K 来定价看涨期权 c 和看跌期权 p：

$$c = \exp(-rT) \sum_{i=a}^{n} \frac{n!}{i!(n-i)!} p^i q^{n-i} (Su^i d^{n-1} - K) \quad (14.9)$$

$$p = \exp(-rT) \sum_{i=a}^{n} \frac{n!}{i!(n-i)!} p^i q^{n-i} (K - Su^i d^{n-1}) \quad (14.10)$$

上面的期望价格公式，即每种可能性结果价格和支付价格的加和。如果要把这个公式转

为 R 语言代码，我们需要两个例子：看涨情况（call）和看跌情况（put），以及一个 for 循环对所有带有权重的概率结果进行加和。binomial() 是我们这个公式的 R 语言函数名。先考虑看涨的情况，对于时间步骤 $n=4$，加和的范围为 2：4（2 到 4）。

$$\frac{n!}{i!(n-i)!}$$

在 $i=2,3,4$ 的情况下，值分别为 6,4,1，与之相关的路径为树中最右边的节点数，即 S, Su^2, Su^4。下面就是 binomial() 的代码。

```
#Binomial option pricing adapted from E.G.Haug book.
r = .08
b = r
sigma = .30
S = 100
K = 95
T = .5

binomial <- function(type,S,K,sigma,t,r,n) {
  deltat = T/n
  u = exp(sigma*sqrt(deltat))
  d = exp(-sigma*sqrt(deltat))
  p = (exp(b*deltat)-d)/(u-d)

  a = ceiling(log(K/(S*d^n))/log(u/d))
  val = 0
  if(type=='call') {
    for(i in a:n) {
      val = val +
        (factorial(n)/(factorial(i)*factorial(n-i)))*
        p^i*(1-p)^(n-i)*(S*u^i*d^(n-i)-K)
    }
  } else if(type=='put') {
    for(i in 0:(a-1))
      val  = val  +
        (factorial(n)/(factorial(i)*factorial(n-i)))*
        p^i*(1-p)^(n-i)*(K-S*u^i*d^(n-i))
  }
  exp(-r*T)*val
}
```

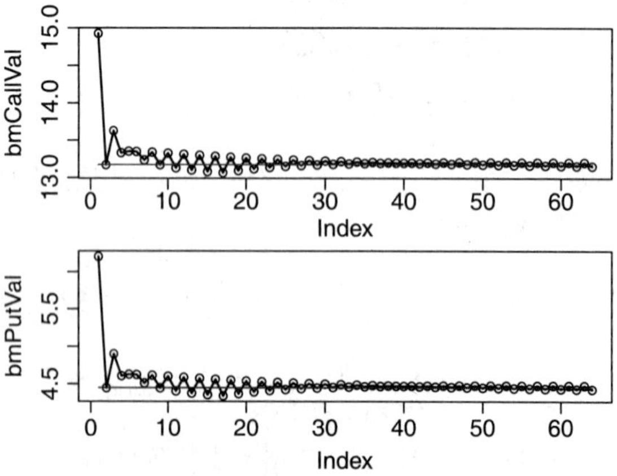

图 14.7 二项树的收敛：横轴为步数，纵轴为溢价。上图是看涨期权，下图的是看跌期权

下面的代码是评估欧式期权用到的经典公式——Black-Scholes 公式，可以与上面迭代的 binomial() 方法来做比较。

```
bs<-function(type,S,K,sigma,t,r){
  d1 <- (log(S/K) + (r+(sigma^2)/2)*t) / (sigma*sqrt(t))
  d2 <- (log(S/K) + (r-(sigma^2)/2)*t) / (sigma*sqrt(t))
  if (type=='call') val <- pnorm(d1)*S - pnorm(d2)*K*exp(-r*t)
  else if (type=='put') val <- pnorm(-d2)*K*exp(-r*t) -
      pnorm(-d1)*S
  val
}
```

现在我们可以看到二项模型价格收敛的效果如何。下面的 plot() 代码在 y 轴上为我们展示了对应每棵树中的步数 n 值所计算出来的值。令人吃惊的是，所计算出的溢价一开始就接近收敛位置并且很快到达收敛情景。在图 14.7 中，上图展示了看涨期权的收敛结果，下图展示了看跌期权的收敛结果。股票价格 S 停留在 100，行权价格 K 为 95，这意味着看涨是赚钱的（in-the-money，ITM），而看跌是亏钱的（out-of-the-money，OTM）。

```
#Invoke Binomial Method varying n:
N = 64
par(mfrow=c(1,2))
bmCallVal <- rep(0,length(1:N))
for(n in 1:N)
  bmCallVal[n] <- binomial('call',S,K,sigma,T,r,n)
plot(bmCallVal)
lines(bmCallVal,col=4)
bsCallVal <- bs('call',S,K,sigma,T,r)
lines(rep(bsCallVal,N),col=4)
bmPutVal <- rep(0,length(1:N))
for(n in 1:N)
  bmPutVal[n] <- binomial('put',S,K,sigma,T,r,n)
plot(bmPutVal)
lines(bmPutVal,col=4)
bsPutVal <- bs('put',S,K,sigma,T,r)
lines(rep(bsPutVal,N),col=4)
```

二项模型（$N=64$）的最好估算以及 Black-Schole 值的结果可见如下代码的输出结果：

```
> bmCallVal[N]
[1] 13.1524944608
> bsCallVal
[1] 13.174384319
> bmCallVal[N]/bsCallVal
[1] 0.998338453044
> bmPutVal[N]
[1] 4.42749118031
> bsPutVal
[1] 4.44938103847
> bmPutVal[N]/bsPutVal
[1] 0.99508024645
```

如上可知看跌和看涨的比值分别为 0.995 和 0.998，它们都在 0.005 的差距区间内。

14.5 买卖权平价

两种主要欧式期权类型在价格上的关系转换主要是通过一个被称为买卖权平价（Put-Call Parity）的原理来实现的，具体如下：

$$p = c - (S - K\exp(-rT)) \quad (14.11)$$

当期权是平价（at-the-money，ATM）时，那么股票价格 S 和行权价格的折现值 $K\exp(-rT)$ 相等，即 $p=c$。当股票价格高于行权价格的折现值时，看涨就是赚钱的，但是看跌是赔钱的，所以看涨价格将降低到 $S - K\exp(-rT)$ 来让它们相等。同理，当股票价格低于行权价格的折现值时，看跌是赚钱的而看涨是赔钱的，所以 $S - K\exp(-rT)$ 为负数，因此需要增加公式 14.11 右边来让两边相等。为了更视觉化地展示，我们使用如下 R 语言代码生成相关的图像。绘图的输出结果为图 14.8。

```
#Visualizing Put-Call Parity:
S <- 75:125
M = length(S)
bmCallVal <- vector(length=M)
bmPutVal  <- vector(length=M)
n = 64
for(i in 1:M) {
  bmCallVal[i] <- binomial('call',S[i],K,sigma,T,r,n)
  bmPutVal[i]  <- binomial('put',S[i],K,sigma,T,r,n)
}
par(mfrow=c(1,1))
plot(S,bmCallVal,type='l',col=4,
     ylab="bmCallVal,bmPutVal")
lines(S,bmPutVal,col=5)
#At the present value of the strike, K*exp(-r*T),
#the call and put have the same value (ATM).
pvK <- K*exp(-r*T)
abline(v = pvK)
text(c(pvK),c(30),paste("K*exp(-r*T) =",
             round(pvK,2)),cex=.75)
```

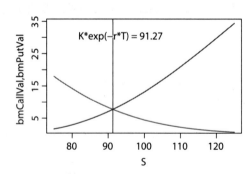

图 14.8 买卖权平价在行权价格的折现值 $K\exp(-rT)$ 处最明显，这个位置上看跌和看涨的溢价是相同的。根据公式 14.11，在其他地方，对于任何不同的 S 和固定的行权价格 $K=95$，看涨和看跌的溢价是不同的

现在我们可以考虑买卖权平价的校验：

```
> #Let's check Put-Call Parity:
> #S=100
> l = ceiling(M/2) #Find the middle price S[l]
> S[l]
[1] 100
> round(bmCallVal[l],4)
[1] 13.1525
> round(bmCallVal[l],4) ==
+   round(bmPutVal[l] + S[l] - pvK,4)
[1] TRUE
```

我们从上面最后一行代码的断言可得，在步数 $N=64$ 和在 $S[26]=100$ 时会遇到一个有小数点后 4 位精度的买卖权平价。

14.6 从二项到对数正态

从用于解说的离散时间二项示例转向更加真实的连续时间示例，这涉及将股票价格的二项分布转为熟悉的对数正态（log-normal）分布。二项树被当作连续时间的一种近似状况，以便于：

- 用一小撮离散随机变量来展示市场的动态特性；
- 作为计算美式期权价格的一个提前练习。

离散和连续时间模型的联系可以被详细解释（Shreve，2004b）。让我们在二项模型中先回到零风险自由汇价环境中，即 $r=0$，我们可以选择满足以下条件的任意 u 和 d：

$$0 < d < (1+r) < u \tag{14.12}$$

如果我们选择：

$$u_n = 1 + \frac{\sigma}{\sqrt{n}}, d_n = 1 - \frac{\sigma}{\sqrt{n}} \tag{14.13}$$

对于树的第 n 层，我们知道在 $\sigma > 0$ 时满足公式 13.12 的限制。可以使用公式 13.7 和公式 13.8：

$$p = \frac{1+r-d_n}{u_n - d_n} = \frac{\sigma/\sqrt{n}}{2\sigma/\sqrt{n}} = \frac{1}{2}, q = \frac{u_n - 1 - r}{u_n - d_n} = \frac{\sigma/\sqrt{n}}{2\sigma/\sqrt{n}} = \frac{1}{2}$$

现在，再次回到 14.1 节中的对称概率中。

首先，直观地说，由于 $u > 0, d > 0$ 且我们的初始股票价格 $S(0) > 0$，所以，在一个 n 层的二项树扩展中，$S(0)d^n$ 永远不能到达或者低于 0，即使它们会变得无限接近于 0。这个股票价格的涨跌行为呈对数正态分布。在对数正态分布中，随机变量的值都是正的。其次，如果我们用两个随机变量来表示出现正面的次数 H_n 和出现反面的次数 T_n，在第 n 层中，我们可以知道：

$$n = H_n + T_n \tag{14.14}$$

因为每个结果要么是正面，要么是反面，我们可以定义一个衍生的随机变量：

$$M_n = H_n - T_n \tag{14.15}$$

作为正面的次数减去反面的次数的值。如果我们把公式 13.14 和公式 13.15 相加并且等式两边同时除以 2，我们可以得到：

$$H_n = \frac{1}{2}(n + M_n) \tag{14.16}$$

$$T_n = \frac{1}{2}(n - M_n) \tag{14.17}$$

所以如果我们有 n 个上涨或者下降时刻用于 $S(0)$ 中，可以追溯为：

$$S_n(t) = S(0)u_n^{H_n} d_n^{T_n} \tag{14.18}$$

根据公式 13.13、13.16 和 13.17 可得：

$$S_n(t) = S(0)\left(1 + \frac{\sigma}{\sqrt{n}}\right)^{\frac{1}{2}(n+M_N)}\left(1 + \frac{\sigma}{\sqrt{n}}\right)^{\frac{1}{2}(n-M_N)} \tag{14.19}$$

由于 $n \to \infty$，随机变量 $S_n(t)$ 的分布将会收敛到如下分布：

$$S(t) = S(0)\exp\left[\sigma W(t) - \frac{1}{2}\sigma^2 t\right] \tag{14.20}$$

这里 $W(t)$ 是一个服从 $N(0,t)$ 正态分布的随机变量，其方差为 t。虽然证明这些已超出本书内容范围，但是这个结果是确凿无疑的。我们可以知道 $S(t)$ 的分布是对数正态分布，这是由于在 Ce^K 形式中，C 是一个常数，并且 K 是正态分布。

14.7 习题

（1）财产增值

风险中性期权价值评估假设当前利率 r 是股权证券增值的基本利率，尽管事实上它们是风险资产。为了让这一点更加真实，我们可以认为国债和房地产的增长率是相似的值。

假设在一个房地产年化收益率高达 7% 的市场环境中，你有一套房子。如果这套房子最初花费了 100,000 并且利率是固定的，那么在十年之后，这套房子的期望价值是多少？

（2）二项树精确性

在二项树模型中，设 $r=0.08$，$b=r$，$sigma=0.30$，$S=100$，$K=95$，$T=0.5$，那么当从 $N=32$ 层到 $N=64$ 层时，请精确计算增长百分点。可以使用 bsCallVal() 计算出的 Black-Schole 值作为一个参考。

第15章
Black-Scholes 模型和期权的隐含波动率

当开车穿越美国中西部农业地区时，人们可以听到 AM 电台每天的不同时段播出玉米、大豆、小麦和其他商品的期货价格。爱荷华州和伊利诺斯州在美国的玉米生产方面处于领先地位。堪萨斯州在美国的小麦生产方面处于全国领先地位。听这些农业报告是件很有趣的事情。这些广播中甚至涉及了非常详细的天气预报。天气对许多农业生产者的生计都至关重要。在听了几个星期的广播之后，我们可以了解到，没有人确切地知道农业市场价格在一个交易日中是要上涨还是要下跌。为了对冲生产链价格风险，特别是种植季节性农作物的农民承担的价格风险，利用期货和期权证券是不错的办法。生产者往往希望在农业生产周期结束之前锁定玉米交货价格，或希望因农业价格大幅下调而得到补偿，以保证在未来数天和数月内恢复固定成本。

通过第14章，我们更加熟悉了基于随机游走过程假设的期权模型。本章会接着之前的期权话题继续讨论，并且学习一个对于欧式期权定价来说非常流行的模型。这是出现于1973年的、世界上最著名和最广泛应用的期货定价模型：Black-Scholes 模型。它对期权的定价和交易进行了彻底改革，在此之前，期权的定价是非常武断的。而 Black 和 Scholes 所设计的模型依赖于随机微积分。随机微积分是由 Itô 在 1951 年引入的，用来解决将随机变量的微积分作为时域函数这个需求，比如股票市场价格（Ito, 1951）。通过这项发明，Black 和 Scholes 与 Merton 一起获得了 1997 年诺贝尔经济学奖。我们想通过在这里讨论 Black-Scholes 模型来结束我们的财务分析之旅。我们将会试着最低程度地使用随机微积分。

在本书的结尾，我们保留了更多的数学资料，这是因为它涉及了更加复杂的证券类型：期权。正如在第14章所提到的，期权是一种衍生证券。许多在金融界工作的人和在市场中的投资者可能永远不会遇到期权，因为在他们的风险偏好中期权太过复杂或者风险太大，或者由于期权的风险特性，一些银行或者证券从业者被限制进行期货交易。但是讨论期权提供了一个更加复杂的金融分析框架。

我们已经讨论了混合模型，它是一种能更加精确展示真实市场的方法。大多数的期权相关文献和模型在实践上都涉及正态分布和对数正态分布假设，所以我们将回到这个惯例上，以便于讨论行业标准期权估价模型。

15.1 几何布朗运动

几何布朗运动（Geometric Brownian Motion，GBM）是一个随机过程，用于在当前市场情况下寻找期货价格的 Black-Scholes 公式中的市场价格运动假设。之前章节中没深入讲过几何布朗运动，不过公式 14.20 中有所涉及，那也是一个对数正态过程。通过引入一个漂移项 μ 并且对两边取对数，我们可以得到 $\sigma W(t)+(\mu-\sigma^2/2)t$。这是由于 $W(t) \sim N(0,t)$，且同时乘以一个标准差项 σ 之后，通过方差 $\sigma^2 t$ 和添加一个 $(\mu-\sigma^2/2)t$ 项使得方差从零变为 $(\mu-\sigma^2/2)t$。现在我们得到了著名的随机过程假说：

$$ln\frac{S(t)}{S(0)} \sim \text{Normal}\left(\left(\mu-\frac{\sigma^2}{2}\right)t, \sigma^2 t\right) \tag{15.1}$$

现在让我们看一下 GBM 不同的形式。在金融领域中的随机微积分中，股票价格被解释为有两个分量：1."趋势性"（trend）或者说是决定性（deterministic）行为；2."无规则"（random）或者说是随机性（stochastic）行为。

为了建模这两种行为，我们使用公式：

$$dS = S\mu dt + S\sigma dB$$

这里 μ 是漂移变量或者瞬时增长率（instantaneous growth rate），σ 是回报的标准差，这里 $dB \sim N(0,1)$。这种描述是符合之前的定义的，这是因为不论是趋势增长还是随机分量都是与股票价格成正比的。我们可以改写为：

$$\frac{dS}{S} = \mu t + \sigma dB$$

在普通微积分中，如果

$$y = g(x)$$

那么

$$dy = g'(x)dx$$

但是在随机微积分中，微积分是由随机变量所创建的。如果 X 是一个随机变量：

$$Y = g(x)$$

那么

$$dY = g'(X)dX + \frac{1}{2}g''(X)(dX)^2$$

其中伴随有一个额外项。因为 $(dX)^2$ 事实上是逐渐累加的。

现在再次观察股票模型：

$$\frac{dS}{S} = \mu t + \sigma dB$$

伴随一个新的随机变量，随机变量的定义为：

$$Y = \ln S$$

即股票价格的对数。使用 Itô 公式做随机微分，我们可得：

$$dY = d\ln S$$

$$= \left(\frac{1}{S}\right)dS - \frac{1}{2}\left(\frac{dS}{S}\right)^2$$

$$= (\mu dt + \sigma dB) - \frac{1}{2}(\mu dt + \sigma dB)^2$$

$$= (\mu dt + \sigma dB) - \frac{1}{2}(\mu^2 dt^2 + 2\mu dt dB + \sigma^2 dB^2)$$

$$= (\mu dt + \sigma dB) - \frac{1}{2}\sigma^2 dt$$

$$= \left(\mu - \frac{1}{2}\sigma^2\right)dt + \sigma dB$$

这里等式的第四行到第五行是没错的，这是因为 dtdt ≈ 0，dtdB ≈ 0，且 dBdB ≈ dt 在随机微积分中也是对的。并且因为

$$d\ln S = \left(\mu - \frac{1}{2}\sigma^2\right)dt + \sigma dB,$$

我们可以把等式两边整理到 $[0,T]$ 的区间中，可得：

$$\ln S(T) - \ln S(0) = \left(\mu - \frac{1}{2}*\sigma^2\right)T + \sigma B(T)$$

并且对等式两边同时指数化，可得

$$S(T) = S(0)e^{\left(\mu - \frac{1}{2}\sigma^2\right)T + \sigma B(T)} \quad (15.2)$$

上面这个公式便是几何布朗运动的表达式。

15.2 几何布朗运动的蒙特卡罗模拟

上一节的随机过程可以不用微分方程表示，而是简单的表示为：

$$S(t) = S(0)\exp\left[\left(\mu - \frac{\sigma^2}{2}\right)t + \sigma z\sqrt{t}\right], \text{其中} z \sim N(0,1) \quad (15.3)$$

在图 15.1 中是一个 100 路径的 GBM 过程的模拟，其中 $\mu = 0.07$，$\sigma = 0.20$。其上偏（upward bias）是由于漂移参数 μ 所引起的。我们可以想象一个被过高估价的股票，比如 IBM，在长达十年的时间段内从每股 \$100 开始，在这个时间横轴上有 100 个可能的路径。

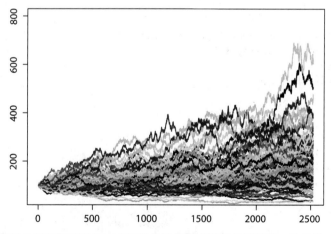

图 15.1　一个使用几何布朗运动的 100 路径的传统股票蒙特卡罗模拟。价格从 100 开始，根据所选择的模拟路径，价格能跌到最低 25.4，最高涨到 689.58

下面所出现的这些 R 语言代码实现了一年模拟，其实现思路源自于 Carmona（Carmona，2004）的工作。这些路径根据其路径数字被染上了不同的颜色，并且尽可能用可区分的不同

颜色来展示不同的路径。

```
Npaths = 100
Nyears = 10
NdaysPerYr = 252
Ndays = NdaysPerYr*Nyears
muA = .07
muD = (1+muA)^(1/Ndays)-1    #daily ROR avg.
muD = exp(muA)^(1/Ndays)-1
sigmaA = .20
sigmaD = sigmaA/sqrt(Ndays) #daily volatility
rA = (muA - sigmaA^2/2)
rA
set.seed(2009)

#simulate:

sim <- function(init,Npaths,Ndays,rA,sigmaA,isGBM) {
  X <- matrix(rep(0,Npaths*Ndays), nrow=Npaths, ncol=Ndays)
  X[,1] <- init #initial stock price
  for(t in 1:(Ndays-1)) {
    print(t)
    deltat = 1/NdaysPerYr
    tA = t/NdaysPerYr
    #Geometric Brownian motion model:
    X[,t+1] <- X[,t]*exp( rA*deltat + sigmaA *
              sqrt(deltat) * rnorm(Npaths) )
  }
  return(X)
}
```

下面的函数是用来展示模拟路径的。

```
display <- function(X,Npaths,xlab,ylab) {
  #now go path by path:
  for(p in 1:Npaths)
    if(p==1) {
      plot(X[p,],col=p,type='l',ylim=c(50,100*8),
           xlab=xlab,ylab=ylab)
    } else {
      lines(X[p,],col=p)
    }
}
```

接下来的代码是用来运行这个模拟的。

```
par(mfrow=c(1,1))
par(mar=c(2,2,1,1))
X <- sim(100.0,Npaths,Ndays,rA,sigmaA,isGBM=TRUE)
display(X,Npaths,xlab="Days",ylab="Price")
min(X)
max(X)
```

15.3 Black-Scholes 推导

Black-Scholes 公式是一个用于欧式期权估价的行业标准公式，其推导也是一个有趣的过程。在这里，我们使用普通微积分来执行推导过程。一个看涨期权（call option）的贴现预期收益（discounted expected payoff）为：

$$c(S,0) = e^{-rT}E[(S_T - K)_+] \tag{15.4}$$

这里 $(x)_+$ 代表 $max(0,x)$，且 $S(T)$ 服从几何布朗运动：

$$S(T) = S(0)e^{\left(r - \frac{\sigma^2}{2}\right)T + \sigma\sqrt{T}z} \tag{15.5}$$

并且 $Z \sim N(0,1)$，注意从公式 15.2 转为公式 15.5 时，我们用 r 代替 μ，用 $\sigma\sqrt{T}z$ 代替 $\sigma B(T)$。现在可知：

$$c(S,0) = e^{-rT}E[(S_T - K)_+]$$

$$= e^{-rT}\int_{-\infty}^{\infty}\left(S_0 e^{\left(r - \frac{\sigma^2}{2}\right)T + \sigma\sqrt{T}z} - K\right)f(z)dz$$

$$= e^{-rT}\int_{-\infty}^{\infty}\left(S_0 e^{\left(r - \frac{\sigma^2}{2}\right)T + \sigma\sqrt{T}z} - K\right)\frac{1}{\sqrt{(2\pi)}}e^{-\frac{z^2}{2}}dz$$

这里 $f(z)$ 是 z 的概率密度函数。根据公式 15.3 给出的几何布朗运动的定义，我们可以试着给出上面公式积分的下界（lower bound）。之所以求下界，是因为看涨期权只有在证券到期时的最终价格高于行权价格的时候才会支付，所以必须满足：

$$S(0)e^{\left(r - \frac{\sigma^2}{2}\right)T + \sigma\sqrt{T}z} - K \geq 0 \tag{15.6}$$

现在我们可以观察这个积分的下限（lower limit），

$$S(0)e^{\left(r - \frac{\sigma^2}{2}\right)T + \sigma\sqrt{T}z} - K \geq 0$$

$$e^{\left(r - \frac{\sigma^2}{2}\right)T}e^{\sigma\sqrt{T}z} \geq \frac{K}{S_0}$$

$$e^{\sigma\sqrt{T}z} \geq \frac{K}{S_{(0)}}e^{-\left(r - \frac{\sigma^2}{2}\right)T}$$

$$\sigma\sqrt{T}z \geq \ln\left(\frac{K}{S_{(0)}}\right) - \left(r - \frac{\sigma^2}{2}\right)T$$

$$z \geq \frac{1}{\sigma\sqrt{T}}\left[\ln\left(\frac{K}{S_{(0)}}\right) - \left(r - \frac{\sigma^2}{2}\right)T\right]$$

根据上面的推导可知下限为：

$$L = \frac{1}{\sigma\sqrt{T}}\left[\ln\left(\frac{K}{S_{(0)}}\right) - \left(r - \frac{\sigma^2}{2}\right)T\right] \tag{15.7}$$

因此现在可以得知看涨期权的贴现预期收益为：

$$c(S,0) = e^{-rT}\int_{L}^{\infty}\left(S_0 e^{\left(r - \frac{\sigma^2}{2}\right)T + \sigma\sqrt{T}z} - K\right)\frac{1}{\sqrt{2\pi}}e^{-\frac{z^2}{2}}dz$$

接着拆分指数项，我们可得：

$$c(S,0) = e^{-rT} \int_L^\infty \left(S_0 e^{rT} e^{-\frac{\sigma^2}{2}T} e^{\sigma\sqrt{T}z} - K \right) \frac{1}{\sqrt{2\pi}} e^{-\frac{z^2}{2}} dz$$

然后通过密度的分布可得：

$$c(S,0) = \frac{e^{-rT}}{\sqrt{2\pi}} \left(\int_L^\infty S_0 e^{rT} e^{-\frac{\sigma^2}{2}T} e^{\sigma\sqrt{T}z} e^{-\frac{z^2}{2}} dz \int_L^\infty K e^{-\frac{z^2}{2}} dz \right)$$

且

$$c(S,0) = \frac{e^{-rT}}{\sqrt{2\pi}} \int_L^\infty S_0 e^{rT} e^{-\frac{\sigma^2}{2}T} e^{\sigma\sqrt{T}z} e^{-\frac{z^2}{2}} dz - \frac{e^{-rT}}{\sqrt{2\pi}} \int_L^\infty K e^{-\frac{z^2}{2}} dz$$

$$= \frac{S_0}{\sqrt{2\pi}} \int_L^\infty e^{-\frac{\sigma^2}{2}T + \sigma\sqrt{T}z - \frac{z^2}{2}} dz - K e^{-rT} \int_L^\infty \frac{1}{\sqrt{2\pi}} e^{-\frac{z^2}{2}} dz$$

$$= \frac{S_0}{\sqrt{2\pi}} \int_L^\infty e^{-\frac{1}{2}(z-\sigma\sqrt{T})^2} dz - K e^{-rT} (1 - N(L))$$

现在使用 $y = z - \sigma\sqrt{T}$ 作为替换，这可以将积分的边界移到 $L - \sigma\sqrt{T}$：

$$c(S,0) = \frac{S_0}{\sqrt{2\pi}} \int_L^\infty e^{-\frac{1}{2}(z-\sigma\sqrt{T})^2} dz - K e^{-rT} (1 - N(L))$$

$$= \frac{S_0}{\sqrt{2\pi}} \int_{L-\sigma\sqrt{T}}^\infty e^{-\frac{1}{2}y^2} dz - K e^{-rT} (1 - N(L))$$

$$= S_0 (1 - N(L - \sigma\sqrt{T})) - K e^{-rT} (1 - N(L))$$

这里注意：

$$P(X \leq x) = N(x) = \int_{-\infty}^x \frac{1}{2\pi} e^{-\frac{z^2}{2}} dz \qquad (15.8)$$

上面的公式是一个累积标准正态分布函数。现在我们已经快到最终的推导结果了！现在我们重新回到公式15.7关于下界的公式

$$L = \frac{1}{\sigma\sqrt{T}} \left[\ln\left(\frac{K}{S_0}\right) - \left(r - \frac{\sigma^2}{2}\right)T \right]$$

公式两边同时减去 $\sigma\sqrt{T}$ 可得：

$$L - \sigma\sqrt{T} = \frac{1}{\sigma\sqrt{T}} \left[\ln\left(\frac{K}{S_0}\right) - \left(r - \frac{\sigma^2}{2}\right)T \right] - \sigma\sqrt{T}$$

$$= \frac{1}{\sigma\sqrt{T}} \left[\ln\left(\frac{K}{S_0}\right) - \left(r - \frac{\sigma^2}{2}\right)T - \sigma^2 T \right]$$

$$= \frac{1}{\sigma\sqrt{T}} \left[\ln\left(\frac{K}{S_0}\right) - \left(r + \frac{\sigma^2}{2}\right)T \right]$$

在获得这个结果之后，我们可以回到关于函数 $N(x)$ 的公式15.8，这是一个累积标准正态分布函数，并且我们可以从概率论中知道 $N(-L) = 1 - N(L)$。所以如果：

$$L = \frac{1}{\sigma\sqrt{T}} \left[\ln\left(\frac{K}{S_0}\right) - \left(r - \frac{\sigma^2}{2}\right)T \right]$$

那么有：

$$-L = -\frac{1}{\sigma\sqrt{T}}\left[\ln\left(\frac{K}{S_0}\right) - \left(r - \frac{\sigma^2}{2}\right)T\right]$$

$$= \frac{1}{\sigma\sqrt{T}}\left[\ln\left(\frac{S_0}{K}\right) + \left(r - \frac{\sigma^2}{2}\right)T\right]$$

由于 $1 - N(L - \sigma\sqrt{T}) = N(-(L - \sigma\sqrt{T}))$ 我们可得：

$$-(L - \sigma\sqrt{T}) = -\frac{1}{\sigma\sqrt{T}}\left[\ln\left(\frac{K}{S_0}\right) - \left(r + \frac{\sigma^2}{2}\right)T\right]$$

$$= \frac{1}{\sigma\sqrt{T}}\left[\ln\left(\frac{S_0}{K}\right) + \left(r + \frac{\sigma^2}{2}\right)T\right]$$

$$= d_1$$

这样我们就可以知道一个非红利股票的欧式看涨期权在当前价格为 S_0，行权价格为 X，期限为 T，利率为 r 时，其价格 C 为：

$$C = S_0 N(d_1) - X e^{-rT} N(d_2) \tag{15.9}$$

其中：

$$d_1 = \frac{\ln\left(\frac{S_0}{X}\right) + \left(r + \frac{\sigma^2}{2}\right)t}{\sigma\sqrt{t}}$$

$$d_2 = d_1 - \sigma\sqrt{t}$$

并且 $N(z) = P(Z \leq z)$ 是公式 15.8 中的标准正态随机变量的累积分布。注意我们在这里用 X 代表行权价格。

Black-Scholes 期权估价公式可以根据给定的当前股票价格、期权行权价格、整个期权生命周期中的无风险利率和波动率，计算出一个欧式看涨期权或者看跌期权的价格。

一个非红利股票的欧式看跌期权在当前价格为 S_0，行权价格为 X，期限为 T，利率为 r 时，其价格为：

$$P = X e^{-rT}[N(-d_2)] - S_0[N(-d_1)] \tag{15.10}$$

其中

$$d_1 = \frac{\ln\left(\frac{S_0}{X}\right) + \left(r + \frac{\sigma^2}{2}\right)T}{\sigma\sqrt{T}} \tag{15.11}$$

且

$$d_2 = d_1 - \sigma\sqrt{T} \tag{15.12}$$

15.4 隐含波动率的算法

正如之前所推导出的，一个非红利股票在当前价格为 S_0，行权价格为 X，期限为 T，利率为 r 时，其欧式看涨期权或看跌期权的价格可以分别通过公式 15.9 和公式 15.10 得出。

通常来说，公式 15.9 和公式 15.10 常常被用于计算期权价格所谓的隐含波动率（implied volatility）。行权价格、期权价格、标的资产价格、期限和利率都是已知的，然而波动率不是。我们可以在市场中观察期权价格,并且根据所观察到的价格解得波动率 σ。可以通过求根算法(root-finding algorithm)得到结果(Bennett,2009)。

在计算波动率之前,我们必须从一些数据源中抽取已知信息。期权链(option chain)是一个众所周知的结构,用来表示期权的集合。期权数据库是非常庞大的,经常超过 100GB,这就需要使用 R 语言作为对接数据库软件的接口。在这里我们将使用一个关于 TARO 的期权链,大小约为 10MB。我们将使用 RSQLite 包,来收集期权数据,然后抽取关于 TARO 的链。可以使用求根算法,并通过已知的变量来解出所隐含的波动率。为了完成这一目标,我们将实现牛顿-拉弗森(Newton-Raphson)算法和割线(secant)算法。一个给定期权的波动率被估算出来之后,通过行权价格和持续时间来构建出所谓的波动率平面(volatility surface)和波动率微笑(volatility smile),借此来聚合 TARO 的波动率。我们也可以聚合所给定的一天估计出的波动率,并画出其在时间轴上的波动率动向。想要画这样的图,我们将用到 ggplot2 包。

牛顿-拉弗森算法是当下面的递归充分收敛时,解得 $f(x)=0$ 的情况:

$$x_{n+1} = x_n - \frac{f(x_n)}{f'(x_n)}$$

割线法也是解得 $f(x)=0$ 的情况,但是该方法依赖函数微分的近似:

$$f'(x_n-1) \approx \frac{f(x_{n-1})-f(x_{n-2})}{x_{n-1}-x_{n-2}}$$

将逼近的函数等式代入牛顿-拉弗森递归等式中可得:

$$x_n = x_{n-1} - \frac{f(x_{n-1})}{\frac{f(x_{n-1})-f(x_{n-2})}{x_{n-1}-x_{n-2}}}$$

$$= x_{n-1} - f(x_{n-1})\frac{x_{n-1}-x_{n-2}}{f(x_{n-1})-f(x_{n-2})}$$

15.5 隐含波动率的实现

在掌握期权链之后,我们可以用 R 语言来加载期权链的数据,并且检验其结构。在分析中,我们需要关注 DataDate(数据被记录的日期)、UnderlyingPrice(即 TARO 在该 DataDate 的价格)、Type(这个期权是看涨期权还是看跌期权)、Expiration(期权到期日)、Strike(期权的行权价格)、Bid(潜在期权买家所提供的价格)和 Ask(潜在期权卖家所希望的价格)。我们需要处理这个数据框(data frame)来让它变得更有用。

```
> setwd(paste(homeuser,"/FinAnalytics/ChapXV",sep=""))
> taro<-read.csv("TARO.csv")
> str(taro)

'data.frame':   27650 obs. of  17 variables:
 $ X.1             : int  1 2 3 4 5 6 7 8 9 10 ...
 $ X               : int  1 2 3 4 5 6 7 8 9 10 ...
 $ UnderlyingSymbol: Factor w/ 1 level "TARO": 1 1 1 1 1 1 1 1 1 1 ...
 $ UnderlyingPrice : num  32.7 32.7 32.7 32.7 32.7 32.7 32.7 32.7 ...
 $ Exchange        : Factor w/ 1 level "*": 1 1 1 1 1 1 1 1 1 1 ...
```

```
 $ OptionRoot     : Factor w/ 418 levels "QTT020420C00025000",..:
 $ OptionExt      : logi  NA NA NA NA NA NA ...
 $ Type           : Factor w/ 2 levels "call","put": 1 2 1 2 1 2 ...
 $ Expiration     : Factor w/ 25 levels "2002-04-20","2002-05-18",..:
 $ DataDate       : Factor w/ 435 levels "2002-03-22","2002-03-25",..:
 $ Strike         : num  25 25 30 30 32.5 32.5 35 35 40 40 ...
 $ Last           : num  7 0.95 3.3 1.2 1.7 2.4 0.85 3 0.29 ...
 $ Bid            : num  7.2 0 2.9 0.45 1.5 1.25 0.5 2.6 0 6.7 ...
 $ Ask            : num  8.4 0.5 3.9 0.95 2.15 1.9 0.95 3.4 0.4 7.9 ...
 $ Volume         : int  0 0 1 0 4 0 10 4 2 0 ...
 $ OpenInterest   : int  43 90 181 334 946 34 403 75 293 43 ...
 $ T1OpenInterest : int  43 90 181 334 948 34 413 79 293 43 ...

> taro$Spread<-taro$Ask-taro$Bid
```

我们接着将 DataDate 和 Expiration 这两个数据从 factor 类型转为 R 语言中的日期对象（date object），以便于对它们进行数学计算，并定义期权的 Price（价格）和 Maturity（逾期日）。我们定义期权的 Price 作为 Bid 价格和 Ask 价格之间的中点或者它们的平均数。当然，我们可以包含其他信息，比如尚待执行的合同或者成交量，但是简单的平均数已经可以提供一个可靠近似了。Maturity 被定义为距离期权到期日的年数，它的计算方法是首先获得当前 DataDate 日期与 Expiration 日期的差值，然后除以一年中的天数。最后，我们定义了一个隐含波动率 IV 部分，它将会记录我们所计算出的隐含波动率，并且其初始值为 0。

```
> taro$Expiration<-as.Date(taro$Expiration)
> taro$DataDate<-as.Date(taro$DataDate)
> taro$Price<-(taro$Bid+taro$Ask)/2
> taro$Maturity<-as.double(taro$Expiration-taro$DataDate)/365
> taro$IV<-0.0
```

为了截出要进行分析的日期，我们使用 R 语言函数 *unique*() 来返回数据框中所有 *DataDate* 值的集合。接着我们取出前 150 个不同日期，并返回对应这些日期期权的子集。

```
> dates<-unique(taro$DataDate)
> dates<-dates[1:150]
> taro<-subset(taro,DataDate %in% dates)
```

现在可以定义我们所需要的隐含波动率函数了。再回到之前所得的结果，一个非红利股票的欧式期权在当前价格为 S_0，行权价格为 X，期限为 T，利率为 r 时，其看涨期权价格和看跌期权价格分别为：

$$C = S_0 N(d_1) - Xe^{-rT} N(d_2)$$
$$P = Xe^{-rT} N(-d_2) - S_0 N(-d_1)$$

其中

$$d_1 = \frac{\ln\left(\frac{S_0}{X}\right) + \left(r + \frac{\sigma^2}{2}\right)T}{\sigma\sqrt{T}}$$

$$d_2 = \frac{\ln\left(\frac{S_0}{X}\right) + \left(r - \frac{\sigma^2}{2}\right)T}{\sigma\sqrt{T}}$$

且标准正态随机变量的累积分布 $N(z) = P(Z \leq z)$。在掌握和获得了这些之后，我们可以定义一个函数，来计算一个看涨或者看跌期权的价值。我们可以先计算 d_1 和 d_2 的值，然后看涨看跌得到这个看涨或者看跌期权的价值（根据确定的是看涨或者看跌期权）。注意 R 语言函数 $pnorm(d_1)$ 可以计算出概率 $N(d_1) = P(Z \leq d_1)$。

```
> bs<-function(type,S,K,sigma,t,r){
+     d1 <- (log(S/K) + (r+(sigma^2)/2)*t) / (sigma*sqrt(t))
+     d2 <- (log(S/K) + (r-(sigma^2)/2)*t) / (sigma*sqrt(t))
+     if (type=='call') val <- pnorm(d1)*S - pnorm(d2)*K*exp(-r*t)
+     else if (type=='put') val <- pnorm(-d2)*K*exp(-r*t) - pnorm(-d1)*S
+     val
+ }
```

最后，我们来实现割线算法。先回顾一下割线算法的递归函数：

$$x_n = x_{n-1} - f(x_{n-1}) \frac{x_{n-1} - x_{n-2}}{f(x_{n-1}) - f(x_{n-2})}$$

然后使用代码递归实现割线函数，当递归发散（recursion diverge）时返回近似波动率的概率。实现的方法是，测试估算的隐含波动率是否足够大到等于 R 语言所表示的无穷大。

```
> secantIV<-function(type,V,S,K,sigma0,sigma1,t,r){
+     newSigma <- sigma0 - (bs(type,S,K,sigma0,t,r)-V)*(sigma0-sigma1)/
+                  (bs(type,S,K,sigma0,t,r) - bs(type,S,K,sigma1,t,r))
+     if( abs(newSigma)==Inf ) return(0.0)
+     if( abs(newSigma - sigma0) < .001 ) return(newSigma)
+     else return(secantIV(type,V,S,K,newSigma,sigma0,t,r))
+ }
```

在这里我们也定义牛顿–拉弗森算法，但由于它的不稳定性，我们不会广泛使用该算法。我们首先回顾一下牛顿–拉弗森算法。即当递归充分收敛时，解得 $f(x)=0$ 的情况：

$$x_{n+1} = x_n - \frac{f(x_n)}{f'(x_n)}$$

我们可以发现在除以期权价值的微分这部分有问题。假设是看涨期权并且在使用微分的链式法则的情况下，期权的导数为：

$$\frac{\partial C}{\partial \sigma} = S_0 \phi(d_1) \sqrt{T}$$

这里 $\phi(x)$ 是关于 x 的标准正态随机变量的密度。当标的价格远远大于行权价格，并且时间距离到期日还很远时，在这种水平下正态分布的值会非常小，导致除法分子是一个接近于 0 的值的结果，这些到最后会导致迭代失去控制。在下面的代码中我们会为看涨期权定义一个 Black-Scholes 的值。

```
> Val<-function(V,S,K,sigma,t,r){
+     d1 <- (log(S/K) + (r+(sigma^2)/2)*t) / (sigma*sqrt(t))
+     d2 <- (log(S/K) + (r-(sigma^2)/2)*t) / (sigma*sqrt(t))
+     val<-pnorm(d1)*S - pnorm(d2)*K*exp(-r*t)
+     return(val-V)
+ }
```

牛顿–拉弗森算法通过计算更新时使用了看涨期权的导数（derivative）。请注意上面看涨期权公式的导数是关于波动率 σ 的，我们在下面定义了一个函数来计算这个看涨期权的导数：

```
> dVal<-function(V,S,K,sigma,t,r){
+   d1 <- (log(S/K) + (r+(sigma^2)/2)*t) / (sigma*sqrt(t))
+   val <- S*dnorm(d1)*sqrt(t)
+   return(val)
+ }
```

把上面这些代码片段组合在一起，我们定义了一个函数，通过牛顿－拉弗森算法 $x_{n+1} = x_n - \dfrac{f(x_n)}{f'(x_n)}$ 和递归迭代直到收敛来估计隐含波动率。

```
> impliedVol<-function(V,S,K,sigma,t,r){
+   newSigma <- sigma - Val(V,S,K,sigma,t,r) / dVal(V,S,K,sigma,t,r)
+     if( abs(newSigma - sigma) < .001 ) return(newSigma)
+     else return(impliedVol(V,S,K,newSigma,t,r))
+ }
```

我们需要测试牛顿－拉弗森算法和割线算法，以保证在一个标的价格为 24，行权价格为 22，利率为 5% 以及到期日为 6 个月（即半年）之后，看涨期权价格为 2.875 的情况下，其隐含波动率会给出一个相似的结果。

```
> impliedVol(2.875,24,22,0.2,.5,0.05)
[1] 0.1871222
> secantIV('call',2.875,24,22,0.5,1,.5,0.05)
[1] 0.1871232
```

让人信服的是，我们的隐含波动率解释器所做的工作和给出的结果是正确的。我们现在可以根据日期变量 DataDate 来单步调试期权链，并且能够在给定的一天通过割线算法计算出每个期权的隐含波动率。线算法也可能会有发散结果，但是这种情况极其少见。

```
> for(date in dates){
+   sub<-subset(taro,DataDate==date)
+   IV<-rep(0,dim(sub)[1])
+   for(i in 1:dim(sub)[1]){
+     IV[i]<-secantIV(sub$Type[i],sub$Price[i],sub$UnderlyingPrice[i],
+         sub$Strike[i],0.4,1,sub$Maturity[i],0.05)
+   }
+   taro[taro$DataDate==date,]$IV<-IV
+ }
> taro<-subset(taro,IV!=0.0)
> hist(taro$IV,breaks=100,main="")
```

图 15.2、图 15.3 和图 15.4 包括了期权隐含波动率的两个直方图和一个折线图。

```
> hist(taro$Spread,main="")
> vol<-data.frame(date=dates)
> vol$IV<-0.0
> for(date in dates){
+   vol[vol$date==date,]$IV<-mean(taro[taro$DataDate==date,]$IV)
+ }
> plot(vol$date,vol$IV,type='l',col='blue')
> library(ggplot2)
> ggplot(vol,aes(x=date,y=IV)) + geom_line()
```

我们现在回过头来研究波动率微笑的构造。为了解释单独一天的波动率微笑，我们在这里从数据集中抽取一个单独日期（2002 年 3 月 25 日）的数据子集。然后再找到这个日子中看涨和看跌期权的脱价数据，再画出与这些行权价格有关的隐含波动率。

```
> tarosub<-taro[taro$DataDate=='2002-03-25',]
> taroput<-subset(tarosub,Type=='put' & UnderlyingPrice > Strike)
> tarocall<-subset(tarosub,Type=='call' & UnderlyingPrice < Strike)
```

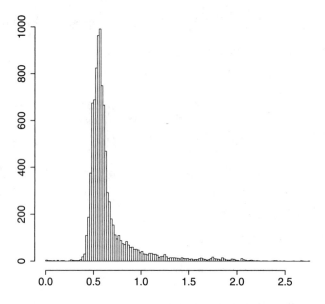

图 15.2　2002 年 4 月到 11 月的期权隐含波动率直方图

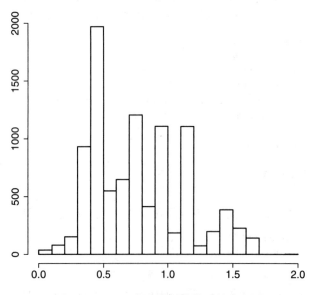

图 15.3　TARO 期权的买卖价差的直方图

R 语言的网格图（mesh-plotting）功能需要 x 轴和 y 轴的单调值（monotone values）。然而问题是，逾期日行权价格是嵌套在逾期日中的。但我们至少可以观察一个波动率平面的"切片"（slice），比如在一个单独的逾期日内观察它的波动率微笑。

我们可以在图 15.5 中观察到的是在金融领域里已经被记录在案的内容，尤其是行权价格接近于标底价格时的隐含波动率低于行权价格远远大于标的价格时的隐含波动率。并且不只是高出一个数量级，而是两到三个数量级。这些可以表明，投资者对巨大的变动和期货价格高出支付价格不少特别敏感。

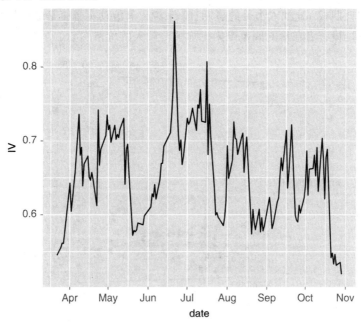

图 15.4 2002 年 4 月到 11 月 TARO 各种看跌和看涨期权行权价格和逾期日的平均隐含波动率的时间序列图

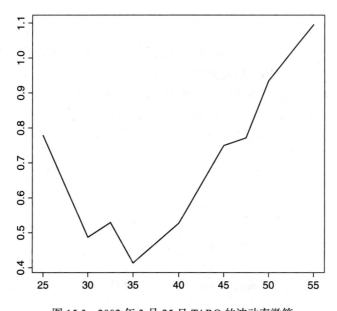

图 15.5 2002 年 3 月 25 日 TARO 的波动率微笑

```
> x<-append(taroput[1:3,]$Strike,tarocall[1:6,]$Strike)
> y<-append(taroput[1:3,]$IV,tarocall[1:6,]$IV)
> plot(x,y,type='l', xlab='Strike', ylab='Implied Volatility')
```

作为网格图的一个备用选择,我们可以使用 R 语言函数 plot3d() 来做波动率平面的可视化。我们在图 15.6 中可以看到,每个波动率微笑的 3D 对象都是一个独立切片。我们也可以发现已经被期权相关文献记录过的现象,即波动率微笑随着逾期日的延长而变得陡峭,这意味着对于长逾期日期权(比如 6 个月的逾期日)来说,其波动率微笑是显而易见的。这表明,比起长时间范围,投资者在短时间范围内更加关心巨大的价格变动。

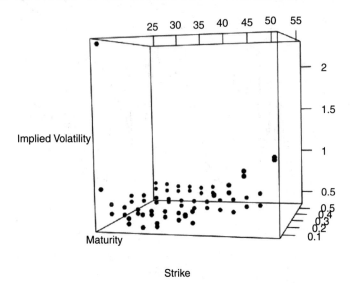

图 15.6　以逾期日和行权价格为轴的隐含波动率的三维图展示

15.6　Rcpp 包

由 Dirk Eddelbuettel 所开发的 Rcpp 包允许 R 语言开发者将函数转为更有效率的 C++ 语言层面的实现。当然 C++ 作为一门计算机系统开发的语言,能够根据生成的代码进行有效的运行。为了展示 R 语言代码如何通过使用 C++ 语言实现关键函数从而获得显著的速度提升,我们将从一个简单的斐波那契数(Fibonacci number)的例子(Eddelbuettel,2013)开始。下面的 C++ 代码存于一个名叫 fibonacci.cpp 的文件中。

```
#include <Rcpp.h>
using namespace Rcpp;

// [[Rcpp::export]]
int fibonacci(const int x){
if(x<2) return x;
else return(fibonacci(x-1)+fibonacci(x-2));
}
```

我们可以通过 Rcpp 包中的 sourceCpp() 函数将上面的代码整合到 R 语言中:

```
library(Rcpp)
sourceCpp(paste(homeuser,"/FinAnalytics/ChapXV/fibonacci.cpp",sep=""))
```

现在我们就可以在 R 语言中调用这个 fibonacci 函数了:

```
> fibonacci(20)
```

```
[1] 6765
```

很多时候我们需要用从 R 语言调用的函数来调用 C++ 中的另一个函数。这是通过在导出到 R 的函数之上定义函数来实现的。

类似地，我们可以在割线算法中定义并且使用 Black-Scholes 公式。首先，我们需要定义一个 secant.cpp 文件，具体如下。

```cpp
#include <math.h>
#include <Rmath.h>
#include <R.h>
#include <Rcpp.h>
using namespace Rcpp;
double bs(int type, double S, double K, double sigma, double t, double r){
  double d1,d2,val;
  d1 = (log(S/K) + (r+pow(sigma,2)/2)*t) / (sigma*sqrt(t));
  d2 = (log(S/K) + (r-pow(sigma,2)/2)*t) / (sigma*sqrt(t));
  if(type==0) val = R::pnorm(d1,0.0,1.0,TRUE,FALSE)*S
  - R::pnorm(d2,0.0,1.0,TRUE,FALSE)*K*exp(-r*t);
  else if (type==1) val = R::pnorm(-d2,0.0,1.0,TRUE,FALSE)*K*exp(-r*t)
  - R::pnorm(-d1,0.0,1.0,TRUE,FALSE)*S;
  return val;
}
// [[Rcpp::export]]
double secant(int type, double V, double S, double K,
    double sigma0, double sigma1, double t, double r){
  if( fabs(sigma0-sigma1) < .001 ) return(sigma0);
  else{
    double newSigma = sigma0 - (bs(type,S,K,sigma0,t,r)-V)*
        (sigma0-sigma1)/
        (bs(type,S,K,sigma0,t,r) - bs(type,S,K,sigma1,t,r));
    return(secant(type,V,S,K,newSigma,sigma0,t,r));
  }
}
```

然后编译这个 C++ 代码，并且通过 Rcpp 函数 sourceCpp() 调入到 R 语言中。

```
sourceCpp(paste(homeuser,"/FinAnalytics/ChapXV/secant.cpp",sep=""))
```

然后我们需要构建一个 secant 函数的封装，其作用是首先读取期权来确定是看涨期权还是看跌期权，然后再调用 secant 函数。这里将看涨期权编码为 0，看跌期权编码为 1：

```r
CsecantIV<-function(type,V,S,K,sigma0,sigma1,t,r){
  if(type=='call') val<-secant(0,V,S,K,sigma0,sigma1,t,r)
  else if(type=='put') val<-secant(1,V,S,K,sigma0,sigma1,t,r)
  val
}
```

现在，我们可以通过在 C++ 中实现的 secant() 函数和之前在 R 语言中定义的 secantIV() 函数来分别计算 Black-Scholes 隐含波动率，并且通过比较来确认它们是一致的。

```
> secantIV('call',2.875,24,22,0.5,1,.1,0.05)
[1] 0.5553217
> CsecantIV('call',2.875,24,22,0.5,1,.1,0.05)
[1] 0.5553217
> dates<-dates[1:3]
> dates
[1] "2002-03-22" "2002-03-25" "2002-03-26"
```

我们现在可以通过使用 R 语言中的 subset() 工具，来选择我们所感兴趣的日期，并且计算它的隐含波动率。

```
> sub<-subset(taro,DataDate %in% dates)
> n<-dim(sub)[1]
> system.time(for(i in 1:n) sub$IV[i] <- secantIV(sub$Type[i],
+ sub$Price[i],
+ sub$UnderlyingPrice[i],
+ sub$Strike[i],
+ 0.4,
+ 1,
+ sub$Maturity[i],
+ 0.05)
+ )

   user  system elapsed
  0.203   0.001   0.272

> system.time(for(i in 1:n) sub$IV[i] <- CsecantIV(sub$Type[i],
+ sub$Price[i],
+ sub$UnderlyingPrice[i],
+ sub$Strike[i],
+ 0.4,
+ 1,
+ sub$Maturity[i],
+ 0.05)
+ )

   user  system elapsed
  0.082   0.001   0.084
```

根据所记录的时间，可以发现我们提高了用割线算法计算隐含波动率的效率，减少了运行时间：secantIV() 使用 272 毫秒，而 CsecantIV() 只使用了 84 毫秒。当然，根据算法中分支和循环的数量不同，结果的差异也会有很大不同。

15.7 习题

（1）在 GBM 过程中漂移量的相关问题

在 GBM 模型中向上的趋势会在利率为正时出现，这个趋势被称为漂移量（drift），其标记为 μ。我们可以通过设定年度数量（annual vol）$sigmaA = 0.0$ 后运行 sim() 函数和 display() 函数来看到这个漂移量曲线。现在请执行上述步骤。

（a）仅仅从图中观察，每年大概的总漂移量或者说净回报（net return）是多少？

（b）给定期限 t 年，初始股票价格 $S(0)$，漂移量为 μ，标准差或波动率为 σ，使用正态变元（variate）z 来生成随机未来价格模拟，计算期望的未来价格 $S(t)$ 的公式是什么？

（c）假设模拟开始时的市场价格为 100，那么十年之后的价格是多少？再次使用 $sigmaA = 0.0$。你可以用 R 语言计算，也可以用其他方法计算。

（2）TARO 医药工业期权链的相关问题

运行代码来生成 subset() 和 TARO 的期权价格。定位相关看涨期权数据，行权价格为 35.0，看涨期权到期日为 2002-07-20，估价日为 2002-03-25。请问这个价格上的隐含波动率是多少？

附录
概率分布与统计分析

我们在这里复习一下有关概率和统计学的重要概念。第 3 章详细讨论了离散概率背后的推理，包括经典的扑克赔率计算。在这里，我们将讨论离散概率和连续概率，因为它们对金融分析都很重要。

在离散概率中，有三种主要分布：伯努利分布、二项分布和泊松分布。我们描述了二项式表现为泊松的情况，以及二项式和泊松表现为正态分布的情况。对于一般离散随机变量，概率分布函数（英文简称 p.d.f.）定义为：$P(X=x)$，读作"随机变量 X 取值 x 的概率"。

A.1 分布

随机变量用来表示具有随机值的量。飞镖落地时的 x 和 y 坐标是两个随机变量的简单例子。尽管我们试图击中中心，但在 x 和 y 方向上，每次尝试都存在随机变化。在统计学中，传统上大写字母如 X 是随机变量，x 是非随机变量，表示它具有一个特定的值。一旦掷出飞镖，我们知道 $X=x$，$Y=y$，所以我们可以测量距离中心的距离为：$\sqrt{x^2+y^2}$。

还可以讨论 $X=x$ 的概率，写作 $P(X=x)$，也可用范围表达式表示，如 $P(x_1<X<x_2)$。例如，我们可能想知道飞镖投掷的 $P(\sqrt{x^2+y^2} \leq 2\text{cm})$，看投掷是否接近中心。这些概率 P 可以在 [0,1] 范围内进行取值。例如，离中心 2 厘米内的概率，你的概率可能是 0.35，而我的概率可能是 0.15。

连续发生的一系列随机变量称为无规则过程或随机过程。我们可以让一个人投掷三个飞镖：(X_1, Y_1)，(X_2, Y_2)，(X_3, Y_3)。

A.2 伯努利分布

伯努利随机变量是一个只有两种结果的实验。若一个随机变量具有伯努利分布，则其分布如下：

$$X \begin{cases} 1, \text{发生概率为 } p \\ 0, \text{发生概率为 } 1-p \end{cases} \tag{A.1}$$

结果 $X=1$ 称为"成功"，发生概率为 p。结果 $X=0$ 称为"失败"，发生概率为 $1-p$。我们计算伯努利随机变量的均值和方差如下：

$$E(X) = \sum xp(x) \tag{A.2}$$

$$= 1 \times p + 0 \times (1-p) = p \tag{A.3}$$

$$Var(X) = E(X^2) - E^2(X) \tag{A.4}$$

$$= \sum x^2 p(x) - \left(\sum xp(x)\right)^2 \tag{A.5}$$

$$= 1^2 \times p + 0^2 \times (1-p) - p^2 \tag{A.6}$$

$$= p - p^2 = p(1-p) \tag{A.7}$$

A.3 二项分布

二项分布直接建立在伯努利方程的基础上，因为当我们对 n 个独立且同分布（i.i.d）的伯努利方程进行求和时，得到的结果就是二项分布。

二项分布的 p.d.f. 为：

$$P(X = x) = \binom{n}{x} p^x (1-p)^{n-x} \tag{A.8}$$

其中 n 为试验次数，x 为成功次数，p 为任意一次试验成功的概率。成功次数的范围为 $x=0, 1, 2, ..., n$，成功概率 p 为 $0 \leq p \leq 1$。符号 $\binom{n}{x} = \dfrac{n!}{x!(n-x)!}$ 是二项式系数，读作"n 选 x"。二项式分布描述的是我们所关注的一些等价事件总和的概率，也就是投掷 10 枚硬币，得到 6 个"正面"的概率。考虑到这一点，让我们来看一个例子。

为了计算二项式分布的平均值，我们将根据定义计算

$$E(Y) = \sum yp(y) = \sum_{y=0}^{n} y \binom{n}{y} p^y (1-p)^{n-y} \tag{A.9}$$

但是用这种方法求期望值需要一些复杂的代数运算。另一种方法是把随机变量 Y 看成 n 个伯努利随机变量的和：$Y = X_1 + X_2 + ... + X_n$，然后使用独立性：

$$E(Y) = E\left(\sum_{i=0}^{n} X_i\right) = \sum_{i=0}^{n} E(X_i) = \sum_{i=0}^{n} p = np \tag{A.10}$$

我们可以用类似的方法处理方差的计算。由于独立随机变量和的方差是方差之和，我们可以写成：

$$Var(Y) = Var\left(\sum_{i=0}^{n} X_i\right) = \sum_{i=0}^{n} Var(X_i) = \sum_{i=0}^{n} p(1-p) = np(1-p) \tag{A.11}$$

示例

抛硬币 100 次，计算得到 50 次正面的概率。

解决方案

$$P(X = 50) = \binom{n}{x} p^x (1-p)^{n-x}$$

$$= \binom{100}{50} \left(\frac{1}{2}\right)^{50} \left(\frac{1}{2}\right)^{100-50}$$

我们可以用下面的 R 语言代码来计算。

```
> choose(100,50) * .5^50 * .5^(100-50)
[1] 0.07958924
```

A.4 几何分布

几何概率分布描述了在集合 $i = 1, 2, 3, \cdots$ 中，找到获得一次成功所需的伯努利试验的次数 X_i，p.d.f. 定义如下：

$$P(X = n) = p(x) + P(X_1 = 0, X_2 = 0, \cdots, X_{n-1} = 0, X_n = 1) \quad (A.12)$$

$$= P(X_1 = 0)P(X_2 = 0)\cdots P(X_{n-1} = 0)P(X_n = 1) \quad (A.13)$$

$$= (1-p)^{n-1} p \quad (A.14)$$

期望值为

$$E(N) = \frac{1}{p} \quad (A.15)$$

方差是

$$Var(N) = \frac{1-p}{p^2} \quad (A.16)$$

A.5 泊松分布

我们来看泊松分布。泊松分布也描述了一组试验中的成功次数，但是它是一种试验次数很多，但给定试验成功概率很小的情况。泊松分布使用一个离散随机变量 N，如上面的 X。它是一个固定时间段内到达的人数，或一个事件发生的次数。金融领域中的一个常用案例是，模拟证券价格随时间的跳跃到达率，例如，其中 λ 是给定时间内到达的平均数。泊松分布的 p.d.f. 为：

$$P(X = x) = \frac{e^{-\lambda} \lambda^x}{x!}$$

如图 A.1 所示。

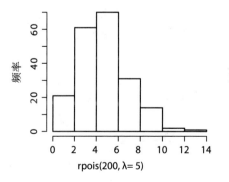
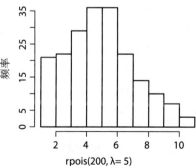

图 A.1　泊松分布柱状图，每个图由 200 次试验生成，$\lambda = 5$

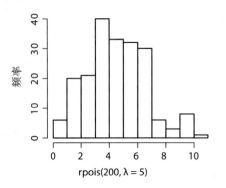
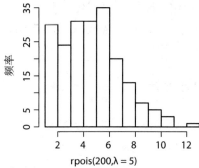

图 A.1 （续）

```
> library(ggplot2)
> par(mfrow=c(2,2))
> hist(rpois(200,lambda=5),main=""))
> hist(rpois(200,lambda=5),main=""))
> hist(rpois(200,lambda=5),main=""))
> hist(rpois(200,lambda=5),main=""))
```

要计算泊松随机变量的期望值，首先想到 $e^\lambda = \left(1 + \lambda + \dfrac{\lambda^2}{2!} + \dfrac{\lambda^3}{3!} + \cdots\right)$

$$E(X) = \sum_{x=0}^{\infty} xp(x) = \sum_{x=0}^{\infty} x \dfrac{e^{-\lambda} \lambda^x}{x!} \tag{A.17}$$

$$= \lambda e^{-\lambda} \sum_{x=0}^{\infty} \dfrac{\lambda^{x-1}}{(x-1)!} = \lambda e^{-\lambda} \sum_{x=0}^{\infty} \dfrac{\lambda^x}{x!} \tag{A.18}$$

$$= \lambda e^{-\lambda} \left(1 + \lambda + \dfrac{\lambda^2}{2!} + \dfrac{\lambda^3}{3!} + \cdots\right) \tag{A.19}$$

$$= \lambda e^{-\lambda} e^\lambda = \lambda \tag{A.20}$$

类似的计算结果表明，对于泊松分布 $Var(X)=\lambda$。

示例

找到贪婪的造假人

假设一个国王把所有硬币放到盒子里，每个盒子里有 n 枚硬币，并且其中有 m 枚假币，国王对此表示怀疑，因此，从 n 个盒子里各随机抽取一枚，并进行测试。抽取的 n 枚硬币样本中有 r 枚是假的可能性有多大？

解决方案

因为每个盒子 n 枚硬币中有 m 枚假币，所以抽到的硬币是假币的概率为 m/n。抽出来的硬币是独立的，因此 r 枚假币的概率被描述为一个二项随机变量：

$$P(r \text{ false coins}) = \binom{n}{r} \left(\dfrac{m}{n}\right) \left(1 - \dfrac{m}{n}\right)^{n-r}$$

$$= \dfrac{n!}{(n-r)!r!} \dfrac{m^r}{n^r} \left(1 - \dfrac{m}{n}\right)^n \left(1 - \dfrac{m}{n}\right)^{-r}$$

$$= \frac{1}{r!} \frac{n(n-1)\cdots(n-r+1)}{n^r} m^r \left(1-\frac{m}{n}\right)^n \left(1-\frac{m}{n}\right)^{-r}$$

$$\approx \frac{e^{-m} m^r}{r!}$$

由于 $\binom{n}{r} = \frac{n!}{(n-r)!r}$ 和微积分的基本内容，我们知道，如果在让 n 变大的同时保持 m 和 r 不变，则 $\frac{n(n-1)\cdots(n-r+1)}{n^r} \to 1, \left(1-\frac{m}{n}\right)^n \to e^{-m}$ 且 $\left(1-\frac{m}{n}\right)^r \to 1$。由此得到近似值。

A.6 连续分布函数

在连续分布的情况下，我们必须更仔细地定义概率函数。问题的核心是数量 $P(X=x)$ 不再以一种有用的方式定义。回忆一下，随机变量 X 的累积分布函数（英文简称为 c.d.f.）被定义为：

$$F_X(x) = P(X \le x) \tag{A.21}$$

概率密度函数 p.d.f. 定义为满足以下条件的函数 $f(x)$：

$$F(x) = \int_{-\infty}^{x} f(u) du$$

与 p.d.f. 的关系定义为：

$$f(x) = \frac{d}{dx} F(x)$$

```
> ggplot(data.frame(x=c(-3,3)),aes(x=x)) +
+   stat_function(fun=dnorm, colour="blue") + +
stat_function(fun=pnorm,colour="red")
```

由于已满足

$$\{X = x\} \subset \{x - \epsilon < X \le x\} \tag{A.22}$$

我们可以取子集两边的概率来得到

$$P(X = x) \le P(x - \epsilon < X \le x) = F_X(x) - F_X(x - \epsilon) \tag{A.23}$$

但由于 $F_X(x)$ 是连续分布的，我们得到

$$0 \le P(X = x) \le \lim_{\epsilon \to 0} [F_X(x) - F_X(x - \epsilon)] = 0 \tag{A.24}$$

这就给我们留下了一个尴尬的事实，当随机变量 X 具有连续分布函数时，对于所有 x 有 $P(X=x)=0$。然而，再看一遍，它一定还是这样的。在离散情况下，矩形图的每一段都意味着 c.d.f. $F_X(x)$ 的跳跃。这意味着 p.d.f. 中的概率矩形具有某种非零宽度。但是，在连续的情况下，此矩形的宽度为零，这意味着它不能有任何区域。对于连续随机变量，计算出有意义的概率为：

$$P(a \le X \le b) = F_X(b) - F_X(a) = \int_a^b f(u) du \tag{A.25}$$

```
> dnorm1<-function(x) dnorm(x,mean=0,sd=.25)
> ggplot(data.frame(x=c(-3,3)),aes(x=x)) +
```

```
+     stat_function(fun=dnorm, colour="blue") +
+     stat_function(fun=dnorm1, colour="blue")

> dnorm(x=0,mean=0,sd=1)
[1] 0.3989423
> dnorm(x=0,mean=0,sd=.25)
[1] 1.595769
```

在图 A.3 中，我们可以看到，从标准正态分布的 $\sigma=1$ 和 $\sigma=1/4$ 的比较中，如何改变分布的参数。

```
> dnorm_limit<-function(x) {
+     y <- dnorm(x)
+     y[x<0|x>2]<-NA
+     y
+ }
```

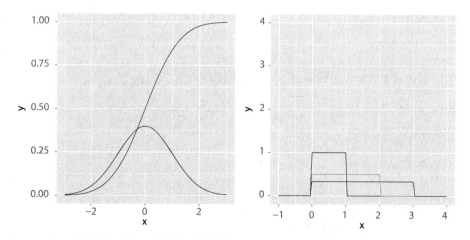

图 A.2 左边是高斯连续分布的两个关键函数：c.d.f. 和 p.d.f.；右边是均匀随机变量的典型密度函数（p.d.f.s）

```
> ggplot(data.frame(x=c(-3,3)),aes(x=x)) +
+     stat_function(fun=dnorm_limit,geom="area",fill="blue",alpha=0.2) +
+     stat_function(fun=dnorm)
```

A.7 均匀分布

这可能是最简单的连续分布。早期的编程语言，如 FORTRAN，由于它具有多功能性，并且能够将变量转换为任何其他类型的变量，因此提供了这种分布和作为唯一内置分布的变量。均匀分布定义为

$$f(x)=\begin{cases} \dfrac{1}{b-a} &,a \leqslant x \leqslant b \\ 0 &,\text{其余情况} \end{cases} \quad (A.26)$$

其中，期望值 $E(X)=\dfrac{a+b}{2}$，方差 $Var(X)=\dfrac{(b-a)^2}{12}$。当 $a=0$ 且 $b=1$ 时，均匀分布变为单

位平方。图 A.2 描述了这个分布的平方典型密度函数 p.d.f.s，由下面的代码生成。

```
> dunif1 <-function(x) dunif(x,max=1)
> dunif2 <-function(x) dunif(x,max=2)
> dunif3 <-function(x) dunif(x,max=3)
> ggplot(data.frame(x=c(-3,5)),aes(x=x)) +
+   stat_function(fun=dunif1, colour="blue") +
+   stat_function(fun=dunif2, colour="green") +
+   stat_function(fun=dunif3, colour="red")
```

A.8 指数分布

指数分布的 p.d.f. 定义为：

$$f(x) = \frac{1}{\beta} e^{-\frac{x}{\beta}} \tag{A.27}$$

如图 A.3 所示。

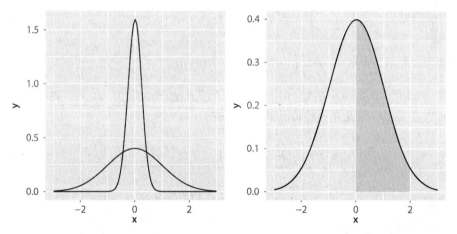

图 A.3 分布的范围由左边的 σ 或标准差参数决定。这里我们有标准正态分布的 σ=1 和 σ=1/4。在右边，描绘了 σ=0 和 σ=2 之间的区域

```
> dexp2<-function(x) dexp(x,2)
> dexp3<-function(x) dexp(x,3)
> ggplot(data.frame(x=c(0,4)),aes(x=x)) +
+   stat_function(fun=dexp, colour="blue") +
+   stat_function(fun=dexp2, colour="blue") +
+   stat_function(fun=dexp3, colour="blue") +
+   ylim(0,4)
```

为了计算指数分布的 c.d.f，我们计算

$$F_X(x) = P(X \leq x) = \int_0^x f(u)du = \int_0^x \frac{1}{\beta} e^{-\frac{u}{\beta}} du \tag{A.28}$$

$$= \frac{\beta}{\beta}\left(1 - e^{-\frac{u}{\beta}}\right) = e^{\frac{x}{\beta}} \tag{A.29}$$

在指数分布的情况下，引入伽马函数是很方便的。伽马函数在计算指数分布的均值和方差时是很有用的，对于以后引入伽马分布也是必要的。高级微积分中的伽马函数 $\Gamma(\alpha)$ 定义为：

$$\Gamma(\alpha) = \int_0^\infty y^{\alpha-1} e^{-y} dy \tag{A.30}$$

如果令 $y=x/\beta$，我们通过链式法则得到

$$\Gamma(\alpha) = \int_0^\infty y^{\alpha-1} e^{-y} dy = \int_0^\infty \left(\frac{x}{\beta}\right)^{\alpha-1} e^{-x/\beta} \left(\frac{dx}{\beta}\right) = \frac{1}{\beta^\alpha} \int_0^\infty x^{\alpha-1} e^{-x/\beta} dx \tag{A.31}$$

两边乘以 β^α 得到

$$\Gamma(\alpha) \beta^a = \int_0^\infty x^{\alpha-1} e^{-x/\beta} dx$$

这是我们期望的结果。

这个伽马方程提供了一个分部分积分的捷径（当然还提供了其他捷径）。指数分布期望值的计算说明了这一点。在 $\alpha=2$ 情况下，我们有：

$$E(X) = \int_{-\infty}^{+\infty} x f(x) dx = \int_0^\infty x \frac{1}{\beta} e^{-\frac{x}{\beta}} dx \tag{A.32}$$

$$= \frac{1}{\beta} \int_0^\infty x^{2-1} e^{-\frac{x}{\beta}} dx = \frac{1}{\beta} \Gamma(2) \beta^2 = \beta \tag{A.33}$$

在计算方差时，$Var(X) = E(X^2) - E^2(X)$。既然我们已经知道了 $E(X)$，我们只需要计算 $E(X^2)$，而由于 $\alpha=3$，因此在这种情况下，我们有：

$$E(X^2) = \int_{-\infty}^{+\infty} x^2 f(x) dx = \int_0^\infty x^2 \frac{1}{\beta} e^{-\frac{x}{\beta}} dx \tag{A.34}$$

$$= \frac{1}{\beta} \int_0^\infty x^{3-2} e^{-\frac{x}{\beta}} dx = \frac{1}{\beta} \Gamma(3) \beta^3 = 2\beta^2 \tag{A.35}$$

指数随机变量的方差是

$$Var(X) = E(X^2) = -E^2(X) = 2\beta^2 - \beta^2 = \beta^2 \tag{A.36}$$

A.9 正态分布

高斯分布或正态分布的 p.d.f. 为

$$f(x) = \frac{1}{\sigma\sqrt{2\pi}} e^{\frac{(x-\mu)^2}{2\sigma^2}} \tag{A.37}$$

如图 A.3 和图 A.4 所示。它的 c.d.f. 和其他特性是众所周知的。

$$E(X) = \mu \tag{A.38}$$

$$Var(X) = E(X^2) - E^2(X) = \sigma^2 \tag{A.39}$$

下面的代码将为此分布生成图表：

```
> dnorm11<-function(x) dnorm(x,mean=1,sd=1)
> dnorm12<-function(x) dnorm(x,mean=1,sd=.5)
```

```
> ggplot(data.frame(x=c(-2,4)),aes(x=x)) +
+   stat_function(fun=dnorm, colour="blue") +
+   stat_function(fun=dnorm11, colour="green") +
+   stat_function(fun=dnorm12, colour="red") +
+   ylim(0,1)
```

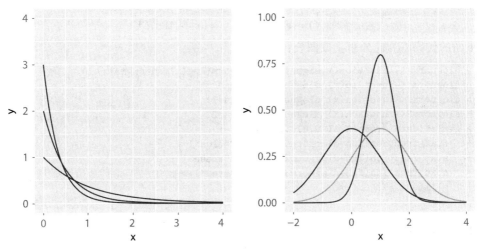

图 A.4 描述了指数分布、高斯分布或正态分布的 p.d.f.s

A.10 对数正态分布

对数正态分布用于模拟股票（也称为证券）和大宗商品价格。图 A.5 所示的概率密度函数定义为：

$$f(x) = \frac{1}{x\sigma\sqrt{2}}\pi\exp\left(\frac{(\ln(x)-\mu^2}{2\sigma^2}\right) \tag{A.40}$$

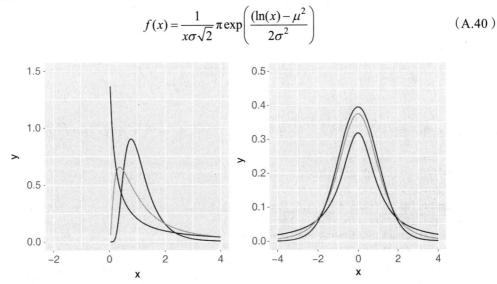

图 A.5 描述了对数正态分布和 t 分布的 p.d.f.s。左边是 $\sigma=1/2$，1 和 2 时的对数正态分布的 p.d.f.，其中对数正态分布用标准差参数 σ 表示。右边是 t_1（蓝色）、t_4（绿色）和 t_{25}（红色）分布的 p.d.f.s（附彩图）

然而，在实践中，很少使用这个 p.d.f.，因为价格通常被转换成对数收益。这时就可以使用正常的 p.d.f. 了。平均值是：

$$E(X) = e^{\mu + \frac{1}{2}\sigma^2} \tag{A.41}$$

方差为：

$$Var(X) = (e^{\sigma^2} - 1)e^{2\mu + \sigma^2} = (e^{\sigma^2} - 1)E^2(X) \tag{A.42}$$

下面的代码将为此分布生成图表：

```
> dlognorm <- function(x,sigma) { 1/x*dnorm(log(x),sd=sigma) }
> dlognorm1<-function(x) dlognorm(x,sigma=.5)
> dlognorm2<-function(x) dlognorm(x,sigma=1)
> dlognorm3<-function(x) dlognorm(x,sigma=2)
> ggplot(data.frame(x=c(-2,4)),aes(x=x)) +
+     stat_function(fun=dlognorm1, colour="blue") +
+     stat_function(fun=dlognorm2, colour="green") +
+     stat_function(fun=dlognorm3, colour="red") +
+     ylim(0,1.5)
```

A.11　t_v 分布

t_v 分布经常出现在统计学中，特别是在金融统计中。其原因是，当中心极限定理成立时，样本平均值变成正态分布，t_v 分布是这种情况发生时的机制。t_v 分布的 v 参数称为自由度，描述了 t_v 分布与正态分布的接近程度。当 v=1 时，t_v 分布是柯西分布，即有厚尾，以致期望和方差都是不确定的。当 v 接近 25 或 30 时，t_v 分布接近于正态分布，当 v 接近 100 时，t_v 分布实际上与正态分布不可区分。在金融领域中，我们经常看到与 t_4 分布一致的回报，这一点非常重要。图 A.5 中显示了 t_v 分布的三个图。

t_v 分布的定义是：

$$f(x) = \frac{\Gamma\left(\frac{v+1}{2}\right)}{\sqrt{\pi v}\,\Gamma\left(\frac{v}{2}\right)}\left(1 + \frac{x^2}{v}\right)^{-\frac{v+1}{2}} \tag{A.43}$$

其中，期望值为 0（当 $v > 1$ 时），方差为 $\frac{v}{nu-2}$（当 $v > 2$ 时），偏度为 0，多余峰度为 $\frac{6}{v-4}$。

```
> t1<-function(x) dt(x,df=1)
> t4<-function(x) dt(x,df=4)
> t25<-function(x) dt(x,df=25)
> ggplot(data.frame(x=c(-4,4)),aes(x=x)) +
+     stat_function(fun=t1, colour="blue") +
+     stat_function(fun=t4, colour="green") +
+     stat_function(fun=t25, colour="red") +
+     ylim(0,.5)
```

A.12　多元正态分布

证券的另一个重要分布称为多元高斯分布或多元正态分布（MVN）。当 p 个随机变量在

p 维向量 x 中表示 p 种股票证券时，它是有用的。其 p.d.f. 公式如下：

$$f(x) = (2\pi)^{-\frac{k}{2}} |\Sigma|^{-\frac{k}{2}} \exp\left(-\frac{1}{2}(x-\mu)^T \Sigma^{-1}(x-\mu)\right) \tag{A.44}$$

其中 $\mu = (\mu_1, \mu_2, \cdots, \mu_p)^T$ 是平均向量，协方差是 Σ，$|\Sigma|$ 是 Σ 的行列式。

A.13 伽马分布

伽马分布由 p.d.f. 定义：

$$f(x) = \begin{cases} \dfrac{1}{\Gamma(\alpha)\beta^\alpha} x^\alpha e^{-\frac{x}{\beta}}, & \text{其中 } x > 0 \\ 0, & \text{其余情况} \end{cases} \tag{A.45}$$

计算期望值可以得出：

$$E(X) = \int_{-\infty}^{+\infty} x f(x) dx = \int_0^\infty \frac{1}{\Gamma(\alpha)\beta^\alpha} x^\alpha e^{-\frac{x}{\beta}} dx \tag{A.46}$$

$$= \frac{1}{\Gamma(\alpha)\beta^\alpha} \int_0^\infty x^\alpha e^{-\frac{x}{\beta}} dx \tag{A.47}$$

$$= \frac{1}{\Gamma(\alpha)\beta^\alpha} \Gamma(\alpha+1) \beta^{\alpha+1} \tag{A.48}$$

$$= \frac{1}{(\alpha-1)!\beta^\alpha} \alpha! \beta^\alpha \beta = \alpha\beta \tag{A.49}$$

类似的计算得出了二次矩阵 $E(X^2) = \alpha(\alpha+1)\beta^2$，从中我们可以计算方差：

$$Var(X) = E(X^2) - E^2(X) \tag{A.50}$$

$$= \alpha(\alpha+1)\beta^2 - (\alpha\beta)^2 \tag{A.51}$$

$$= \alpha^2\beta^2 + \alpha\beta^2 - \alpha^2\beta^2 \tag{A.52}$$

$$= \alpha\beta^2 \tag{A.53}$$

A.14 最大似然估计

这些参数是理论分布的特性。概率论和统计学中一个非常重要的结果是，使用一个称为最大似然估计值（MLE）的概念，将我们从理论分布带到数据集的样本分布。如果我们有一组参数，如 μ、σ^2、Skew 或 Kurt，我们想要估计一个样本的任何一个参数，前提是我们相信这个样本是根据它们的理论分布进行分布的。如果我们有一组参数 $\theta = \{\theta_1, \cdots, \theta_n\}$，如 $\theta = \{\mu, \sigma\}$，以及一个联合分布函数 $g(X \mid \theta)$，其中 $X = (X_1, \cdots, X_n)$，我们可以把似然函数 $L(\theta \mid X)$ 看作是参数本身的函数。然后我们还可以考虑最大化一个参数的似然值，使其等于给定值。由于对数函数是单调递增的，使函数的对数最大化就等于使函数本身最大化。在这种情况下，我们可以通过取一阶导数，将其设为零并求解自变量 θ 来找到最大值（Hogg 和 Craig，1978）。

让我们从经典的高斯分布或正态分布开始。我们知道，正态分布的密度函数或 p.d.f.，以 $N(\mu,\sigma^2)$ 为例：

$$f(x) = \frac{1}{\sigma\sqrt{2\pi}} \exp\left(-\frac{(x-\mu)^2}{2\sigma^2}\right) \tag{A.54}$$

如果我们有一个由这些随机变量表示的大小为 N 的样本 X_i，我们可以将 N 个密度函数相乘，得到它们的联合分布 g：

$$f(x_1,\ldots,x_N \mid \{\mu,\sigma\}) = \left(\frac{1}{\sigma\sqrt{2\pi}}\right)^N \prod_{i=1}^{N} \exp\left(-\frac{(x_i-\mu)^2}{2\sigma^2}\right) \tag{A.55}$$

如果我们已经知道 σ^2，那么这个公式可以简化，并可以作为我们的似然函数，μ 的 L：

$$= L(\mu \mid X) = (\sigma\sqrt{2\pi})^{-N} \exp\left(-\sum_{i=1}^{N} \frac{(x_i-\mu)^2}{2\sigma^2}\right) \tag{A.56}$$

$$= (\sigma\sqrt{2\pi})^{-N} \exp\left(-\sum_{i=1}^{N} \frac{(xi-\mu)^2}{2\sigma^2}\right) \tag{A.57}$$

现在我们可以取 L 的对数：

$$\log L(\mu \mid X) = -N\log(\sigma\sqrt{2\pi}) + \left(\sum_{i=1}^{N} -\frac{(x_i-\mu)^2}{2\sigma^2}\right) \tag{A.58}$$

现在，取与 μ 有关的导数，并将其设为零，求解将得到最佳的 μ：

$$\frac{\partial}{\partial \mu} \log L(\mu \mid X) = \frac{-2}{2\sigma^2} \sum_{i=1}^{N}(x_i - \mu) = 0 \tag{A.59}$$

每边乘以 $-2\sigma^2/2$ 后，得到

$$\sum_{i=1}^{N}(x_i - \mu) = 0 \Leftrightarrow \sum_{i=1}^{N}(x_i) - N\mu = 0 \Leftrightarrow \mu = \frac{1}{N}\sum_{i=1}^{N}x_i \tag{A.60}$$

这一经典的推导很好地说明了闭型极大似然估计。不幸的是，对于许多分布，这种推导是不可能的，因此需要数值技术。

对于泊松分布，MLE 的推导过程如下：

$$L(x \mid \lambda) = f(x_1, x_2, \cdots, x_n \mid p) = \prod_{i=1}^{n} f(x_i) \tag{A.61}$$

$$= \prod_{i=1}^{n} e^{-\lambda} \frac{\lambda^{xi}}{x_i!} = e^{-n\lambda} \frac{\lambda^{\sum_{i=1}^{n} x_i}}{x_1! x_2! \cdots x_n!} \tag{A.62}$$

取对数收益率：

$$l(x \mid \lambda) = -n\lambda + \left(\sum_{i=1}^{n} x_i\right) \log \lambda - \log(x_1! x_2! \cdots x_n!) \tag{A.63}$$

取导数并设为零

$$\frac{\partial}{\partial \lambda} l(x \mid \lambda) = -n + \sum_{i=1}^{n} x_i \frac{1}{\lambda} = 0 \Leftrightarrow \lambda = \frac{1}{n}\sum_{i=1}^{n} x_i \tag{A.64}$$

对于几何分布，MLE 的推导如下：

$$L(x\mid p) = f(x_1, x_2, \cdots, x_n \mid p) = \prod_{i=1}^{n} f(x_i) \tag{A.65}$$

$$= \prod_{i=1}^{n} p(1-p)^{xi} = p^n (1-p)^{\sum_{i=1}^{n} xi} \tag{A.66}$$

取对数收益率

$$l(x\mid p) = \log Lx(x\mid p) \tag{A.67}$$

$$= \log(p^n (1-p)^{\sum_{i=1}^{n} xi}) \tag{A.68}$$

$$= \log p^n + \log(1-p)^{\sum_{i=1}^{n} xi} \tag{A.69}$$

$$= n\log p + \left(\sum_{i=1}^{n} x_i\right) \log(1-p) \tag{A.70}$$

考虑到 $\int \frac{1}{x} dx = \ln x$ 且 $\frac{d}{dx} \ln x = \frac{1}{x}$,取导数,设为零,得出:

$$\frac{\partial}{\partial p} l(x\mid p) = n\frac{1}{p} - \sum_{i=1}^{n} xi \frac{1}{1-p} = 0 \tag{A.71}$$

$$\frac{n}{p} = \frac{\sum_{i=1}^{n} x_i}{1-p} \tag{A.72}$$

交叉乘法和分布可解得最大似然估计 $\hat{p}$:

$$n(1-p) = p\sum_{i=1}^{n} x_i \tag{A.73}$$

$$n - np = p\sum_{i=1}^{n} x_i \tag{A.74}$$

$$n = p\sum_{i=1}^{n} x_i + np \tag{A.75}$$

$$n = p\left(\sum_{i=1}^{n} x_i + n\right) \tag{A.76}$$

$$p = \frac{n}{\sum_{i=1}^{n} x_i + n} \tag{A.77}$$

$$= \frac{1}{\overline{X} + 1} \tag{A.78}$$

A.15 中心极限定理

现在我们已经推导出统计参数的最优估计值,我们想知道这些估计量的一些特性。估计值的均值和方差是多少?估计值是如何分布的?中心极限定理指出,大于25或30个随机变量的和是正态分布的。单个随机变量可能来自相同的分布,也可能来自不同的分布。这是一个惊人的事实，也是正态分布经常被观测到的原因。以学术能力评估测试（SAT）为例，SAT 的分数分布几乎完全是正态的。这是因为 SAT 成绩是由许多因素累积而成的：父母对学生教育的参与、先天能力、职业道德、饮食、锻炼习惯等。同样的推理使我们相信，市场回报应该是正态的。如果个人投资者在很大程度上相互独立，并基于各种信息做出买卖决定，那么这些独立行动的投资者的累积效应会导致接近正态的收益分配。事实上，这种情况经常发生。然而，也有很多时候情况并非如此。有时投资者之间并不独立买卖。他们会同时买进或卖出，导致累积效应不再是正态的。我们稍后将对此进行说明。

在我们正式定义中心极限定理之前，需要了解一些关于样本平均值的事实。从任意分布中取 $X \sim (\mu, \sigma^2)$

样本平均值 $\bar{X}$ 定义为：

$$\bar{X} = \frac{1}{n}\sum_{i=1}^{n} X_i$$

$$= \frac{X_1 + X_2 + X_3 + \cdots + X_n}{n}$$

$E(\bar{X})$ 和 $Var(\bar{X})$ 的特性是什么？

$$E(\bar{X}) = E\left(\frac{1}{n}\sum_{i=1}^{n} X_i\right)$$

$$= \frac{1}{n} E\left(\sum_{i=1}^{n} X_i\right)$$

$$= \frac{1}{n} E(X_1 + X_2 + X_3 + \cdots + X_n)$$

$$= \frac{1}{n}[E(X_1) + E(X_2) + E(X_3) + \cdots + E(X_n)]$$

$$= \frac{nE(X)}{n}$$

$$= E(X)$$

$$Var(\bar{X}) = Var\left(\frac{1}{n}\sum_{i=1}^{n} X_i\right) = \left(\frac{1}{n}\right)^2 Var\left(\sum_{i=1}^{n} X_i\right)$$

$$= \frac{1}{n^2} Var(X_1 + X_2 + X_3 + \cdots + X_n)$$

$$= \frac{1}{n^2}[Var(X_1) + Var(X_2) + Var(X_3) + \cdots + Var(X_n)]$$

$$= \frac{n \cdot Var(X)}{n^2}$$

$$= \frac{Var(X)}{n}$$

对于 $n \geq 25$ 和多个 X_i 的任意概率分布，我们假设 $\bar{X}$ 是正态分布。由于中心极限定理，我们可以找到样本平均值在一个区间内的概率。这种惊人的趋同在统计学书籍中已有说明（Hogg 和 Craig，1978）。

$$P(a \leqslant \bar{X} \leqslant b) = P\left(\frac{a-\mu}{\frac{\sigma}{\sqrt{n}}} \leqslant \frac{\bar{X}-\mu}{\frac{\sigma}{\sqrt{n}}} \leqslant \frac{b-\mu}{\frac{\sigma}{\sqrt{n}}}\right)$$

$$= P\left(\frac{a-\mu}{\frac{\sigma}{\sqrt{n}}} \leqslant Z \leqslant \frac{b-\mu}{\frac{\sigma}{\sqrt{n}}}\right)$$

$$= P\left(Z \leqslant \frac{b-\mu}{\frac{\sigma}{\sqrt{n}}}\right) - P\left(Z \leqslant \frac{a-\mu}{\frac{\sigma}{\sqrt{n}}}\right)$$

其中，$Z \sim N(0,1)$ 是标准正态随机变量。

A.16 置信区间

我们现在讨论均值、方差和样本比例的置信区间。当我们有足够大的样本时，我们可以找到 μ 的大样本置信区间。

$$P(-z_{\alpha/2} \leqslant Z \leqslant z_{\alpha/2}) = 1 - \alpha \tag{A.79}$$

由于中心极限定理，我们可以重写为：

$$1 - \alpha = P\left(-z_{\alpha/2} \leqslant \frac{\bar{X} - \mu}{\sigma/n} \leqslant z_{\alpha/2}\right) \tag{A.80}$$

$$= P\left(-z_{\alpha/2} \frac{\sigma}{n} \leqslant \bar{X} - \mu \leqslant z_{\alpha/2} \frac{\sigma}{n}\right) \tag{A.81}$$

$$= P\left(\bar{X} - z_{\alpha/2} \frac{\sigma}{n} \leqslant \mu \leqslant \bar{X} + z_{\alpha/2} \frac{\sigma}{n}\right) \tag{A.82}$$

概率参数 p 的大样本置信区间为：

$$1 - \alpha = P\left(-z_{\alpha/2} \leqslant \frac{\hat{p} - p}{\sqrt{\frac{\hat{p}(1-\hat{p})}{n}}} \leqslant z_{\alpha/2}\right) \tag{A.83}$$

$$= P\left(-z_{\alpha/2} \sqrt{\frac{\hat{p}(1-\hat{p})}{n}} \leqslant \hat{p} - p \leqslant z_{\alpha/2} \sqrt{\frac{\hat{p}(1-\hat{p})}{n}}\right) \tag{A.84}$$

$$= P\left(\hat{p} - z_{\alpha/2} \sqrt{\frac{\hat{p}(1-\hat{p})}{n}} \leqslant p \leqslant \hat{p} + z_{\alpha/2} \sqrt{\frac{\hat{p}(1-\hat{p})}{n}}\right) \tag{A.85}$$

A.17 假设检验

假设检验的基本目的是在世界的两种状态之间做出决策。很多时候，分析师或研究人员想要回答一个简单的"是与否"的问题。一种药物是否有效果？吸烟是否会损害身体健康？掷硬币是否公平？两只股票是否相关？市场收益是否正态分布？

以"掷硬币"为例。假设我们在拉斯维加斯，正在掷庄家提供的硬币。我们得到的印象是正面出现的次数比反面多，但很难判断正面出现的次数比反面多多少。这就提出了一个重要的问题：我们需要抛掷多少次神秘硬币，才能毫无疑问地得出硬币不公平的结论？

```
> flip<-rbinom(50,1,.55)
> flip
 [1] 0 1 0 1 1 1 1 0 1 0 1 1 1 1 0 0 1 0 1 1 0 1 0 1 0 1 1 1 1 1 0 1 0 1 1 0 1
[36] 1 1 0 1 1 1 1 1 1 1 1 0 1 1 1
> prop.test(sum(flip), 50, p=0.5, correct=FALSE)

1-sample proportions test without continuity correction
data:  sum(flip) out of 50, null probability 0.5
X-squared = 9.68, df = 1, p-value = 0.001863
alternative hypothesis: true p is not equal to 0.5
95 percent confidence interval:
 0.5833488 0.8252583
sample estimates:
   p
0.72
```

上面的代码演示了应用于掷硬币的假设检验。我们从一枚稍微有偏差的硬币中抽取了 50 次掷硬币的样本，而说这枚硬币有偏差的理由是，每次抛硬币得到"正面"的概率为 0.55 或 55%。现在，如果我们"盯着"这样一个场景，猜测这枚硬币是否公平，在大多数情况下是很难做出判断的。但是，如果我们把统计机制应用到这个问题上，答案就是显而易见的了。我们先观察投掷为正面 sum（flip）的次数，然后测试一下，若投掷一枚正面朝上概率为 0.5 或 50% 的硬币 50 次，是否可以得到这样的正面数。我们得到 p 值为 0.001863，并得出结论，观察到的正面次数，非常不可能由一枚均匀的硬币产生。因此，我们拒绝承认硬币是公平的。

A.18 回归

在回归中，我们得到向量 $x = (x_1, \cdots, x_p)$ 以及与多个 x 相对应的已知 y。我们试着通过一组权重 $\beta_1, \cdots, \beta_p$ 乘以 $x_1, \cdots, x_n$，再加上 β_0 得到一个近似 y 值。它的方程是：

$$\hat{y} = \beta_0 + \sum_{i=1}^{n} \beta_i x_i \tag{A.86}$$

$\hat{y}$ 只是一个估计值，而 y 是实际观测值。

当 $p=1$ 时，我们可以把自己限制在二维情况。可以找到 $\hat{y} = \beta_0 + \beta_1 x_1$ 和 y 之间的误差。我们可以将平方误差之和（也称为残差平方和或 RSS）写为：

$$RSS = S(\beta_0, \beta_1) = \sum_{i=1}^{p} \epsilon_i^2 = \sum_{i=1}^{p} (y_i - \mu_i)^2 \tag{A.87}$$

$$= \sum_{i=1}^{n} (y_i - \beta_0 - \beta_1 x_i)^2 \tag{A.88}$$

现在的目标是用模型系数使残差平方和最小：即回归线 β_1 的斜率和回归线 β_0 的 y 截距。

我们取上述方程 β_0 和 β_1 的导数，并将其设为零：

$$\frac{\partial S(\beta_0,\beta_1)}{\partial \beta_0} = -2\sum_{i=1}^{p}(y_i - \beta_0 - \beta_1 x_i) = 0 \quad (A.89)$$

$$\frac{\partial S(\beta_0,\beta_1)}{\partial \beta_1} = -2\sum_{i=1}^{p}(y_i - \beta_0 - \beta_1 x_i)x_i = 0 \quad (A.90)$$

通过求和，得到的分布为：

$$n\beta_0 + \beta_1 \sum_{i=1}^{p} x_i = \sum_{i=1}^{p} y_i \quad (A.91)$$

$$\beta_0 \sum_{i=1}^{p} x_i + \beta_1 \sum_{i=1}^{p} x_i^2 = \sum_{i=1}^{p} x_i y_i \quad (A.92)$$

$$\beta_1 = \frac{\Sigma x_i y_i - \dfrac{\Sigma x_i \Sigma y_i}{p}}{\Sigma x_i^2 - \dfrac{(\Sigma x_i)^2}{n}} = \frac{\Sigma(x_i-\bar{x})(y_i-\bar{y})}{\Sigma(x_i-\bar{x})^2} = \frac{S_{xy}}{S_{xx}} \quad (A.93)$$

和

$$\beta_0 = \bar{y} - \beta_1 \bar{x} \quad (A.94)$$

示例

对于燃油效率这个经典案例，可以用方程进行预测：

```
> library(datasets)
> data(mtcars)
> x<-mtcars$mpg
> y<-mtcars$wt
> Sxy<-sum((x-mean(x))*(y-mean(y)))
> Sxx <- sum((x-mean(x))^2)
> beta1 <- Sxy/Sxx
> beta1
```

现在，我们得到 β_1。

```
[1] -0.140862
> beta0 <- mean(y) - beta1*mean(x)
> beta0
```

现在，我们得到 β_0。

```
[1] 6.047255
```

下面是一个简单的回归预测公式，一旦我们有了 β_0 和 β_1，就可以使用它。

```
> yhat <- beta0 + beta1*x
> length(x)
[1] 32
```

我们可以使用 R 来确定 β_0 和 β_1，并将这些值与上面计算的值进行比较。线性模型或 lm() 函数是访问 R 语言回归算法的方法。

```
> m1<-lm(data=mtcars,wt~mpg+1)
> summary(m1)
> m1$coeff
```

```
(Intercept)              mpg
   6.047255        -0.140862
```

事实上，它们是匹配的。我们现在应该看看 lm() 函数的回归报告。

```
Call:
lm(formula = wt ~ mpg + 1, data = mtcars)

Residuals:
    Min      1Q  Median      3Q     Max
-0.6516 -0.3490 -0.1381  0.3190  1.3684

Coefficients:
             Estimate Std. Error t value Pr(>|t|)
(Intercept)  6.04726    0.30869   19.590  < 2e-16 ***
mpg         -0.14086    0.01474   -9.559 1.29e-10 ***
---
Signif. codes:  0 '***' 0.001 '**' 0.01 '*' 0.05 '.' 0.1 ' ' 1

Residual standard error: 0.4945 on 30 degrees of freedom
Multiple R-squared:  0.7528,    Adjusted R-squared:  0.7446
F-statistic: 91.38 on 1 and 30 DF,  p-value: 1.294e-10

> yhat = m1$coeff[1]+m1$coeff[2]*x
> plot(x,y,col=4,xlab="x: weight",ylab="y: weight")
> points(x,yhat,col=2)
```

图 A.6 描述了通过 R 语言的 lm() 函数找到的回归线。

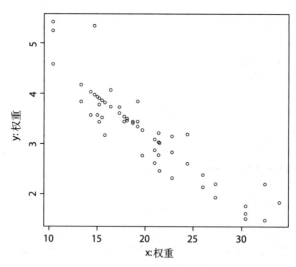

图 A.6　通过调用 lm() 函数找到回归线的实际 x 值和 y 值

A.19　模型选择标准

Akaike 信息准则（AIC）定义为：

$$AIC_k = -2\log(\hat{L}) + 2k \tag{A.95}$$

$\hat{L}$ 是最大化似然，k 是模型中参数的数量，n 是样本大小。贝叶斯信息准则（BIC）与之类似，定义为：
$$BIC = -2\log(\hat{L}) + 2k\log(n) \tag{A.96}$$

AIC 和 BIC 是一种模型选择准则，其原则是在最小化对数似然的同时，在模型的拟合优度和模型的复杂性之间进行权衡。模型的精确性是要付出代价的，即模型的复杂性。我们想要一个足够复杂精确的模型，不过 AIC 准则复杂性的代价速率是 $2k$，BIC 准则复杂性的代价速率是 $2k\log(n)$。所选模型是负对数似然与代价之和最小的模型。

A.20 所需的程序包

需要下载以下包才能运行各章中的代码：

```
library(DBI)
library(PerformanceAnalytics)
library(Quandl)
library(RSQLite)
library(Rcpp)
library(TSA)
library(corrplot)
library(datasets)
library(e1071)
library(foreign)
library(ggplot2)
library(huge)
library(igraph)
library(leaps)
library(moments)
library(party)
library(quadprog)
library(quantmod)
library(randomForest)
library(reshape2)
library(sbgcop)
library(stats)
library(tseries)
```

参 考 文 献

Ang, A., Bekaert, G. (2003). How Do Regimes Affect Asset Allocation? *NBER Working Paper* No. 10080, November. www.nber.org/papers/w10080.pdf

Ang, A., Bekaert, G. (2004). How Regimes Affect Asset Allocation. *Financial Analysts Journal* 60 (2).

Becker, R., Chambers, J., Wilks, A. (1988). *The New S Language: A Programming Environment for Data Analysis and Graphics*. Pacific Grove, CA, USA: Wadsworth and Brooks/Cole. ISBN 0-534-09192-X.

Benedict, N., Brewer, J., Haddad, A. (2015). *Mean-Variance Optimization for Equity Portfolios*, MSc capstone project, Graduate Program in Analytics, University of Chicago, June.

Bennett, M. J. (1986). *Proving Correctness of Asynchronous Circuits Using Temporal Logic*, UCLA Computer Science Department, Ph.D. Thesis. http://ftp.cs.ucla.edu/tech-report/198_-reports/860089.pdf

Bennett, M. (2009). Accelerated Root Finding for Computational Finance. *Symposium on Application Accelerators in High-Performance Computing* (SAAHPC'09), July 28–30, Urbana, Illinois, http://saahpc.ncsa.illinois.edu/09/papers/Bennett_paper.pdf

Bennett, M. J. (2014). *Data Mining with Markowitz Portfolio Optimization in Higher Dimensions*, May 21, http://ssrn.com/abstract=2439051.

Black, F., Myron, S. (1973). The Pricing of Options and Corporate Liabilities. *Journal of Political Economy* 81 (3): pp. 637–54.

Bodie, Z., Kane, A., Marcus, A. (2013). *Investments*, Tenth Edition. McGraw-Hill, September.

Box, G. E. P., Cox D. R. (1964). An Analysis of Transformations. *Journal of the Royal Statistical Society*. Series B (Methodological) 26 (2): pp. 211–52.

Breiman, L., Friedman, J. H., Olshen, R. A., Stone, C. J. (1984). *Classification and Regression Trees*. Belmont, CA: Wadsworth.

Brin, S., Page, L. (1998). Anatomy of a Large-Scale Hypertextual Web Search Engine, *Proceedings of the Intl. World-Wide-Web Conference*, pp. 107–17.

Bruder, B., Gaussel, N., Richard, J-C., Roncalli, T. (2013). *Regularization of Portfolio Allocation*. Lyxor Research, June.

Bystrom, H. (2013). *Movie Recommendations from User Ratings*, http://cs229.stanford.edu/proj2013/Bystrom-MovieRecommendationsFromUserRatings.pdf, Stanford University.

Carmona, R. (2004). *Statistical Analysis of Financial Data in S-Plus*, Springer Texts in Statistics. New York: Springer, ISBN 0387-20286-2.

Chamberlin, D. D., Boyce, R. F. *SEQUEL: A Structured English Query Language*. Proc. ACM SIGMOD Workshop on Data Description, Access and Control, Ann Arbor, Michigan (May 1974), pp. 249–64.

ACE and Chubb Are Now One, http://new.chubb.com/en/us/?utm_source=brand_announcement&utm_medium=Q1&utm_term=SEM&utm_content=Google&utm_campaign=Brand_Announce_US_EN_2016

Clarke, E. M., Emerson, E. A. (1981). Design and Synthesis of Synchronization Skeletons Using Branching Time Temporal Logic, *Proceedings of Workshop on Logic of Programs*, pp. 52–71.

Colmerauer, A., Roussel, P. (1983). The Birth of Prolog. *ACM SIGPLAN Notices* 28 (3): p. 37.

Cryer, J. D., Chan, K. S. (2010). *Time Series Analysis with Applications in R*. Springer.

Damodaran, A. Notes from New York University Stern School of Business, `http://pages.stern.nyu.edu/~adamodar/New_Home_Page/invfables/pricepatterns.htm`

Eddelbuettel, D. (2013). *Seamless R and C++ Integration with Rcpp*. New York: Springer, 2013, ISBN 978-1461468677.

Eddelbuettel, D., Sanderson, C. (2014). RcppArmadillo: Accelerating R with High-Performance C++ Linear Algebra. *Computational Statistics and Data Analysis*, Volume 71, March 2014: pp. 1054–63.

Fairchild, G., Fries, J. (2012). *Lecture Notes: Social Networks: Models, Algorithms, and Applications* Lecture 3: January 24, `http://homepage.cs.uiowa.edu/~sriram/196/spring12/lectureNotes/Lecture3.pdf`

Fama, E. F., French, K. R. (1995). Size and Book-to-Market Factors in Earnings and Returns. *Journal of Finance*, 50: pp. 131–55.

Fama, E. F., French, K. R. (1996). Multifactor Explanations of Asset Pricing Anomalies. *Journal of Finance*, 51: pp. 55–84.

Fletcher, T., Hussain, Z., Shawe-Taylor, J. (2010). Multiple Kernel Learning on the Limit Order Book. *JMLR Proceedings*, 11: pp. 167–74. `http://jmlr.org/proceedings/papers/v11/fletcher10a/fletcher10a.pdf`

Fletcher, T. (2012). *Machine Learning for Financial Market Prediction,* Ph.D. Thesis, University College of London, `http://discovery.ucl.ac.uk/1338146/1/1338146.pdf`

Floyd, R. W. (1967). Assigning Meanings to Programs. *Proceedings of the American Mathematical Society Symposia on Applied Mathematics*, 19: pp. 19–31.

Forbes.com (2013). *Tenet to Buy Vanguard Health Amid "Obamacare" M&A Frenzy*, June 24.

Friedman, J., Hastie, T., Tibshirani, R. (2008). Sparse Inverse Covariance Estimation with the Graphical Lasso. *Biostatistics* 9: pp. 432–41.

Gareth, J., Witten, D., Hastie, T., Tibshirani, R. (2013). *An Introduction to Statistical Learning*. Springer.

GoogleFinance.com, *Titanium Metals Corp (NYSE:TIE)*, December 7, 2014. `www.google.com/finance?cid=660449`

Goldfarb, D., Idnani, A. (1982). Dual and Primal-Dual Methods for Solving Strictly Convex Quadratic Programs. In J. P. Hennart (ed.), *Numerical Analysis*. Berlin: Springer-Verlag, pp. 226–39.

Goldfarb, D., Idnani, A. (1983). A Numerically Stable Dual Method for Solving Strictly Convex Quadratic Programs. *Mathematical Programming*. 27: pp. 1–33.

Greenblatt, J. (2006). *The Little Book That Beats the Market*, ISBN 0-471-73306-7.

Hamilton, J. D. (1994). *Time Series Analysis*, Princeton University Press.

Hartigan, J. A., Wong, M. A. (1979). Algorithm AS 136: A k-Means Clustering Algorithm. *Journal of the Royal Statistical Society*, Series C 28 (1): pp. 100–8. JSTOR 2346830.

Hastie, T., Tibshirani, R., Friedman, J. (2009). *The Elements of Statistical Learning: Data Mining, Inference, and Prediction*, Second Edition. Springer, February 2009.

Haug, E. G. (1998). *The Complete Guide to Option Pricing Formulas*. McGraw-Hill, ISBN 0-7863-1240-8.

Hoare, C. A. R. (1969). An Axiomatic Basis for Computer Programming. *Communications of the ACM* 12 (10): pp. 576–80, October.

Hogg, R. T., Craig, A. T. (1978). *Introduction to Mathematical Statistics*, Fourth Edition. Macmillan.

Hothorn, T., Hornik, K., Strobl, C., Zeileis, A. (2015). *Party: A Laboratory for Recursive Partytioning*. `http://cran.r-project.org/web/packages/party/vignettes/party.pdf`

Hull, J. (2006). *Options, Futures, and Other Derivatives*. Pearson/Prentice Hall.

Ihaka, R. (1998). R: *Past and Future History* (PDF) (Technical report). Statistics Department, The University of Auckland, Auckland, New Zealand.

Ito, K. (1951). On Stochastic Differential Equations. Memoirs, *American Mathematical Society* 4: pp. 1–51.

www.jdsu.com/News-and-Events/news-releases/Pages/jdsu-announces-1-for-8-reverse-stock-split.aspx

Karoui, N. E. (2009). *On the Realized Risk of High-Dimensional Markowitz Portfolios*. Department of Statistics, UC Berkeley, October.

Kinlay, J. (2011). *Can Machine Learning Techniques Be Used to Predict Market Direction? The 1,000,000 Model Test*. Posted on web site March 17, www.trade2win.com/boards/attachments/metatrader/130540d1330423251-build-neural-network-indicator-mt4-using-neuroshell-million-model-test.pdf

Laber, E.B., Zhou, H. Notes for ST 810 Advanced Computing, Department of Statistics, North Carolina State University, February, 25, 2013, www.stat.ncsu.edu/people/zhou/courses/st810/notes/lect09QP.pdf.

Ledolter, J. (2013). *Data Mining and Business Analytics with R*. John Wiley, May. ISBN: 978-1-118-44714-7, 368 pages.

MacQueen, J. B. (1967). Some Methods for Classification and Analysis of Multivariate Observations. *Proceedings of the 5th Berkeley Symposium on Mathematical Statistics and Probability* 1, University of California Press, pp. 281–97.

Markowitz, H. M. (1952). Portfolio Selection. *Journal of Finance* 7 (1): pp. 77–91.

Markowitz, H. M. (1959). *Portfolio Selection: Efficient Diversification of Investments*. New York: John Wiley & Sons. (Reprinted by Yale University Press, 1970, ISBN 978-0-300-01372-6.)

Morandat, F., Hill, B., Osvald, L., Vitek, J. (2012). *Evaluating the Design of the R Language*, ECOOP 2012-Object-Oriented Programming, 104-131, Lecture Notes in Computer Science 7313, Springer.

Oracle Unveils the Oracle Big Data Appliance: New Engineered System Helps Customers Maximize the Value of Enterprise Big Data. Oracle Openworld, San Francisco, October 3, 2011. www.oracle.com/us/corporate/press/512001

Pearl, J. (1988). *Probabilistic Reasoning in Intelligent Systems*. San Francisco: Morgan Kaufmann.

Pennacchi, G. (2007). *Theory of Asset Pricing*. Prentice Hall.

Perlin, M. (2006). *fMarkovSwitching: An R Package for Markov Regime Switching*.

Pnueli, A. (1977). *The Temporal Logic of Programs*. 18th Annual Symposium on Foundations of Computer Science (SFCS 1977), IEEE, pp. 46–57.

R Development Core Team. (2011). *R: A Language and Environment for Statistical Computing*. R Foundation for Statistical Computing.

Ruppert, D. (2011). *Statistics and Data Analysis for Financial Engineering*, Springer Texts in Statistics. New York: Springer, ISBN 9781441977861.

Sharpe, W. F. (1964). Capital Asset Prices: A Theory of Market Equilibrium under Conditions of Risk. *Journal of Finance* 19 (3), September 1964: pp. 425–42.

Sharpe, W. F., Alexander, G. J., Bailey, J. V. (1999). *Investments*, 6th Edition. Upper Saddle River, NJ: Prentice-Hall.

Shreve, S. (2004). *Stochastic Calculus for Finance I, The Binomial Asset Pricing Model*. New York: Springer.

Shreve, S. (2004). *Stochastic Calculus for Finance II, Continuous Time Models*. New York: Springer.

Shumway, R. H., Stoffer, D. S. (2006). *Time Series Analysis, and Its Applications with R Examples*. Springer.

Spechler, L. (2011). *Reverse Stock Splits Are Usually Good for Investors: Report*, Tuesday, March 22. `www.cnbc.com/id/42212417jdsu-announces-1-for-8-reverse-stock-split.aspx`

Swiss Move Roils Global Markets. *The Wall Street Journal*, January 16, 2015.

Tibshirani, R. (1996). Regression Shrinkage and Selection via the Lasso. *Journal of the Royal Statistical Society*, Series B 58: pp. 267–88.

Ullrich, C., Seese, D., Chalup, S. (2007). Foreign Exchange Trading with Support Vector Machines. In *Advances in Data Analysis*. Heidelberg, Berlin: Springer, pp. 539–46.

Venables, W. N., Ripley, B. D. (2002). *Modern Applied Statistics with S*, Fourth edition. Springer.

Whittaker, J. (1990). *Graphical Models in Applied Multivariate Statistics*. John Wiley, January, ISBN: 978-0-471-91750-2, 466 pages.

Zhao, T., Liu, H., Roeder, K., Lafferty, J., Wasserman, L. (2012). The Huge Package for High-Dimensional Undirected Graph Estimation in R. *Journal of Machine Learning Research* 13: pp. 1059–62, April.

推荐阅读

统计学习导论——基于R应用

作者：Gareth James 等　ISBN：978-7-111-49771-4　定价：79.00元

统计反思：用R和Stan例解贝叶斯方法

作者：Richard McElreath　ISBN：978-7-111-62491-2　定价：139.00元

计算机时代的统计推断：算法、演化和数据科学

作者：Bradley Efron　ISBN：978-7-111-62752-4　定价：119.00元

应用预测建模

作者：Max Kuhn 等　ISBN：978-7-111-53342-9　定价：99.00元

推荐阅读

数据即未来：大数据王者之道

作者：[美] 布瑞恩·戈德西　ISBN：978-7-111-58926-6　定价：79.00元

预见未来，抽丝剥茧，呈现数据科学的核心

一本帮助你理解数据科学过程，高效完成数据科学项目的实用指南。

内容聚焦于数据科学项目中所特有的概念和挑战，组织与利用现有资源和信息实现项目目标的过程。

推荐阅读

人人可懂的数据科学

书号：978-7-111-63726-4　作者：John D. Kelleher，Brendan Tierney　定价：59.00元

深入浅出介绍数据科学基本要素
零基础直观认识数据科学系统

　　本书从数据科学发展演化史，数据科学定义，数据、数据集，数据科学生态系统，机器学习，数据科学标准任务，隐私与伦理，发展趋势等角度，对数据科学展开了精彩的阐述。